班級經營
策略與實踐

吳明隆　著

五南圖書出版公司 印行

序　言

　　「班級經營」（classroom management）是教師專業知能具體展現的指標行為，班級經營的良窳，與學生學習效能密不可分，新時代教師要成功地扮演著一位稱職教師，必須知曉整個班級學習生態轉變、教學革新的趨勢發展、班級經營的內涵與策略方法；更必須具備班級經營的知能、有效應用班級經營的策略，進而營造良善的班級氣氛、形塑優質的班級文化，以全面品質管理理念，建構一個學習型的班級組織，促發班級持續學習動機與活力，培養新世代國民所需的基本技能。學者 J. M. Walker（2010）指出：一位優秀的教師不僅僅會教課本內容，更重要的是要會「教人」，教人者為人師，只會教書者為經師，經師者以教職工作為「職業」，人師者視教職工作為「志業」，教育的願景是期待所有的教師除為經師外，更要為人師。

　　《班級經營：策略與實踐》一書為作者先前編著出版之《班級經營：理論與實踐》一書內容的延伸，第一部分為理論策略篇，包括班級經營的內涵與策略、心理學效應於班級經營的策略應用、班級經營中行為治療應用的案例、班級經營字譯之策略方法、班級經營的道德規範等。第二部分為研究實踐篇，主要在檢視一位國小教師之教職生涯在班級經營的實踐程度與轉變，以和先前作者整理歸納論述的班級經營內涵作一比較。第二部分實踐篇包含近十年來班級經營相關研究的回顧──以國內碩博士論文為例、教師教職生涯班級經營的實踐探究、教師班級經營實踐困境之研究等。《班級經營：策略與實踐》一書雖然劃分為二大部分：理論策略篇及研究實踐篇，二個部分的論述內容各自成一個獨立的體系，有其完整性與系統性；但二個部分內容又有脈絡關係存在，第一部分理論策略篇整理歸納的內容其實是第二部分研究實踐篇的文獻探討與論述的基礎。

　　本書可以順利出版，最後要感謝的是五南圖書出版公司編輯群的鼎力支持與協助編校，尤其是陳念祖副總編輯的行政工作協助。期許本書的出

版，對中小學教師及大學院校修讀教育學程的同學有實質的效益或啓迪作用，更期許本書的出版可作為日後對班級經營相關議題有興趣的研究者有所幫助，導引更多有關班級經營研究的產出，研究結果可作為中小學教師的參考與省思，為具體建構友善的班級學習環境而共同努力。

吳明隆　謹識

2012年12月

於國立高雄師範大學師資培育中心

目　錄

序言

第一篇

理論策略篇

1

班級經營的內涵與策略

　　班級經營是多專門學科知能的統合應用，兼具科學方法與藝術策略，它的內涵與行政組織領導一樣，是一種權變的策略，因為「沒有一種領導方法可以適用於所有組織系統，也沒有一種班級經營策略可以適用於所有班級組織或學生個人」，對於異質性很高之群體的領導與管教，必須因應個別差異，教師要能將所學的知能加以轉化，善用教師的參照權力（referent power）與專家權力（expert），謹慎使用教師的合法權力（legitimate power）與獎賞權力（reward power），少用強制權力（coercive power），恩威並濟、寬嚴適中，才能營建友善的班級氣氛、和諧的同儕關係、良好的師生互動，讓學生習得關鍵能力、養成正向的行為習慣。

　　近50年來教育學者積極提倡採用正向策略以提升學生的可接受行為，而不採用傳統的威嚇及處罰方法，過去30年學校教師最關注的班級議題是學生「常規紀律」。學者Redl等人認為紀律維持中，瞭解及經營群體行

為，對群體內個體學生行為表現會有幫助，其二人研究發現群體的期望對群體及個體行為有顯著影響。班級內師生、同學間的有效溝通，正向及互惠的關係，可以型塑和諧的班級氛圍，對學生的學習動機及正向行為的養成有重大影響，對於班級紀律的維持，除運用各項的常規管理理論及策略外，教師更應運用有效溝通、建構互相尊重及有支持系統的情境，如此更可營造優質的班級文化及友善學習環境（Prochnow & Macfarlane, 2011, p.153）。

　　班級經營的目的是讓學生有更多機會可以學習，教師創造的學習情境應能開展學生最大潛能，讓學生可以養成適當的行為，班級不僅是個體學生學習的場所，也是群體生活的空間。教室是獨立完整的學習場所，除教師外（個別成人），也包含許多從事不同活動的學生，由於學生異質性大，教師需同時處理複雜多元的事件，學生間的互動頻繁，偶發事件無法事先預料（Prochnow & Macfarlane, 2011, p.150）。所以教師需有同時處理事件的能力，更需要有掌控學生行為的能力，若是教師能採取有效班級經營策略，則學生課堂或課餘時間出現不當或違規行為的機率會大大減少。

　　班級經營社會脈絡圖如下頁，由此社會脈絡圖可以知悉：教師除與學生互動外，也會與其他教師、家長、行政人員、學校職員進行互動，所有學生會與教師互動外，學生彼此間也會產生互動，學生間個性相似、人格特質接近或較談得來者，彼此間會形成小團體，此種團體即班級中的非正式組織，班級間有非正式組織是班級屬性的特徵之一，班級內的學生除與同班級的同學互動外，也會與其他班級的學生互動，由於學生與人互動的頻率很多，所以平時學生適當行為的型塑與習得就非常重要，學生如能習得正向行為，學會尊重、接納他人，則與人發生爭執、衝突事件就會減少，校園霸凌事件也不會發生。就教師而言，班級組織的原則有三項：1.要明確瞭解學生要如何學生、學習什麼內容、何時學習、為什麼要學習；2.要盡可能創造多種學習機會、規劃多元學習活動讓學生可以成功學習；3.善用有效教學強化學生已學會的知能，鼓勵學生全力投入之前未接觸過的學習活動。就學習者的立場而言，教學或組織原則有三：1.重視學習者的自尊與信心；2.相信每位學生都有潛能可以學習；3.只要有策略

或方法，學生的行為或實作表現是可以改變的（Darch & Kameenui, 2004, p.10）。

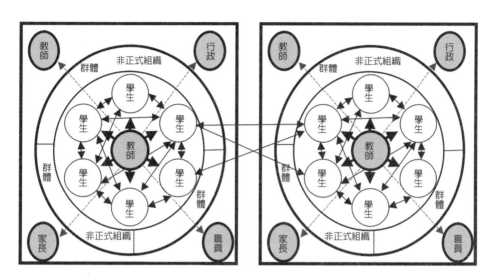

　　經營班級欠缺足夠知能，或沒有效率的經營班級做法，幾乎是很多學校新手老師或資淺教師在班級常規管理方面常見的問題（Hammerness, 2003; Miller-Marsh, 2003; Ralph, 2004; Ikoya, 2007）。有效的班級經營是創造適合教學與溫馨學習環境的先備條件，可見班級經營的重要性。來自 Akinseinde（1998）、Badmus（2001）與 Mayer（2002）等研究者的觀察研究或問卷調查之相關研究顯示，新手或資淺老師所面臨班級經營的問題從教室紀律管理、無效率的班級協調與掌控，到缺乏指導學生能力及欠缺與家長、學生溝通能力都有。舉例來說，Mayer（2002）與 Hammerness（2003）指出很多初為人師者缺乏瞭解不同教室生態的能力、敏銳度不足、洞察力不夠，因而將遇見之教室狀況誤認為嚴重問題、過度緊張；相對地，某些教師則未將之視為問題處理、漠視問題，導致學生問題的嚴重惡化。

　　此外，研究指出：很多剛具證照的老師被指出對學生的教室執行規範沒有一致的標準，缺乏公平與正義，賞罰不公（Richardson and Fallona, 2001; Lasley, 1994; Ikoya, 2007; Lam, 2005）。這種狀況造成了學生與學生

間有著被假象差別對待（pseudo-discriminatory）的氛圍（學生感覺到教師採用二種不同的方式來對待班上同學），造成班級氣氛不和諧。對老師而言，學者指出（Odhiambo, 2005; Park, Henkin and Egley 2005）這些無效率事例對班級經營產生負向而嚴重的影響。因此，學校行政工作者、家長和教育執行者應特別關注如何增進老師的「班級經營能力」與常規管理技巧，尤其是資淺或新進教師。

Ikoya與Akinseinde（2010）研究檢視實習老師班級經營的能力後，發現：許多新進教師班級經營能力不足，其研究論述，要增進教師的專業能力要從下列三個向度著手：一為教室領導能力、二為教師溝通能力、三為班級經營行為掌控與紀律處理能力，如果教師班級經營能力不佳，學生不當行為或不適切行為會使教室風紀問題更加惡化。就廣泛的學校教室常規紀律研究中，Cotton（2006）指出班級經營不佳所影響之相關問題與欺騙，逃學、霸凌與不順從有關。除了這些學生紀律問題外，還有穿著不得體、遲到與其他不好的行為，這些會打亂正常的教室活動，可見教師班級經營能力與學生行為表現與學習關係之密切。

壹　班級經營的內涵

班級經營的範圍，包含人、事、時、地、物，也包括教、訓、輔與總務工作，是故其範圍極其廣泛，凡是與學生學習活動有關聯的事務，均是班級經營的內涵，從班級經營的定義，及國內外相關學者看法，班級經營的內涵不外下列八大部分（吳明隆，2010）：教學活動的經營、學務工作的經營、輔導活動的經營、情境規劃的經營、行政事務的經營、人際關係的經營、親師溝通的經營、意外事件的處理等，茲分別說明如下：

一、教學活動的經營

適當而有效的教學活動經營是有效能教師具體表現行為之一，也是激發學生學習意願的重要因素，教學經營向度包括教學策略的使用、教學方式的實施、教學活動的程序設計、課程的設計編排、教學時間的掌握、教

學素材的選擇、學生作業的指導、教學評量的實施、潛在及空白課程的教學、學習單的設計、資訊科技融入領域教學的設計、教學與學生學習注意力的安排等。教學經營是否有顯著成效，常作為教師班級經營的評鑑指標之一，教學目標是否有效，也是班級經營的重要目的。一位教學經營成功的教師，能滿足學生的個別需求，激發學生學習潛能；並且能因材施教，達到適性教學的目標。教學活動經營要能兼顧個別差異與因材施教，兼重教學效能與效率。

網路學習情境中，主要的學習模式為「問題中心學習」（problem-based learning; PBL），問題中心學習主要的學習原則應用含括下列四種（吳明隆、林振欽，2005）：

㈠學習是一種主動與積極投入的歷程

當學生在以問題為中心的學習環境中，會促發自己安排學習流程，而非如傳統般直接告訴學生要做什麼或如何解決問題。學生學習自主性高，進而導引其涉入高階的認知層次，此種學習理論包括「定錨教學」（anchored instruction）及「情境學習」（situated learning）。

㈡學習是一種知識建構的歷程

「建構主義」（constructivism）觀點而言，問題中心學習的目的在於學習者可建構自己的知識，「建構主義者認為『知識』不是絕對的，而是學習者逐次建構而成的；因此，須提供學習者有發現知識的機會，以比較自己與他人所瞭解的知識，重新組織或建構知識，獲取適切較多的經驗」（Camp, 1996）。Engel（引自Boud & Feletti, 1991）也認為問題解決情境中，學習是累積的；而學習是自我導向的，透過學習者使用目前及以往知識經驗，促進其學習活動進行。

㈢學習於後設認知層次的基礎上學習

學生從定義問題及發展程序中來建構自己的學習策略。教學者的角色是為促發者、導引者或教練，引發學生的思考活動並對其加以監控。問題

解決學習環境可增長學習者後設認知及自我導向學習的能力，它也鼓勵學習者反省整個學習活動。

㈣學習涵蓋「社會協商」（social negotiation）的過程

問題解決所需要的是群體合作學習。新時代的學習活動要以群體合作學習來取代競爭。學生個人藉由與其他同學的合作學習，反省、挑戰自己的想法、信念、知覺與已存的知識經驗。

把每位學生帶上來是教育革新目標，教育部自95年度起開始辦理「攜手計畫—課後扶助」方案，積極運用現職及退休教師、大專學生及志工等教學人力，於課餘時間提供弱勢且學習成就低落國中小學生小班且個別化之免費補救教學，以加強扶助弱勢家庭之低成就學生。教師於教學歷程中，對於文化弱勢的學生要格外關注，對於低成就學生可善用班級人力資源（小老師、家長、學校志工）進行學生的補救教學。

二、學務活動的經營

學務工作的經營在於班級常規的建立，班級自治活動的推展。班級常規的目的，一方面在減少學生的不當與偏差行為；一方面在培養學生新時代所需的品格。此方面教師要熟知各種常規管理的模式並妥善運用，藉由民主方式訂定適宜的班級生活公約、學習規範等，進而落實於學生學習生活當中，使學生由實踐中反思。另方面，自治活動的推展，如班會、班級幹部選舉等，可培養學生於未來社會中所需的民主素養與身為良善公民應有的品格涵養。訓育工作的常規管理只是一種手段而非目的，其主要目標在建構一個學習型的班級組織；自治活動只是一種策略而非目標，其主要鵠的在於組織目標的達成，學生品格的養成。此外，學務（訓育）工作一個重要特點在於學生安全的維護，一切訓育工作活動的推展與採行的策略，均要以學生安全為出發點，使學生在溫暖、熱忱、和諧的氣氛中，改變其行為。

就學務活動經營而言，教師要掌握「學生安全第一、行為養成為重」，班級經營的一個最具體明顯的目標是能讓學生「快快樂樂的上學、

平平安安的回家、充實愉悅的學習」，任何活動的規劃與安排都要以學生的安全為優先考量，如戶外教學地點的安排、年級園遊會使用爐火的規定、校慶趣味競賽活動危險性的程度高低等。就班規的訂定而言，班規的訂定最好能把握以下原則：師生共同討論決定、班規具體可行、班規明確易懂、多用正向語句、要能落實推展，此行，教師執行要客觀公正，對事不對人，對於遵守班規同學給予獎勵，違反班規者要給予懲罰，獎賞分明，如此，班級規約的制定才有實質意義。

三、輔導活動的經營

輔導活動的經營在於發揮教師專業知能，減少學生的不當行為或偏差行為，這是教訓輔三合一結合的理念，身為教師者應具備輔導知能，發揮「一級預防與輔導」的功能（輔導室及輔導教師負責的為二級輔導與介入；醫療機構與心理輔導組織負責的為三級治療與處置）。輔導經營功能是否發揮，關係到班級中教師的教學成效，其內涵包括學生不當或偏差行為的事前發掘、不當或偏差行為學生的掌控、應用輔導的專業知能與良善的親師關係，發揮學校心理學家的角色，積極採取各種輔導策略，改善輔導學生的不當行為，使學生能遵守班級常規規範，專心致力於學習活動或個人行為的改善，良善品格的養成。此層面的經營，教師應抱持的理念是輔導並非萬能，並非全然有效；而更重要的是教師不應放棄任何一位學生，而能帶好每位學生，導正學生為善。一位有效能的教師要展現輔導經營的前題，就是要對每位學生的個性、家庭情境與能力有深入瞭解，建立良好的親師生關係，才能達到輔導經營之事半功倍之效。

輔導活動著重的學生品格行為的改善，不當行為的導正，補救教學關注的是低成就學生學業的提升。級任教師不應將班級學生偏差行為之輔導工作全推給輔導室，學生偏差行為的介入輔導，或是班級學生衝突事件的處理，吵架、紛爭、干擾學習活動等事件處置，都是老師班級經營的事項。任課教師也不應將課堂學生的不當行為處置推給導師或輔導人員，課堂學生的行為處理，維持教學的流暢性也是教師的職責之一。有些教師

認為只要「將教學進度於規定期限內教完」就好了，學生是否瞭解與吸收，認為是學生個人的事，只要當事者不要干擾到他人學習，當事者課堂學習行為為何，教師也不管，此種類型的教師即為教書匠，只能稱為「經師」，不能稱為「人師」。

四、情境規劃的經營

　　情境規劃的經營通常包括物理環境經營與教室布置為主，物理環境包含教室座位的安排、教室的照明、學生課座椅的擺設，教室動線的規劃，班級內外的綠化、學習角的設計與安全考量、教室的通風、班級的整潔活動等；教室布置主要在於教室情境的美化設計，通常是指學習角的美化，教室內的美化規劃，內容如生活公約、學生園地、學生成果展示、每日（或每週）一詞、教材內容、榮譽榜、學校或班級重要活動、時事新聞、教育熱門話題、詩詞賞析、單元活動設計等。教室規劃的經營在於發揮境教的功能，不僅有助於學生的學習活動，而且更有助於教師的教學與常規管理經營。其規劃設計應包括教育價值性，尤其應擺脫傳統說教八股式的教條模式，使學生在潛移默化當中學習；此外，情境規劃應重視教育實用性與學生安全，以免因物理環境的設計規劃不當，而使學生發生意外。

　　美國教育哲學家杜威說：「想要改變一個人，必須先改變其所處的環境，環境改變了人也就改變了。」物理環境中的採光照明、課桌椅、通風設備等若有損壞，教師要立即通知總務處或相關處室，請求於最短時間修理或更換設備。學習角、教室布置、教室的美化綠化等可以尋求班級家長人力資源的協助，美化綠化盆栽擺放要注意其安全性，尤其是刮風下雨時要特別留意擺放是否穩固；教室布置之一角可以張貼或公告學生實作優良作品，並加以表揚，如此可激發學生相互觀摩與學習的效益。班級座位的編排可以根據學科單元的內容加以適當調整，若是採用小組活動學習，分組時應採用「異質分組」或「隨機分組」，不要採用「同質性分組」，以讓不同程度的學生可以一起學習，發揮合作學習的效益。

五、行政事務的經營

　　班級是一個小型的組織，也具備複雜的社會體系，內外部有許多的行政工作需要老師的創意與理念，並實踐篤行才能完成。如班級計畫的訂定、班級幹部的選舉、模範生的選舉、生活公約的訂定、教材教具的擺設、學藝競賽的配合推動、學校活動法令的轉達與推展、學生不當行為的處理、班費的運用與管理、學生成績處理、參加各種進修研習活動、教室情境規劃布置、清掃區域的分配、班級事務的處理、作業的批改、高智商低成就學生的學習輔導、晨間活動的安排規劃、家長人力資源的運用、各項簿冊的繳交等，皆是班級內行政事務，可見，班級內行政事務經營幾乎包括教學、訓育、輔導、總務等事務工作。班級外部的行政工作包括與行政人員、其他教師的事務協調溝通，班群合作之協同教學事務溝通處理、戶外教學的聯繫與規劃等。行政事務的經營要講究效率與效能，教師不僅要求快，更要做好，其中二個重要的關鍵是「做好時間管理」與「善用人力資源」。

　　教師每天要處理的事件十分繁雜，雖然教師已做好時間規劃，但班級動態組織中常常會有突發的事件發生，如打架、爭執、意外事件等，或是學校行政臨時交辦的任務，或是需要班級配合的事件等。行政事務經營的事項方面，有許多是可以運用班級幹部或學生長才協助配合的，如作業的蒐集與發放、一般簿冊表格資料的整理統計與繳交、外掃區域清掃的負責督導、壁報與教室布置等工作；此外，如班費的繳交與管理，除由總務股長負責外，班親會選出的總務（家長）也可負責，若由班級學生負責收交各項費用，教師要協助保管之責，以免學生將金額遺失或被竊。對於此部分作法，教師正確的認知是「學生或家長是協助者，教師不應將全部的責任轉移」，學生或家長在協助的歷程中，教師有時要適時的介入，介入不是干涉，而是分擔責任，或是進行工作協商，如此，才能使工作進行更順利。

六、人際關係的經營

　　班級是一個動態的組織系統，班級社會體系系統實包含二個或二個以上人群的交互作用。教師教學要能有效，必須與學生建立良好的師生關係，在班級經營中，對事、物的處理較為簡易，但對「人」的處理甚為困難，主要因為人有其自我想法、主觀意識及偏見，與個人所好，最重要的是其會思想，因而教師要以愛心、耐心、同理心、誠心、恆心等五心來處理人的問題。班級人際關係的經營包括建立良好師生關係、和諧的學生同儕關係與良善的親師關係等。良好的師生關係是教師有效教學與班級經營的基礎；和諧的學生同儕關係，是建立適宜班級文化與良好班級氣氛的基礎；良善的親師關係是教師班級人力資源有效應用的基礎。此外，一個重要的人際關係經營是教師個人與其他教師、行政人員建立融洽和諧的關係，能作雙向理性互動的溝通，相互尊重、互相接納與時時關懷他人。一位有效能的教師如能建構一個支持、接納、融洽、和諧的班級氣氛，加強與同仁建立互動溝通、尊重的態度，則有助於教師的教學與教學目標的達成，使師生的身心均能達成健全的發展。學校組織系統中，教師人際關係脈絡圖如下：

七、親師合作的經營

　　受到民主多元的教改影響，家長參與學校事務的權限與日俱增，家長參與學校教育權愈來愈大。如何運用家長的人力資源使其成為教師班級經營的助力而非阻力，就是教師所應把握的重要原則。家長參與學校事務是時代潮流趨勢，家長由傳統「贊助者角色」轉變為「協助者角色」，再轉變為「參與者角色」，參與者角色就是家長積極參與班級各項事務，成為教師教學合作的夥伴之一。尤其在處理學生不當行為時，如能有家長的密切配合，當能達到事半功倍之效。班級經營的是否有效，受到家長的影響甚大，班級家長如能全力支持教師，作為教師的後盾，則班級經營的各項活動當能順利推展。教師單打獨鬥的確也可達到教學目標，但其過程若有家長的協助與配合，則可減輕教師的負擔，讓教學目標更順利達成。

　　「親師好溝通、教學就輕鬆」，平時教師應與家長建立良好的雙向溝通，相互尊重，建立家長人力資源網，以教育熱忱、教育愛及教育專業知能贏得家長肯定與認同。教師如能與班級家長建立和諧緊密的親師聯絡網，班級活動能得到家長的充分的信任與配合，則班級活動當能順利推展。要建立良好的親師溝通，教師要採取的策略與方式很多，端賴教師的巧思與用心與否，如班級的晨間活動，積極用心的教師會運用家長人力資源，安排利用晨間活動時間，教授學生各項學藝，如英文教學、讀經、說故事、才藝（直笛）等；再如戶外教學，由家長陪同，一面協助維護學生安全，一面作為學生戶外教學的嚮導，協助學生學習；此外，如學習單的設計、電腦打字或資料鍵入等均可由家長人力資源的協助，達成教學的目標。

八、意外事件的處理

　　班級意外事件的處理雖不是班級經營的主要內涵之一，但若是班級學生發生意外事件，教師如何有效處理，此種處理的策略行動也可說是教師班級經營的範疇。由於班級是個小型社會、是個開放空間、是個動態活動，學生在學習活動歷程中，可能由於開玩笑、不小心、故意、認知錯誤

等行為，造成自己或其餘同學的傷害，或學校行政工作的疏忽造成學生意外傷亡，前者如學生上課時，意外被刀具類工具割傷或上實驗課程時被燒燙傷等。當學生發生意外事件時，教師要掌握第一時間處理，配合學校行政人員依據校園意外事件處理流程，妥善有效的處置。若是學生意外事件發生於教室班級中，第一接觸知悉者為班級或任課教師，若是教師處理不當，可能會引發家長與教師的衝突，嚴重時可能會危及學生的安全；相對的，若是教師處置得宜，不僅有助於良善師生關係的建立，更可贏得家長尊重與信服。教師除具備學生間一般衝突事件、爭執或吵架事件的處理能力外，更要具有對意外事件的處置知能，教師第一時間就是不要驚慌，當事者受傷的情況如果嚴重，應立即通知119，並會同保健室護理師、行政人員轉送。

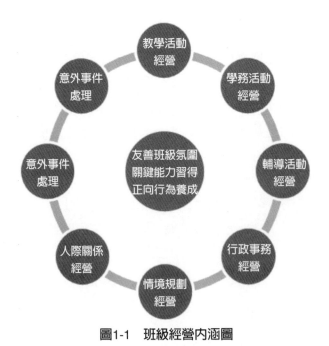

圖1-1　班級經營內涵圖

Darch與Kameenui（2004, p.111）提出三階段教學班級經營評量模型如下，每一個階段採用三個層次評量方法以檢驗教室組織、行為經營與教學設計，倒三角形表示第一個層次的評量活動範圍較大，老師最後關注的是

教學設計必須與班級經營建立關聯。就班級組織而言，評量關注的內涵包括：傳遞資訊給群體、作業的完成、學生的態度、教學時間的安排、前置性管理型態、班級安排與回饋系統；就行為經營而言，評量關注的內涵包括：班級規則、增強、處罰、嚴重行為問題及資料蒐集；就教學設計而言，評量關注的內涵包括：範例、系列性、實務、教學流程、提示的使用、教學材料、準則層級、教學導引、時間調整、學生回應的方式、教師角色、目標技巧的型態、學生回應的型態。Darch與Kameenui所提的論點可作為教師進行教學性班級經營評量的參考。

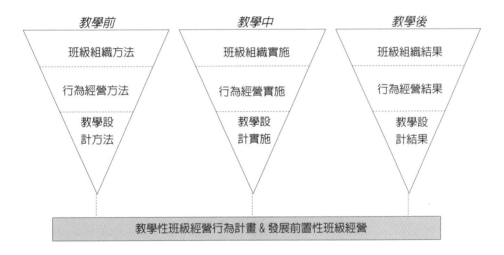

Rogers 與Freiberg（1994）在大量訪談學生後發現：來自低收入社會的小學及初級學生之所以喜歡學校的原因有四個：1. 他們被信任、尊重，且感受到人們關心他（強化社會情感）。2. 他們是家庭的一部分（校園聯繫）。3. 他們覺得老師是助人的，鼓勵他們成功，且能傾聽他們的意見（正面的校園及班級氛圍）。4. 在自由意志選擇下有機會負擔責任，而非放縱去做他們想做之事（自律）。此面向對個人中心指導和管理架構是一致的，師生共享班級責任及建立有意義的關係。經由四個面向，個人中心班級更重視激勵學生的學習動力。

貳 班級經營策略——權變

　　班級經營的模式及策略與教師的哲學信念有密切關係，三者的關係為：哲學→模式→策略（Tauber, 2007, p.5），持有不同哲學信念的教師，其採用的班級經營模式與策略便會有所差異，即使哲學信念相同的教師，其採用的班級經營模式與策略也不完全相同，因為班級屬性與班級學生間定會有所差異，這就是班級經營權變的理念。哲學、模式、策略間的關係圖如下：

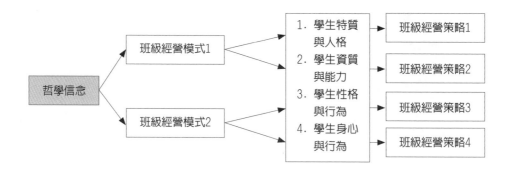

　　從「常規紀律」議題而言，Johnson等人從實徵研究發現澳洲籍教師的班級經營有三大型態：1. 傳統性（traditional）：教師是威權的象徵，學生要遵守課堂訂定的嚴格規定，對學生不守規矩者不能忽視或縱容；2. 自由開明型（liberal progressive）：教師藉由民主方法讓學生參與決策與問題解決，班級規約由師生共同訂定或學生討論決定；3. 社會批判型（socially critical）：因為課堂上無法滿足學生的需要，所以學生才會出現不當行為或教學沒有效率情形，學生行為的改善需藉由創造正向的、支持的學習環境，及採用適當的教學策略。Wolfgang從分析大量學生的行為，統整教師班級經營的三大類別：1. 支配—結果（介入主義）：學生經由獎勵方法來學習，教師則需要提供明確的獎賞模式及懲罰方式；2. 對抗—連結（互相影響主義）：學生需要教師協助他們建立班級規約與解決問題的能力；3. 關係—聆聽（非介入主義）：學生需要教師協助或導引其學習需

求，教師的角色為聆聽者、促發者與關心者（Jones & Jones, 2011）。

　　學校思維架構的觀點來自，班級經營模式的二極端為教師中心、學生中心，相對應的哲學信念為行為主義（斯肯納學派觀點）及人本主義（羅吉斯學派觀點），前者觀點於班級經營中代表的術語為權威形象、控制、壓力、尋求合作、讚美、掌控、輸贏、外在常規紀律、自由意志—幻覺、缺乏信任、操弄者、環境制約；後者觀點於班級經營中代表的術語為知識的領導者、影響力、刺激、博取合作、激勵、導引、雙贏、自我常規紀律、自由意志－實體、信任、促發者、自我實現。教師中心與學生中心的教師權利運用為控制、影響，二個極端權力的折衷權利為管理，相對應的代表學者如下（Tauber, 2007, pp.55-56）。

　　上述相關代表人物的論點，筆者編著之《班級經營：理論與實務》一書中有詳細論述，有興趣的讀者可以參閱。

　　教師中心與學生個人中心的班級經營比較摘要表如表1-1所列。

表1-1　老師中心背景和個人中心背景的班級經營的比較摘要表

老師中心	個人中心
·老師是唯一領導者	·領導權是分享
·管理是一種監督的形式	·管理是一種引導的形式
·老師肩負所有文件及組織的責任	·學生是班級運作的操作者
·規定來自老師	·規定來自個人
·部分一些學生是老師的助手	·所有學生都有機會成為班級管理不可或缺的部分
·老師訂定規定，公布給學生遵辦	·規定是由師生班規，簽定契約一起制定的
·對所有學生的結果是固定的	·結果反映在學生的不同

（下表續）

老師中心	個人中心
·獎賞大部分是外來的	·獎賞大部是內在的
·學生被允許有少許的責任	·學生分享班級責任
·社區的少部分人進入班級	·夥伴是由商界及社區團體組成，豐富及擴展學生的學習機會

資料來源：Freiberg & Lamb, 2009, p.101.

　　教師中心或學生中心的班級經營理念間沒有優劣之分，正如行為主義觀點與人本主義觀點的班級經營理念一樣，其適用的時機在於視班級屬性與班級學生間的不同而異，只要學生的品德行為有正向發展、學習表現有明顯進步、班級常規可以變好、班級氣氛和諧友善、師生關係良好，所採用的班級經營模式及策略都是「好的」，所謂「好的」策略是合法的、合理的、全班學生都可以接受、家長可以認同、獲得學校行政人員肯定。採用何種常規模式或策略，都要根據班級生態的特性，其具體目的在於提高學生的學習動機、減少學生不適當行為，創造一個友善的、安全的學習環境，發展獨特的、有效的、專業的班本文化。

　　以教學的觀點而言，教師為中心（知識教學）和以學生為中心（知識建構）的學習環境是有所不同的，二者的差異如表1-2所列。

表1-2　知識教學與知識建構的差異摘要表

項　目	知識教學	知識建構
班級活動	老師為中心（口述）	學習中心（互動）
教師角色	事實告知者（永遠是專家）	合作者（有時是學習者）
學生角色	聆聽者（永遠是學習者）	合作者（有時是專家）
教學強調	事實真相（記憶）	互動關係（探索和發明）
知識概念	事實的累積	事實的轉移
成功的表示	量的多寡	理解的品質
評量	常模參照（選擇型）	標準參照（檔案／實作表現）
科技使用	反覆練習	溝通（合作學習、資訊存取、展現）

資料來源：Gibson, 2001, p.43.

　　從研究的觀點來定義「學習者中心」論點，包括靠學習和學習者的知識，依照其需求來創發正向的學習內容和學習社群，當此種情形顯現於教

室和學校中，還會增進更多的學生和他們的老師成功的可能性。除此，有效度的研究強調學習者和學習，可引導增進澄清學校人事的必要的編排，和那些在職訓練的學習者，尤其是老師；另外，一個隱含的涵義則是以學習者為中心的原則可變成如何使用和評量科技效能，以提供老師的最有效的教學品質和特性的架構（McCombs, 2001）。

　　檢視今日美國班級會發現許多學生仍活在行為主義的世界中：努力奮鬥欲成為受人矚目的優等生，或活在令人畏懼的點名式盤查的傳統班級管理，沒有一點自主權。這種班級以行為主義為根本，常規管教則以教師導向為主，對學生行為有固定獎賞和結果，造成部分學生終身恐懼。用畏懼於可能預先知道的後果和獎賞的想法來激勵學生，讓學生心中產生不滿和服從，進而讓學生可以專注於學習方面，並減少紀律的問題的產生，此種完全採用行為主義的方法是否最為有效呢？根據調查發現美國大眾對於此種論點並不完全讚同。近40年的大眾意見投票調查中，發現學生「缺少紀律」（lack of disciplines）一直是美國民眾關注的前三項教育議題之一。另一問題的是美國的新「零容忍政策」（zero tolerance polices）造成學生紀律行為的增加，數萬的年青人只因小罪而在法院系統下被判罪（Freiberg & Lamb, 2009; Reyes, 2006）。

　　經過10多年的施行，行為主義模式並未對學生行為有明顯改變，相反的，它限制學習者的能力，讓學生無法成為「自我導向」及「自我常規管理」的學習者，這二項技能與態度在教與學的複雜性指導情境中是有需要的（Freiberg, 1999a; Freiberg, Huzinec, & Lamb，2008; Freiberg & Lapointe, 2006）。因而在班級經營常規管理中找到一個可以在師生需求間創造「平衡狀態」的替代方案模式是重要的（Freiberg & Lamb, 2009）。「平衡狀態」的替代方案是教師可以掌控班級常規、學生對於班級規約會配合遵守，若是不小心犯錯，也會心服口服的接受教師施予的合理懲罰。

　　個人中心班級情境可以創造一個老師需求（W），學生的努力與需求（E）間的平衡，形成一種集體合作的班級（WE），學習者可以包含教室內所有的學生，個人中心班級管理在教師和學習者需求之間得到平衡，從老師到個人中心的變動是一個建立信任和發展分享班級管理責任的漸進

過程。個人中心特色在班級是很容易可以觀察到。老師發展四個後社會班
級管理面向，四個面向有助於促進個人中心班級管理的營造：1. 強化社會
情感——老師對學生的社會及情感需求表現出關心，待之如成年人。2. 校
園聯繫——老師確保學生對學校有強烈歸屬感（對班級、同儕亦同）。3.
正面的學校及班級氛圍——學生在學校有安全感，對同儕及老師發展出信
任感。4. 學生自律——透過責任共同分擔的結果，學生才可學到互相尊敬
及責任分享。班級結果反映了改變的過程，而非是立即學習成效的呈現。
在相關長期的個人中心模式研究中發現（Cornelius-White, 2007），肯定
的認知及有效學習者個人中心環境包括有創意／批判思考成就（數學／文
字）、學生參與、學生滿意、自尊、減少退學率、增加學習動機、較少的
分裂行為及較少缺席率（Freiberg & Lamb, 2009）。

　　好的班級經營理論與策略應可於教育情境中落實實踐，一致性管理
和合作紀律方案（CMCD），是一個個人中心班級經營模式，它是經由國
高中老師於教學現場發展出來，且由教師教育者加以研究而得（Freiberg,
1999b）。CMCD方案可使用在學齡前到高中教育生態環境中，在美國
及英國研究發現到：CMCD學校可以「提高學生成就」（Slavin & Lake,
2008），增加師生出席率，減少辦公室用以管理紀律的時間，增進和善
班級及學校學習環境的營造（Eiseman, 2005; Freiberg & Lapointe, 2006）。
CMCD方案的實施允計教師有更多的時間來事教學活動——不用延長學期
日或學年（Opuni, 2006）。一致性管理和合作紀律方案在市區小學內使用
可讓學生有意義地建立學生主導權，協助教育者使用資料來引導指示，用
合作學習策略協助學生的理解力及創造力。一致性經營重視教室和教學組
織與老師的計畫，老師可提供一個彈性但可預期的學習環境，使學生感受
到舒適，被關心，學生是主動參與者，非被動觀察者。合作紀律拓展領導
者的角色，轉變教師角色，由純粹教師負責教學責任轉變為師生之間共同
分擔責任。當學生有機會成為班上領導者，學生知道如何做時，如果教師
不在教室，學生們會經由合作群體力量瞭解如何有效解決爭議，預防問
題，減少班級漣漪效應的產生（Freiberg & Lamb, 2009）。

參　不當行為的內涵與原因

　　不當行為（misbehavior）係指在某一特定時刻，學生行為表現有礙學習活動之進行。學生之不當行為會打斷班級活動之流暢性，但並非每種違規行為均為不當行為，應考量行為活動時之情境脈絡，此外行為並非完全由內在或外在因素單獨引起，而是個體與環境因素交互作用結果（Burden,1995）。課堂是教育過程最重要的地方，因為所有的教育事件均在此發生。瞭解此事實的專家便開始著手於班級經營的概念，且幫助班級經營成為總課程中的重要學習內容。因為學生的主要行為均在班級中習得，創造合宜的班級文化是研究的首要步驟。班級經營包含了廣泛的前瞻性，完善與始終如一的技巧跟實踐。為了讓教師有效的連結內容，班級必須被完善的經營。所有的班級並需要有正向的文化來強化一些價值，比如尊重與公正，且讓學生感到受歡迎與成功。雖然創造正向的文化聽起來很簡單，它比對學生好更具挑戰性。現今，學生為學校帶來了很多複雜的問題。有很多學生是來自沒有適當的給他們支持發展與人良好互動技巧的家庭環境。因此，學生暴露在暴力增加和無法預測的社會而造成壓力。這些來自上述環境的學生很可能顯現出偏差行為。依據Charles（1999）所引述Seidman的引言，行為偏差被定義為「依據在場景與狀況所做出被認定為不適當行為。」行為偏差進一步被分類為五種型態：侵略行為（aggression）、不道德行為（inmorality）、反抗教師權威行為（defiance of authority）、干擾課程行為（class disruption）、調皮行為（mischievous）。有些上述行為的發生或許是非故意地（如咳嗽、打噴嚏）；但有些是蓄意的（如上課大聲講話、大聲打哈欠等）（Durmuscelebi, 2010）。

　　學生不當行為的原因主要有三大因素：

一、生理環境因素（physiological environment）

　　生理環境變因為先天的原生性因素，原生性的因素通常是智力、神經性功能等有天生缺陷所造成的，如自閉症、ADHD（注意力缺陷過動

症）、亞斯伯格症（Asperger）、學習障礙、情緒困擾、感覺統合失調等，許多有原生性因素的學生，其社交能力、溝通技巧、情緒控制等較差、易衝動、不善於處理同儕間衝突或爭執、無法理解同學間的玩笑行為等，因而在班上的人際關係都較不理想，有時過動、衝動，易干擾他人的學習活動，或中斷老師教學的順暢性，這些學生若是沒有得到老師特別的關注輔導、同儕的體諒與協助，往往獨來獨往，被老師或同儕認為是班上「有問題」的學生。

二、物理環境（physical environment）因素

物理環境變因即為班級組織或教學組織中的硬體因素（心理社會環境變因為軟體因素），此方面的變因如教室的空間太狹窄、教室太悶熱、教室的設備太破舊、教室太髒亂、學生座位安排不適當、教室周圍太吵雜、班級學生人數太多，過於擁擠等。以教室的通風而言，若是教室通風不良、教室十分悶熱，學生坐在座椅上不十分舒適，則學生課堂的專注力就會下降，不當行為出現的頻率就會增加；再以學生座位安排為例，教師將學業成績不佳、喜愛講話的同學排在後面並坐在一起，無疑是助長這些同學出現更多的不當行為，物理環境的變因有些是需要學校行政的配合，有些是班級導師要運用巧思處理。

三、心理社會環境（psychosocial environment）因素

心理社會環境的變因就是班級心理性及社會性的活動，這些活動是一種互動性的動態歷程，如教師教學內容的活潑性與單調性、教師活動安排的多元性與單一性、教師語言運用的民主性與權威性、教師肢體運用的合理性與傷害性、班級氣氛的友善性與非友善性、同儕學習關係的合作性與競爭性等。如教師課堂教學時單調無趣，語調平淡，欠缺活潑多元，學生自然不想上課，或於課堂中從事與學習無關的活動；班級同儕學習活動的競爭過於激烈、同學勾心鬥角，班級氛圍不和諧，學生間欠缺利社會行為與助人行為，則班級易發生傷害欺凌行為，嚴重的話，會出現霸凌行為。

　　學生不當行為的發生，有時是單一因素引發，有許多是多元因素或生態模式（學生所處生態情境導致），生理環境、物理環境、心理社會等三個變因間也會相互影響，使學生的不當行為重複出現。三者變因間的脈絡圖如下：

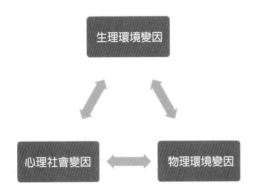

　　學者高登（T. Gordon）在論述班級中學生的不當問題處置時，認為要先界定問題是「學生問題」或是「老師問題」。問題的釐清在溝通問題的解釋，如何在學生「擁有」問題時作回應，以及教師「擁有」問題時作回應，前一種案例中，學生的行為是教師可以接受的，此行為不會阻礙教師滿足個體的需求；後一種案例中，學生的行為是教師無法接受的，同時行為會阻礙教師滿足個體的需求，根據高登的觀點，「可以接受的」（acceptable）是學生的行為不會妨礙他人，但不表示教師希望此行為持續出現或讚美此行為；「無法接受的」（unacceptable）表示當事者的行為會阻礙教師的需求（教學活動進行），但不表示這種行為是令人討厭的或是不道德的，只是教師希望此行為應停止（Tauber, 2007, pp.200-202）。以學生課堂看漫畫書為例，若是教師規定上課學生只要不干擾他人學習（不離開位置、不發出怪聲音、不能玩手機），同學其他課堂行為老師可以允許，因為當事者是安靜的看漫畫書（或是趴下睡覺），沒有干擾到其他學生的學習活動，這個行為是教師可以接受的，且沒有妨礙教學活動的順利進行，但教師並不希望學生課堂上課時一直看課外書，而沒有專注聽講，此種問題即屬於學生問題；再以學生玩弄手機發生干擾聲音為例，此行為

會影響他人的學習活動，是教師無法接受的行為，但此行為並不是不道德德的或令人厭惡的，只時當事者玩弄的時機不對，此種問題就是教師問題。

　　課堂中學生出現的問題行為不論學生個體的問題行為（此行為不會防礙他人學習），或是會妨礙他人學習的不當行為，教師第一時間的回應與處置是十分重要的，高登認為教師不當的回應用語，會造成溝通的絆腳石，如威脅、命令、評斷、批評、嘲諷、羞辱等用語型態，相關回應語句，如你必須、你最好、你應該、你很無聊、你很愚蠢、你在浪費時間等。學生的問題要處理，學生課堂妨礙學習活動的行為要處置，但教師要有方法，教師的回應要能形成有效溝通媒介，否則成效是不彰的，對此，課堂教學前那些行為是「可以做的」，那些行為是「不被老師允許的」，老師應明確的告知學生，一位稱職老師訂定的規約是要能約束學生課堂不專注行為或干擾學習活動行為，因為課堂專心學習是學生本分，也是教學最基本的要求。

　　Durmuscelebi（2010）採用問卷調查法探究公私立小學學生在班級經營中之偏差行為。問卷是作者依據研究文獻回顧與專家意見所編制而成，採用李克特式五點量表選項，五個選項分別為「不曾」、「幾乎沒有」、「一般」、「很多」、「完全」，計分時分別給予1至5分，五個選項的等距分數分為1.00至1.80中間、1.81至2.60中間、2.61至3.40中間、3.41至4.20中間、4.21至5.00中間。二十八題不當行為指標題項為：Q1抱怨同學、Q2未經允許說話、Q3不做功課、Q4課堂上做其他事、Q5未遵守整潔規定、Q6說謊、Q7使用（說）俚語、Q8破壞器材設備、Q9不尊重教師、Q10遲到、Q11與同學打架、Q12無計畫的學習、Q13不遵守公約與校規、Q14不做指派之工作、Q15不跟同學合作、Q16不參與課堂活動、Q17沒禮貌、Q18不遵守營養健康守則、Q19打斷學生與教師發言、Q20上課製造噪音、Q21未經允許拿走或使用同學東西、Q22上課吃東西、Q23未經允許走動、Q24鄙視排擠同學、Q25服裝不整、Q26模仿電視角色、Q27作弊、Q28浪費金錢與物品。研究結果顯示公、私立小學學生的偏差行為並無顯著差異。此外，研究發現最常遇見的學生偏差行為是「抱怨同學」、「未

經允許說話」、「無計畫的學習」、「不聽從教師」、「課堂上做其他事」和「與同學打架」。教師最不想要發生的行為是「作弊」、「上課吃東西」、「遲到」、「未經允許拿走或使用同學東西」和「鄙視排擠同學」。

Erdogan等人（2010）以半結構式訪談作為資料蒐集，採用質性研究，訪談對象包括14個學校行政主管、14個老師和14位學生，透過內容作資料分析詮釋，研究結果發現：缺乏動機、缺乏紀律、設施不足、時間管理不足、不利的教室環境和缺乏教室互動等都和教室經營有關。另一方面，地點和課程結構、教室環境、教室大小、硬體不足、 缺乏規則、家庭環境和父母正確態度、缺少教師管理技巧和學生的良好態度等也和教師的班級經營有關。研究者建議改善教師素質、有效規劃地方和進行課程安排、設計引發學習動機的活動、使用一些可管控班級教室的軟體、重新布置教室、設置電腦等都有可行策略。而那些因疏忽、行為偏差被處罰的學生，要瞭解問題背後的原因，與家長進行意見溝通等才能有效預防行為偏差的出現。

Atici與Merry（2001）報導土耳其學生常見的偏差行為如隨意講話、任意走動、激怒同學、亂拿東西；相似的研究，Turnuklu與Galton（2001）提出土耳其學生經常的偏差行為有任意講話、隨意走動、且打斷同學。根據Turnuklu與Galton（2001）在土耳其和英國20個小學所做的研究，此二個國家的教室管理問題是類似的。他們的研究指出大部分普通的破壞行為在土耳其和英國二個國家是相似的，54.4%為吵鬧、49.5%為隨意講話。「隨意走動」是另一常見的學生偏差行為（9.3%出現於土耳其班級、7.9%出現於英國班級）。學生偏差行為的原因和教室座位安排、學習活動種類和主要的教材內容有關；另一方面，父母財務問題是土耳其學生產生行為偏差的原因。Atici（2007）把行為偏差歸因於家庭相關變因和學生相關變因。家庭相關變因已是行為偏差最普遍緣由，另一方面Caglar（2008）把行為偏差區分為兩個不同但相關的類別：內在和外在因素，他進一步解釋雖然老師對內在因素（學生、教師、環境）有直接影響，但對外在因素沒有直接影響，他把外在因素分為兩類，一是與學生接

近的環境（家庭，學校和朋友），另一個是與較遠的教育管理、國家統治和世界發展有關。

　　常規管理之各模式理論都有其適用時機，因為班級是個動態的組織，生態環境十分複雜，學生屬性間的差異極大，教師除熟悉各項常規管理模式內涵外，最重要的是能統合應用。一位稱職的教師不僅是經師，也是人師，除把老師工作視為職業外，更要敬業、樂業、最後將提高為一種「志業」，而達到自我實現的目標。教師生涯階梯圖如下。能將教職工作提升為一種志業的老師，除了會盡到教師的職責與義務外，更會競競業業，全力以赴，以擔任教職工作為榮，從教職工作中發現樂趣、喜愛工作，投入工作，用心輔導學生、提升學生學習表現、型塑學生的品德習性，營造出屬於教師個人特色的「班本文化」。

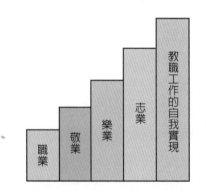

　　Darch與Kameenui（2004）認為導引教師對規則與期望思考的五個問題：1. 我想要我任教的班級像什麼？2. 我想要學童如何對待我像一個人（person）？3. 我想要學生如何對待每一個人？4. 今天社會中，我以教育者、男性成年人、女性成年人等角色要傳遞給學生的價值與資訊內容為何？5. 我不再教授學生任何課程或學生畢業後，學生要如何才能不會把我忘記？Darch二人所提出的觀點即是班級經營的目標與教師的職責，老師班級經營的目的在於營造優質的學習環境，學生能尊重、接納他人，有同理心、具利社會行為，教師若能敬業樂業，以教職為志業，則學生定會記得老師。

　　Haydn（2007）認為教師工作的班級氣氛是種連續體，班級氛圍的二

個極端是不同的氣氛，如將其劃分為十個層級，則教室裡的工作氣氛分別為（pp.3-4）：

層級10

你感到完全地輕鬆與舒適，能夠無擔憂地進行任何形式的課程活動，「班級控制」並非是一個重要議題，老師與學生一起工作，喜歡所處的環境。

層級9

你感覺可以完全掌控班級，並能進行任何種類的教室活動，但你有時需要運用控制／權威（control/authority）來維持一個平靜及和有目的的工作氣氛，這可以在一個友善和輕鬆的方式下完成，而且只不過是個友善的提醒。

層級8

你可以建立和維持一個放鬆及合作的工作環境，與進行任何形式的課程活動，但這需要你大量的心思與努力，與與其他活動比較之下，課堂班級活動可能比較不平靜和較難於控制。

層級7

你可以進行任何形式的課程活動，但這課程進行可能相當地喧嘩吵鬧，也許有一些遊手好閒的學生想學一些課程，但當需要學習時他們又打消念頭，沒人要去惹惱你或挑戰你的權威，當你跟班級講話時，他們也會很直接地和安靜地聽話。

層級6

你並不是真正地期待要教授這個班級，建立和維持一個放鬆與平靜的氣氛通常是你主要付出的努力。有些學生在沒有持續的監督／規勸／威脅下無法維持正常學習活動，有時候，你感到煩惱，而且在課程終了時，你感到相當筋疲力盡。有時教師會覺得進行某些課堂活動時，很多事情都可以在自己掌控之下；但有時候，當老師在講話，試圖要學生要安靜，阻止學生大叫或阻擋學生不要任意地在教室內與人交談等，都是很困難的。儘管如此，沒有學生敢直接挑戰老師的權威，而且也沒有學生敢當面拒絕或與老師發生正面衝突。

層級5

如果校長／州長／督察員來到教室，老師有時候會感到很笨拙或尷尬，因為老師對於班級的常規掌控沒有很好，班級氣氛有時候很亂，有些學生上課根本就不專注的聽講；有些學生，以各種藉口來敷衍了事，對於老師的教學與要求，採取拖延或散漫的服從來挑戰老師的權威，課程進度因這些因素而擔擱。有些種類的課程教學活動，老師並不想上或不想安排，因為老師知道學生課堂會喧嘩鬧或吵鬧的，學生沒公開拒絕學習活動與出現暴行，但課堂欠缺目的性與平靜氣氛，想要學習的學生也想要學習，但卻是在一個很吵雜的環境下完成學習活動。

層級4

教師對班級的控制是有限的，要讓全班聽老師的教學需要投入更多時間與努力。老師為了順利讓學生低頭坐下，就安排學習單或作業，並要學生快速地的加以完成。班級控制與消磨時間比課程準備還要花掉更多時間，當老師在指責學生的行為小錯誤時（如沒帶筆、習作簿，與同學講話使人分心無法專心等），有些學生沒有受到處罰或未加以理會，因為同樣犯錯的同學太多，老師無法全部注意到。老師變得很不情願地去找出主要帶頭違法者，因為那只會將問題擴大，老師嘗試遮蓋班級的一些事件，只有專注在那些想要用心聽講的學生身上。

層級3

老師擔心去思考課程活動，因為怕會有情緒困擾發生。許多學生也許不會注意老師有在教室，那些想要讀書的學生看到教室情境也沒有動力。在老師無法有效約束下，學生會出現「髒話」，此外，學生會任意地在教室走動。老師覺得自己沒有信心，也很不甘願或再花時間去處理這些學生問題。當老師在黑板上寫字，東西在教室裡被丟來丟去，老師會等不及課程結束並立刻想衝出教室。

層級2

課程要如何進行主要是學生決定而不是老師，老師把教學素材帶進教室只是一個形式，一旦把教材發給學生，學生都不理會，教材被亂畫、被折成紙飛機或被塞進抽屜。當老師寫黑板時，東西不是在教室裡被丟向同

學，而是擲向教師身上。老師進到教室，就希望學生心情很好，不要理會
教師，只要同學間彼此聊天就好。

層級1

老師進到教室，歡迎你的是譏笑和辱罵，一堆的學生違反班規。老師
無視於一些暴行也不想管或無力管教，因為老師覺得自己的介入會導致嚴
重的對抗、衝突或使問題更為擴大。因為有些學生在老師的看管監督下還
時會出現違規行為，學生認為這不算什麼，對老師而言，希望自己沒有進
到這間教室。

上述十個層級的班級氛圍可以圖示如下：

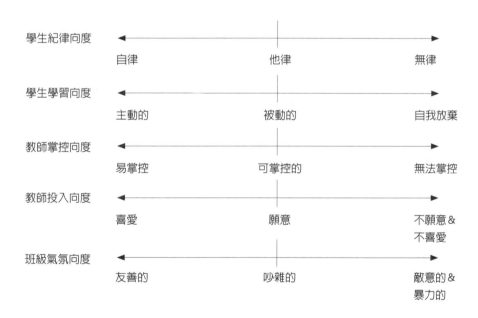

上述連續體的二端是極度不同的教室氛圍，當學生有自律行為、能
主動學習，學生的紀律常規都容易掌控，班級氣氛是友善的，此種班級是
教師喜愛教授也願意進入的；相對的，當學生的紀律無法控制，無法服從
教師管教、反抗教師，學生自暴自棄、沒有學習動機，學生對教師充滿敵
意，學生間出現許多暴力行為，此種型態之教室的班級氣氛是不友善的，
教師不喜愛教授也不願意接觸。多數班級是學生的雖然是被動的，但主要
教師適時介入處理，管教適切合理，學生的行為都可以掌控，班級雖有吵

雜或爭執事件，但只要教師用心，方法得當，學生也會服從教師的管教，改善不當行為，教師願意教授此類型的班級。班級是個異質性很高的群體，學生是未成熟的個體，在學習過程中，一定有部分學生會有不當行為或違規行為出現，這是教育現場的常態，只要教師班級經營有技巧，因應學生個別差異採用合適的輔導管教方法，多數學生的不當行為是會改善的，這就是學生需要教師的緣由之一。

參考書目

吳明隆（2010）。**教師的多元角色與實踐**。國教天地，148，73-80。

吳明隆、林振欽（2005）。**資訊科技與教學應用—議題、理論與實務**。臺北：知城。

Akinseinde, S.I. (1998). *Principles and methods of instruction in technology education*. Lagos: Kitams Academic and Industrial Publishers.

Atici, M. &, Merry, R. (2001). Misbehavior in British and Turkish primary classrooms. *Pastoral Care, 19*(2), 22-31.

Atici, M. (2007). A small-scale study on student teachers' perceptions of classroom management and methods for dealing virith misbehaviour. *Emotional & Behavioural Dificulties,12*(1),15-27.

Badmus, G.A. (2001). Issues in the organi2ation and administration of examinations in Nigeria, In Lassa, P..N. and Aghenta, J.A. (Eds). *Examinations and Assessment*(pp.12-25). Lagos: Nigerian Academy of Education.

Boud, D., & Feletti, G. (1991). *The challenge of problem-based learning*. London: Kogan Page.

Brophy, J. (1988). Educating teachers about managing classrooms and students. *Teaching and Teacher Education, 4*(1), 1-18.

Burden, P. R. (1995). Classroom management and discipline. New York: Longman.

Caglar, C (2008). Smif yönetimini etkileyen etmenler. In M. Celikten (Ed.), *Yapilandtrmact yaklaftma gore smif yonetimi icinde*. Ankara: Am Yayincilik.

Camp, G. (1996). *Problem-based learning: A paradigm shift or a passing fad?*, Medical Education. [Online]. Http://www.utmb.edu/meo/f0000003.htm.

Charles, C. M.(1999). *Building classroom discipline*(4th ed.). New York: Longman.

Cornelius-White, J. (2007). Learner-centered teacher-student relationships are effective: A meta-analysis. *Review of Educational Research*, 77(1), 113-143.

Cotton. K. (2006). *School wide and classroom discipline*. Retrieved November, 10, 2006. from http://www.nwrel.org.

Darch, C. B., & Kameenui, E. J. (2004). *Instructional classroom management: A proactive approach to behavior management*. New Jersey: Upper Saddle River.

Durmuscelebi, M. (2010). Investigating students misbehavior in classroom management in state and private primary schools with a comparative approach. *Education, 130*(3), 377-383.

Erdogan, M., Kursun, E., Sisman, G. T. , Saltan, F., Gok, A. Yildiz, I. (2010). A qualitative study on classroom management and classrooin discipline problems, reasons, and solutions: A case of information technologies class. *Educational Science: Theory & Practice, 10*(2), 881-891.

Freiberg, H. J. (Ed.). (1999a). *Beyond behaviorism: Changing the classroom management paradigm*. Boston: Allyn & Bacon.

Freiberg, H. J. (Ed.). (1999b). *School climate: Measuring, improving, and sustaining healthy learning environments*. London: Falmer Press.

Freiberg, H. J., & Lamb, S. M. (2009).Dimensions of person-centered classroom management. *Theory Into Priactice, 48*, 99-105.

Freiberg, H. J., & Lapointe, J. M. (2006). Research-based programs for preventing and solving discipline problems. In C. M. Everson & C. S. Weinstein (Eds.), *Handbook of classroom management: Research, Practice, and contemporary issues* (pp. 735-786). Mahwah, NJ: Lawrence Erlbaum Associates.

Gibson, I. W. (2001). At the intersection of technology and pedagogy: Considering styles of learning and teaching. *Journal of Information Technology for Teacher Education, 10*(1-2), 37-61.

Hammerness, K. (2003). Learning to hope, or hoping to learn. *Journal of Teacher Education, 54* (1), 43-56.

Ikoya, P. O. , & Akinseinde, S. I. (2010). Classroom management competencies of intern-teachers in Nigeria secondary schools. *Educational Research Quarterly, 34*(1), 35-50.

Ikoya, P.O. (2007). Developing administrators' competency in application of qualitative approach to decision making in school organization. *Journal of Qualitative Education, 3* (2), 138-142.

Lasley, T. J. (1994). Teacher technicians: A new metaphor for new researchers. *Review of Education Research, 54* (2), 143-178.

Mayer, R. (2002). *The Promise of Education Psychology. Teaching for meaningful learning* (Vols. 1-2). Columbus: Mwerrill Prentice Hall.

McCombs, B. L. (2001). *The Secretary's Conference on Educational Technology 2000.* [Online]. Available at:2001.4.25.http://www.ed.gov/Technology/techcon/2000/mccombs_paper.html.

Prochnow, J. E. , & Macfarlane, A. H. (2011). Managing classroom behavior: Assertiveness and warmth. In Christine M Rubie-Davies (Ed), *Education Psychology: Concepts, research and challenges* (pp.150-166). London: Routledge.

Ralph, E.G. (2004). Interns: Cooperating teachers concerns during the extended practicum. *Journal of Educational Research, 50* (4), 411-429.

Reyes, A. H. (2006). *Discipline, achievement, and race: Is zero tolerance the answer?* Lanham, MD: Rowman & Littlefield.

Richardson, N. and Fallona, C. (2001). Classroom management as method and manner. *Journal of Curriculum Studies, 33* (6), 705-728.

Rogers, C. , & Freiberg, H. J. (1994). *Freedom to learn.* Columbus, OH: Merrill.

Slavin R. E., & Lake, C. (2008) Effective programs in elementary mathematics: A best-evidence synthesis. *Review of Educational Research, 78*(3), 427-515.

Tauber, R. T.(2007).*Classroom management: Sound theory and effective practice.* Retrieved January 3, 2011, from http://ebooks.abc-clio.com/reader.aspx?isbn =9780275996697&id=C9668-4400.

Turnuklu, A. Se Galton, M. (2001). Students' misbehaviours in Turkish and Engli. sh primary classrooms. *Educational Studies, 27(3),* 291-305.

第二章

心理學效應於班級經營的策略應用（１）

　　班級經營的策略應用中，有時會藉由其他領域學科的理論，將其轉化應用於課堂教學與學生常規管理之中，尤其是心理學的研究領域，如期望效應、月暈效應、南風效應等，其他如行政學領域的應用，如霍桑效應、蝴蝶效應等。

一、比馬龍效應

　　比馬龍效應（Pygmalion Effect）又稱期望效應或稱自我應驗效應，指的是教師的期待或期望會於學生行為表現上得到自我應驗，因而又稱為學生自我應驗效度；而學生對自我期許態度也會反應在日後學生的行為表現上。比馬龍效應對學生會造成正、反二種極端結果，如教師一直告知、勉勵學生說：「你很有潛力、理解力佳，許多老師都認為您三年後的表現一定很好」，當學生常聽到教師的激勵與肯定，學生就會變得很有信心，久

而久之學生的各方面表現就會較佳；相對的，若是教師常以不屑的語言譏諷學生：「你的智力很低、理解力也不好，再怎麼用功，也很難考上公立的學校」，並對學生的課堂行為或學習表現漠視不關心，學生就會認定教師對他沒有信心，長久下來便會自暴自棄，灰心、學習動機低落、便自我認命（老師都認為我很笨），因此教師對學生負面的期許或負向的期待，就會在學生行為或學業表現上得到應驗。教師如果能夠瞭解每位學生的個別差異與優勢多元智能，發掘學生的長才，給予學生適當的期望，當學生感受到教師的關懷與鼓勵，自會有正向自我概念，對自己會有更多信心，進而展現教師所正向期待的行為。教師對學生負向的期望，影響到學生的自我概念、也影響到學生的自我評價，學生的自我評價低、對自己沒有信心，認為自己各方面的能力都不好，久而久之，學生的行為表現朝向教師期望及自己評價的水平，應驗了自己的預言。班級經營中教師期望效應對學生學習表現的影響圖示如下：

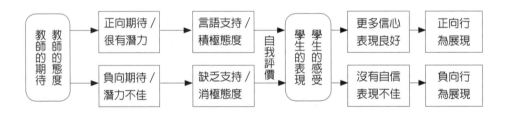

美國心理學家羅森塔爾做過以下的教育試驗：他與助手來到一所小學，將一份「最有發展前途」及「最有潛能」的學生名單交給相關的老師，老師並不知道這些學生的學習資訊，八個月後，奇蹟出現了，凡是在名單上的學生，每個人的學習表現都有明顯的進步，不但進步的幅度很大，連各方面的學習表現都很優秀。實際上，羅森塔爾提交給老師的學生名單是從學校中隨機挑選出來的，他的名單及話語左右老師對學童的評價及期待，老師透過課堂教學、行動、語言，又將這種正向評價及期待傳遞給學生，在名單上的學生明顯感到來自老師的信任及期望，因而更積極努力，各方面都有不錯的表現，由於有好表現，加上老師也認為他們是「最

有發展前途」及「最有潛能」的學習者，老師對他們的信任及讚美也就更多，因此學生的自信被強化，而能不斷獲得進步（趙志強，2006）。

　　學習歷程中，學生態度與自我概念受到教師行為的影響很大，中小學教師是學生的重要他人，教師的一舉一動、一言一行對學生都有重要影響，從多元智能觀點而言，每位學生都有其長才與潛能，身為教師者要鼓勵學生發展個人的專長，並以正向肯定的言語激勵學生，才能激發學生信心，在鼓勵中成長的學生才會有自信；在肯定中學習的學生才會有動力。教師對學生行為表現的期待與教師對學生先前的認定有很大的關係，根據溫納（Weiner）的研究發現，學生個體對於學習成敗的因素主要歸於下列幾個：能力、努力、作業難易度（任務的屬性）、運氣、健康狀況、他人的協助（教師、父母或同儕的幫助），這幾個因素可統整為三個向度：控制性（controllability）（可控制或不可控制的變因）、穩定性（stability）（穩定或不穩定的變因）、控制信念（locus of control）（內控／內在或外控／外在因素）。可控制性指的是個體認為影響學業表現或結果的因素是自己能夠掌控的，如努力；穩定性指的是短期內無法改變的變因，如個人能力高低、作業難易度；內控信念指的變因來源是個體本身，而非外在環境，如能力、努力、健康狀況。

　　研究發現，一般學習者往往會將個體的成功歸於內在的原因（內控信念），如個人能力強、努力用功等；而將失敗歸咎於外在的原因，如運氣不好、任務太難等（外控信念）。他們表現不錯或達到預期的期待時會讚揚自己，認為自己能力好，但在表現不佳或學業退步時，會歸咎於其他外在的因素，如考運不佳，如此歸因與信念可以維持個人的自尊與具有較高的自我價值感。但是當學習者持續表現不佳，或在某些任務上連續失敗，而同儕或他人卻可以順利完成那些任務時，這些學習者就會傾向將原因歸於一個穩定而自己無法掌控的變因，如自己能力差、自己資質笨（白惠芳等譯，2011）。學生對行為結果的歸因信念，會影響其日後的學習態度與行為表現，當學生將失敗歸於穩定而自己無法掌控的變因時，則學生就不會投入學習活動，更不會努力學習，因為學生認為再怎麼努力也不會進步，更不會成功；相對的，如果任務順利完成或學業表現良好，當事者將

之歸因於個人能力好與努力用功導致，就會有助於未來進一步的學習，歸於個人有能力，可提高個人的自尊感與信心；歸於努力用功結果可以促發個人進一步持續的努力。

從班級互動的實徵研究結果顯示，多數教師與文化不利、經濟弱勢或低學業成就學生間的互動較少，給予的正向回應也較少，同樣失敗或任務活動未達成時，對這些學生的批評相對較多，課堂上課時，較少叫這些學生回答問題，給予的回饋也較少等，教師的這些課堂行為都會導致期望效應的持續存在。不論學生的家庭、文化、行為表現為何，教師對所有學生都應有正向高度期望，但此期望並不是要教師對所有學生提供同一水平的目標水準，個別差異與因材施教才是有效的教學原則，教師並不需要對所有學生設定同一的期望水準，但教師對所有學生的期待應都是正向的，對學生的回應與關懷應是一致的。

【實務案例】

陳雅超是某國中三年三班的學生，在班上課業中上，母親希望她能考上前三志願，但根據第一學期模擬考成績推估，可錄取的學校約在第四志願，陳雅超有點灰心，因而她自覺已經很認真了，因此在學習上有點沮喪；班導師知道後，利用早自修時間，將雅超叫到辦公室，告知她：「雅超，媽媽對你的期待，也許對妳會有某些壓力，但根據老師的觀察，其實妳很聰穎，平時的段考也都考得不錯，但兩次模擬考好像都沒有考好，這可能是妳壓力太多造成的，下次模擬考時妳可以調整自己的讀書計畫，再努力用功些，老師相信妳可以表現更好。」之後班導師只要有空，都會對陳雅超加以鼓勵，常跟陳雅超說：「雅超，你可以再進步的，加油」，陳雅超在班導師不斷的勉勵與正向期許下，之後的模擬考成績果然比之前有所進步，畢業後也順利考上第三志願的學校。教師的回饋，直間接影響學生對個人學習行為的歸因，如果學生表現很好，教師較佳的回饋是學生努力用功所導致的，或是因為考試運氣很好造成的？就後者而言，學生認為這次表現良好是考運好，但考運是不穩定的因素，下次的考運可能沒有那麼好，最保險的方法還是靠自己努力，唯有努力才是自己可以掌控的變因。

　　雖然努力變因歸因於內控且是個體可以掌控的因素，但如果學生已努力且已盡力，仍然無法達到設定期望水準或大人的目標，長期下來學生會認為是自己能力差，並且對「努力可以成功」、「唯有努力用功可以達到目標」的話語質疑，如果加上老師對學生行為結果給予的情緒回應是負面、消極的，如一再責備學生、甚至處罰學生，則學生的信心會更為低落，最終的可能結果是學生自我放棄，投入態度消極，厭惡學習活動等。對於學生學習的歸因教師最佳的做法是（白惠芳等譯，2011）：

1. 成功時的回應：將成功部分歸因於較為穩定的能力因素，藉以提高學生的自信心與對未來學習活動的樂觀態度，部分歸因於像是努力與學習策略等個人可以掌控的因素，以鼓勵學生持續的努力用功。

2. 失敗時的回應：儘量將其歸於內控、不穩定的、及個人可以掌控的變因，教師應將學生失敗的歸因著重於努力不夠，或是學習策略不對等因素，而非是個人天生能力不佳或外控影響因素。

二、月暈效應

　　月暈效應（Halo Effect）又稱光環效應、光圈效應或成見效應，表示人們看問題時，是由一個點逐步推估到整個面，或由一個部分推估到事件行為的全部，指的是教師以偏概全的謬誤，教師因受之前思維模式與舊訊息的影響，教師認知學生在某個行為或結果表現是「好的」，便認為學生在相關行為表現或活動結果會是「優的」；相對的，教師認知學生在某個行為或結果表現是「不好的」，便認為學生在相關行為表現或活動結果會是「差的」。教師會將學生在某一點課堂行為或學業表現推估到學生面向的課堂行為或學業表現，如教師將學業成就低落的學生，認定是班上常規不佳的導因者，教師就會推估學業成就不佳的學生，其品德行為也不會很好；此外，根據學生穿著外表推估學生家庭社經地位與學生學業或品德表現，教師常將外表穿著邋遢的學生歸類為學習不認真或愛調皮搗蛋者。班級經營中，許多教師會以學生的學業表現來推估學生的品德行為，或對學業成就較差的同學有偏見，當同學犯下同樣錯誤時，教師可能對學業成就較佳同學的處罰較輕，而對學業成就較差同學的處罰較重。

課堂班級中月暈效應事件案例，如教師認為家庭社經地位較高或父母教育程度較高的學生會有較佳的學業表現；批改作業時對於學業較優的同學會給予較寬的標準；對於學業表現較差的同學給予較低的等第或分數，教師將學業表現與作業用心度作為關聯，認為學業成績差的同學作業都會馬馬虎虎的書寫，欠缺用心。誤認家庭聯絡簿常常未簽名的家長，對小孩的教育較不關心（此類型的家長，有些是因為單親家庭，家長因工作關係上夜班，因為回家較晚與勞累而忘記簽名，其實對小孩的教育是十分關心與在意的）。月暈效應是一種「以偏蓋全」的偏誤，也是一種錯誤的推論，將認知過度類推，而此種類推是一種偏誤，因而才會出現月暈效應。月暈效應也可能發生於學習評量試題閱卷方面，若是試卷內容前半段為選擇題，後半段為申論題，評分者在評閱申論題時，主觀上多少會受到學生在選擇題答題正確率的影響，如果學生在選擇題作答正確率很高，教師會認為學生比較用功或聰明，因而申論題的部分也會答得比較好，評閱時不知覺會給予較為寬鬆的標準，造成「分數膨脹」情況；相對的，若是評分者看到學生在選擇題的答對率很低或申論題的字體欠缺工整，無形中會認為這位學生是不認真或是資質欠佳者，因而在評閱申論題時，無形中會給予較為嚴格的評分標準，造成「分數縮減」情況。

【實務案例】

陳老師是小學五年六班的教師，在接任新班級時，為協助班級教室布置，從班級學生四年級的學業表現中，挑選出三位國語與數學成績最佳的同學加以幫忙，一個星期下來，教室布置進度非常緩慢，同學布置的情境內容與陳教師所告知及期待的有很大落差，有同學跟老師說：雅然同學與美芳同學雖然成績沒有很好，但很會畫畫，三年級時參加校內外比賽常常

得獎，做事也很認真。陳老師聽完同學的建議後，改指派雅然與美芳二位同學負責協助布置教室，雅然跟美芳同學利用課餘時間，依照老師的意思與心中創意，重新布置教室，布置完後，同學都說很漂亮，連隔壁班的師生都到五年六班學習參觀。

　　上述陳老師認為智育學業成績表現較優的同學，其才藝能力也相對會較佳，這是一種以偏概全的推論謬誤。學生多元智能：語文智能、數學邏輯智能、空間智能、音樂智能、肢體動覺智能、人際智能、內省智能、自然觀察智能（對生態態境的變化有高度敏銳度，瞭解人與大自然間的關係）、存在智能（能洞悉生命及死亡的意義，體會生命的意涵，在有生之年展現利社會的行為），並不是齊一水平的發展，每位學生均有其優勢智能也有其弱勢智能，當然也有少數學生每種多元智能能力均是優勢智能，但畢竟這樣的學生是少數，多數學生的多種智能只有少數幾種是優勢智能，教師應該發掘學生的優點與長處加以促發，如此才是因材施教的本意，教育改革標榜的是將每位學生拉上來，不要放棄任何學生，使每位學生的才能均能得到最佳的適性發展，當學生優勢智能得以展現，將來即可從事相關的職業，發揮自己專長，貢獻社會。Gardner提出之人類智力的多元發展論圖示如下：

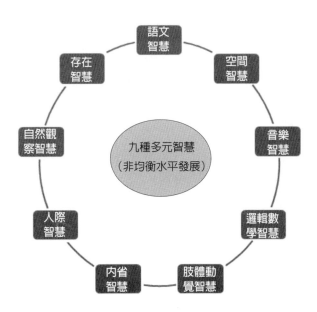

就班級吵鬧行為的處理上，許多教師會以班上同學先前的行為表現及不當記錄來認定是哪些同學帶頭起哄的，此種以之前的行為表現來推估目前班級常規的現況，就是一種月暈效應，教師如果沒有就班級吵鬧的緣由加以深入調查，常會誤會同學或處罰錯誤對象，不僅傷害學生自尊，也可能引發親師生衝突，教師對學生的誤會，是會嚴重打擊學生的自信，與破壞學生對教師的信任感。教師對班上學生可能有偏愛，但教師對班上學生不能有偏見，偏見會讓教師失去平時理智的判斷力、損及洞悉的決定力及敏銳的觀察力。

班級經營中常見許多教師會有光環效應的行為，如平時學生行為的好壞影響到其行為犯錯時的處罰輕重；實作作品成績評定會根據學生之前學業成績的好壞而有不同程度的評分準則，對班上成績較差的學生可能會給予實作作品較低的分數；批改作業時，會依據教師平時的印象而給予不同的批閱標準等。再如一份有五個申論題的考試，批閱者對試卷分數的給予，也會受到前面批閱者所評定分數高低的影響，如應考者在前二題得分較高，之後批改者在批改第三題時會認為此應考者的能力不錯，否則前二題的分數不會較高，此批改者在不知不覺中會給予較為寬鬆的標準，而有分數膨脹的情況發生；相對的，如果批改者看到應考者在前二題的分數較低，會認為這位學生在其他題目的答題可能也不好，因而會給予較低的分數，為了避免批改者在批閱申論題時的光環效應，正式的考試中會將批改者的分數遮掩，每位批閱老師在批改自己題項時不會看到別題的分數，如此便不會受到之前批改者給予分數高低的影響，而更公平一致。

三、霍桑效應

霍桑效應（Hawthorne effect）起因行政管理領域的實證研究，1923至1932年於美國芝加哥附近之西方電器公司的實驗發現，當受試成員的自尊心或意義感受到他人重視，即使工作環境變差，工作產能也會變得很高，這是實驗組群體自覺受到他人高度肯定與認同，尊榮感受到滿足，工作士氣高昂且符合他人正向期待，使得每個成員更加惕厲認真，相互激勵，藉

由群體的成員的共識產生非正式組織及非正式領導者（informal leader），霍桑實驗的結果後來以《管理與工作者》（*Management and the Worker*）一書出版，書中強調的是生產力提升的主要關鍵因素在於工人們受到管理階層的關注與人性化的良好互動，從管理學的角度而言，霍桑效應在於強調非正式組織與人際關係和諧的重要，人性化的激勵比科學管理重視標準化工作程序更應受到領導者重視。班級師生互動情境中，若是學生自覺或感受到被教師所重視、肯定或認同，而教師也對學生有較多正向期待，學生就會表現較多符合教師期待行為，有些表現有時甚至超出教師原先的期望目標，因而學生若是受到更多重視或關懷，行為表現會更好。

　　實驗研究或準實驗研究程序，若要提高研究的效度，就應避免實驗組受試者知道自己是被實驗或被觀察的受試者，因為當實驗組成員知道自己是被選為觀察的對象，其行為表現會較平時更為認真、工作或學習會更為投入，態度表現及外在行為的觀察結果較不客觀，因為人的行為態度或學習表現，在有他人注意或觀察記錄的情況下，會表現特別好，因為沒有人會把自己最差的一方面故意呈現在別人面前；重要的是受試者知道自己是被挑選為實驗組成員，其自尊感會提升，榮譽感也會提高，因為他們感覺受到重要他人或有名望身分者的肯定，所以行為態度的表現更為積極投入，實驗組成員的行為表現就是一種典型的「霍桑效應」，因為被挑選為實驗組的受試者，會自我感覺良好，覺得比較有榮譽感，而更願意投入其相關學習活動或工作中，當人們有高度的自尊感，受到他人的肯定與認同，與周遭的人之間有良好的人際關係，則個體會有較強的工作意願與工作動機；就學生而言，教師能隨時注意學生的一舉一動、一言一行，關注學生的學習與行為表現，與學生間有良好的互動關係，並且以正向管教激勵學生，則學生的學習意願會較高，也會較強的學習動機。準實驗研究的基本圖示如下：

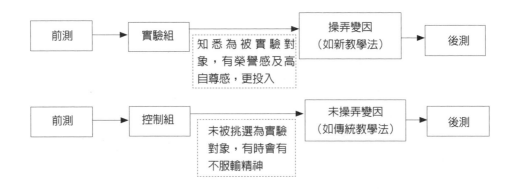

【實務案例一】

　　家長參觀日，二年三班被學校指定為二年級教學觀摩的班級，當天有許多家長參觀班導師的國文科教學，這天同學課堂表現非常好而且循規蹈矩，課堂上師生對話內容活潑生動，多數同學都能踴躍發言並與老師進行雙向活動，師生互動熱絡而同學也都能自律，是一次非常成功的教學演示，整節課堂活動引起家長很大回響，同學的表現令級任林老師也嚇了一跳，參觀的家長和教師都讚賞有加，二年三班同學的學習表現，可以說是霍桑效應的一種作用。當全班同學知道班上是家長參觀日當天，被學校指定為教學觀摩的班級時，全班學生會有一種榮譽感及高度的自尊感，因為一個年級約有二十班，被指定為家長參觀的班級只有三個班，表示這三個班的常規、學習情境、教師教學、同儕表現等均受到學校肯定，也許這三個班是學校隨機抽取選定的，但就班級同學而言，全班同學會認為是學校特別選定的「好班級」，否則怎麼會被指定為家長參觀的班級，當全班同學有默契，受到他人肯定認同時，課堂學習表現會更為投入認真，同儕間也會於課前及課中相互鞭策，將最好的一面表現出來。

【實務案例二】

　　每年校慶運動會六福國中均會舉辦班級趣味競賽，主題為「爬上登峰」，規則是二十位同學一組，中間豎立長直竹竿，旁邊靠力學原理，由同學以輔助小竹竿及繩索固定，為讓一年級新生知道比賽流程，學校特別在朝會時由學務主任告知全校師生，下星期的社團活動時間由二年忠班同

學示範「爬上登峰」，主任說二年忠班是去年這個趣味競賽的一年級組冠軍。當二年忠班同學知道這個訊息後，全班常利用課餘時間至操場練習，許多同學都說：「花費時間不能太久，至少要比去年的時間快，否則會漏氣。」練習時，大家相互激勵，雖然練習時間很短，但班級群體默契很快就建立，表演那天非常順利，所花的時間跟去年練習整學期的時間差不多，每位參與同學都十分戰戰兢兢、用心投入，深怕自己會出錯。當主任於朝會對著全班面前宣布：「二年忠班是去年爬上登峰趣味競賽的冠軍班級」，會再激起全班的榮譽感。對有優良表現或成功者給予肯定，會激發學習者持續學習的動力；對於失敗者或學習表現不佳者給予鼓勵，也會激發學習者克服困難，朝目標努力的動力，教師對於同學的關注與正向話語，是維繫學生學習動機的關鍵因素，對學生的關注、對學生的勉勵與正向的回饋，教師實在不應該吝於給予，對教師而言，這只是一個小動作，但對學生而言是一件大事，與非常在意的事件。

　　對於讚美及激勵的力量，有個故事是這樣描述的（趙志強，2006）：

　　某個王爺手下有個著名的廚師，他的拿手好菜是烤鴨，深受王府裡的人喜愛，王爺對這個佳餚更是喜愛。不過這個王爺從來沒有給予過廚師任何鼓勵，使得廚師整天悶悶不樂。

　　有一天，王爺有貴客從遠方來，在家設宴招待貴賓，點了數道菜，其中一道是王爺最喜愛吃的烤鴨。廚師奉命行事，然而，當王爺夾了一鴨腿給客人時，卻找不到另一條鴨腿，他便問身後的廚師說：「另一條腿到哪裡去了？」

　　廚師回應說：「稟王爺，我們府裡養的鴨子都只有一條腿！」王爺感到詫異，不太相信，但礙於客人在場，不便問個究竟。

　　飯後，王爺便跟著廚師到鴨籠去查個究竟。時值夜晚，鴨子正在睡覺。每隻鴨子都只露出一條腿。

　　廚師指著鴨子說：「王爺你看，我們府裡的鴨子不全都是只有一條腿嗎？」

　　王爺聽後，便大聲拍掌，吵醒鴨子，鴨子當場被驚醒，都站了起來，露出二條腿。

　　王爺說：「鴨子不全是兩條腿嗎？您怎麼說只有一條腿？」

　　廚師說：「對！對！不過，只有在人們『鼓掌拍手』下，才會有兩條腿呀！」

　　表揚和讚美可以使人們展現更佳的行為，可以使人們的潛能完全開展，學習在學習過程中，沒有比聽到老師的讚美及鼓勵話語更有進取心，老師的批評與負向用語只會扼殺學生的積極性及學習的動力。讚賞及鼓舞也是一句話，批評及指責也是一句話，但二者對學生的影響作用卻是天壤之別。「學生成績退步，可以再加強補救；學生的常規不好，可以再輔導改善；但學生的信心消失，則很難再恢復。」老師不能對學生說：「你有好表現，老師會表揚你的」，這正如有人對著爐火說：「爐火啊！你燒旺點，你燒得愈旺，我給你加的木柴愈多。」試想沒有木柴，爐火怎能燒得旺，木柴是爐火得以持續燃燒的動能，要爐火燒旺，前提是要先補充足夠的柴火；教師要讓學生有持續學生的動力，在學生的學習過程中就要不斷給予鼓勵（木柴），如此，學生才有信心，才有動力，才能在預先規劃的學習活動中學習而不中斷，欠缺鼓勵的行為是無法持續的；欠缺讚美的行為是無法長久的。美國教育家巴士卡理雅曾說：「把最差的學生給我，只要不是白癡，我都能把他們培養成優等生。」巴士卡理雅之所以對教育持樂觀的看法，在於他對於讚賞及激勵學生功效的肯定。

四、蝴蝶效應

　　「蝴蝶效應」（butterfly effect）一詞由美國麻省理工學院氣象學家洛倫茲，於1972年在華盛頓的美國科學發展學會演說提出的理念：「一隻亞馬遜河流域熱帶雨林中的蝴蝶，偶爾搧動幾下翅膀，兩週後，可能在德克薩斯州引起一場龍捲風」，此理念之後用於行政管理或企業組織運作中。蝴蝶效應的現象為「巴西的蝴蝶展翅，德州就可能颳起颶風」，蝴蝶效應的詮釋觀緣自於混沌理論，混沌理論認為在混沌系統中，初始環境的微小

的變化經過不斷放大，會造成未來狀態的巨大改變，因為混沌理論是一種非線性的耗散結構，此結構是開放的、不確定性、不可重複性的，由於系統內的次系統的關係是一種非線性關係，其結果很難預測，開始時的微小差異可能導致很大的變化。

蝴蝶效應的內涵之一為輕忽的小事件是有可能引發大結果的，初始事件雖然變化微小，但經過不斷放大，對未來狀態會產生巨大的影響。一個微小的事件，若是當事者沒有處理好，就可能產生很大的影響，蝴蝶效應的作用與中國古訓：「失之毫釐、差之千里」類似。如快速運轉中的機器或行駛中的車子若是掉了一個螺絲釘，或是螺絲釘鬆了沒有拴緊，可能造成機器的損害或是車子的故障，「千里之堤，潰於蟻穴；九層之臺，起於壘土」。「蝴蝶效應」意涵指的是組織系統間均有微妙的連結，某個起始狀態沒有處理好，會導致最後整個系統的崩裂，中國古諺：「莫以善小而不為」、「莫以惡小而為之」、「防微杜漸」等即隱含蝴蝶效應的內涵。其在班級經營情境中的應用指的是班級內細小事件若沒有謹慎有效處理，最後可能會導致一發不可收拾的窘境，蝴蝶效應於班級經營的應用內涵與「漣漪效應」一詞類似。班級經營中許多親師生衝突、同儕間衝突都是蝴蝶效應產生的。

班級經營中許多教師認為是微小的事件，對學生的行為改變可能都有重大影響，如教師輕忽學生意外事件的傷勢，延誤學生送醫的時間，造成學生的傷勢惡化，教師若能在學生受傷的第一時間，洞悉傷勢的嚴重性，會同保健室將學生立即送醫，則不會讓學生的傷勢惡化；戶外教學時，教師沒有嚴格禁止學生不能戲水，又忘記叮嚀學生，造成學生戲水溺斃事件，若是老師再「雞婆」些，學生下車前再叮嚀一次，則可減少意外事件發生的機率；學生發生衝突打架事件，本是班級內同學因為爭執事件而起，但教師沒有立即介入處置，引發當事者雙方家長的介入衝突，將班級內的學生事件擴大為家長間的爭鬥。在班級經營的實務中，常有受害學生家長怒氣沖沖的衝到教室，責問傷害者為何欺凌傷害其小孩，之後對學生拳打腳踢作為報復並加以言語恐嚇，傷害者反變成受害者，教室淪為家長間競技鬥爭的場合，班級學生都淪為可能的受害者，此種學習環境就是一

種欠缺安全與友善的情境，可能的結果為演變成家長嚴重衝突，若是在學生受到傷害的最短時間內，教師能有效介入處理，不僅能化解學生間的爭執，更可以消弭學生與家長、家長與家長間的嚴重衝突，此種學生間的爭執演變成家長間衝撞的脈絡圖如下：

　　教師對學生責罵的的話語，對教師而言是件小事，但對學生身心的影響可能很大，如老師怒斥學生：「你有頭沒有腦」、「你頭腦內都裝大便」、「你啊，沒有救了」等，這些話語從老師口中說出很容易，對老師而言是小事一件，但對當事者造成心理傷害卻是非常大的，學生可能因為老師的一句話而自我放棄，厭惡學習甚至逃學；再如體罰學生，對老師而言也是小事一件，但可能對學生的身心造成很大的傷害；老師要求學生課堂不能使用手機，但老師卻常常於課堂中接聽手機，無法以身作則為學生表率，課堂接聽手機對老師而言是件小事，但對學生的影響結果非常大的，當教師無法為學生楷模時，如何矯正學生課堂接聽手機或玩手機的情況，即使老師採取扣分或嚴格的處罰方式，當事者也無法心服口服。有些小事教師可以忽略不管，但有些小事件老師要認真看待，立即介入處理，以免小事的蝴蝶效應發生，至於小事件的影響程度為何，與教師的專業及對班級事務的關心有密切關聯，預防班級蝴蝶效應發生，也是教師專業知能的表現行為。

【實務案例】
　　陳明雅在教室被同學用腳故意絆倒，撞到了頭，將事情告訴王老師，

王老師正忙於運動會活動的事宜，並沒有詢問陳明雅頭受傷的情形，老師看到陳明雅還可以走動，意識也很清楚，就沒有立即請同學幫忙送她到保健室觀察，當天回到家後，陳明雅立刻昏倒，陳明雅被送到醫院後，被診斷為中度腦震盪，需住院治療。陳明雅父親對王老師沒有於事件發生第一時間介入處置，非常生氣，隔天到校找校長理論，若校長再沒有好好處理，揚言要訴諸媒體或告到教育局，此事件隱含的現象是班級蝴蝶效應的事件。

【實務案例】

忠明國中二年四班最近少數幾位要好的男同學喜愛摸對方的下體，看看誰的生殖器比較大，起先同學是開玩笑的觸摸，力道很小，但後來同學玩過頭，觸摸的力道愈來愈大，有同學跟班上導師王明道報告，王老師認為這只是同學間的玩笑行為，不用太大驚小怪，因而只是私下簡單的口頭勸說同學以後不要再有類似行為。幾天後，這幾位班上要好的同學，利用課餘時間討論身材高矮與生殖器大小的關係，他們認為身材愈高的同學，生殖器應該比較大，那些身材矮小的同學，生殖器相對的應該比較小，在理化教室上完課後，這幾位同學趁教師及其餘同學離開教室後，將班上一位身材比較矮小的男同學以請教功課為由，請其暫留自然專科教室，這幾位同學將理化教室門鎖上，一起蜂擁而上，將男同學的褲子強行脫掉，目的就是要查看這位同學生殖器大小。這位被霸凌的學生回到家中，將班上同學欺凌他的過程告知家長，隔天家長火冒三丈至校長室向校長理論：「王明道老師對班級事件的反應慢半拍，無法掌握第一時間處理，對於可以預防處理的事件無法有效掌握，放任事態變得十分嚴重，如果那些同學沒有受到懲處，要向媒體控訴。」

案例中導師對學生「能為」與「不能為」行為間的分界點無法掌握，表示老師對於學生間哪些是玩笑行為、哪些是欺侮行為是無法正確區隔的，這不是教師專業知能的不足，而是教師態度的問題，一位具敏銳洞察力的老師，在察覺班級學生觸摸對方下體的第一個直覺反應是：「這種玩笑行為是不行的，必須告誡學生，立即停止這種不適當的舉動。」並且利

用時間，明確而嚴肅的告誡學生，這種玩笑行為已構成「性騷擾」，若是老師告誡後，學生的行為還是沒有改進，老師就要通知學生家長，必要時採取適當策略加以輔導。有些學生之所以會欺凌同學，是受到群體力量的影響，在有人煽動或鼓譟下，原本不敢從事的行為會突然變為很大膽而敢於嘗試，一旦有旁觀者或他人注視，欺凌或傷害他人的行為就會更為嚴重，這也是一種「觀眾效應」（audience effect）作用，平時教師若能加強法治教育與品格教育，則學生傷害欺凌他人的事件自會大大減少。

陳小娟是某國中一年級的學生，同班有位學生林明超常常找藉口靠近陳小娟，故意觸碰陳小娟的身體、胸部，如果陳小娟將林明超推開，林明超會以「妳怎麼推撞我」而打陳小娟，陳小娟將林明超的行為告知班級導師，導師何明璋說他會處理，但每次何老師只是把林明超叫到面前責罰一頓而已，並沒有採取進一步積極的輔導策略，陳小娟將事件告知父母親，也將老師的處置情形向父母親說明，陳小娟的父母親認為班級導師對班上學生問題的處理欠周延也不夠用心，可能經驗不足或策略方法不對，因而認為最好的方式是轉學。陳小娟轉到新學校後，學習生活適應都很好，二年級上學期開學不久，陳小娟在走廊又巧遇林明超，陳小娟以為她看錯了，正當陳小娟驚訝之時，林明超又故意碰觸陳小娟身體，以猙獰的面目說：「妳不認識我了嗎？」，陳小娟聽完後立即跑開。之後，林明超常利用課餘時間，或上下學時段，重施故技，性霸凌陳小娟，陳小娟跟父母親商量後再轉到第三所學校，並直接向第二所學校處室主任舉發林明超的霸凌行為，也向教育行政機關反應第一所學校班導師對學生霸凌行為處置的不當。

案例中第一所學校的班導師顯然輕忽學生的霸凌行為，也對霸凌行為造成結果的嚴重性認知不足，把性霸凌視為一般不當行為，學校行政的通報系統欠缺完整，林明超之所以會轉到第二所學校，是因為肢體霸凌同學，受害者家屬向學校施壓，如果林明超沒有轉學，就要向新聞媒體舉發學校霸凌事件，學校再向林明超家長轉述班上家長的意見，並告知林明超母親，林明超換個新環境會比較好，就這樣，林明超又轉向陳小娟就讀的學校，若不是陳小娟家長的告發及第二所學校行政人員的積極介入與有效

處置，林明超在第二所學校的霸凌行為會更為嚴重。

【實務案例】

啟光國小舉行一場戶外教學，學生們都玩得非常開心，回程時有的同學在遊覽車上還精神奕奕地討論戶外教學所看到的事物，有的同學則是在車上睡著了。幾個小時後，車子終於回到校門口，大家興高采烈地下車，車上的老師沒有點名就讓同學們各自回家了。孩子們下車後，車上非常安靜，看來只剩司機一人。司機不疑有他，直接將遊覽車開回總站，結果車上竟然還有一名同學沒有下車。

這位同學因為睡著了而沒有發出任何聲音，到達總站時，他忽然驚醒，發現自己仍然在遊覽車上，而且車子停靠的地點並不是校門口。於是他趕緊用手機打電話給家長，告知自己的位置及狀況。

「爸爸我現在在○○總站，可不可以快點來載我？」

「你怎麼會在那裡？車子不是應該開到校門口嗎？」

「我不知道，我在車上睡著了，醒來就在這裡了，沒有人叫我。」

家長聽了小孩所說的情況後非常生氣，隔天就到學校找老師理論，老師瞭解是自己的疏忽，急忙跟家長賠不是。

這個案例告訴我們，點名這件事情，對於老師來說看似輕鬆，其實是非常重要的一件事。點名除了可以確認學生在身邊，也可以藉此多認識學生。教師沒有點名，萬一不小心發生了其他事件，例如孩子被綁架或走失等等，後果將不堪設想。點名不僅可以讓老師掌握學生的行蹤，保護學生的安全，同時也可以避免自己因為不知道同學的去向，而受到家長、學校的質疑。對於班級領導者而言，尤其是教師這個角色，確實做到「點名」這個動作是相當重要的。

【實務案例】

就讀國中三年級的厚昆，是老師們眼中的頭號麻煩人物，平常除了不愛交作業也經常瞞著老師蹺課。

星期二的上午第二節課，厚昆又藉故向英文老師說自己肚子不舒服，想要上廁所，老師不疑有他就同意厚昆的要求，但是厚昆之後便整堂課都

沒有回到教室上課，英文老師由於在趕進度，也沒有察覺厚昆沒有回到教室。第三節是理化課，班上同學到自然專科教室上課，由於是分組實驗操作，座位與教室不同，因此化學老師並不知道有同學缺課，接著第四節是音樂課，同學至音樂專科教室上課，風紀股長沒有告知音樂老師厚昆缺席，所以音樂老師也沒有注意到厚昆不在班級內。

這段期間，厚昆翻牆到校外的網咖，打線上遊戲消遣時間，但是在返校途中違規穿越馬路，恰好被一輛貨車迎面撞上，導致失血過多而送醫治療中。直到警察聯絡厚昆雙親，生氣的厚昆父母到學校詢問後，校方和導師才驚覺，學生居然在上課期間，因蹺課擅自出校而釀成重大意外的發生。

點名對教師而言，的確是件小事，但對班級學生行為動態的掌控是十分重要的；點名也是每天的例行工作，對專任老師而言，點名是到班級後課堂上課前的一個小動作，但它的效用是不容忽視的。傳統直線性座位型態，教師可用掃瞄方法，很快得知哪個座位是空的，或是請前後左右學生看看那位同學不在座位上；若是分組討論型態座位，教師可以請各組組長或副組長幫忙點名，如有組員沒有到齊，要立即報告老師，並與班長或風紀股長確認學生是否到校，這些都是實用可行的策略方法。

五、寒蟬效應

「寒蟬效應」（chilling effect）是新聞學領域的名詞，指的是新聞傳播媒體受到內外在環境的掌控，而無法正常發揮監督政府施政、及傳播媒體應盡的社會責任。「chilling」一字有寒冷發抖的意涵，因而「寒蟬效應」都是指負向的影響。一個令新聞傳播媒體懼怕的政府，表示政府的作為是有問題的，是欠缺民主的，無法跟上後現代主義的潮流，後現代社會思潮的特徵是民主化、多元性、法治化。班級常規管教中，如果學生出現不當行為，教師卻從不探究事件的來龍去脈，或是不當行為的嚴重程度，一律以嚴厲的責罰或怒斥來懲戒當事人，則長期下來，師生間的關係會疏離，班級的寒蟬效應就會發生，班級學生很怕做錯事情或因疏失而受到教

師嚴厲的處罰，因而畏首畏尾，保持明哲保身，形成「多做多錯，少做少錯、不做不錯」的心態。

再如，課堂中有同學不懂之處，舉手發問，老師都會板起臉孔，以「這個問題剛剛老師不是講過了，你就是沒有專心在聽才不會」、「這麼簡單的問題，你也不會，真不知課堂中你有沒有用心的在聽講」，當多數學生課堂中向老師提問問題後，不僅沒有獲得期待的結果，還被老師當眾奚落，傷及自尊，長期下來，課堂學習的寒蟬效應就會發生，學生在課堂學習中會緊閉嘴巴，不想問也不敢提問，此種結果會嚴重傷害到學生的學習權，與知識探索的能力，從社會認知論的觀點而言，學生因看到別人某些行為表現而受到教師責罰或他人嘲笑，個人也就較不會或不想表現此種行為，即使這種行為是合理、有利於學習活動的，如上述「發問」事例，當事者認為不懂發問是正當合理的行為型態，但卻被教師誤認為不專心聽講，或被同學認為是愚蠢問題，其他同學目睹此種現象後，便不想發問也不會發問，此種方式也是一種懲罰，稱為「替代懲罰」（vicarious punishment）；相對於「替代懲罰」的增強型態稱為「替代增強」（vicarious reinforcement），替代增強指的是學習者看到別的同學因表現某種正向行為而受到教師讚美或有更好的學習表現，則這些學習者也會積極表現類似的正向行為，如看到有人利用課餘時間指導同學，解決同學的問題，而得到教師口頭讚賞、贏得更多同儕的尊敬，於是也倣效學習，樂於協助同學間的課業問題。

班級經營中許多意外事件是可以防範的，卻仍然無可避免的發生了，其原因有二：一為教師未將那些課堂中絕不能為的行為告知學生，二為學生以為是玩笑事件，不知事情結果的嚴重性，如同學要坐下時故意將前面同學的椅子移開，造成同學的脊椎受傷；同學從旁邊經過，故意將腳伸出以絆倒同學，造成同學臉部嚴重撞傷；故意在同學營養午餐中加以其他非健康食品，造成同學身體不適（如在同學珍珠奶茶中加入強鹼或強酸化學物體，在同學飲料中加入瀉藥等）；同學從門外走進教室時，瞬間將門關上，讓同學撞及門板，造成鼻子流血；在同學椅子上放置圖釘，同學坐下時圖釘刺進同學屁股等，這些案例引發的意外事件都是可以避免的，教師

若能以之前已發生的事件為例告知學生，則學生會知道哪些「玩笑」行為並不是真的只是「開玩笑」而已，是可能會對同學造成嚴重的傷害，而且要負很大的責任包括民事與刑事責任。

　　班級各項活動都是為學生而規劃，學生的學習歷程不可能沒有失敗，不可能沒有挫折，教師不能以「完美主義」要求學生從事各項學習活動，不允許學生失敗的學習活動，是會更增加學生的學習壓力與活動參與焦慮，以趣味競賽為例，某些學生可能無法一次順利完成，練習時若是學生無法一次正確投擲或完成，教師不應採取權威責罵方式，如：「你怎麼這麼笨！」、「你真的是笨手笨腳」、「從沒有教過像你動作這麼不協調的學生」、「你可不可以用心一點」等，教師的不斷的責備與怒斥學生，只會傷及學生自尊。

　　就教師的教學或管教而言，家長不明智的舉動或是直接向媒體雜誌舉發的行為，也會引起教師本身的寒蟬效應，如教師的作業份量稍微多一些，教師的管教稍微嚴厲些，同學間的吵架衝突打人事件擴大宣傳為校園霸凌問題，學生意外事件誤認為教師班級經營的常規訓練不好等，家長對教師的不滿，或是對班級事件的來龍去脈有疑惑，都不循正常管道與學校或教師進行雙向溝通，動不動就向新聞媒體告發，而告發的事件內容都有誇大其詞，或是將學生問題嚴重化，導致學校或教師極大的困擾，教師都深怕教到這些家長的小孩，或是在校行為被這些家長或其小孩錄影或錄音。若校長領導行為或是家長行為令教師產生「寒蟬效應」，則教師的教學熱忱或工作投入態度會受到大大影響，如果行政人員與教師溝通不良，可能影響教師配合行政活動的推展，而採行抵制消極應付的心態；如果家長的作為令教師心寒，教師可能會對家長的不滿或是失望，投射（projection）於學生身上，對學生放棄不管，對學生不信任、與學生沒有任何互動等。

六、普利馬克原則

　　普利馬克原則（Premack principle）係指教師在使用行為改變技術策略的增強原則時，常會採用不同的增強物，以增強持續學生正向行為，增

強物包括物質性增強物、權利型增強物、社會性增強物、代幣性次級增強（secondary reinforcement）、活動性增強物等，活動性增強運用又稱為普利馬克原則。課堂中教師常使用的增強物型態如下圖所示：

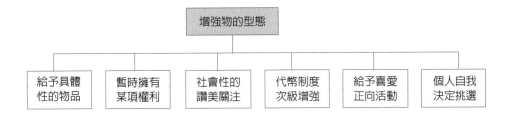

普利馬克原則使用的增強物多數採用活動性增強物，以學生喜愛的行為或活動（高頻率性的增強活動）來增強學生較不喜愛行為或活動的展現（低頻率性的活動），普利馬克原則即以學生喜愛及高頻率表現的活動為增強物，來增強其較不喜愛活動或低頻率表現的行為，普利馬克原則又稱為「祖母原則」或「條件契約」論，因為普利馬克原則在傳統家庭中是阿嬤教育的一個法寶，傳統阿嬤教育孫子（孫女）常運用的一個方法是：「你先把功課寫完，你才能看電視」；「你把這碗飯吃完，等一下才能去玩」。普利馬克原則應用於班級經營情境時，乃是教師運用具有高頻率的行為（如打球活動），以提升學生之低頻率的行為（如打掃活動），並透過師生約定（訂立契約）的方式，促使學生表現教師期望的行為，師生之間對於行為的改變或活動達成有某種程度的默契或共同的約定，普利馬克原則運用的增強物型態為「活動增強物」，而非「具體增強物」或「社會增強物」，該原理應用也是一種正增強（positive reinforcement）的類型。普利馬克原則內涵的圖示如下：

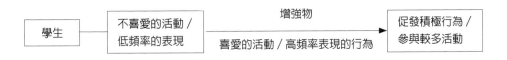

普利馬克原則屬於活動性增強的一種型態，當學生表現教師期待的行為時，教師可以允許學生參與喜愛的活動，這個活動可以是單獨完成，或

與同儕共同完成，適當的活動增強如給予額外時間使用電腦，作為班級活動或運動比賽中的領導者，優先操作某種視聽器材設備、優先挑選打掃區域等，D. Premack（1959）從活動性增強型態中以一連串研究證實以學生較喜愛或想從事的活動行為可有效增強其較不想參與，或不想從事的活動行為，高頻率的活動增強物使用的前提是不能傷害到他人，或違反班級規約或校規的活動。

【實務案例】

六年五班在上星期整潔比賽中被列入班級整潔活動觀察名單（外掃區打掃應再更乾淨些），班導師並未處罰外掃區同學，而採取契約訂定的方法，與班上同學約定，早自修時間若要繼續至地下室打桌球，早一點到學校的同學也要協助外掃區的打掃，每天二十分鐘的整潔活動時間，每個人都必須將自我負責的區域確實打掃乾淨，若是學務處檢查結果被列入班級整潔活動觀察名單，則隔一週取消早自修球類活動，經導師與全班同學達成共識，並訂定契約張貼於教室後面後，各組同學間會相互鞭策，以同儕力量形成一股約束力，整潔活動時間同學均很盡力完成自我分配的工作。

再如同學早自修很想到電腦教室打電腦，但是前一天數學考卷班上同學多數未訂正完，教師可以與學生訂定契約：「數學考卷錯誤的題項，全部訂正完畢且讓小組長批閱完者才可以到電腦教室。」同學因為很喜愛到電腦教室打電腦，所以在訂正數學錯誤之處特別投入，有不懂之處還會相互討論，並主動請教同學。此種條件契約，就是普利馬克原則的應用，普利馬克原則其實是採用「同學喜愛活動」作為增強物的增強行為，與採用物質性增強、社會性增強、實物性增強的內涵相同，當班上同學特別喜愛某種動態活動或學習活動，教師就可以此活動作為學習的一種增強型態，來激勵學生的學習動機，促發學生的學習行為。

七、破窗效應

破窗效應由政治學家威爾遜和犯罪學家凱琳提出，此理論認為如果有人破壞建築物的窗戶玻璃，這個被破壞的窗戶沒有及時修護，長久下來，

誘導人們可以任意的破壞窗戶，因而會有更多的窗戶玻璃被破壞，破窗戶給人們一種行為脫序的感覺，衍生更多的社會混亂及行為問題。破窗效應指出，出現第一扇破窗時，當事人沒有立即修補處理，路人或行人就會開始往裡面丟擲雜物及垃圾，之後，第二個、第三個完好的窗戶會被陸續破壞，並被丟擲更多的雜物與垃圾，很短時間內，它會變成一間髒亂不堪、破損可怕的房子。

　　破窗效應於班級經營中的運用，常見的為學生丟垃圾行為，如果學生丟垃圾時沒有將垃圾分類，而任意丟棄；或是垃圾沒有被完全丟入垃圾桶中，造成附近輕微髒亂，之後丟垃圾的某些同學因看到垃圾桶旁有垃圾，就會受其感染，而不願將垃圾精準分類並丟入垃圾桶，而不會像之前一樣把未投進垃圾桶的垃圾撿起來，並重新丟棄，漸漸的教室放置垃圾桶的附近會變成髒亂不堪。整潔活動也是品德教育的內涵，教師在班級經營中應明確的告知學生整潔環境維護的重要，任何學生細微的不當行為，教師知悉後都應加以輔導教育；其次是公共區域或廁所內置放的垃圾桶，如果有人將垃圾或衛生紙丟棄於桶子外，沒有人加以處理或進行清潔維護，則這些桶子的周圍也會變為髒亂不堪。其他，如班級置物櫃或櫥櫃，原先某些櫃子是空的，內無任何物品或東西，一旦有人將不用的東西或壞掉的學用品丟入，教師沒有派人整理，不久之後，整個置物櫃或櫥櫃都是班級學生丟棄的東西或垃圾，連櫃子附近也會變為教室的死角。

　　學生人格培育與品德習慣養成也是如此，面對學生平時行為懶散，怠慢而不盡責，消極馬虎、作業不用心寫，「對同學不敬重、對事件不負責、對公物不愛惜」，教師若沒有積極介入處置、輔導改善，放任學生不管，則學生暫時的不當行為就會演變為嚴重的偏差行為；內在學習表現上可能由一時的懈怠、馬虎演變為對學習完全沒有興趣、沒有動機、沒有目標，不僅個人表現消極，也干擾到班上整個學習活動，破壞班上和諧的班級氛圍，就像「破窗效應」一樣，屋內雜亂地方處周圍愈變愈大、愈變愈髒。就校園霸凌事件而言，霸凌者、協助霸凌者對受害者的故意傷害，是從輕微不當行為衍生而來，如果教師能於當事者出現不當行為，或暴力行為傾向時，能有效加以介入處置、輔導轉介，學生間的爭執衝突通常不會

延伸為校園暴力事件。

八、增強相對立原則

　　增強相對立原則指一個人極端的二種的行為很少或不可能同時出現，如一個人哭時，不可能又同時在笑；一個人笑時，不可能又同時在哭，教師認為某位學生掃地認真是位負責任的同學，那麼他在公共區域的整潔工作，就不會被認為是不負責任者。增強相對立原則在班級經營的應用如教師指定班上帶頭起哄的學生擔任風紀股長，則學生的不當行為可能會因為個人角色扮演而收斂或改變，因為學生是風紀股長，風紀股長要掌控的是班上秩序，他要扮演稱職的風紀股長必須以身作則，管好自己才能管理別人，長久下來，之前帶頭起哄作亂的不當行為會減少甚至完全改變；再如某同學打掃公共區域時總是散漫不用心，很少把負責的區域打掃乾淨，老師特別指定此同學身兼外掃區的組長，負責管理及監督外掃區的整潔工作，因為他要管理與監督外掃區所有同學的打掃工作，因而自己必須先把負責的區域打掃乾淨。

　　增強相對立原則於班級經營中的運用並非絕對可達到教師預期的結果，以打掃公共區域為例，教師指定平時打掃最不認真、最會摸魚的同學作為公共區域的負導人，當事者如果不能自律，可能於打掃時間自行離開到處閒逛，因為他沒有分配到打掃的工作，其餘被分配到任務的同學，都是較為認真、用心同學，若是公共區域沒有打掃乾淨，當事者可能會說是負責同學打掃時不認真；或是以「我已經督促他們了」作為搪塞，以掩飾自己沒有盡責的疏失；這些同學因為平時就是班上較為搗蛋的學生，當老師給予其領導者的權力後，可能會濫用權威，只要打掃同學與其意見不合，或發生爭執衝突，就會藉題發揮，向老師投訴：「某某人怎樣怎樣」（其實很多都是當事者個人主觀的偏見），教師若是沒有於打掃時間仔細視察，可能對真實情況無法瞭解，也無法掌控當事者的行為變化情形，比方說，當事者只擔任公共區域的督導，而不用負責打掃工作，所以利用打掃時間至別班閒逛，打擾別班同學的打掃工作，引起別班同學不滿，進而

引爆打架事件；相對的，有些同學因為教師請其擔任領導者角色，給予領導者的權威，而感覺教師對其能力的肯定，相信當事者可以表現很好，當事者在老師鼓舞下，就會儘量將自己最佳的行為展現出來，收斂之前相對的不當行為。

以擔任班級幹部而言，教師如果沒有將其正向意念與目的讓家長知道，可能引起家長誤解，如學生回到家後告知父母：「我們老師不知怎麼搞的，竟然指定我們班上規矩最差的同學為副班長」、或「我們老師可能有問題喔，叫曾經有偷竊行為的○○○為班上的總務股長」、或「○○○的數學常常考不及格，老師竟然叫她擔任數學小老師」、「○○○課堂中最喜愛講話，常常被任課老師處罰，也可以擔任風紀股長」等，這些處理策略都是增強相對立行為的運用，但許多家長根本不知道教師採用的方法是有學理根據的，以為教師藉機會在整同學，或是有特別的用意，因而教師在使用增強相對立原則時，若有家長誤解或同學無法信服時，教師要加以詳細說明，進行有效溝通，以免良意被人誤解為惡法，或是班級經營策略有問題。

九、亨利效應

強亨利效應或稱「亨利效應」（Henry effect），此效應一詞來自實驗設計程序，實驗設計中通常會有實驗組與控制組，實驗組是被研究者實驗操弄的對象。在教育現場中，準實驗設計的組別通常是以「班級」為單位，當控制組班級群體知道自己的班上不是教師或研究者實驗的對象時，可能會覺得不公平或有被看不起、歧視的感覺，因而抱著「輸人不輸陣、輸陣歹看面」，或不服輸的精神表現得比之前更好，這是一種「你看不起我們，我們就拚給你看」的心態。在實驗研究程序中，亨利效應會影響研究結果的內在效度，在班級經營策略，亨利效應也是一種正向激發學生行為表現的方法。

亨利效應與霍桑效應都是一種受試者的態度，二種效應的結果都會影響實驗研究的內在效度（internal validity），內在效度指的是實驗組與

控制組在依變項的差異，是真正來自於自變項的操弄所致，或是實驗程序中自變項與依變項間的因果關係可以明確認定。另一個重要的效度稱為外在效度（external validity），外在效度是實驗結果的可推論性程度，外在效度指的是研究結果可以推論至母群體（母群體效度）或其他不同生態、不同情境的可能性（生態效度），如果研究推論或應用的範圍愈小，表示實驗的外在效度愈低；相對的，如果研究結果可以推論至其他不同情境，或是研究對象以外的受試者，表示研究結果有高的外在效度。研究要能推論應用，其前提就是要有良好的內在效度，影響內在效度的因素很多，如受試者選取的偏差、測驗工具的信效度不佳、受試者身心發展與成熟的變化、受試者的流失、前測威脅造成的偏誤、統計迴歸造成極端測量值的不穩定、實驗者的偏見、受試者的態度等。其中受試者態度變化對內在效度影響的二種效應為霍桑效應與亨利效應，霍桑效應為受試者知道自己被選為實驗對象，有較高的榮譽心，會把最佳的行為展現出來；亨利效應剛好相反，當受試者沒有被選為實驗對象，基於不服輸與競爭心理，會盡其所能表現自己的最佳潛能，以免被實驗者認為自己是「次等人員」；此外，他們也可能認為自己也能做到和那些受到「特別」關注與照顧的成員一樣好，而表現非典型的平時行為態度。

【實務案例】

　　林老師是一年級的英文教師，在一項教育行動研究的實驗中，林老師想知道資訊科技融入傳統英語教學的教學法是否較好，因而以一年一班的學生為實驗組，一年二班的學生為控制組。教學進行中，一年二班的學生認為他們不是教師實驗班級，上英文課時都沒有到電腦教室，因而心生反感，認為英文教師較不重視他們班，認為他們是「次等學生」，課餘時有同學說：「這是因為我們班第一次定期考查的平均成績是全年級倒數的，所以沒有優先權。」第二次定期考查前，全班學生相互砥礪，想要贏過一班的同學，大家都期待同學把最好的能力展現出來，多數同學都投入很多時間在英文科上面，由於這次同學花費許多時間在英文科上，第二次定期考查結果，二班學生的班級平均成績雖然沒有贏一班的學生，但兩班的平

均成績差不多，整班的成績也較之前進步，此種結果和英文老師原先預期的相反。一年二班同學的學習表現，即是受到亨利效應的影響，才會造成實驗結果的錯誤。

【實務案例】

　　五年一班在學校教學參觀日沒有被指定為高年級教學觀摩班級，師生覺得可能其班上環境不夠乾淨，因而於教學參觀日前一星期將教室布置得非常精緻，前一天並將教室內外打掃得十分乾淨，並於教室外將同學優秀作品加以張貼布置，教學參觀日當天早上，許多到校參觀的家長均紛紛至五年一班班上參觀，加上學生熱心的解說，讓多數家長誤以為五年級觀摩教學的班級是五年一班，參觀家長都一致稱讚一班的班級教室布置很美，學生的作品很有水準、教室內外都打掃得乾淨、學生也很有禮貌，因而對五年一班留下非常好的印象，學校許多教師參觀完五年一班的教室情境，私下相互討論，一致認為五年一班作為教學參觀班級更為適合。

　　不服輸與補償抗衡心理，與他人進行良性競爭，可以使學生投入學習活動時更為用功努力，學生對於學習的態度與理念與日後學習結果有密切關聯。教師在運用亨利效應時要特別留意正向價值觀的培養，如人需自重才能贏得別人尊重、一分耕耘一分收穫的普世價值；此外，與他人競爭時，必須以不傷害對方為前提，不詆毀、不誹謗、當事者必須採用合法正當的方法，以自己的真正實力與對方競賽；如果以不正當的方法巧取獲勝，即使贏過對方也是錯誤的。

十、刺蝟法則效應

　　「刺蝟法則」是社會心理學理論中人際交往時，「心理距離效應」的重要性。此效應乃是生物學家從探究刺蝟在寒冷冬天的生活習性延伸而來。生物學家以寒冷天候中的刺蝟相處為例，來說明人與人之間最佳距離的好處，其實驗歷程如下：冬天時，把十幾隻刺蝟放到戶外的空地，由於天氣十分寒冷，這些個別刺蝟被凍得渾身發抖，為了取暖，他們只好緊緊地靠在一起，由於刺蝟身上有長刺，這些刺蝟相互靠攏後，又因為忍受不

了彼此身上的長刺所帶來的痛楚，很快又各自分開了，可是天氣實在太冷，又迫使它們非聚在一起取暖不可，但是，靠在一起時的刺痛使它們不得不再度分離，刺蝟如果不聚在一起，太過分離，會因天氣太冷，凍得難以忍受；但如果為了取暖，靠的太近又會把同伴刺傷，連帶自己也被同伴刺傷。經過反覆多次的探索，刺蝟們終於找到一個可以使自己受到最小傷害及感受最大溫暖的距離，這個最適距離可以使大夥們達到最低「凍傷」與「刺傷」的目標。

刺蝟法則（或刺蝟效應）於班級經營的應用就是教師與學生心理距離效應的掌控。師生間的最佳關係是亦師亦友，教師與學生間有良好的關係，學生才會將心中的疑惑或問題告知或請教教師，試想：一位採取高壓權威領導的教師，情緒無法掌控的教師，動不動就嚴厲責備處罰學生，學生怎會喜愛教師，由於學生對教師的不喜愛，類化到對學習的厭惡。但教師畢竟是老師，與學生間的關係應有適當的距離存在。社會心理學中人與人之間的最適距離，視交往雙方的人際關係與當時所處情境而調整，美國人類學家愛德華・霍爾將人際交往的距離劃分為四個層級：

1. 親密距離：是人際交往中的最小間隔，其近範圍約在15公分以內，遠距離範圍約在15至44公分之間，親密距離屬於私人空間距離，常發生於貼心要好朋友、夫妻與戀人之間；2. 個人距離：是熟人交往的空間，此距很少有直接身體接觸，近範圍約在46至76公分之間，此距離熟人正好可以相互親切握手、友好交談，陌生人進入這個距離會構成對別人的侵犯，個人距離的遠範圍約為76至122公分，任何朋友與熟人都可以自由地進入這個空間；3. 社交距離：此距離超出親密或熟人的人際關係，表現的行為是一種社交性或禮節上的較正式關係，其近範圍約為1.2至2.1公尺，一般在工作環境和社會聚會上，人們都保持這種程度的距離；4.公眾距離：這個距離指公開演說時演講者與聽眾所保持的距離，其近範圍約為3.7至7.6公尺（黃薇，2011）。

教師與學生間的最小距離為「個人距離」，若是師生間距離或同學間距離為「親密距離」則很容易發生「性騷擾」的情況。外在最適距離的堅持，是身為教師者必須要有的行為準則與認知；至於與學生間的最適心理

距離，則需要靠教師的專業與智慧，教師不能運用法職權力，科層體制下的教師權威強迫學生發生親密距離關係，這不僅有損教師專業，更是違法的行為。刺蝟法則在班級經營的應用就是教師的所作所為或教師管教策略要讓學生覺得教師是「恩威並濟」、「賞罰分明」，教師一方面能贏得學生尊重與喜愛，但一方面又會讓學生懼怕，學生畏懼教師，才能讓有不當行為者的行為收斂，或有意表現違反班級規約的當事者有所警惕，不敢冒然挑戰教師權威，表現可欲及遵守規範的行為，讓學生感受老師能剛柔並濟，兼顧愛與紀律，教師就要展現積極果斷的行為，其中的折衝點教師要根據學生的人格差異與事件情境而彈性應用。

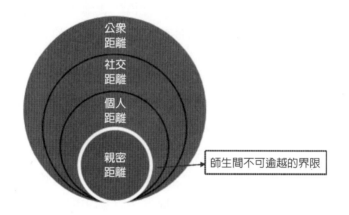

精神分析學者弗洛伊德認為人們為了減少焦慮、不安或緊張的情緒，會採取相關的策略，這些策略稱為防衛機制（defense mechanism），自我防衛機制是自我應付本我的驅動、超我的壓力和外在現實（自我面對的實體社會）的要求等三個對手的心理因應及防衛手段，以保持人格結構的平衡（潛意識中的原始本我、意識中面對現實的自我、本著良心的超我三部分），常見的防衛機制如壓抑、投射（把不能接受或不好的欲望、衝動及意念歸咎給他人）、昇華、合理化（用一種自我能接受、超我能寬恕的理由來取代自己行為的真實動機或理由，如成績不好的外在歸因，將其歸於題目太難，教師講的不清楚等）等（車文博，1996）。此外，在心理治療的過程，弗洛伊德也發現心理病患者會有一種移情作用，移情現象常發生

在自由聯想的過程中，病人對治療師產生某種強烈情感，將自己過去生命中對某些重要人物的感情投射到治療師身上；相反的，治療師對病人所產生的移情，則稱為反移情。移情是一種心理情感轉移的現象，大多發生在無意識的層面，治療過程，患者將無意識中對過去某個重要人物的情感及經驗轉移至治療師身上，使原本的醫病關係轉變為親子間、情人間或朋友間的情感關係，患者的移情作用若是正向的，會將治療師視為順從、愛慕及性愛的對象（林逸鑫，2008）。

　　教師輔導學生的歷程，與治療師對患者的治療過程極為類似，教師如同治療師、身心受到創傷的學生如同患者，學生與教師間也可能發生移情現象，如此移情現象可以拉近教師與學生間的距離，也可以讓學生願意將心中的困擾及受到的心理創傷詳細的告知老師，當老師能得到學生信任、敬重與愛慕，則輔導諮商的成效會更好。但教師應特別注意，學生的移情作用若是變成對教師的傾慕與愛意，從師生情感變為男女間的情感，教師就必須立即將案主轉介給其他教師，此時，教師應以理智及專業來處理，與學生間保持一定的距離，最少要維持在「個人距離」，不能有「親密距離」發生，否則就違背教師的職責，違反教學倫理準則。教師與學生相處的過程中，絕對要避免反移情的現象，教師對學生的情感與關注，要僅限於師生間的關係，不能發展為男女間的情感，師生戀的情況在中小學絕對禁止發生，這是教師必須堅持的原則，也是教師要恪遵的行為守則。

參考書目

MBA智庫百科（2012）。**維特效應**。取自2012，6月30日，網址:址http://
　　wiki.mbalib.com/zh-tw/%E7%BB%B4%E7%89%B9%E6%95%88%E5%
　　BA%94。

白惠芳、林梅琴、陳慧娟、張文哲（譯）（J. E. Ormrod著）。**教育心理學—
　　學習者的發展與成長**。臺北：洪葉。

余民寧（2011）。**教育測驗與評量：成就測驗與教學評量（第三版）**。臺
　　北：心理。

林逸鑫（2008）。**圖解佛洛伊德與精神分析**。臺北：易博士。

胡志強（2006）。**有趣的10大管理學理論**。臺北：德威。

柴蘭芬、林志哲、林淑敏（譯）（2006）（A. Woolfolk著）。**教育心理學**。
　　臺北：培生。

曾華源、劉曉春（譯）（2004）（R. A. Baron & D. Byrne著）。**社會心理
　　學**。臺北：洪葉。

黃薇（2011）。**最神奇的心理學定律**。臺北：文經閣。

第三章

心理學效應於班級經營的
策略應用（II）

十一、跳蚤效應

　　跳蚤如果自由自在的跳躍，可以從地面上躍起一公尺以上的高度，生物學家在一公尺高的地方置放一個硬板，每當跳蚤跳起後便會撞到硬板，剛開始時，跳蚤會試圖依自己的能力往上跳，但每次都撞到堅硬木板，因為撞擊時很痛，所以漸漸的跳蚤跳躍時就不想再跳那麼高，只要不撞到硬板，就不會有疼痛的感覺；後來，生物學家將硬板拿掉，再讓跳蚤自由跳躍，雖然跳蚤還是可以自由跳躍，但跳起的高度皆無法再超過一公尺以上，直到跳蚤生命結束還是無法再躍過一公尺。跳蚤效應理論，應用於教育心理學領域即是所謂的「習得無助感」（learned helplessness）。

　　在課堂學習歷程中有二大類型的學生，第一種類型學生不管能力為何，不在意失敗，熱衷於各種學習活動，即使學習表現或結果不是很好，學生也不在意，因為他們對各種學習充滿好奇與願意嘗試，而遇到問題

也有勇於向老師發問，抱持「我一定做得到」、「我能夠達到」的樂觀態度；第二種類型學生有能力也不願意嘗試各種不熟悉的或新的學習活動，對自己沒有信心，有很高的焦慮感，常低估自己的能力，過度在乎最後結果，抱持「我一定無法做到」、「我絕對無法達到」的負向態度，遇到不熟悉的任務或艱難問題，不想也不願請教老師或同學，因為他們認為問了也沒有用。第一種類型學生由於將學習歸因歸於自己努力與能力所及，即使能力不夠，只要再努力即可達到目標，此種積極態度又稱為「精熟導向」（mastery orientation）；第二種類型學生不僅無法肯定自我，更對自我能力懷疑，重要的是其認為個人再怎樣努力，也無法達到目標，因而對任務或學習活動不會全力以赴，這就是一種學習無助或習得無助感。

　　即使持續精熟導向的學習者與習得無助的學習者一開始擁有相同的能力，但是持續精熟導向學習者所表現的行為結果，長期下來會導致較高的水平成就，尤其他們會設定難度較高的學習目標，尋求具挑戰性的情境，面對失敗也能堅持不放棄；至於習得無助學習者會抵估自己的能力，設定較易達成的目標，逃避對他們知能有很大助益的挑戰性任務或活動，遇到失敗或挫折便輕易放棄，最終的結果是提早宣告其未來的失敗與對學習的失望（白惠芳等譯，2011）。習得無助態度是長期受到失敗經驗，或學習遇到挫折沒有人適時伸出援手導致的行為，學生的學習活動需要有教師的帶領與指導，如果教師能妥慎規劃各種學習活動，鼓勵學生參與，告知學生成功的真正意涵：自己有進步或學到新知能，而非打敗同學或爭取好名次。

　　教師要根據學生的個人資質、能力，設定學生的個人目標，明確的告知學生：「老師相信你可以做到」、「老師相信你能」、「老師相信你可以」，正向的言語鼓勵可以激發學生潛能，讓學生持有精熟導向態度；此外，當學生遇到問題或困難時，教師可以提供相關資源予以協助，即使學生勇於接受挑戰，有很強烈的學習動機，教師也不能放任不管，完全任由學生獨自摸索，或完全信任學生可以獨自完成，如果每件事件或學習活動學生都可以單獨完成，那麼教師於課堂學習的角色就會令人質疑。「教師

必須指導學生學習、教師必須啟發學生思考、教師必須開展學生潛能」，
若是教師對學生的學習活動或任務達成，完全放任不管，長期下來學生就
會有習得無助的態度。

目標（goal）是指個體經過努力之後所欲達成的結果及成就，個體設
定的目標種類，會影響到個體追求目標的動機，學習歷程中明確的、難度
適中的且在不久的未來可以達成的目標，才能夠增強個體的動機及堅持下
去的動力，從學習目標導向的觀點來看，學生喜歡的是清晰的、明確的、
合理性、具適度挑戰性的及在短期內可以達成的目標。學校教育中的四個
目標導向為（柴蘭芬、林志哲、林淑敏譯，2006）：

1. 精熟／學習導向：此類型的學生願意去嘗試挑戰，面臨困難時也會
   堅持，不會輕易放棄，他們將心力專注於工作本身，而不會去擔心
   他們在班上的名次，此類型的學生又稱為投入型的學習者。
2. 表現導向：表現目標類型的學生喜歡向他人展露自己的能力，將心
   力放在得到好的成績及高分數，同時關心著如何勝過、打敗其他的
   學生，此類型的學生又稱為自我投入型的學習者。
3. 工作逃避導向：此類型的學生不想學習也不想要讓人覺得他們有能
   力，只想遠離任務或學習活動，他們不會投注過多的精力及時間，
   只希望任務或活動可以完成即可，此類型的學生又稱為工作逃避型
   的學習者（work-avoidant learners）。
4. 社會導向：此類型的學生通常為年齡較大的學習者，他們除要重視
   學校課業外，也會兼顧社會網路中同儕關係的經營，社會目標包含
   許多與學習者不同程度的需求及動機，有些有助於學習，有些則會
   阻礙學習。

班級經營方法、教學活動的規劃、教師的目標訂定等要避免學生成
為「工作逃避型的學習者」，工作逃避型的學習者會讓學生放棄學習、遠
離課堂活動，學生之所以會成為此類型的學生，是因為長期教師設定的目
標無法達成，因而不願意教師或父母為他們設定的目標，或是消極的拒絕
目標的設定。沒有目標的學習是盲目的、是沒有成就感的，這些學生之所
以會從工作投入型學習者、自我投入型學習者變為消極學習者、學習活動

的逃避者，其中一個重要原因就是長期、重複不斷的失敗導致，努力付出與結果表現間的落差很大，加上教師或同儕沒有適時伸出援手幫助他們，讓他們被制約成自暴自棄，即使有潛在能力也不想全力拼戰，就像跳蚤一樣，因為長期的躍起撞擊疼痛，讓他們不想再奮力向上躍起。學生習得無助時，教師及同儕應適時伸出溫馨的雙手，拉他們一拔。學生失敗時，教師不應再怒斥處罰他們，這無異是火上加油，教師應鼓舞學生，激發學生學習的動力，為學生設定可以達成的目標，如此，才能避免學生自我放棄學習活動。

十二、刻板印象

刻板印象（stereotype）又稱刻板效應、社會定型、定性效應，是指對某人或某一類族群一種簡化性、固定性的看法或認知，此看法或認知通常是有偏誤的，或是不完全正確的，當事人會以有色眼光或成見看待他們，刻板印象就是一種認知上的偏見。傳統刻板印象與當事者所處的文化民族有很大的關聯，刻板印象有中性、負向的認知，若是中性的刻板印象，對當事者的行為判斷就比較會不會出現偏見，但若是負向的刻板印象就很容易對當事者或某群體文化有非理化的推估，此種非理性的推導與固執不友善的看法就是一種「偏見」（prejudice），在跨國的比較研究中，偏見通常針對特定的文化、種族、宗教、國籍的人，這就是社會學中的種族偏見或族群偏見。教育革新與社會進步的脈絡中，民主化、平等化、自由化是各國教育關注的議題之一，因而多元文化教育與性別主流化的教育也均納入學習內容範圍，多元文化教育與性別主流化的目的之一就是消弭傳統負向刻板印象。

態度的構成包含認知、情感與行為三個因素，偏見的態度有以下四個特徵（時蓉華，1996）：1. 偏見是以有限的或不正確的信息來源為基礎的：人們對某些問題的看法常常是道聽途說，未經查證的，從而形成正面的或負面的偏見；2. 偏見的認知成分就是刻板印象：當人們的認知思維模式被固定僵化下來，會對個體或群族形成不正確的態度及錯誤的認知，此

認知及態度即為刻板印象；3. 偏見常有過度類化的傾向：一個持有偏見的人常常會有月暈效應的傾向；4. 偏見含有先入為主的判斷：先入為主的判斷即使當事者得知事實，確認原先的認知與思維是不正確的，當事者也不願修改。班級經營歷程中，偏見的認知成分也常存於某些老師身上，如甲老師對乙老師有偏見，早期的不愉快經驗認為乙老師的班級經營欠佳，教到乙老師班級時，班上學生的常規都很掌控，乙老師班上的學生「都很壞」，所以甲老師教到乙老師班上時，會特別嚴厲，對學生也特別兇，久而久之，甲老師與乙教師班上間學生的關係很不好。甲教師由於對乙老師有偏見，過度類化結果對乙老師班上所有學生都有成見，甲教師對乙老師的刻板印象是乙老師的常規管理有問題，其任教的班級學生行為常規都不好，班上的學生都不是「好學生」。

　　蘇聯社會心理學家包達列夫曾做過這樣的實驗，將一個人的照片分別給兩組受試者觀看，對第一組受試者說：「照片中的人是個罪犯」；對第二組受試者說；「照片中的人是位著名學者」，然後請二組受試者分別對照片中的人之特徵加以評價。結果第一組受試者認為：「此人的眼睛深凹表示他兇狠、狡猾，下巴外翹反映其頑固不化的性格。」第二組受試者認為：「此人眼睛深凹表示他具有深邃的思想，下巴外翹反映他具有探索真理的頑強精神。」同樣的一張照片，為何二組受試者做出的評價有極大的差異，原因在於人們對社會各類的人們有著一定的定型認知。當受試者把照片中的人當罪犯來看時，自然就把其眼睛、下巴等特徵均歸為凶狠、狡猾和頑固不化；而把其視為學者來看時，會以學者的外表來定型，因而其特徵為思想的深入與意志的堅韌性（黃薇，2011）。

　　刻板印象的影響模式，包含了認知及情緒二個部分，亦即刻板印象影響個體某些認知的程度，也影響個體某些情緒行為，這二個過程都會影響個體對他人的評價與判斷，以及對他人所表現的行為。一旦人們對某一個體或團體產生了刻板印象之後，通常會特別注意與刻板印象一致的訊息，記住及認同與認知架構相同的訊息，忽略那些不一致的訊息，結果使得刻板印象變成一種自我驗證的過程。社會心理學家相信學童從他們父母、其他成人（如教師）、同儕，或傳播媒體等處學習到偏見與執著，如果教

育者能避免把成人的偏見傳遞給學童，則學童在學習過程或成長歷程中就可減少偏見的產生，其具體做法有二：一為成人若有偏見，必須自己相信（經由他人的告知或說服），願意面對，進而調整自己的言語及行為；二為讓父母明確知道，偏見對學童可能造成的傷害，進而願意改變自己的教養方式，使學童有正確的價值觀與信念。刻板印象影響社會評價的歷程如下圖所示：（曾華源、劉曉春譯，2004，p.199）

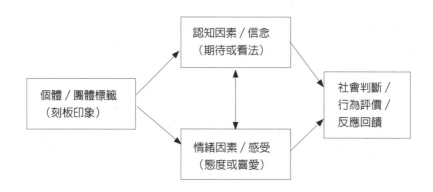

在班級經營中有些教師會有性別刻板印象，認為女生比較文靜、比較不會作怪，男生比較好動，較容易違反班級規約，當女生犯錯時，總認為女生是不小心、非故意的，因而對女生違反班規的行為給予較輕的處罰，相對的，男生犯錯時，定認為是當事者故意的行為，給予的責罰也較重。刻板印象是一種簡約的推論，是一種固定主觀的認知，所以有此定見的人，對事件的判斷或行為結果的處理通常會有偏誤，如教師總認為成績中上的學生是好學生，比較不會調皮搗蛋，比較不會違犯班級紀律；成績差的同學，多數也會比較會違反班級規約，品德行為也較差，因而當同學犯下同樣錯誤時，教師會因先前的定見，對成績好的同學比較寬容，對成績差的同學比較嚴厲，教師此種認知偏誤及定性效應，會造成同學的誤解，同學會認為教師偏心，認為教師對某某同學比較好，如「教師對女生比好」、「老師偏愛成績好的同學」。

刻板效應的作用有時會影響師生關係的和諧，及同儕關係的和睦，某些同學因為教師的偏愛而受到同儕的排擠，學生會因教師處置不公而將怒

氣歸咎於同學身上，嚴重的話可能會延伸人際關係的霸凌。此外，教師的刻板效應也會影響個人對班級事件處理的客觀性與合理性，如某位同學曾有偷竊行為，只要班級發生物品或金額失竊事件，教師第一位就將此同學叫到辦公室質問，甚至懷疑偷竊者就是這位同學，造成當事者在學習的困擾。刻板效應與月暈效應是不同的，刻板效應是一種對事件看法的偏差，是一種簡化、固定性的錯誤認知，此錯誤認知影響教師行事及管教的客觀性與合理性；而月暈效應則是一種以偏蓋全的錯誤推估，從點部分行為推估到面行為，造成對事件推估的錯誤，但二種效應均會造成老師對學生或學生群體行為的判斷錯誤。

　　社會刻板效應除了普遍存於個人的意識之中，人們也會間接從相關資料或他人提供的訊息對當事人產生固定的看法，社會心理學研究指出社會刻板效應有積極正向功能，也有負向消極功能。與刻板效應有關的社會認知為第一印象（first impression），第一印象對社會認知的作用又稱初始效應（primary effect），社會人際脈絡中，很多人很重視第一印象，當事人的談吐、儀態、穿著、長相、外表、家庭背景等都是影響人們第一印象的重要因素，第一印象只是一種表面特徵，對於當事人品格、行為操守等內在品質，單憑第一印象很容易出現錯誤。教師對於學生的人格特質、學習式態、投入態度、品德行為等單憑第一印象是無法作出正確判斷的，教師必須與學生相處一段時間、仔細觀察，「睜開明亮的眼睛、打開清晰的耳朵、採行明智的判斷、展現理性的分析」才能深入瞭解學生，如此，對於事件的處理與判斷才不會偏差。

　　性別主流化的教育內涵，就是要排除傳統的性別刻板印象，反映的是兩性平權教育或兩性平等教育。男生與女生在生理的發展上的確有差異，但在生理結構外差異的鴻溝或差異已愈來愈少，教師要以身作則，在學習活動安排與規劃上，應以個體「學生」為關注重點，不應以學生「性別」為考量要素，教師應從教學過程、課程設計、教材內容、學習活動、評量實施等，將性別的差異因素排除，以培養學生兩性平等的知能；此外，多元文化教育的目標，在於培養學生對於來自不同族群、不同文化、不同家庭等同儕的尊重，每個文化族群都有其特色，我們不應有任何的歧視，教

師要明確的讓學生知道：「我們可以不認同某個族群文化，但我們必須加以尊重；我們可以不認同某位同學的看法，但我們必須加以尊重。」

十三、漣漪效應

漣漪效應（ripple effect）一詞由庫寧提出，所謂漣漪效應指的是班級發生的任何事件，如果教師沒有適時介入處置，或是教師用錯方法處理不當，可能會使一件很小的事件擴大為班級的親師生衝突事件，其中尤以教師對學生不當行為或意外事件的處理最容易引發。

班級經營中對學生不當行為的處理必須公平一致，教師要對事而不要對人，此外，還要考量學生不當行為的動機。干擾學習活動行為，或不當行為、偏差行為等都是一種外顯行為，不僅教師可以看到，班上同學也可直接目睹或聽到（如以言語辱罰他人、罵不雅的話等），這種行為的界定十分清楚明確，對於當事者行為事後的處置較無爭議，除了教師的處罰方式不合理或直接採用體罰方法對待當事人，造成當事者身心嚴重受傷，否則違規犯過的學生通常較易接受教師的處置。但對於學生說謊行為、偷竊行為、作弊行為等三大型態不當行為的處置，教師要特別慎重，因為這三類事件行為的外顯行為與實際狀況間有時會有落差，教師不能只聽學生片面之語或從學生單一行為表現認定學生是「說謊者」、「偷竊者」、「作弊者」，這三類事件行為都必須經過求證歷程，有具體物證或人證等證實學生確實涉及這些事件，教師才能明確認定學生是「說謊者」、「偷竊者」、「作弊者」。

上述三類事件行為的處置之所以要特別小心，在於此種類型的不當行為通常是隱性的，不像一般干擾教學活動或吵架打人等不當行為是外顯性

的，正因事件行為是隱性的，所以教師的處理更應特別小心。學生犯錯被老師「合理」處罰，通常較能接受，但學生沒有犯錯，卻被老師處理或被老師誤會為違規犯錯者，多數學生都無法接受，不僅心生怨恨，教師的處置若傷及學生自尊，當事者很容易自暴自棄，甚至出現自殘行為（自我傷害），或自殺行為。當學生被教師認定為「說謊者」、「偷竊者」、「作弊者」，對學生而言，是一種極大的傷害，尤其是學生實際上並沒有說謊、偷竊或作弊，此種指控若是在公開場合，則學生自尊心的受損更大。

【實務案例】

六年級下個月要舉行戶外教學，五班導師希望同學這星期放學前戶外教學費用500元全部繳交。星期四早上第二節、第三節是自然與生活科技課程，同學到自然專科教室上課，上完課回到教室後，雅倫發現其要繳交的戶外教學費用500元不見了，一口認定是坐在後面的明泰拿走的，因為早自修到校時，雅倫告知明泰他今天帶了戶外教學費用500元，順便將錢包中的錢拿出來給明泰看，雅倫告訴老師只有明泰知道他錢包中有500元，導師將明泰叫至後面教師桌旁詢問是否有拿雅倫的錢包，雅倫義正詞嚴的回答老師：「沒有」，明泰說雅倫真的有拿500元出來，但他沒有偷竊，但雅倫一口咬定明泰是小偷，還要導師搜查明泰的書包及口袋，老師聽了雅倫的話後，也認定明泰有很大的嫌疑，加上之前明泰也有偷拿班上同學用品的行為，所以老師就在班上同學面前，請班長檢查明泰的口袋及書包，並規定明泰把書包內所有物品全拿出來，明泰雖然很不願意將書包內東西及學用品取出放在桌上，但礙於老師的命令不得不做，正當明泰書包內的學用品拿出部分後，突然聽到一聲雅倫大叫一聲：「老師，我找到了」，原來第一節國語課在寫國語習作時，雅倫將500元拿出來，順手將錢夾於習作中忘記將500元放回錢包中，找到錢後，雅倫自覺很不好意思，因為一時的疏忽而冤枉同班同學。當雅倫大聲尖叫說她找到錢後，明泰很快將放置桌上的書本及學用品放回書包，趴在桌上大哭，此時，全班突然鴉雀無聲，只有明泰的哭泣聲。

【實務案例】

　　新竹市某一職業學校高中二年級學生，因被老師懷疑偷了同學兩千元，放學途中獨自離去後失蹤，隔天上午在一處公有市場的公廁裡，被人發現時已上吊身亡，當時還身著學校高中制服。

　　光明是位隔代教養學童，由於父母離異，從小與祖母住一起，對於教師指派的回家功課，常無法如期完成，光明雖然學業表現較差，但並沒有重大違規行為或不當行為出現，只是對紙筆式的作業不感興趣。第二次定期考查前，班導師利用課餘時間出了數學與國語複習卷要同學回家練習，隔天，班上只有光明二張試卷全部空白沒有寫，導師檢查功課後十分生氣，叫光明站起來質問其為什麼一題都沒有寫，光明說：「老師，我昨天回到家後頭有點痛，洗完澡吃完晚餐完就去睡覺，所以功課沒有寫。」

【處理情境一】

　　光明一講完後，同學們紛紛說：「老師，光明說謊。」原來，昨天下午上體育課時，光明還活蹦亂跳，打球力道還很強。老師雖然對光明講的存疑，但並沒有立即回應光明是說謊，因為級任老師知道沒有經過求證的事情，不能任意下結論，尤其是有關學生自尊及顏面事情，級任老師告訴班上同學說，也許光明真的生病了，同學們不要誤會他，課後老師會加以求證，如果光明亂講，老師自會加以處罰。下課時，老師親自打電話給光明祖母，求證光明是否說謊，結果光明並沒有欺騙老師。

【處理情境二】

　　光明一講完後，同學們紛紛說：「老師，光明說謊。」原來，昨天下午上體育課時，光明還活蹦亂跳，打球力道還很強。由於光明之前的回家作業常未按時寫完，級任老師已告誡再三，但光明卻還是無法如期完成作業，每次到學校都要導師指派組長督導並利用課餘時間補寫，光明才會將作業補完，所以老師對光明無法定時完成回家功課的行為非常頭痛，這次光明不僅沒有寫回家功課，還藉故找理由來搪塞，級任老師平時對光明寫作業的馬虎行為已非常不滿，加上藉故說謊，所以十分生氣，聽完班上同學說：「光明說謊」，未經理智思考，在情緒失控的狀況下，把光明叫

到前面，大聲斥責說：「你說謊」，隨手用力拿起習作朝光明的頭頂打下去，並叫光明立即把作業補完，否則不准光明下課。導師打完光明後，也沒有打電話給光明的祖母，直覺就認為絕對是光明說謊，沒什麼可以求證的。

【實務案例】

平時考時，班導師有事至辦公室一下，雅倫見老師不在，就一邊寫國語考卷、一邊低頭看表姐送給她的小說，坐在後面的同學永昌認為雅倫考試偷看課本，不然為什麼把課本打開，還一直低著頭在看，等級任林老師回到教室後，永昌很大聲的告訴林老師說：「剛才雅倫趁老師不在時作弊，低頭偷看課本。」班導師聽完後十分生氣，走到雅倫旁邊質問考試為什麼作弊，雅倫還未解釋，林老師就拿起雅倫的國語考卷，氣急敗壞的把考卷撕破，大聲斥喝說：「妳不要考了，叫妳平時用功讀書偏不聽，考試還作弊。」其實雅倫並沒有偷看也沒有翻閱課本，她剛剛看的是一本小說，雅倫邊跟老師解釋，邊把抽屜內小說拿出來給老師看，也請老師檢查抽屜，抽屜真的沒有國語課本或國語習作。

Baron與Byrne（1997）從社會心理學的社會知覺觀點，闡述如何辨識他人是否說謊，就非語言的線索與欺騙的偵察研究發現，偵察者可以從當事者非口語溝通訊息來簡易判斷當事者是否說謊（引自曾華源、劉曉春譯，2004）：

1. 當事者如果將焦點放在控制自己臉部表情及眼睛的接觸上，那麼，當事者可能正透過身體的動作及姿勢，或是改變講話的非口語面向（如音調、速度）之相關線索，顯露出當事者正在說謊，此時，教師若是可以告知學生一些令學生訝異的話或事件，然後注視學生的表情變化，如果學生的表情變化很大，從一個表情很快變成另一個表情，則學生可能說謊。

2. 非口語線索間的矛盾或不一致，因為當一個人說謊時，無法兼顧控制所有的管道，如學生在教室說謊時，可能會掌握他的臉部表情，以及接觸老師的眼睛高度，不過同時可能身體動作上表現出奇怪的

姿勢，而有高度情緒激發的顯露。

3. 非語言面向（或稱超語言）的改變，當一個人說謊時，講話聲音的音調常常會升高，藉以掩飾自己的說謊行為，此外，講話會比較慢且較不流利，也會重整句子，一句話講到一半時會重新開始。

4. 非口語行為經常會由各種眼神的接觸洩露出來，說謊的人眨眼的次數比較多，瞳孔會比說真話的人大，與對方有較少眼神的接觸，當說謊者假裝誠實時，常會朝右邊觀看。

5. 說謊者有時會誇大臉部表情，如有較多的微笑，或較誇張不自然的微笑；或表現得較憂愁，或常出現比較誇張的情緒。

學者Baron與Byrne所提的非語言線索，只能作為判斷對方是否說謊的初步，單純非語言的線索作為是否欺騙說謊的判定是十分冒險的，學生是否說謊，是否欺騙老師，還是要經過查證的歷程，查證的歷程就是對學生所講的言語與事件，進行查核檢證，或直接請教事件中的當事人，這是最好的策略，也是最好的方法。

【實務案例】

王小傑是位過動症學生，因而常有分心、過動或躁動行為出現，林老師是班上導師，知道小傑行為是原生性的因素而非故意，開學後多採取說理、包容與寬恕策略。有次上國語課時，小傑因為與後面同學永雄吵架，拿金屬的鉛筆盒朝永雄頭上打，永雄痛的大叫，小傑與永雄的吵架行為嚴重干擾到林老師課堂進度，加上運動會快要來臨，林老師是二年級學年主任，負責二年級表演節目的規劃，學校事務活動較多，林老師對於班上課堂進度較為心急，對於小傑課堂打同學的行為林老師改變以往說理方式，而是直接大聲斥罵告誡小傑：「再打同學或影響同學學習，就要處罰。」還威脅小傑說要打他。第三節數學課時，小傑因為旁邊同學左明跑進教室不小心碰到他，而拿小刀在左明手臂上割了一刀，林老師進行教室後，看傷口沒有很深，立即請班長帶左明到保健室擦藥，對於小傑接二連三的與同學發生衝突，林老師非常生氣，叫小傑把桌椅搬移最前面，之後，還用一條塑膠繩把小傑圍在椅子上，告誡小傑說：「你不能自行把塑膠繩剪

斷，也不能自行離開位置，否則老師加重處罰你。」

　　林老師用塑膠繩把小傑圍在椅子上，其出發點只是暫時中斷小傑的衝撞行為，但由於小傑是位過動症學生，對於老師的處置無法理解，回到家後，哭哭啼啼的告知父親說：「老師用繩子把我綁起來，下課時都不讓我上廁所」，小傑父親聽完後，十分生氣，隔天充滿怒氣的衝進校長室，大聲斥責校長說：「二年○班的林老師體罰其小孩，不僅用繩子把他的小孩綁起來，下課也不讓他的小孩上廁所。」校長聽完後，未經查明，也沒有向林老師及其班上求證，就請人將林老師直接叫到校長室，當林老師進到校長室後，校長當著家長的面前，怒斥林老師對學生行為管教的不當，林老師被校長訓斥後，覺得受到很大屈辱，大聲回嗆校長說：「校長！您對於事情來龍去脈都不瞭解，也沒有問清楚就亂罵人，您覺得您適任嗎？」接著林老師跟小傑父親說：「您知不知道小傑昨天在教室做了哪些事情嗎？拿金屬鉛筆盒打同學、拿小刀割同學。」林老師說完，轉頭就直接離開校長室。

　　家長因為只聽小孩的片面之詞，沒有經過查證歷程，而誤會班級導師的處置方式；校長也只聽信家長的舉發，沒有經過詳細查明，引發教師與校長間的衝突。從教育觀點而言，林老師以塑膠繩把小傑圍在椅子上的方式的確不適當，但林老師是因為小傑接二連三的與同學發生衝突，為了避免小傑再繼續出現不當行為，干擾老師的教學進行，才會採取此種方法，林老師當下若無法也無暇處置小傑行為，可請同學將小傑帶至輔導室，請輔導室老師協助開導，融合教育及回歸主流教育中，教師負責的是初級預防與處置，如果教師能力有限，時間不允許，可請輔導室介入協助處置（二級預防與處置），教師絕對不能因情緒失控，或一時氣憤而做出不合理或違法的管教行為。學校行政是教師的後盾，行政對教師提供的幫助是一種服務，也是親師衝突的協助解決者；相對的，如果行政無法提供教師有效的服務和足夠的資源，可能變為親師衝突的製造者，如此，學校行政運作是有問題的，校長的領導行為適切性也會為教師所質疑。

　　班級經營是一種科學與藝術的統合應用。班級經營策略中，不論是管教輔導學生、師生互動、常規管理、情境布置、班級氣氛營造、班級事

務處理、教學實施、教學評量、親師溝通、事件處理等都需要有相關專門知識或知能為基礎，這些專門知能包括教師學科專門知識、教育專業知識等，如擁有教育心理學的知能，才知道有效動機的促發、增強與獎賞行為的實施；具備教學原理的知能，才能知道各種教學法的應用時機與流程；具備測驗評量的知能，才能編製具信效度的測驗，展現符合教師評量的守則行為；知悉人際溝通的理論與實務，才能有效與師生、教師進行溝通互動，建構有「溝」有「通」的雙向通路，營造良好的親師生關係；瞭解行政處理流程，才能有效快速的處理班級事務，展現有效能教師行為；具備基本資訊科技與媒體應用知能，才能將資訊科技融入各學科領域中，以因應社會革新脈動；具有基本輔導知能，才能擔負起初級預防與輔導的責任，落實班級輔導的工作等。擁有豐富的教育專業知能才能有效運用與轉發，成為一位有效能（績效表現）與效率（以最少時間得到最大效益）的教師，這是一種科學方法的使用，班級經營歷程中欠缺科學方法，不僅無法展現教師的專業，更無法有效達到效能與效率的目標。

學校是教育活動的基本組織，學校組織中的根本運作群組是班級，班級是一個小型社會的縮影，從微觀教育社會學領域而言，班級其實是一個小型社會，班級組織成員來自不同社經地位的家庭、來自不同結構的家庭、來自不同屬性的家庭。班級組織中的二大基本群體為教師與學生，教師是知識文化的傳遞者、資訊的給予者；學生是知識文化的學習者、資訊的接受者。學生群體的個體因為人格特質、資質能力、興趣嗜好等有很大的不同，因而班級內個體學生的個別差異很大、異質性高，同一個科學方法延伸的教學、輔導、評量、管教等策略並無法同時齊一套用於班級內所有學生身上，教師要因應學生的個別差異，採用最適合的管教輔導方法、教學策略與評量形式，此種因學生個別差異採取的策略即為因材施教，因材施教是一種藝術策略，此藝術策略的有效運用，除靠教師的專業知能的轉化應用外，也要從自我或資深教師的教學經驗省思中習得，有效能教師必須從嘗試錯誤經驗中摸索學習，否則可能產生負面後果。

國中三年國文林老師在黑板上書寫板書，班上黃同學不僅沒有抄寫重點，還站起來捉弄其他同學，拿原子筆故意戳同學的背，嚴重干擾到同

學的學習活動，被捉弄的同學向林老師報告，第一次林老師告誡黃同學，但黃同學的不當行為只收斂幾分鐘，又故態復萌，故意發出怪聲音，影響到林老師教學活動的進行，林老師很生氣把黃同學叫起來，大聲斥責說：「你要不要上課」，黃同學靜默不言，但有點吊兒郎當、一臉無所謂的表情，林老師看到黃同學這種輕蔑態度，更加生氣：

【師生衝突引發的情境一】

老師：你不想上課就出去！

同學：注視黑板（站著靜默不回答，一臉不在乎的表情）。

老師：你不想聽，也不要吵到別的同學。

同學：站者注視教室外面（一臉不在乎的表情）。

老師：看你這種學習態度，就知道你的成績如何？

同學：站者注視教室外面（還是不理老師的訓話）。

老師：（把課本重重往學生桌上一摔，提高嗓門）你這是什麼態度？

同學：我又沒怎樣！

老師：我覺得你的態度就是很不好。

同學：我哪有。

老師：你如果不想上課，就出去，免得干擾我的教學。

【師生衝突引發的情境二】

老師：你想不想上課。

同學：（仰著頭，一臉不屑的表臉）

老師：你這是什麼態度，像小太保一樣。

同學：妳是太妹。

老師：你剛剛說我是什麼。

同學：是妳先指責我的。

老師：（把書本往同學身上一甩，課本掉落在地上）

同學：你為什麼打我，我要告你。

老師：告就告，誰怕誰。今天，老娘不上課，也要跟你耗到底。

同學：（低頭不語，不理會老師）

老師：（情緒失控，大聲吼叫）你不上課就出去。（老師說話的同時，用力拉扯同學到前面）

同學：（反抗老師的拉扯，不小心將老師推倒在地）

老師：（站起來後，更加生氣，把學生直接推出來）

同學：（學生摔倒在地，頭部輕微擦傷）

十四、地板效應與天花板效應

　　啟光國中第二次定期考查，輪到郭老師出題，郭老師接到教務處通知後，利用課餘時間出題，為配合教改脈動及真正考出學生的實力，郭老師出的題目都很有創新性，以課本介紹的理念為基礎加以變化，多數試題學生都要仔細思考與推理，才能想出解題方法，郭老師此次的命題內容連坊間補習班或參考書都沒有提到，由於啟光國中沒有審題機制，郭老師命完題後直接密交給教務主任。第二次定期考查第二天，早上第一節數學科考完，多數學生發出共同的心聲：「題目怎麼這麼難！」、「完了，這次的數學鐵定不及格」，等到所有二年級的數學考卷改完後，發現全校數學科總平均只有50.12分，每班學生約有三分之二不及格，多數程度較好的同學也只考60至70分間而已，當家長得知此次數學非常難時，紛紛打電話至學校抗議，家長共同的心聲是「為何試題要出這麼難」、「老師是故意要考倒學生嗎」，經二年級數學老師及教務處商議結果，第二次定期考查的成績，以每位同學原始成績加20分計算，才平息此次的風波。

　　測驗評量中的難度（difficulty）指的是每個試題的答對率，即每道試題答題人數占全部受測學生的百分比值，如某個試題答對人數有75人，全年級學生人數有500人，答對人數占總數的15%，難度指標（difficulty index）為.15；若是答對人數有400人，則難度指標值為.80，難度指標值低於.40，表示題目較難；難度指標值高於.70，表示題目較容易。當有所題目的難度很高，所有同學即使盡力作答，平均所得的測量分數還是很低，在心理學上稱為「地板效應」（floor effect）；相對的，多數試題很簡單，受試同學平均得分都很高，稱為「天花板效應」（ceiling effect），

天花板效應會造成學生評量結果之分數有「分數膨脹」情形，有同樣水準表現或同樣能力的學生給予較高的評價。試題太簡單或太難，均無法有效達到試題鑑別的目標，也無法達到評量的目的，因為試題太簡單（難度指數P接近100%），不管程度為何的學生都會；試題太難（難度指數P接近0%），不論程度好或差的學生都不會，此種試題在測驗評量上都無法有效鑑別學生真正的學習表現。一份較佳的試題或評量應包括「難」、「中」、「易」的題目，簡易的題目與中度難度的題目約占四分之三，高難度的題目約占四分之一以內，如此才能有效測出學生的學科知能。評量不是在考倒學生，而是在檢核學生的學習結果，作為教學改進、調整教學方法（形成性評量）、補救教學（診斷性評量）與評定成績（總結性評量）的依據。

　　學校的定期考查、月考對學生而言，是重要的考試；對家長而言，是查核小孩在校學習成果的依據，不論學生及家長對學校的定期考查都是十分重視的。此種考試的試題教師必須依據教師自編成就測驗的準則加以編製，如依據雙向細目表來分配試題比重，雙向細目表的縱軸為教學目標或核心能力、橫軸為考試的教材內容範圍，之後再根據各細格的配分決定試題的題型。試題的題型依教材內容及學科內容不同可能會有很大差異，但不論試題的題型為何，所有的試題應是教師原創性或修改重新撰擬的題目，教師不應直接選用考古題或參考書的題目，否則有違教師的專業，也會造成評量的不公，常見的問題是教師因為學校行政事務很忙，直接選用之前學校或他校的考古題，造成有練習過（通常在補習班或安親班）與沒有練習過二個群組平均分數間極大的差異，最後的結果是命題老師受到懲處，該科原始分數不計，重新命題及考試，徒增學生的壓力及負擔，更造成學校極大困擾。

　　就認知領域的評量分類而言，常見者有以下六個層次：知識（knowledge）／記憶（remember）、理解（comprehension）／瞭解（understand）、應用（application）／應用（apply）、分析（analysis）／分析（analyze）、綜合（synthesis）／評鑑（evaluate）、評鑑（evaluation）／創作（create）（Bloom等人分類／Anderson等人修訂的分類），六個認知

目標的簡要內涵如下（余民寧，2011）：

1. 知識／記憶：指最低層次的認知能力，包括：名詞、事實、定理、和原理原則等的記憶，或指從長期記憶中提取的相關知識。

　範例：三角形的內角和是多少度？

2. 理解／瞭解：指能夠掌握所學過的知識或概念意義的能力，或指從口述、書寫或圖表溝通的教學資訊中建構的意義。

　範例：「國就是根，沒有國的人，是沒有根的草……」，意思同於下列哪一個？

3. 應用／應用：指將所學到的方法、原理原則、概念等，應用到新情境，以解決新問題的能力，或指善用程序及步驟來執行作業及進行問題解決。

　範例：能應用畢氏定律的二邊求出第三邊長。

4. 分析／分析：指將所學到的概念或原則，分析成各個構造部分，或找出各部分之間相互關係的能力，或將完整物件細分為局部，找出局部間的關聯，及對整體物件的影響。

　範例：氣墊船為何可以向前行？

5. 綜合／評鑑：指將所學到的片斷概念或知識、原理原則、事實等，統合、歸納、或合併成一個新的整體的能力，或指根據規準及標準作出判斷或評論。

　範例：這篇優等的獨立研究作品有何特色？

6. 評鑑／創作：指最高層次的認知能力，為依據某項標準做成價值判斷的能力，或將元素組合起來統整為新單元，或變成一個完整素材。

　範例：根據提示導引語創作一篇短文。

　　上述六個分類目標中，分析、綜合／評鑑、評鑑／創作評量目標有時很難區隔，因而在教師自編成就測驗中也可以將之簡化，以國文領域的命題為例，有時雙向細目表中的教學目標可以簡化為：知識、理解、批判性思考、創作（作文）四大層次。就評量使用頻率而言，紙筆測驗與實作評

量是學校教師使用最多的評量方法，尤其紙筆測驗，更是多數教師評量學生知能頻率最高的類型，此種類型的評量，如果教師命題得宜，也是最為公平的評量方法，家長及學生的質疑最少，教師最重要的是要能掌握命題原則，題項中包括多數簡易、中度難度的試題及少數高難度的題項。教師自編成就測驗中，要兼顧三個效度值：1. 構念效度：教學評量能評量多少學生所學的？2. 教學效度：教學評量能評量多少老師所教授的？3. 結果效度：教學評量能達到多少的教學目標？若是評量結果可以真正反映教師教學、學生所學、目標達成的程度，則評量才是有效的。測驗評量反映教學目標的流程圖如下：

試題須正確有效地測量教學目標—內容效度檢核
（試題根據雙向細目標＆符合命題原則＆難易度適中）

　　把每位學生帶上來是教育革新的目標之一，攜手計畫就是以大手（教師）拉小手（學生），對無法跟上學習的學生進行補救教學，因而低成就學生的診斷與評量也是教師必備的知能之一。補救教學之學生行為表現學業表現有以下幾個判別準則，一為學習表現方面：1. 無法達到基本能力指標、2. 學業表現低於發展標準、3. 測驗分數落後年級常模、4. 應具備的能力未能具備、5. 數學語文基本程度落後（或一學科知能的基本程度落後同學很多）；二為學習態度方面，消極、退縮、動機低、沒有信心等；三為日常行為方面，低出席率、學科作業常缺交、班級適應困難等，這些學生的學習態度負向、討厭學習活動、學習成就表現與一般學生間有一段落差，低成就學生篩選的對象如下圖所示：

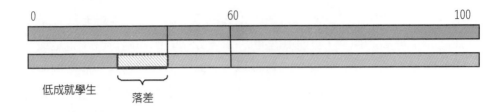

補救教學對象的診斷標準有幾種指標：

1. 教師主觀判定與認可：教師可從學生形成性評量、課堂作業、及課堂觀察中發掘學生的學習表現，若某同學在學科的基本能力均無法達到，這些學生即為補救教學的優先對象。

2. 採用發展標準的準則：教師從學生學科多次的評量中，判斷學生是否為低成就者，若以學生分數為分割點，學生的分數必須是單一反映學業的表現（特定評量標準分數）；如果分數是多向度的組合（考試成績、平時學習態度、課堂常規、作業完成度等的加總），則分數的量數無法正確反映學生學科認知能力。

3. 年級設立精熟的門檻：任教同一年級的學科教師經由試題檢核，討論各次定期考查的精熟門檻，精熟門檻的訂定是學生要達成的基本能力，若是學生每次定期評量或段考的分數均未達精熟門檻，表示學生為低成就學習者。

4. 常模參照的篩選機制：個別學生的學習表現與年級常模進行比較，如果年級群體過大，且多數學生來自一般家庭、試題的難易適中，低於年級常模的負2個或負3個標準差學生，可能為低成就學生。

5. 家長或學生自動提出：家長認為其小孩的學科認知能力或評量分數過低，或學生個體自覺無法跟上班上同儕的學習，這些學生也可參與補救教學，經由相關補救教學策略來提升其學業表現。

補救教學之診斷與評量的循環圖示如下：

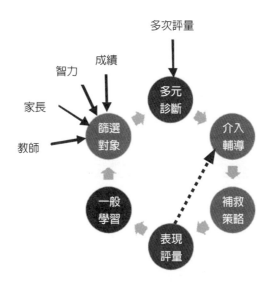

補救教學之測驗評量類型包括：

1. 教師自編成就測驗：教師自編測驗的成員要包括出題與審題委員，或是出題教師二人一組，相互檢核對方編製的試題，檢核內容如試題是否根據命題原則出題，測驗難度是否只包含為中度及簡易試題；試題是否為學生要達到的最基本能力指標。

2. 標準化的成就測驗：標準化測驗編製包括輔導、統計、測驗評量、學科教師等組成命題小組，求得常模後，比較補救教學的學生與常模群體學生的分數差異情形。

3. 診斷性評量：如果補救教學的學生是學科學習障礙或是為高智商低成就者，進行補救教學的同時，可進行診斷性評量，以發掘學生真正學習問題或學習困擾所在。

補救教學評量內容應是學科單元目標的基本能力，這些基本能力是學生一定要學會的認知能力，因而其難度應較為簡易，試題難易度的分配中應包括多數低難度試題（基本能力）、少數中難度試題（充實能力），其評量準則圖示如下：

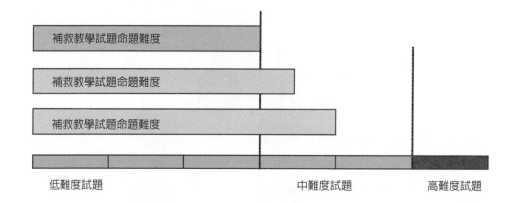

十五、馬太效應

　　二十世紀60年代社會學家羅伯特‧默頓首先將富者愈富、貧者愈貧的現象稱之為馬太效應（Matthew effect）。馬太效應是引自新約馬太福音第25章第29節中的話語：「凡有的，還要加給他，叫他有餘；凡沒有的，連他所有的，也要奪去。」馬太效應，是指好的愈好、多的愈多；壞的愈壞，少的愈少的一種社會兩極化不公現象。在教育心理心理學的相關研究方面，早期著重在兒童閱讀能力或閱讀素養的重要，從小接受閱讀能力訓練者有較佳的閱讀能力，因而可以多涉獵相關學科、可以看懂許多書籍，長期下來，在語文能力、學科知識等會有較佳表現；閱讀態度也會比較積極，與欠缺閱讀能力兒童相較之下，前者不論在常語文能力、常識知能、學習表現上都較優異，若是未經學校教育的適時介入補救，二個群體的差異會愈來愈大，到最後形成一種學習表現高雙峰現象。

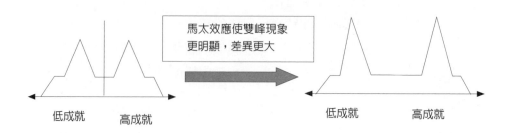

　　馬太效應反應的一個社會現象，成功愈能促發進一步的成功；失敗愈會導失未來的失敗，因為個人或組織獲得成功後，會擁有更多的優勢、資本與權利，導致未來成功的機會更大，馬太效應反應在學校教育中非常明顯，高社經地位學生經過中小學教育及大學甄選考試機制，多數上國立大學；相對的，低社經地位學生經過中小學教育及大學甄選考試機制，多數上私立大學，教育雖然也可以促進社會流動，使社會底層及文化不利學生有向上流動（upward mobility）的機會，但此種情形與社會頂層及具文化資本優勢的學生相較之下，其機會少之很多，此外，學校的教育功能也需有效發揮方能達到。從教育社會學的觀點而言，學校教育的功能若沒有正常發揮，會變成社會階層再製的機器，文化弱勢、經濟弱勢、低社經地位的學生群體，在學校如果沒有受到良好的關注及補救教學，許多學生在課業上可能無法跟上；社會頂層的小孩在入學時即擁有各項優勢、藉由原先擁有的文化資本，在校表現較為突出，得到教師更多讚揚、同學更多的關注，學習的信心更高。

　　對學童的閱讀能力而言，教師及家長對於閱讀能力落後的兒童抱持觀望，期待學童的閱讀能力會隨入學的增長即能自然趕上一般學童，因而未採更積極的補救教學策略，使得學童的閱讀能力無法有效提升，間接影響到所有學科的學習。國中教育階段，英文及數學能力的雙峰現象也十分明顯，身為教師者對於入學時學生文化資本缺乏或文化不利學生，必須更加關注與輔導，多給予鼓勵與肯定，給予更多時間學習，或採取更多元的教學策略，幫助他們學習，使他們能具備基本的核心能力，培養正向觀念與積極態度，不要氣餒。馬太效應的兩面性是成功者愈成功，失敗者愈失敗，弱者要走出不利自己的氛圍，就必須有他人的幫助與拉拔，對家庭失能的學生而言，最能幫助及拉拔他們的是教師，教師也是此階段學生的最重要他人，教師的力量是很大的。教師要明確讓學生知道，「失敗並不可怕，可怕是被失敗打敗；跌倒並不可怕，可怕的是跌倒而永不爬起者。」身為教師者更必須知道自己角色與職責的重要性，採取更積極的作法與教學策略，讓學生的學習更有效率與效能，創新有效策略的運用就是教師的一種專業知能，當學生感受教師的用心及愛心，體會教師的付出及關懷，

洞悉教師的認真及作為，學生也會深受感動而自我改進，學生的潛能是無窮的，但潛能的展現需要教師的啟迪與引導，學生的信心及受到同儕、老師的關注，是導引學生進一步學習的動力。

十六、鯰魚效應

挪威的漁民靠漁業為生，漁民總是遠航去捕魚，許多漁民捕到沙丁魚時，將剛捕撈到的沙丁魚放入船上的大魚槽，魚槽是乾淨的，與沙丁魚的原生態環境十分類似，但多數漁民發現每次回港後，原來活跳跳的沙丁魚會死掉大半，死掉的沙丁魚與活的沙丁魚價格相差很大，很多漁民對於沙丁魚死亡的原因都不得其解。唯獨一位漁夫，他進港後沙丁魚都是活的，因而總是能賣到最好的價錢，但如何讓沙丁魚在魚槽中不會死亡的秘訣，這位漁夫從不透露給其他漁民知道，後來在一個偶然的機會中，漁民打開這位漁夫的船艙，發現這位漁民的魚槽設備與環境與他們相似，只是魚槽內多了一條大鯰魚，原來漁夫在捕獲沙丁魚後，在回程之前，都會在魚槽內放一條大鯰魚。鯰魚是沙丁魚的天敵，鯰魚在魚槽內四處游動，對沙丁魚而言，若是靜止不動或慢速游動，就會變成鯰魚的佳餚，沙丁魚為了躲避鯰魚的吞食，在魚槽內自然會四處快速游動，以保持較佳的體能與旺盛的生命力。

鯰魚效應在說明人們若長期處於一個安穩狀態，缺少外在的激發，就會失掉原先的鬥志與進一步奮發向上的毅力，以教師而言，教師若沒有持續在職進修研習，則無法吸取更多、更豐富的知能，無法因應時代變遷，無法跟上社會脈動、無法掌握教育改新的腳步，此種類型的教師可能會發生以下情況：「以過去所學的知能，教授新時代的學生，去適應未來變遷的社會」，試想，在此種教學型態下，學生畢業後如何與次一教育階段接軌，踏進社會後如何適應企業組織的文化。沒有行政的督促或相關評鑑，有些教師把教育當作是教書（經師），而不是在教人（人師），得過且過成為制式的教書匠，上課了無生趣，照本宣科，不想安排有趣多元的學習活動，以致學生對課堂學習不感興趣，課堂睡覺或做其他與學習活動無關

的事情，任課教師也不聞不問，抱持消極心態：「只要學生乖乖坐著有在座位上，不會干擾到教師的教學活動進行就好」，對於這樣的教學行為，如果沒有適當行政權的介入或學生家長的鞭策，則此種教師的教學型態與方法，根本無法激發學生的學習動機及對課堂學習活動的喜愛。

　　鯰魚效應於課堂班級中的運用即是要讓學生動起來，給予學生適度壓力、讓學生良性競爭。教育改新中倡導快樂學生，但快樂學生並非是完全不給予學生壓力，學習過程中完全沒有壓力是不可能，完全沒有壓力的學習也不是最佳的學習方式，有考試就會有壓力，有升學就會有競爭，這是學習的最根本法則。從教育心理學的觀點而言，學習者有適度學習壓力才會有最佳的學習表現，外部刺激可以激發學習者更多的潛能，唐代詩人描述漢朝李廣將軍的《塞下曲》：「林暗草驚風，將軍夜引弓，平時尋白羽，沒入石棱中。」就是對人潛能的最佳描述，每個人都有對應的強勢潛能，這些潛能若缺乏外在刺激的激發，有時很難被挖掘。課堂學習活動的安排，定要有讓多數學生感受適度的壓力，否則學生不會有最佳的學習表現，如學科知能的評量，多數要輔助紙筆測驗，教師不能完全不採用紙筆測驗，而改以實作評量或檔案評量的方式，絕大部分的學生都不喜歡紙筆式評量，但教師不能因為學生不喜歡，而完全不採用傳統式紙筆測驗，否則無法真實評定學生學科單元的學習表現，成績評量的客觀性也會受到家長質疑。教師給予學生的壓力必須是多數學生都能負擔的，若是壓力過大，反而會有反效果，如教師考試的次數過多，評量標準門檻訂的太高，學生考試成績不理想就採取怒斥、責罵與處罰，則會使學生過度緊張，有大的焦慮感，此種結果不利於學生學習表現。在之前漁夫的魚槽中若放入很多條的鯰魚，反而造成沙丁魚的無力感，因為不管它們如何快速游動，活命的機會還是很低。

　　鯰魚效應的作用還包括二個方面：帶動及激勵，帶動是一種示範作用，就企業組織而言，鯰魚的加入，打破原來辦公室沈悶的氛圍，因為鯰魚們積極向上，領導者對他們投入關注和支持，這會給周圍的沙丁魚帶來當頭棒喝之感，此外，鯰魚效應的本質在於激勵而不在於懲罰，「鯰魚」之所以稱為鯰魚，是因為他在某些方面有特殊才能，引入鯰魚不可荒廢了

他在優勢智能的專長，所以要給「鯰魚」創造可以大展身心的環境（趙志強，2006）。班上不論課業學習或藝能學習，或是行為表現、服務打掃等，都有表現特別突出或認真的學生，教師可以將這些學生視為班上其他同學的楷模學習者，給予表現機會並讚賞，由於每位學生都有其強勢智能與長才，因而每人都可作為班上的「鯰魚」，學生人人能將自己的潛能與長才展現出來，都可得到成就與滿足感，此種表現不限於學科知能的學習。

教師安排的學習活動難度與情境複雜度應是逐次遞增，此種情境安排與教師自編成就測驗試題的排列是相似的，最佳的試題排列是由簡易到最困難者，如此才能使中低成就學生有答完試題的動機，若是教師試題的排列由最難到最簡易，可能使中低成就學生放棄作答，因為從前面開始的題項沒有一個試題有把握，學生就會心慌，那股接受挑戰的勇氣就會被澆息，而故亂作答。十九世紀末，美國康乃爾大學以青蛙為受試對象進行以下實驗：研究者把一隻活蹦亂跳的青蛙放進一個盛滿沸騰水的鍋中，青蛙接觸到沸水，被這突如其來的強烈刺激嚇到，無法適應，竟然使勁的從沸水的鍋中一躍而出，得以活命；實驗者再把這隻青蛙重新放入裝滿冷水的鍋裡，任其自由自在的來回游動，之後將鍋放在火上慢慢加熱，隨著溫度慢慢的升高，青蛙並有從鍋中跳出，直到水即將沸騰時，青蛙已沒有力氣從鍋中躍出，而被活活的煮死在鍋裡，這個效應稱為「青蛙法則」，青蛙法則用於企業組織中在於告知企業領導人要有居安思危的危機感，一個企業組織的衰敗並不是一、二天的事。

青蛙法則用於班級經營中，與學習活動難度與情境複雜度的安排是相似的，教師若是馬上將很難的工作或很複雜的學習活動交給學生，則學生會感受到很大的壓力，此種壓力是一種強烈刺激，對多數學生而言是無法適應的，學生會像青蛙一樣，從原始情境中逃離；如果學習活動難度、作業份量、考試範圍等能從簡易、小範圍開始，當學生適應後再逐次增加活動的複雜度、難度或內容範圍，則學生才會適應，才不會從學習情境中逃離，教師最終的目標是要讓學生可以適應學習的新情境，而不是讓學生畏懼，感受學習新情境是個「強烈刺激」而完全無法適應。以製作繪本或獨

立研究為例，教師雖然有講述如何製作或如何從事研究，但對學生而言，這是一個全新的學習活動，教師不能一開始就要學生於規定期限內繳交一份完整的作本，就繪本製作而言，教師可採分組完成方法，每組利用課堂時間討論，而繪本只要少數幾頁即可，當學生完成了第一份作品，就知道其程序沒有原先想像中的困難，經課堂的討論評析，教師的指導後，學生會更有信心，之後，再增加繪本的頁數，擴大繪本的主題，如此學生從事繪本製作才會有高度興趣及動機。

再以國中學生體育課程跑3,000公尺為例，若是平時沒有給予學生訓練，學期末測驗3,000公尺，可能會有很多學生無法跑完全程，或是測驗過程中發生無法預測的意外，對學生而言，學生可能會認為跑3,000公尺是教師在整他們，因為之前最多只有跑操場二圈（800公尺；就家長而言，家長可能會認為國中生測驗3,000公尺是不合理的，他們的小孩是無法跑完這個長度的，一個有智慧的老師若能運用青蛙法則，則能減輕學生的疑慮與家長的誤解，教師可採用逐次遞增法，上體育課程之前，每次慢跑操場的圈數逐次增加，老師並告知學生，只要調整自己的步伐及呼吸，照自己最佳的速度前進，即能跑完規定的圈數，教師從一圈200公尺開始，每一個星期增加一圈，逐一增加學生慢跑的距離，距離也逐次變長，對學生而言才能像青蛙一樣適應慢慢提高的水溫，而不會逃離活動現場，這不僅可有效訓練學生的體能，也不會讓學生感覺活動難度很高，而有過大壓力無法適應。

二十世紀初期俄羅斯發展心理學家維果斯基（Lev Vygotsky）提出社會認知發展論，認為學童所處的社會文化及生活經驗會影響兒童的認知發展，兒童的思維發展與語言表達能力有關；兒童的認知發展能力有二個層次，第一個層次為「實際發展區」（actual development level），此區是兒童在沒有他人協助之下，獨自完成問題解決能力的最大程度（最大上限）；第二個層次為「潛能發展區」（level of potential development），此區是兒童與能力較佳的同伴合作之下，或在能力更強的他人指導下，或在成人協助下，所能完成問題解決能力的最大程度（最大上限），這二個層次間的差距稱為近側發展區或最接近發展區（zone of proximal development;[ZDP]），老師安排具挑戰性任務可以增進兒童認知上的成長，老師規劃設計的學習活動，必須有適當的難度，具挑戰性的任務活動是多數學生可以達成的，學生達成方法包括與同儕合作討論，或在老師指導、協助與適當幫忙下，老師設計用以增進學生知能、技巧的活動，維果斯基將之稱為「鷹架作用」（scaffolding），根據社會認知論的觀點，具挑戰性的任務對學生的認知發展及思維能力是有幫助的，但若是活動的難度甚高，在老師導引及與同儕合作討論下，也無法將問題解決，或將任務完成，則老師規劃安排的活動是沒有實質的意義。

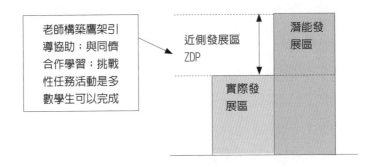

十七、皮革馬利翁效應

　　皮格馬利翁效應（Pygmalion Effect）的內涵與「畢馬龍效應」類似，由美國著名心理學家羅森塔爾和雅格布森在小學教學上予以驗證提出又稱「羅森塔爾效應」或「期望效應」。

　　皮格馬利翁是古希臘神話中塞普路斯國王，相傳，這個國王性情孤僻，喜愛一個人獨處，他擅長雕刻。某天，他心血來潮，在孤寂中用象牙雕刻了一座表現他理想中的女性之美女雕像，並將雕像取名為「加勒提亞」。國王非常喜愛這座少女雕像，隨著時間過去，他竟對自己雕塑的作品產生了愛慕之情，把所有的希望與熱情所寄託在雕像之上，他祈求愛神能賦予雕像生命，國王的愛與真情感動了愛神，也感動了加勒提亞。有一天，美女雕像加勒提亞活了起來，從架子上走了下來，變成了真人，皮格

馬利翁以當時對雕像的命名「加勒提亞」來稱呼她，之後，皮格馬利翁順利娶她為妻，他們的女兒帕福斯是塞普路斯南部海岸同名城市的始祖。後來人們把期待效應產生的實際效果之現象稱為「皮格馬利翁效應」。

美國著名心理學家羅森塔爾（變態心理學的創始人）和他的助手雅格布森經由實證研究證實皮格馬利翁的確存在。從心理學角度分析，皮革馬利翁效應形成的原因在於，人們的頭腦中事先就存著一種定勢，這種定勢具有自我實現的功能。所謂定勢也可以說是一種心向，是指在對某一刺激產生反應以前，就已經存在的某種意向。定勢一旦形成，將影響個人的行為、語言，然後影響他人（趙志強，2006）。

羅森塔爾進行的一項實驗程序是以大白鼠為受試對象，他將二組大白鼠交給實驗的大學生，告知大學生說二組大白鼠的品種不同，一組動作十分敏捷，一組動作非常笨拙，事實上這二組大白鼠的品種並沒有什麼不同，由於受到權威心理學家效應的影響，操弄實驗的大學生都相信，二組大白鼠走迷宮的實驗結果必定不相同，之後，大學生完成二組大白鼠走迷宮的實驗，看哪一組所花的時間較短，實驗結果發現：原先被告知為動作十分敏捷的組別，比被告知為動作笨拙的組別快速走完迷宮，實驗結果與原先大學生的認知與期待相符合。羅森塔爾及其助手發現：原來大學生對動作十分敏捷的大白鼠有較高的期待，對動作笨拙大白鼠的期待較低，此種期待投射到二組大白鼠的身上而加以應驗。

班級經營中，老師既存的定勢、認知會透過教師語言、情緒、肢體、行為等投射於學生身上，使學生感受到老師對他們的看法與期待，在信心建立、自尊感提升、行為積極性等展現出來。老師對學生的認知與意向會影響老師對學生的看法，如克昌告訴陳老師他遺失了200元，由於班上明雄之前曾有偷竊記錄，陳老師便懷疑是坐在克昌旁邊的明雄，陳老師暗中觀察明雄的行動，不論是其言語及動作，或是神態與舉止，怎麼看，都覺得明雄像是偷克昌金錢的人，由於沒有明確證據，老師也沒有辦法揭發，不論從明雄的任何舉動、任何言行來看，老師都認為明雄是偷竊者；隔天，克昌告訴陳老師，他的200元是放在另外一件衣服的口袋，錢並沒有被偷，從此以後，陳老師再去觀察克昌的行為，怎麼看他都不像是會偷錢

的人。在處理班上各種問題時，教師「管理的眼睛要明亮，要能洞悉學生的一舉一動；管理的耳朵要清晰，要能明辨學生的一言一行」，能此，才不會誤會學生，傷害學生的自尊，教師對學生要有正向期望，更要有積極的讚美行為，才能引發學生正向的行為表現。

就處理學生不當行為而言，平時那些被老師認為的壞學生，若是做錯事情跟老師解釋緣由，老師會認為他們在說謊，或故意找理由來搪塞，即使他們表現很好，老師也會認為他們做得很差，表現好時老師不滿意，認為他們是做假的；表現不好時，老師更加生氣，會認為他們無藥可救，老師的此種定勢與看法，影響到學生實際的表現，並從學生行為表現上得到驗證。美國著名作家馬克吐溫曾說：「他可能會因人家一句適當讚美的話而開心兩個月。」名作家馬克吐溫仍喜愛別人的讚美，何況是一般的人，尤其是學生。學生來自教師的肯定，可以大大提高自己的信心與自尊，做事會更為認真努力，行為表現會更為用心積極；相對的，學生從教師得到的訊息都是批評及否定，會嚴重打擊學生的信心，減低自尊感，讓學生自我感受一無是處，行為消極而怠慢，學習馬虎而敷衍，老師對學生的期望真實的反映在學生的行為表現上。

皮格馬利翁效應的二個意涵為正視期待的影響及適當的讚美。教師對學生的期待及讚美語言要適當，若是誇大其詞的讚賞可能適得其反，如某位學生每次定期考查的成績都是班上倒數三名，且多數科目不及格，有次定期考查結果各科都及格，老師對他的讚美語：「子雄你這次進步很多，表現很好；下次再努力些，可以進步到前三名，說不定還會第一名」，老師的出發點是好的，但這樣的讚美及鼓勵，與學生最佳成就表現間有一段很長的距離，教師對學生的期許太高，目標達成的距離太遙遠，對當事者而言反而不是一件好事，學生可能會想：「考進前三名對我而言是永遠達不到的目標，老師是否消遣我」，過度的期許及空泛的讚賞對學生而言，可能不是一種動力而是一種「高度壓力」。期待及讚美是可以適用於所有學生，但教師的激勵用語要根據學生的能力、資質與個別差異而適當調整，上述案例中，老師的讚美及激勵用語可改為：「子雄你這次進步很多，表現很好；下次再努力些，成績可能會更好，繼續加油，老師對你有

信心。」

十八、南風效應

南風效應又稱為「溫暖法則」，源自法國作家拉封丹寫的寓言故事：
「有一天，北風和南風相遇，他們開心的聊起天來，閒聊中，北風和南風都認為自己的本領比較大，誰也不服誰，於是就爭吵起來，最後，他們看到一位穿著大衣的老人，二人相約比試，比賽規則是誰能讓老人將大衣脫掉，能讓老者將大衣脫下來者便是勝利者。比賽開始，北風用力的深吸了一口氣，不假思索地朝老人呼呼的吹了起來，一時冷風凜凜，寒風刺骨，老人為了抗寒，不僅未脫下大衣，反而把大衣裹得愈緊，北風看到後，自動放棄。改由南風使勁，南風見狀用溫暖的微笑目視老人，然後徐徐吹起，頓時風和日暖，使人暖意漸生，老人愈走愈熱，不禁解開大衣紐扣，最後老人覺得太熱，不得不脫掉大衣，最後南風獲得了勝利。」這則寓言故事，後來被稱為「南風效應」，「南風效應」給人的二個主要啟示為：一為做事要講求策略，要用對方法，用錯方法可能造成更大的負性作用；二為溫暖的力量遠勝於嚴寒的氛圍，北風凜冽的酷寒使老人將大衣裹得愈緊，南風的溫暖使老人順利脫掉大衣。

班級經營中教師一句溫暖的話，或正向的肢體語言，如一個親切的微笑、一句鼓勵的用語、一個肯定的點頭，都能讓學生覺得溫馨與感動，所謂「好言一句三春暖，惡語傷人六月寒」，老師正向的用語、班級溫馨的班級氣氛，會讓學生有如沐春風的感覺。對於學生不當行為的處理，老師若只是採取負向的管教策略，如怒斥、責罵、處罰等，對於當事者不當行為改善的功效可能不彰，因為這些學生平時被老師責罰的次數已經很多，不會在乎多一次的責罰；這些平時被老師怒斥的頻率已經很多，不會在乎多一次的怒斥，教師採取的方法只是暫時治標的方法，並不是一種治本的有效策略，老師要善用輔導知能，與相關增強方法來介入處置學生不當行為，教師要「告之以法、曉之以理，動之以情」。著名心理學家傑絲·雷爾說：「稱讚對溫暖人類的靈魂而言，就像陽光一樣，沒有它，我們就無

法成長開花；但大多數的人只是急著躲避別人的冷言冷語，卻吝嗇給予別人讚許的溫暖陽光。」

　　對於班上學生的一舉一動、行為變化、家庭變故、學習改變等情況，教師均要能有效掌控，這是一種對學生的關注與瞭解，當學生感受教師的關注、體會教師的用心、洞悉老師的認真，學生會感受班級的溫暖。有認真的老師，才會有認真的學生；有會關懷他人的老師，才會有關懷同儕的學生；有愛心的教師，才能培養具愛心的學生，這就是教育的功效與教師潛移默化的影響。一個溫馨和諧的班級氛圍，會讓學生感受班級的「溫暖」，如此，學生自會喜愛這個班級，與同學和睦相處，班級霸凌事件自會減少。教師的溫暖與關懷，要讓學生感受到、看得到、體會到，其中最具體的作法就是做好情緒管理，與採用正向的管教策略，建立學生正確的價值觀及正向的自我概念。

　　常規管理與提高學生學習表現，教師要根據學生人格特質、資質能力採取適合的方法，否則會得到反效果。以提高學生的學業表現為例，教師若只採取權威式的方式、以考試領導教學，只求快速將進度教完，之後，再以考試（形成性評量）方法作為複習的唯一內容，學生平時考試成績不佳，教師就大聲責罵：「你可不可以細心一點！」、「你考的這是什麼成績！」、「班上的平均成績就是被你拉下來的！」、「你就不能多用點心嗎？」等，除了言語怒斥外，教師也處罰學生，甚至採用體罰方法，如罰青蛙跳、半蹲、打手心等，試想，學生在這種「寒冷」的氛圍下，怎麼會喜愛這個學科呢？怎麼會喜愛上老師的課呢？多數學生可能一想到「考試」就焦慮萬分，或是自暴自棄；相對的，若是教師依照排定進度，詳細清楚的教授每個單元內容，形成性評量時，學生若是沒有考好，教師給予言語鼓勵與安慰，沒有情緒失控的狀況，並探討學生沒有考好的原因，如此，學生就較不會對考試感到恐懼，或有逃避考試的心理傾向，在老師的讚美與激勵下，才能引發學生進一步的學習動機。

【啟示案例】

　　莊子〈外物〉篇內有一段莊子與監河侯的對話：

　　莊周家貧，欲往貸粟於監河侯曰：「諾，我將得邑金，將貸子三百金，可乎？」莊周忿然作色曰：「周昨來，有中道而呼者，周顧視車轍中，有鮒魚焉，周問之曰：『鮒魚來！子何為者邪？』對曰：『我，東海之波臣也，君豈有斗升之水活我哉？』周曰：『諾，我且南遊吳越之王，激西江之水而迎子，可乎？』鮒魚忿然作色曰：『吾失我常與，我無所處，吾得升斗之水然活耳，居乃言此，曾不如早索我於枯魚之肆！』」

　　上述對話的意涵為：

　　莊子家裡清貧，常窮得三餐不繼。有一次去找監河侯借米，監河侯說：「好，沒問題，等我向老百姓收了租地的租錢（粟米），就借給你三百金，可以嗎？」

　　莊子聽了很生氣也很失望，對監河侯說：「我昨天來的時候，在路上聽見救命的聲音。我四處張望，原來是車轍裡的一條小鮒魚。我好奇的問它：『小鮒魚啊！你怎麼啦？』那條小鮒魚喘著氣說：『我從東海被衝到這裡來，您能給我一些水救我嗎？』我回答牠說：『沒有問題，我這馬上去南方勸說吳王和越王，引來西江的大水救你，可以嗎？』只見小鮒魚張開口，奄奄一息地罵著我說：『我失去了正常生活下去的環境。我只要有一升的水就可以活命，您要是這麼說，還不如趁早到賣乾魚的店裡來找我！』」

　　監河侯聽了莊子的話後，覺得十分愧疚，馬上派上從倉庫裡取出粟米送到莊子的家中，解決莊子無米可食的困境。

　　學生有行為問題或學習困惑，教師於第一時間察覺要立即處理，因為掌握時效才能掌握關鍵點，達到輔導、解惑的效益。如課餘時有學生告知老師：「老師，我有事情要跟妳講」，老師正在批改作業，或正忙於其他事務，而回應學生：「老師現在很忙，等老師忙完後妳再跟老師講」，或「妳沒看到老師正在批改作業嗎？老師沒有時間」，或「妳是不是又要告哪位同學的狀了！」、「老師現在沒有時間，等老師有空時好妳再跟老師講」等，都不是有效回應學生的話語，即使老師再忙，或批改作業，聽聽學生要告知的事件又何妨。傾聽是師生良性溝通的第一步，教師不能耐心傾聽學生的陳述，或學生的告白，如何發掘學生的問題，如何察覺班上的

突發事件，教師無法察覺班上的事件，掌控班上學生的動態，就無法對症下藥，找出問題根源，於最短時間內加以處置。如教師課餘時，看到班上有位學生在哭，教師已經看到了，卻因忙於其他事件而輕忽，學生會哭定有其原因，可能受到欺凌、可能受到委屈、可能家庭發生變故、可能考試成績不理想等，教師若是沒有與當事者對話，以誠懇的態度對待學生，怎能得知學生哭的緣由，怎能對當事者加以輔導安慰。對於「學生問題的察覺，教師不要以沒有時間搪塞；對於學生問題的處理，教師不能以行政事務繁忙敷衍」，時間是人挪出來，一位有效能的教師是善於時間管理的。

　　南風效應的「溫暖」包括溫暖的內心、溫暖的肢體語言、溫暖的行為。溫暖的內心指的是教師要有愛心及耐心，讓學生感受教師的用心；溫暖的肢體語言指的是教師的言語運用多為鼓勵、讚美之正向期許話，少用批評、否定及責罰，讓學生感受教師的關心；溫暖的行為是教師對班級的付出，對所有學生的關懷及付出，讓學生感受教師的認真及投入。教師溫暖的行為可以營造班級溫馨的班級氛圍、和諧的班級文化、凝聚的班級動力；教師溫暖的肢體語言，可以讓學生喜愛教師、喜愛這個班級、喜愛同儕、喜愛參與班級的學習活動。讓學生感受到教師的溫暖、同儕的溫暖、班級的溫暖，才能促進同儕間的互助合作，從社會認知論的觀點而言，班級同儕間能一起真心合作學習，會比單獨學習有更佳的學習表現及問題解決能力。

十九、維特效應

　　所謂「維特效應」（Werther Effect）指的是德國大文豪歌德於1774年發表一部小說，名叫《少年維特之煩惱》，敘寫的是一個青年（維特）失戀而自殺的故事，該小說有著異常強烈的時代精神，它所提出的問題反映當時社會的時代脈動。對於維特的精神和性格，讀者都會產生欽慕與愛憐；對於他的命運，都不免出現自己的同情眼淚。小說發表後，造成極大的轟動，不但使歌德名聲在歐洲大噪，而且在整個歐洲引發了模仿維特自殺的風潮，因而好幾個國家將《少年維特之煩惱》一書列為禁書，不能出

版發行。由於各國自殺率大幅上升，學者菲利普斯（A. W. Phillips）分析
1947到1968年間美國自殺事件的統計資料發現：「每次轟動性自殺新聞報
導後的兩個月內，自殺的平均人數比平時多了58個」，研究推論：每一次
自殺事件個案的報導，會讓58個原來可以存活下來的人採用自殺方式結束
自己生命，社會對自殺事件的報導愈多，隨後的自殺的個案發生就越多，
此現象在社會心理學中稱為「維特效應」（MBA智庫百科，2012）。

　　維特效應的自殺連環仿效行為圖示如下：

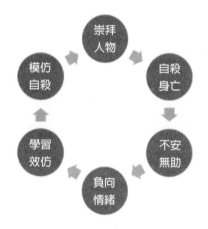

　　從社會心理學角度分析，「維特效應」像情緒上的「流感病症」，
類似自殺事件的傳染病，自殺個案的當事者若是社會藝人或社會大眾喜愛
的偶像明星，對社會及學生造成的影響更大，這些自殺事件經報章媒體持
續報導之後，一些有高度生活壓力或原有自殺傾向者心中的情緒會受到感
染，他們心想「喜愛的偶像明星都採用自殺方式結束自己生命，我何不仿
效他們，結束自己痛苦的人生」，若是新聞媒體報導自殺者是以跳樓自
殺，當個案有高度精神壓力或經濟壓力，或情感困擾等問題無法得到適時
解決，就會採用跳樓自殺方式結束自己生命；若是偶像明星或藝人採用燒
炭自殺，媒體持續報導、大肆渲染結果，個案無法承受生活壓力，或相關
經濟壓力時，或遇到重大生活困擾事件，沒有得到他人適當、適時的協
助，就會採取燒炭自殺的方式結束生命，自殺事件循環炒作結果，造成許
多有類似心理困擾或有心理危機的學生，循自殺模式結束生命。

　　就中小學學生群體而言，會採取自殺激烈方式結束自己生命，其原因不外以下幾個：受到家人責備（因考試成績未達父母親的期望，受到父母親的責罵）；學業課業問題（如功課退步、考試成績未達個人期望標準、自我期許大高）；情感問題（如因男女朋友一方分手、感情發展不順暢等）；家庭突發變故（如父母過世、父母經營公司倒閉，發生財務危機）；新環境適應困難（心情憂鬱擔心、同儕人際關係不佳）；人格特質（敏感、低自尊、無法忍受挫折、悲觀、非理性信念）等。自殺實務案例顯示，中等教育階段學校學生自殺的原因許多與課業或考試成績有關，如因為考試成績退步或不理想，回到家中，受到父母的嚴厲責備，一時想不開跳樓；或是之前就讀普通班時，成績均名列前茅，後來就讀資賦優異班或特殊才藝班，名次大幅落後，知覺個人的付出與期望水準有很大落差，覺得未來沒有希望，學習生活缺乏樂趣、壓力很大，又不向他人表白或傾訴內心的苦楚，只得選擇自殺結束痛苦的學習生活。

　　其實，當事者在自殺之前，其行為是會透露相關警訊的，如言談中不經意會談及人死後的去處，或是對人生抱持悲觀態度，或是對某位已經自殺身亡藝人明星的舉動表示可佩，或是其行為舉動是對的；請問同學流血流多久才會死掉，告知同學：「他／她很快就可以到自己喜愛的世界去」、「過不久班上就會少一個人」（多數同學聽到此種語言，會認為當事者是在開玩笑或是在講氣話）；在日常行為中某些一般行為突然與之前有很大不同，如突然將自己最喜愛的物品或東西送給同學，請同學作為紀念或代為保管，突然變得沈默不語，不與他人交談，對各式學習活動都不感興趣，隨便應付，被老師責罵也不當一回事，之前很重視老師對他／她的評價，現在完全不在乎；在閱讀習慣方面常以電腦網路查看自殺事件的資料，閱讀關於描述自殺事件的小說或故事等。

　　當事者的非理性信念與自殺行為也有密切關係，如「成績不好，人生就是黑白的」、「沒有考進前三名，未來就沒有前途」、「沒有考進前三志願學校，會被人家恥笑」、「交往的要好朋友離我而去，我的未來就不美好」等等，這些非理性信念都會導致當事者的行為消極、悲觀、怨氣，而走向自殺一途。平時教學中，教師要以具體的事例導正同學錯誤的非理

性信念，此外，也要落實生命教育，告知同學三百六十行，行行出狀元；天生我材必有用，成績只是人生的一部分，每個人都要珍惜自己，讓學生確實知道「自殺只是一種逃避消極的行為」，它無助於問題解決與事件的處理。教師除教學外，平時要多關心學生的言行態度，若有學生告知，或教師察覺某位同學行為有重大改變，教師要立即介入處置，必要時要知會家長，並請專任輔導教師協助介入處理。

少年維特效應通常發生於被多數學生崇拜的影星、藝人或名人的自殺身亡，如果媒體雜誌沒有做好自律工作，對上述那些人的身亡過程詳細報導（如選擇何種方式自殺、自殺時間約在何時、自殺地點在何處等），會衍生所謂的「媒體效應」，對學生產生不同程度的影響。若是學生對當事人情感過度投入、或是對當事人過度崇拜，遇到學業或生活不如意，或遭遇其他挫折，可能會模仿其崇拜名人、影星等自殺方式來結束自己生命。維特效應是可以預防的，當社會上發生青少年崇拜的偶像、明星、藝人等自殺事件後，教師可立即於班上進行生命教育，就案例事件進行討論，教育學生愛惜生命、尊重生命的意涵，及自殺行為不可取的緣由。

二十、帕金森定律

1958年，英國歷史學家、政治學家帕金森（C. N. Parkinson）通過長期調查研究發現每個人做一件事所耗費的時間差別甚大：有人可以在10分鐘內看完一份報紙，有人看一份報紙要花費半天時間；有人20分鐘可以寄出一疊明信片，有人為了給遠方的外甥女寄張明信片，可以足足花了一整天的時間，其中包括找明信片一個鐘頭，尋眼鏡一個鐘頭，查地址半個鐘頭，寫問候的話一個鐘頭零一刻鐘等，那些無法有法掌控時間的人，也是做事欠缺效率者。行政人員在工作中，如果沒有效率，無法運用時間及人力資源，工作會自動地膨脹，占滿一個人所有可用的時間，如果時間充裕，他就會放慢工作節奏或是增添其他項目以便用掉所有的時間。帕金森依此研究結果，提出結論：在行政管理中，行政機構會像金字塔一樣不斷增多，行政人員會不斷膨脹，每個人都很忙，但組織效率愈來愈低下。

帕金森將研究調查結果以專書《帕金森定律》（Parkinson's Law）出版，《帕金森定律》又稱「金字塔上升」現象或「組織麻痺病」（MBA智庫百科，2012）。

　　《帕金森定律》一書詳細闡述了機構人員膨脹及組織效率無法提升的原因：行政管理各階層人員無法善用時間，領導者無法發掘員工長才而將其安排在最適當位置，管理者無法發揮領導協調的角色等。帕金森定律應用於班級經營中，其意涵為教師領導者的角色扮演及教師時間管理的重要。從教育社會學的觀點而言，班級是一個小型社會的縮影，班級也是個組織系統，老師是班級的領導者，老師的職責是帶領班級組織成員向目標願景邁進，老師領導者的角色是多元的，其重要的職責是營造班級和諧友善的氛圍，建立一個安全的、溫馨的、活潑的、多向度的學習環境，教師在教學活動進行及班級經營的執行，都需要學生的幫忙，班級幹部、班上學生及家長都是老師可以運用的人才資源庫，老師的職責就是發掘學生的優勢智能，導引學生潛能的開展。其中班級幹部及各科小老師都是班級任教教師的好幫手，各任教老師如果運用得宜，可協助班上學習活動的進行，使教學更有效率。

　　「帕金森定律」對老師的另一個重要啟示為老師的時間管理，實證研究證實一位有效能的教師也是位善於運用時間的老師。常有人指責許多老師是「忙」、「盲」、「茫」，常常抱怨行政瑣碎事物很多，要處理的事情很多，無暇進行學生行為輔導管教，因而有點力不從心之感。此種情形如同企業組織各行政階層人員做事缺乏效率一樣，其緣由在於當事人無法做好時間管理所致。老師的工作最為單純也最為複雜，單純的是每天處理的班級事務大同小異，只要充分備課，教學就能得心應用；複雜的是面對的學生異質性很高，每天都可能有突發性問題發生，班級事件發生的不可預測性及快速性等，若是老師無法善用時間，確實做好時間管理，可能會衍生「時間不夠用」、「沒有多餘時間進行學生問題的輔導管教」。

　　就教學進度的安排為例，學校行事曆會於學期開學前確定，定期考查的日期早已排定，教師在教學時應考量教學內容的份量，有些老師剛開始時對於教材內容講得非常詳細，教材內容講述完整周詳對學生而言是十分

重要的，因為這樣多數學生才能聽得懂，但老師若沒有做好課程進度的安排，到了定期考查前才發現還有很多教材尚未上完，為了能將課程內容順利教授完畢，便會快速的將教材帶過，或是進行跳躍式的重點教學，到最後老師覺得沒有時間不夠，未教授的教材內容就請學生自行閱讀，這種教學進程是不適切的，之所以發生課程內容授課進度與規劃的教學進度間有一段很大的落差，其原因在於老師對教學時間的分配不當，無法確實掌控時間，這樣的教學進程對於中下成就的學生，或資質較為低下的學生是不公平的。

　　教師班級行政事務繁雜，包括教學進度的掌控、學生問題的處置、作業及試卷的批改、學校行政活動的推展及執行、家長意見或班級衝突的處理、班級情境的布置更新等，老師若是無法善用時間，做好時間管理，定會覺得時間不夠用。其實，班級中許多行政事務可以委由有意願及能力的學生協助幫忙，或是請有專長及有熱忱的家長協助，如班費的保管、收入及支出，或是相關物品的採購，老師均可委由班親會中選出的總務或其他家長協助；班級教室布置可請對藝術美工有興趣，及有此專才的學生及家長幫忙（此部分，老師也應適時介入，將想法或意見告知負責學生，供其參考），此外，慎選班級幹部也很重要，班級幹部是班級組織中老師的助手，老師若能授權及採用讚美鼓勵策略，則班級幹部可以分擔老師許多行政事務工作。

參考書目

MBA智庫百科（2012）。維特效應。取自2012，6月30日，網址：址http://
　　wiki.mbalib.com/zh-tw/%E7%BB%B4%E7%89%B9%E6%95%88%E5%
　　BA%94。

白惠芳、林梅琴、陳慧娟、張文哲（譯）（J. E. Ormrod著）。教育心理學——
　　學習者的發展與成長。臺北：洪葉。

余民寧（2011）。教育測驗與評量：成就測驗與教學評量（第三版）。臺
　　北：心理。

林逸鑫（2008）。圖解佛洛伊德與精神分析。臺北：易博士。

胡志強（2006）。有趣的10大管理學理論。臺北：德威。

時蓉華（1996）。社會心理學。臺北：東華。

柴蘭芬、林志哲、林淑敏（譯）（2006）（A. Woolfolk著）。教育心理學。
　　臺北：培生。

曾華源、劉曉春（譯）（2004）（R. A. Baron & D. Byrne著）。社會心理
　　學。臺北：洪葉。

黃薇（2011）。最神奇的心理學定律。臺北：文經閣。

第四章

班級經營中行為治療應用的案例

　　班經經營中若是學生常出現不當行為，而此不當行為產生的緣由非原生性的因素導致，非原生性的因素表示不當行為的發生非生理因素或天生發展的缺陷所引發的，而是後天的不良習慣或懶散習性造成的，這些不當行為如上學遲到、作業無法如期完成、課堂中出現干擾學習活動行為等，就行為主義的觀點而言，這些外在可觀察的不當行為是透過一連串有系統的方法加以改正，此種方法稱為行為改變技術，行為改變技術是一種漸進的行為塑造，必須配合適合的增強物才能發揮效用。

壹　行為改變的關鍵 —— 增強

　　我國在95年底修法通過禁止體罰，成為全球第109個校園零體罰國家。根據相關研究，學生被教師體罰的事件中，以學生成績不好、不寫作

業或不遵守規定（如上課講話、服裝儀容不整）等最為常見。

　　學校是學生學習及成長的園地，老師好比是園丁，是學生的守護者，教師應是學生的啟迪者與指導者，教師要思考的是採用何種策略或方法可以導正或改善學生的不當行為。如果老師基於求好心切，或為了收立竿見影之效，直接採用體罰方法來遏止學生不當行為，不僅無效，也違反教育原理。研究顯示，受過體罰的學生常會演變出反社會行為，而且遇到事情時很容易訴諸暴力，況且體罰會製造怨恨和敵意，破壞師生和諧關係，長時間受體罰的孩子更會嚴重影響身心發展，出現低自尊與攻擊行為。

　　對於學生不當行為或偏差行為的處理，教師如果只採用負向管教方式—懲罰，只能暫時遏阻學生的不適切行為，這種效應是短暫的，這種效果是表面的，只能治標無法治本，因學生無法明確知悉其行為的錯誤，認知信念沒有改變，所以隔一段時後，當事者不當行為或干擾教學活動的行為會再出現，為了遏阻學生違反紀律行為，或使教學活動順利進行，教師只得採取更嚴厲的懲罰方式，或採用體罰方法，如果教師沒有配合正向管教策略，改變學生的認知信念，則要導正學生的違規行為是有其困難的。下圖為懲罰與正向管教對學生不當行為影響的效益循環圖。

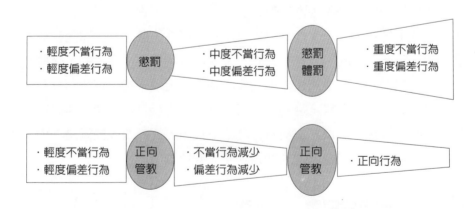

　　正向管教是採用多元的策略方法來導引學生改善不當行為或提升學生學習成就，不以處罰、責罵或體罰來對待學生，如引導學生訂定班級契約、以身作則適時鼓勵、運用說故事或社會事件來啟發改變學生、設計多

元教學活動，讓每位學生都有成功機會、運用優點累積卡作為代幣獎勵學生等。沒有一位學生天生就愛被老師歸類為「壞學生」，教師要做的是改善提升學生的自我概念，滿足學生的基本理需求（愛與歸屬、尊重），創造支持性的學習環境，讓每位學生體會教師的用心與辛勞，而願意改變自己，改掉自己的不當行為或干擾教學活動行為。正向管教策略是否能達到預期效益，其中一個因素為善用增強物。

增強物包括正增強物（positive reinforcers）與負增強物（negative reinforcers），正增強物是給予學生一個喜愛或有興趣的刺激後，期望學生出現的行為會被強化；相對的，負增強物是移除一個學生不喜愛或不感興趣的刺激後，期望學生出現的行為也會被強化，正增強的例子如：「雅倫，妳這次定期考查成績進步很多，老師要送你一本課外書作為獎賞，希望妳繼續努力」；「這次大隊接力比賽，雖然我們班上只得第三名，但老師認為參加同學都很盡力，沒有參與比賽同學也都全力為參加同學加油打氣，老師覺得全班表現都很好，老師決定給全班每位同學『五張小白鴿』作為獎勵，此外，明天午餐請每位同學喝珍珠奶茶。」全班同學聽完老師鼓勵的話語非常高興，也相互期許明年校慶運動的大隊接力要更加努力。負增強的範例如：子雄因為課堂講話被老師罰站，幾分鐘後，老師看到子雄非常專注的聽講，就跟子雄說：「老師看你很專心的在聽講，且沒有干擾到其他同學，可以回到座位坐下。」「國文平時考試時，健任一直東張西望，沒有專注的在寫考卷，老師看到後，走到健任位置旁，故意注視健任作答情形，健任知道老師站在身旁，立即專注的作答，幾分鐘後，老師巡視課堂，走到別處時，健任也沒有再東張西望，而一直埋首作答。」

班級或課堂中常見的增強物有四大類型：具體性增強物（如學用品、貼紙、課外書等）、社會性增強物（口頭讚美、公開表揚、微笑道謝、正向鼓勵等）、代幣性增強物、活動性增強物（以學生喜愛的事件或或活動為增強物，如打球、看影片等）。增強物的選擇上要注意以下幾個原則：1. 經濟實惠（增強物不要太昂貴，不要對教師個人經濟造成負擔）；2. 立即增強；3. 是當事者真正喜歡的；4. 不易飽足的（若是此增強物當事者已經很多不想再擁有，教師可改換其他增強物）；5. 因應學生個別差異

選用；6. 隨時變化調整（如學生喜愛某種社會流行的圖案，教師可以以此種圖案為增強物）。如果教師選用具體性增強物，因每個學生喜愛的增強物可能不同，教師應根據學生的人格特質與興趣選取最合適者，如有些學生喜愛學用品、有些學生喜愛課外書、有些學生喜愛偶像明星的DVD，不管教師選用何種具體物作為增強物，必須是教師能力可以負擔的；若是教師選用代幣制度（token economy），正向行為與代幣間的兌換必須明確告知學生，以免實施之後，發生學生認為教師不公的事件，一定數量的代幣可以兌現的增強物，也必須是學生真正喜愛的，如此學生才會有蒐集代幣的動機，學生喜愛的不一定是具體性增強物，如學生蒐集到足夠的代幣後，可以跟輔導室兌換一張「榮譽狀」，並可與自己喜愛的師長合照，合照後照片會公布在川堂一段時間，之後，學生可以將照片帶回家作紀念。增強物使用原則如下圖所示：

不同類型增強物的優缺點如下（Darch & Kameenui, 2004, p.134）：

增強物	優　點	缺　點
實體的增強物	容易傳遞實施 對低年級學生較有效 對年輕學生較有效	可能有倫理議題 費用 可能被損壞
社會性增強	容易傳遞實施 在多數情境中都可以使用 對多數學生都可以使用	可能被破壞（人誤解） 突顯當事者的特別
活動	多數學生可以獲得權利 可融入教學歷程中 多數教師都會接受	花費較多時間 需要流程的安排 可能被破壞（同學無法遵守）

　　增強的實施時間，必須有時效性，最佳的時機是學生有正向行為後，教師要立刻給予強化，這是增強的關鍵時間點，如果過了關鍵時間點再給予當事者增強，則成效會較差。如一位學生作業字體常寫得十分潦草，今天繳交的回家功課字體卻十分用心書寫，教師批改後要立即公開給予讚美或頒給代幣，並加以鼓勵，如此才能強化當事者進一步的正向行為。上述四種增強物型態都是一種「外在增強物」（extrinsic reinforcers），外在增強物導致的學習動機雖是外塑的，但在學生學習歷程中卻扮演重要角色，學習的終極目標在於學習者能藉由「內在增強物」（intrinsic reinforcers）來促發學習活動，內在增強物是學習者的正向行為的展現與學習活動是內發的，這些活動或行為是因為當事者可以獲得內在滿足或自我實現，為內在增強物而展現的學習活動或正向行為，反映的動機形式為「內在動機」（intrinsic motivation）而非「外在動機」（extrinsic motivation）。

　　在學生行為輔導改正上，教師常會使用增強（reinforcement）策略，所謂增強是指使用適宜增強物而使學生行為反應頻率改變的一種活動安排，學生行為反應頻率強度改變有二種情形，一為行為反應頻率變多、一為行為反應頻率變少，前者多數在強化正向行為的繼續展現，後者多數在減低負向或不當行為的出現。當學生行為反應頻率或活動因增強物的出現而強化，此增強稱為「正增強」（positive reinforcement），相對於正增強者稱為「負增強」（negative reinforcement），負增強的「負」並不是負面的意涵，它表示的是將某種刺激移除後，可以增強當事者行為反應的頻

率，負增強也可強化正向行為或活動出現的頻率，但負增強較易有副作用效應產生，如課堂上學生回答很小聲，課堂老師大聲說「正雄，請你大聲點！我們都聽不到你在講什麼？」此時，正雄因為老師聲音的強化而提高嗓門。

負增強應用於課堂的另一個實例為學生上課時精神不濟，時常閉目養神，老師看到後並沒有大聲責罵，而是將目光盯著這位學生，學生看到老師已發覺老師注意他，會開始打起精神，張開雙眼專注於黑板，學生不喜愛老師課堂上一直盯著他看，因為被老師一直盯著看，會有一種壓迫感，此種學習行為不是十分愉快之事，當教師發現同學已經專注於學習活動後，便將目光均衡的掃瞄全班，而不再只盯著這位學生。負增強與正增強一樣，都是在強化正向合宜的行為，但負增強的使用較易產生反效果，或有負作用出現，如之前，教師提高音量請同學講話再大聲些，會讓學生誤認為老師故意在整同學，而破壞師生和諧的關係，所以班級經營的增強運用，教師應多採用正增強策略。

負增強與懲罰（punishment）是不同的策略方法，負增強在於增加行為出現的頻率，懲罰則在減少不當行為出現的次數，懲罰的主要型態有二種：「施予式懲罰」（presentation punishment）與「剝奪式懲罰」（removal punishment）。施予式懲罰主要是給學習者一個他不喜愛的刺激，此刺激是當事者不想要或會令其有不愉快感覺的事件，以減少行為出現的頻率，如教師的責罰、生氣表情、罰其站立、給予較低的評量分數等；剝奪式懲罰是取消或移除當事者喜愛的事物或刺激，這些事件是當事者喜愛的或不想失去的，如課堂吵鬧，禁止下課至操場玩耍，「玩耍」是當事者非常愛的活動，為了不讓自己想要的活動被取消，課堂就會較專心聽講；再如回家功課沒有按時寫玩，取消中午看課外書籍的機會，為了可以看課外書，當事者會儘力將回家功課準時完成。行為管理的內涵圖可以統整如下（Hardin, 2008, p.31）：

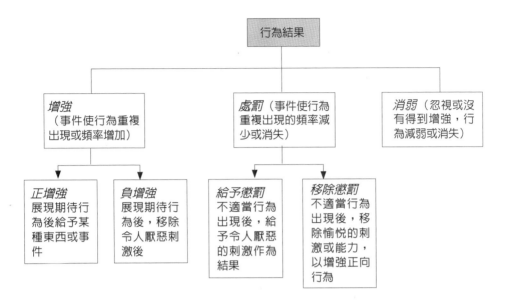

教室是學生到校學習的處所，這個處所的硬體情境或軟體情境若是讓學生產生很大的焦慮或壓力，則學生不會喜愛，也不想待在這個教室情境。硬體情境指的是教室的物理環境，軟體情境指的是社會心理環境，如教師管教、師生關係、同儕互動、課程內容等。從教育心理學的觀點而言，學生焦慮感受分為二種型態：一為「情境性焦慮」（state anxiety）、一為「特質性焦慮」（trait anxiety），情境性焦慮是因為特殊情境引發（如在同儕面前講話），若是在一般學習環境中（私底下與同學講話）當事者便較少或不會產生焦慮感受，情境性焦慮通常是短暫的；特質性焦慮是因為個人人格特質引發，在有威脅的特殊情境或沒有威脅的情境也會有較高的焦慮感受。特質性焦慮有些是天生人格特質引發，但有些是學習歷程中被制約而成，如長期在一個班級氛圍不佳的課堂中學習，教師採用權威式的管教，常情緒失控的責罵學生，則班級學生會有較高的焦慮感受，嚴重影響學習及對學習活動的參與感。

就社會認知論其對增強及處罰的論點如下：1. 只有當學習者察覺到行為後果會隨之而來時，後果才會對行為造成影響；2. 對未來行動的可能後果，學習者會有所有預期，預期狀態結果會影響日後行為表現；3. 學習者

的預期，不僅受到發生在個人事件的影響，也受到發生在別人身上事件的影響；4. 學習者是否要做出某些行為反應，不只取決於他們對反應及其後增強間連結關係的理解，也受到當事者是否相信他們有能力，可以成功地表現出該行為結果（白惠芳等譯，2011）。從社會認知論的觀點來看，何種行為是不適切的、何種行為是違反班規，何種行為會受到懲罰，必須讓學生很清楚明白，不當行為之後的懲罰方式也必須詳細的告知學生，如此學生的行為反應才會與行為結果產生有機連結。學生的預期常來自教師給予的增強或處罰方式，如課堂上干擾教師教學活動的進行遭受教師處罰，之後，教師上課時會預期若是再出現不當行為，影響同學的學習活動（同樣的反應）也會受到教師責罰，當事者課堂出現不適當行為的次數會大大減少，學生的預期表現哪些反應行為會受到責罰，或是會受到獎賞，其前提是教師必須展現果斷反應型的老師，嚴格客觀、合理的執行學生行為反應後的結果，這樣也可以經由觀察、知覺達到「替代增強」或「替代懲罰」的功能。

「反應代價」（response cost）也是一種減少學生不當行為的技巧，也是一種對當事者的處罰，反應代價指的是學生違反班級規約，或出現干擾學習活動的不當行為，某種權利、活動、或喜愛行為被老師剝奪或取消，被老師撤除的增強物是當事者喜愛的，或當事者想要的。如學生課堂出現三分鐘的吵鬧行為，下課時扣除3分鐘的休息時間（下課鐘聲響起，當事者延後3分鐘下課）；一項作業缺交，體育課打球時間減少十分鐘，二項作業缺交，體育課打球時間減少20分鐘；課堂任意離開座位，就沒收一張小獎勵卡，沒有小獎勵卡可以繳交者，就打一個X，當學生喜愛的小獎勵卡逐漸減少時，學生會注意無法得到榮譽狀，無法換取大獎勵卡，無法與喜愛的師長合照，此種情況下，學生會怕小獎勵卡再被老師沒收，其行為自會收斂，或有所改善。「反應代價」若能結合「代幣制度」一起實施，其效果更佳，當學生出現可欲或好的行為時，教師可依契約給予小獎勵卡作為酬賞；相對的，若是學生出現不當行為或違反紀律行為，教師可將給予的小獎勵卡（代幣）沒收或扣除。

誘因（incentive）在社會認知增強方面扮演重要角色，如果教師提供

的誘因與學生個人覺察的能力差距甚大，學生預期行為反應後達到結果目標的機率很低，則學生的學習動機不會很高，如老師要挑選一位畫圖畫得最好的同學參加校外比畫，全班有30位學生，因為只有一個名額，且畫圖是一種最佳能力展現，多數對畫圖沒有興趣或自覺沒有此一長才者不會熱衷參與此賽，因為教師提供的誘因多數學生無法保證會成功，且自覺個人能力與成功間的差距甚大，所以沒有參與競賽或活動的誘因；相對的，如果老師要挑選的是這個月服務最熱心的同學，且表揚的同學有5位，由於教師提供的名額較多，而服務熱心是一種典型表現評量，並非是最佳表現評量（此評量通常用於評定個人的學科成績高低），由於是典型表現評實與實作行為評定，每個人都可以達到，只要用心努力去做，都可能被選為服務熱心同學，此種行為展現與個人資質高低、考試成績好壞間沒有必然關聯，教師提供的此種誘因可以排除個人智能高低或學科表現的優劣，因而學生的投入的動機會很高，也較願意嘗試。

　　行為塑造提供的誘因最好是學生可以做到的，提供的增強物必須是學生真正喜愛的，尤其是使用代幣增強時，代幣能兌換的初級增強物或活動型態，必須於事前明確的告知學生，讓學生知道，因為教師有事先讓學生知悉，也獲學生讚同，才不會於事後變成「老師不守信用」的誤解。

貳　行為改變技術的實例

一、個案狀況說明

　　1. 案主姓名：陳○○

　　2. 案主性別：男

　　3. 案主年齡：12歲

　　4. 案主年級：六年級

　　5. 案主排行：獨生子

　　6. 家庭狀況：

當事者（學生，一般以個案或案主表示）自幼和父親、祖母住在一

起，父親高職畢業，在外工作，每天回到家時都很晚，無暇管教案主；祖母雖不識字，但非常疼愛案主，認為只要案主無不良重大違規行為出現即可，至於考試成績的高低，祖母則不大會要求，對案主家庭結構而言是屬於「單親家庭」，教庭教養型態則屬隔代教養家庭，從小案主主要由祖母撫養照顧。案主的相關行為特徵：

1. 外表特徵：個子矮小，皮膚黝黑。
2. 外顯行為：愛講話、好動，喜歡捉弄同學，人際關係很差。
3. 最喜歡科目：電腦、體育。
4. 最感困難的科目：唱遊、音樂、美勞（藝術與人文領域有關技能或實作行為，案主都不喜愛，對於這些教材內容都是敷衍了事，得過且過，只要有分數就好，至於分數高低，案主全無所謂）
5. 特殊才能：無

級任老師評語主要內容如下：一年級：學習注音符號時稍感困難，經輔導後已大有進步。二年級：東西經常忘了帶，聯絡簿未能按時簽名；丟三落四，學習用具經常忘了帶，課業敷衍。三年級：功課疏忽，作業缺交、學習活動被動懶散。四年級：略欠積極，細心不夠，作業馬虎常常缺交。五年級：愛玩，沒有人指導及約束，功課退步很多，常忘記帶作業。六年級上學期第一次定期考查國語、數學、社會、自然四科成績分別為：58分、71分、66分、73分。

二、行為目標

老師規定的回家作業「能夠寫完且按時繳交」，教師期望的目標行為是班級紀律問題，因為全班都要繳交作業，班導師採用正向管教策略，不再採用責罵或處罰方法來處理案主無法如期完成回家功課行為。紀律與處罰不同，紀律是全班學生須共同遵守的規約，處罰是以特別刺激加諸於當事者身上，這個刺激是當事者不喜愛或會讓其感到不悅的，班級的紀律教師要貫徹執行，回家功課沒有完成，就是一種違反班級規約的行為，此種班級規約是全班學生都要遵守，破壞此班級規約就是違反紀律。案主無法

準時完成回家功課，原因可能是不會寫，也可能是不想寫，或行為懶散不把教師指派的功課當作一回事；也可能是厭惡教師或對學習內容課程不感興趣等，教師必須加以探究其背後原因，才能對症下藥，找出有效的因應策略。

也許教師會認為可以透過家庭教育功能的協助來共同導正案主的行為，但案例中當事者是單親家庭，又是隔代教養家庭，家庭教育的功能是失衡的，由於家庭教育無法正常發揮功能，藉由家庭教育的幫忙來導正案主的不當行為是不可能的。當家庭教育功能失衡時，對學生最有影響的就是學校教育，尤其是學生就讀班級的老師及同儕，班級功能若是運作得宜，則學校教育可以彌補家庭教育的不足，教師介入輔導協助的角色更顯重要。

三、觀察方法

由於案主班上每天的回家作業皆由各排小組長蒐集後再交給任課老師（如任課老師為科任老師，則再轉交給班長統一繳交），因而乃訓練案主排上的小組長觀察紀錄案主每天作業繳交情形，並登記於老師設計的「作業繳交情形紀錄表」上。每天小組長紀錄完後，並將結果告訴其級任老師，由級任老師檢核。（註：此位小組長剛好是案主班上的的副班長，聰明伶俐，做事十分負責，第一次成績考查智育成績全班第二名，四年級五育成績均優。）

四、觀察日期

自學校第一次定期成績考查後開始觀察紀錄案主行為，日期自XX年XX月XX日至XX年XX月XX日，共觀察8天。

五、結果紀錄

觀察期結果紀錄整理如下表：

目標行為	老師規定的回家作業能夠寫完且按時繳交				觀察紀錄者（排上小組長）
科目 天	國語	數學	社會	自然	合計
第一天	△△				2
第二天	△		△		2
第三天	△				1
第四天	△		△		2
第五天		△			1
第六天	△△			△	3
第七天	△		△		2
第八天		△			1
合計	8	2	3	1	14
平均	14/8 = 1.75次／天				

△：回家功課沒有如期完成

六、繪出基線

　　茲將觀察紀錄結果繪成基線圖如下，以便能更清楚地瞭解案主目標行為發生的情形。

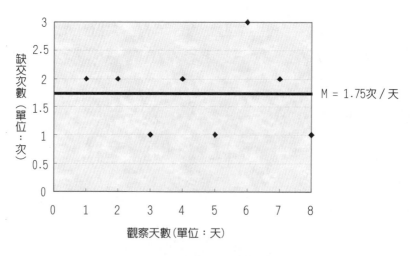

圖4-1　案主缺交次數基線圖

七、分析

(一)誘因

1. 輔導老師私下訪談案主班上的其他同學，發現案主班上各科的作業份量均不是很多，習作配合當天的教學進度，有時是一頁；有時是一個小單元，並不是整個大單元教完後，再一次寫完，其中國語作業份量較多元化，還包括生字、圈詞、作文。大致說來，案主班上的回家作業，中等程度的學生大約20到30分鐘即可完成，有時時間更短。

2. 不按時完成作業，有二個因素，一為缺乏動機，另一為缺乏能力，觀之案主的考試成績及行為表現，並非能力不及，而是缺乏動機，尤其對於「抄寫工作」最為厭惡，因而國語、社會等語文作業缺交的次數較多，尤其是「國語」一科，只要級任老師有派國語作業，案主隔天幾乎就缺交。

3. 案主在家缺乏家人的指導，一回到家裡不是觀看電視，就是看漫畫書，對於祖母的告誡聽而不見，因而花在寫作業的時間著實非常少；另一方面案主是獨生子，可能因家庭因素關係，不寫作業，以引起老師的注意和關心（在不當行為的處理因應上有一種稱為忽視，忽視就是學生於課堂中出現不當行為的目的是要引起教師注意，且此種行為又沒有干擾到其他同學的學習，則教師可以採用忽視的方法，如學生課堂要回答問題都沒有舉手，教師應忽視其行為，優先叫舉手的同學回答；學生課堂教學中常要與老師閒聊跟課程內容無關的社會事件，教師可以採用忽視策略，先與發問課程內容相關的同學對話，而不理會那位找機會想閒談八股新聞的同學，但對於同學沒有完成回家課業、課堂干擾他人學習的行為（如以橡皮筋彈同學、發出怪聲音等），教師不能採取忽視策略，否則會助長這些學生的不當行為，使其更為嚴重。

4. 案主考試成績在中下，任課老師很少稱讚他，多是責罵語氣，久而

久之，對於老師的多次責罰、處罰也不當一回事，反正作業缺交頂多只是平時成績較差而已，案主對學業成績的高低完全不在意，是故案主對於此行為表現一犯再犯。對於累犯的學生而言，教師再多一次的責罰也是責罰，教師再多一次的怒斥也是怒斥，這些學生不會因為教師的多一次處罰而改變不當行為，因為處罰、責罵、怒斥對他們而言已經麻痺了，教師如不能改變管教策略方法，改採正向管教方式，輔導介入處置他們，要改變或減少不當行為的發生率是微乎其微的。對此，教師應有所認識：

「常常被處罰的同學，不會在乎被老師多一次的處罰。」
「常常被怒斥的同學，不會在乎被老師多一次的怒斥。」
「常常被責罵的同學，不會在乎被老師多一次的責罵。」
「常常被申誡的同學，不會在乎被學校多記一次申誡。」
「常常被記過的同學，不會在乎被學校多記一次的過。」
「常常被處罰的同學，很在乎老師的讚美。」
「常常被怒斥的同學，很在乎老師的肯定。」
「常常被責罵的同學，很在乎老師的鼓勵。」

(二)預測

1. 與同學關係方面：案主經常不交作業，以致常受到任課老師處罰、責罵，同學視其為「壞學生」，多數不喜歡和案主在一起活動，案主沒有玩伴，在班上的人際關係不佳，故喜歡捉弄同學，以引起其他同學的注意；案主愈捉弄同學，同學愈討厭他，形成一種交互作用的不良環圈。

2. 在師生關係方面：案主缺交作業的行為，引起老師對其他行為的聯想：行為馬虎，行事草率，被老師視為「頭痛學生」；加上近年來社會風氣的影響，教育部禁止體罰等規定，任課老師無暇也不願專注於學生的問題處理上，何況作業缺交亦不是重大的違規偏差行為，與暴力行為、打架傷害行為、嚴重干擾教學的不當行為相較之一下，作業未按時繳交是個人的一種違反紀律行為，任課教師直接

的作法就是扣分或以零分計算，案主對於分數高低並不重視，因而直接給案主零分或扣平時成績的作法，是無法改變案主的行為。

3. 在學業表現上：案主由於常常不寫作業及不能按時繳交作業，對他的學習造成很大的干擾，進而影響其學業成就，故案主升上五年級後功課退步甚多，其中由於國語一科最為明顯。此種惡性循環結果，輔導教師將之圖示如下：

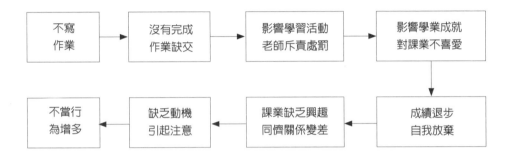

八、確定增強物

(一)評估R+

1. 輔導教師先設計一份簡單的半開放式問卷（半結構式問題項）讓案主至輔導教室填答，問卷題目與案主所填內容如下：

---

(1)你最喜歡上的科目是：
　案主答：電腦課、 體育課
(2)你最喜歡做的二件事是：
　案主答：打電腦益智遊戲（案主只寫出一項）
(3)你認為最光榮的事是：
　案主答：張貼在川堂中與校長合照的照片，案主並註明這對他來講是不可能的。

---

2. 案主自認為最光榮的一件事是與校長合照，每當在川堂看到同學與校長的合照，心中羨慕異常，「與校長合照」是其最大的願望；其次電腦課的益智遊戲是其所有科目中最讓其喜愛與感興趣的，輔導

教師再以晤談法和案主商量結果，決定採用「白鴿」及「玩電腦益智遊戲」作為增強物，只要累積五張小白鴿，中午休息時間可至電腦教室自由打電腦；累積十張小白鴿並送案主一個蓋有「獎」字的造形隨身碟，此造形隨身碟是學校輔導室特別訂製的，造形十分可愛。（註：此學校有白鴿榮譽制度，表現好的同學，可得1至5張小白鴿，10張小白鴿可換一張大白鴿，並可在品德考查表上加分，加幾分由各班自行決定，集合10張大白鴿、100張小白鴿，才可和校長合照或和自己喜愛的師長合照，學校也會於朝會頒發一張榮譽狀的獎狀，合照的照片在發給同學之前，會先張貼川堂二個星期。）

㈡行為→價值→R+

1. 輔導教師與案主商談約定：老師規定的回家作業（包括數學、國語、自然及社會習作；國語生字、圈詞、作文及老師親自出題的練習試卷）能夠寫完且按時繳交，惟字體不可潦草。
2. 如果案主作業能夠準時依約定完成，則每項發給白鴿一張（並非以科目為單位，如國語一科，老師可能同時派生字二遍、習作某一小單元，生字與習作均完成且準時繳交給小組長，可領二張小白鴿）
   (1) 累積5張小白鴿中午休息時間可至電腦教室自由打電腦。
   (2) 累積10張小白鴿並送案主一片蓋有「獎」字的「獎」字的隨身碟。
   (3) 如果案主當天作業全部繳交，則再由級任老師於班級中公開口頭讚美（此項已由輔導教師與案主級任老師事先協調溝通）。

㈢給予方式

1. 人：由輔導教師或級任老師發給案主。
2. 時：每天組長將案主回家作業繳交情形告訴輔導教師（班級導師是位球隊教練，早自習時間多數在球場協助校隊練球），如果案主表現良好，利用早上生活與倫理時間立即給予增強；當天早上如果

五、六年級在操場練習大會操，則利用當天第一節課下課時間給予增強。

3. 地：在電腦教室內發給案主小白鴿。

4. 物：白鴿、隨身碟、中午休息打電腦等物質性增強；口頭讚美及微笑等社會性增強。

九、治療實施

㈠處理期

1. 處理期限：輔導教師與案主訂定的契約為8天，8天回家功課的繳交情形輔導老師都會詳細記錄。

2. 處理期之觀察結果紀錄如下：

目標行為 科目 星期	老師規定的回家作業能夠寫完且按時繳交				觀察者（排上小組長）
	國語	數學	社會	自然	合計
星期一					0
星期二	△				1
星期三					0
星期四				△	1
星期五					0
星期一	△				1
星期二			△		1
星期三					0
合計	2	0	1	1	4
平均	4/8 = 0.5次／天				

說明：

(1) 第一次缺交的作業是作文一篇，案主沒有寫完。

(2) 第二次缺交的作業是自然習作，問其原因是忘記帶了。

(3) 第三次缺交的作業是國語練習試卷，案主有二大題沒有寫完。

(4) 第四次缺交的作業是社會習作，問其原因忘記帶了。

茲將處理期的觀察紀錄結果繪成曲線圖，以便明瞭治療的效果。

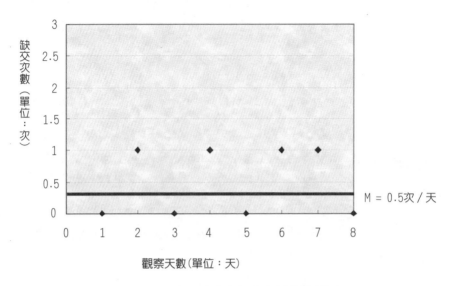

M = 0.5次／天

觀察天數(單位：天)

圖4-2　處理期案主缺交次數散布圖

(二)恢復期

1.在恢復期裡，取消處理期的獎勵——增強物，其觀察期限為8天。

2.恢復期之觀察結果紀錄如下：

目標行為	老師規定的回家作業能夠寫完且按時繳交				觀察者（排上小組長）
科目＼星期	國語	數學	社會	自然	合計
星期一					0
星期二		△			1
星期三	△				1
星期四			△		1
星期五	△				1
星期一					0
星期二	△				1
星期三	△				1
合計	4	1	1	0	6
平均	6/8 = 0.75次／天				

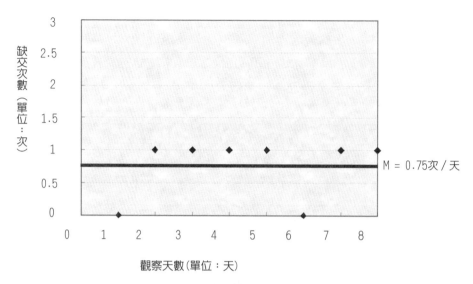

圖4-3　恢復期案主缺交次數散布圖

　　為了瞭解案主在基線期、處理期及恢復期目標行為的變化情形，乃繪成A-B-A曲線圖，如下所示：

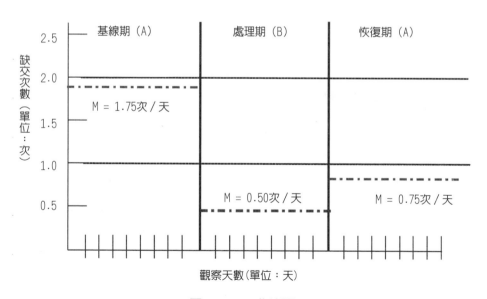

圖4　A-B-A曲線圖

從A-B-A曲線圖的變化情形來看，案主不按時繳交作業的情形有稍微的減少，為了更進一步探究處理前（基線期）及處理後（恢復期）的次數差異是否達到統計上的顯著水準，乃以此二次「未按時繳交作業」之觀察次數進行相依樣本t考驗，進而確定治療的效果。

變項	天數	平均數	標準差	標準誤
基線期	8	1.75	.707	.250
恢復期	8	.75	.463	.164

平均數差異	標準差	標準誤	自由度	t值	顯著性
1.0000	1.069	.378	7	2.65	.033

由上表得知平均數差異的考驗結果之t值為2.65，達顯著差異，顯著性p=.033，表示結果為虛無假設的可能機率很低，其中恢復期未按時繳交作業的次數顯著少於基線期未按時繳交作業的次數；亦即案主的目標行為「老師規定的回家作業能夠寫完且按時繳交」經治療以後，有顯著地改善，只是並未達到一般學生應達到的基本目標──老師規定的回家作業能夠寫完且『每天』均須按時繳交的目標。

十、評價

㈠治療計畫之優點

1. 輔導教師有專業的知能，熟悉A-B-A-B之治療設計與行為改變技術的策略，得知班級教師對個案的行為的處置成效不彰後，立即主動介入協助處理。行政是教師的支援，在學生行為輔導系統中，教師負責的是初級預防與處置；輔導處（室）負責的是二級的預防與處置，當教師因專業知能或時間、人力等因素無法有效處理班上學生問題時，輔導室及輔導專業教師的及時介入，可以協助教師處理班級常規處理的困擾，讓教師有更多時間處理班級的其他事務或投入更多時間於教學活動規劃上，教師與行政的密切配合，會有最佳的

效率與效能。

2. 符合科學計量原則，觀察與紀錄的行為具體明確，以自行設計的表格詳細記載案主作業缺交的次數並以量化方式表示，記載簡便，明瞭易懂，可信度頗高。由班上同學擔任小老師，協助教師處理同儕間學習活動的行政事務，可培養同學的責任感。

3. 未按時繳交作業的行為觀察由同一位負責、優秀學生記錄，再由老師檢核，頗符合客觀性及公正性原則。

4. 在增強物的選擇方面，白鴿、打電腦玩益智遊戲、送蓋有「獎」的隨身碟、與校長合照，是案主自述及輔導教師與案主晤談後發現的，這些乃是案主心中所傾慕與喜愛的，這雖是一種籌碼，但卻有屬實質性的獎勵存在，案主在他處無法獲得；其次再加上作者及案主級任老師的口頭稱讚與鼓勵，這種屬於精神鼓舞的社會性增強，更具有激勵作用，因而在增強物的選擇與運用方面十分適切。

5. 為客觀記錄案主的目標行為，基線期、處理期、恢復期的觀察天數均以8天為期限，其中例假日及國定假日均不包括在內，整個研究從開始自結束，歷時約一個多月，各期密切連接並無中斷，能確實掌握案主的行為變化的情形。

6. 除將觀察紀錄——案主回家作業缺交的行為，以量化次數表示外，並將各期統計情形分別以曲線圖表示外，最後再將三期的行為合併在一起，以A-B-A曲線圖綜合顯示，更清楚地瞭解、看出案主行為改變的情形。

㈡治療計畫之缺點

1. 當案主當天回家作業缺交的次數為0次時，希望級任老師能在教室公開稱讚案主，但由於級任老師兼任學校行政工作，較為繁忙，有時會忘記，在處理期當中級任老師便有二次忘記做到此點。

2. 目標行為「老師規定的回家作業能夠寫完且按時繳交」經行為治療後，改變程度雖然達到統計上的顯著差異，但是並未達到任課老師的基本期望：回家作業須寫完且「每天」按時繳交的程度；亦即達

到「0次」的地步，表示學生的不當行為並未完全改善。

3. 處理期結束後，雖然案主也得到蓋有獎的隨身碟；也至電腦教室打益智遊戲，但案主所得的白鴿數量與學校規定的100張還有一段距離，因而無法與校長或自己喜愛的師長合照；在恢復期追蹤期間，取消籌碼—增強物（取消具體性增強物），只運用社會性增強（口頭讚美、稱讚），這對案主的增強作用似乎不夠。

4. 整個治療計畫均未讓案主之自然、社會科之任課老師知曉，以致案主即使繳交自然、社會科作業，也無從科任老師取得社會性增強。在所有增強物的運用中，社會性增強最容易讓學生感受到，社會性增強如點頭、微笑、口頭讚美、公開表揚、認可肯定等都是，教師如吝嗇使用社會性增強，則學生不當行為的改善有限。

㈢治療計畫之修正

1. 本研究為考慮級任老師工作負荷，物質性的增強物由輔導教師在電腦教室給予案主，如能由級任老師在案主所在的教室公開給予並配合口頭讚美，則相信更有激勵作用。但級任老師對案主的不當行為似乎已有成見，認為案主這種懶散行為沒有家人的鞭策，或直接採用體罰的方法是無法改善的，級任教師認為最有效的方法還是體罰，由於級任老師之前曾有不當管教遭家長舉發，因而對於班上學生缺交作業行為的輔導較消極，有抱著多一事不如少一事的心態。

2. 恢復期追蹤期間，並未給予案主物質性的增強，這期間務必多用社會性增強，如多正面肯定案主好的行為；在其他同學面前多稱讚案主，使案主由外在增強轉化為內在增強，這與英倫大師教育分析哲學皮德思所謂：「教育活動以內在動機培養為著眼點，不過要先以外在動機激發兒童，維繫其活動」的立足點相似，惟其前提必須班級級任老師密切配合才行。級任老師在運用增強物時要掌握幾個原則：實體增強物必須是學生真正喜愛的、活動增強物必須是學生真正喜歡的，學生在沒有表現教師期待的正向行為之前，教師不可給予學生增強；學生行為改變的過程中，先採用連續增強，以強化其

進一步改變的動機，等到學生正向行為表現穩定後，再改為部分增強或間斷增強。

3. 案主在8天處理期期間，未按時繳交作業的情形有明顯減少，其中有4天缺交的次數的0次，表示案主偶而能如期寫完老師規定的回家作業並按時繳交，其中以國語科的改變最大，如能將處理期期間延長，如延長為16天，則相信案主的行為改變會更為顯著。

4. 在增強物方面，案主要集10張大白鴿在短時間內恐難達到，因而在恢復期以後，老師如發現案主的不良行為有漸漸舊態復萌現象，必須再配合物質性的增強物，爾後再逐次減少，以徹底改善案主的不良行為。

十一、困難及感想

1. 此次個案行為的治療過程中，所遭遇的困難有以下幾點：(1) 案主家庭的配合不夠：案主屬單親家庭，受到祖母溺愛，即使案主在家不寫作業，祖母也無法管教，因而案主不良行為改變的治療過程大多落在學校身上；(2) 級任老師工作繁忙，有時無法履行治療計畫中的增強行為。

2. 行為治療的技術運用在矯治學生不良行為時，其功效應予以正面肯定，目前國民小學有行為異常學生不在少數，但真正從事有計畫性的個案研究治療者甚少，探其原因不外是：(1) 班級學生數過多；(2) 行政工作繁重；(3) 缺少激勵；(4) 缺少行為治療的專業知識與技能。其中尤以第三點、第四點最為重要。因而學校輔導室應擬定有關此方面的計畫，對於實際從事個案研究的老師給予物質與精神獎勵；此外，校內教師進職研習可以請實際對個案輔導有經驗的老師做經驗分享，或經驗傳承，如此可減少資淺教師摸索的時間。

3. 在整個教育過程中，我們不僅應有「莫把課本當聖經」的理念，更要有「莫把老師當聖人」的觀念；畢竟「老師也是人」，因而也需要他人的鼓勵，這其中尤以「學校主管」的激勵最為重要，也最有

效用。根據國外相關研究顯示：老師的職業倦怠及職業異動與校長的行政領導關係密切，其中與「校長支持」最有影響。因而身為校長者應公開讚揚關懷、愛護與默默啟迪學生的愛心老師，以肯定其對學生所做的付出與奉獻。

4. 許多研究顯示，來自單親家庭的學生會有較多的不良行為出現，身為老師者對來自此家庭的學生應多關心，尤其不應放棄，以免其不良行為繼續惡化。不良行為「根源於家庭、顯現於學校、惡化於社會」，當其顯現於學校時，是顯而可見，也是可以改變、感化的，但願老師均應有此體認，不應放棄任何一位學生。教師在輔導管教學生的歷程，可以會遭遇到挫折或失敗，教師不應氣餒或灰心，只要教師盡心盡力，即使當事者的偏差行為或嚴重不當行為沒有完全矯正，或改善成效不佳，教師也問心無愧，因為家庭教育如果失能，或是當事者有原生性的病因，單靠教師力量或學校教育功能，處置成效也是有限。從生態模式觀點，學生問題行為的處置必須從其所處的生態脈絡著手，某個生態情境功能沒有發揮，學生的問題行為是很難完全改善的。

參考書目

白惠芳、林梅琴、陳慧娟、張文哲（譯）（J. E. Ormrod著）。**教育心理學—學習者的發展與成長**。臺北：洪葉。

張世慧（2010）。**行為改變技術**。臺北：五南。

黃正鵠（1991）。**行為治療之基本理論與技術**。臺北：天馬。

Hardin, C. J.(2008). *Effective classroom management : models and strategies for today's classrooms*. Upper Saddle River, N.J. : Pearson Prentice Hall.

5

「班級經營」字譯之策略方法

　　班級經營的英文為「CLASSROOM MANAGEMENT」，「CLASS-ROOM MANAGEMENT」一般翻譯為「班級經營」而不翻譯為「班級管理」，管理一般較欠缺教育意涵，它是一種對人事時地物的掌控；經營較重視班級事件的處理與班級事務的規劃安排，除有掌控的意涵外，重要的是隱含教育輔導的功能與班級領導者專業的展現。學生不僅要管理，更要教育；學生不僅要管理，更要輔導；學生不僅要管理，更要啟發；學生不僅要管理，更要根據個別差異因材施教。

　　班級經營是科學方法的應用與藝術策略的整合，兼具效能與效率的班級經營方法是權變，其權變的內涵與領導一樣，沒有一種領導方法適用於所有組織或所有員工；相似的沒有一種班級經營的方法適用於所有學生，或適用於所有班級群組，因而才有所謂的適性教育、因材施教。但適性教育的前提下，有些原則或大方向是不變的，如具備教育愛與耐心、公平與正義的對待學生、以身作則為學生表率、掌控情緒不會在失去理智下責備

學生；處理學生兼顧合法性與合理性等。

　　本章從班級經營的英文字元，擴大延伸論述班級經營的有效策略方法，若是教師能善用這些理念方法，則增能營造良好的班級氣氛，達到高效能與高效率的目標。

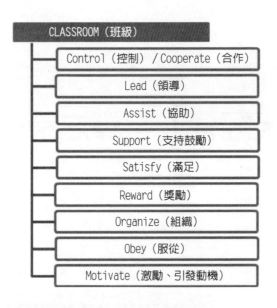

CLASSROOM（班級）
- Control（控制）/ Cooperate（合作）
- Lead（領導）
- Assist（協助）
- Support（支持鼓勵）
- Satisfy（滿足）
- Reward（獎勵）
- Organize（組織）
- Obey（服從）
- Motivate（激勵、引發動機）

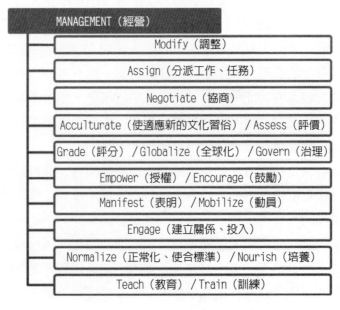

MANAGEMENT（經營）
- Modify（調整）
- Assign（分派工作、任務）
- Negotiate（協商）
- Acculturate（使適應新的文化習俗）/ Assess（評價）
- Grade（評分）/ Globalize（全球化）/ Govern（治理）
- Empower（授權）/ Encourage（鼓勵）
- Manifest（表明）/ Mobilize（動員）
- Engage（建立關係、投入）
- Normalize（正常化、使合標準）/ Nourish（培養）
- Teach（教育）/ Train（訓練）

一、Control（**控制**）／ Cooperate（**合作**）

教師在班級經營中要全面掌握班級的氣氛，並且製造情境讓學生們學習合作。教師要能掌控學生動態、控制班級的常規，對於學生不當行為發生前能有效加以預防，採用的是一種預防性與支持性的常規管理，而非純粹是改正性的常規管理，支持性的常規管理是教師及早發掘掌控學生的行為，當知覺學生會出現不當行為或干擾學習活動行為前，採取各項有策略加以處理。如教師在課堂教學中發現學生未專注聽講，東張西望一直在看外面，此時教師不能採取忽略，忽視學生這種學習行為，否則會影響學生日後的學習活動，教師可適時走向當事者提高音量，或以臉部表情及眼睛直視當事者，讓學生知道教師已經注意到他了，或突然停止教學活動眼神注視當事者（教師的停頓會引起全班的注意，所有學生會將目標集中於教師身上），或改採問答法，指名當事者回答，或直接點出不專注學生的姓名等，教師直接回應處理，是處理課堂不當行為最快速有效的方法。

班級經營的目標之一是建構一個合作的學習環境，班級的社會組織應是一種合作情境而非競爭，在合作的學習情境中，學生才能學會如何尊重他人，如何與人溝通、如何發揮所長。從完形心理學（Gestalt）的論點來看，當學生能群體合作學習時，其成效比個體投入所付出的多，因為整體並不等於個別部分的總和，整體的效果大於個別部分的加總。班級教學或學習活動安排，教師可多採用分組或小組學習方式，分組時要採用異質分組，讓所有學生都有可能被分在同一組的機會，否則若是完全由學生自行分組或找尋組員，班上可能會明確被劃分為數個壁壘分明的群組，進而形成班上的小團體，分組之具體做法如採用抽籤方式，或以某個座號開始，有系統的間隔多少個號碼，如班上有30位同學，此次學習活動要分為六個小組，教師請班上一位同學至講臺上抽籤，假設同學抽到的號碼為7號，則7、8、9、10、11、12號為六個組別的起始號碼，7、13、19、25、1號為一組；8、14、20、26、2號為一組，因為每次起始號碼相同的機率很低，班上同學都可能被分在同一組。另外一種作法是全部採用抽籤方法，學習活動要分為五組，抽籤筒有1到5五個號碼，班上有30位同學，每組號

碼有六支籤；如果班上只有24位同學，則其中一組的人數只有4位，此部分教師可彈性運用。

　　分組活動時，教師可以觀察班上多數同學最不喜歡和那幾位同學分在同一組，課堂中多數同學不喜愛與他人分在同一組的原因，不外是這些同學平時違規犯紀，常常被老師責罵或處罰，怕跟他分在同一組會被扣分，影響小組成員的成績；另外一種是低自我價值感與低學業成就者，此種型態的同學，平時在課堂學習中十分安靜或不與其他同學互動，所以沒有正向關聯的互動，班級活動中也沒有要好的朋友，容易被班上同學忽視。身為教師者應能找出幫助學生正向互動的學習內容，或規劃有益於學生正向關聯的學習活動，透過團體競賽或分組學習活動，一面讓學生學習新的知識技能，一面培養同儕互動溝通的能力。教師藉由多次分組活動，可以瞭解班上被孤立或被排擠的學生，進而瞭解其原因採取適當的輔導策略，教師可以從同理心的感受與多元智能的觀點來教育輔導同學，如請同學在紙上寫下：「如果班上同學都不喜歡跟我同一組，我會作何感想？」、「如果同學認為跟我分在同一組是一件倒楣的事，我知道後會有何反應？」、「雖然同學成績比較不好，但是也有他的長才與優點，若是每位同學成績都很好，那每位同學不都是第一名了？」等等，當同學能將心比心，才能培養同理心的感受，願意接納及容忍班上每位同學，此種同理心的培養也是一種生命教育與品德教育課程之一。

　　如果每位同學在教室情境中都有要好的朋友，平時除了可以談心外，有問題或困難時也可以得到適時幫忙，或成為彼此間訴苦的傾聽對象，不僅有助於同學身心的正常發展，也可以讓其中小學的求學階段留下美好的回憶。從「完形心理學」的觀點而言，整體的成效是大於各個部分的總和，整體非只是個體的加總而已，教師如能妥善分組，讓組別間的能力相當，並採異質分組的方法，對於學生的學習及人格的培養都有正面的影響。控制並非是以權威、高壓的管教來對待學生，相對的，教師應採用有效、民主、合理、多元的方法，運用教師的權力來掌控學生行為，維持班級的紀律，使教學習活動可以順利進行，教師展現的是位積極果斷性教師，可以立即、快速處理學生問題，不會任由學生問題或違規行為變得更

為嚴重。

二、Lead（**領導**）

　　教師應要具備權變的領導能力，面對不同發生的情境可以立即做出最恰當的反應，使得問題可以化險為夷。教師領導者的角色在於帶領班上學生朝向師生建立的共同願景努力，營造學習型的班級組織，友善而人性化的學習環境。在班級經營中，教師若是位教室班級中的「領導者」（Leader），則此領導者至少應具備以下幾個特質：傾聽、表達、協助、討論、評鑑、回應與負責（吳明隆，2010）。

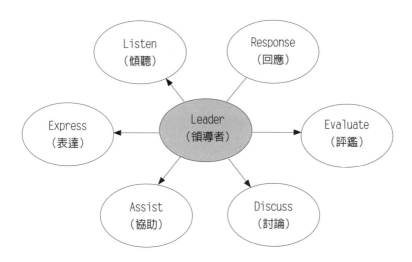

(一)耐心的傾聽者－Listen

　　在師生相處中，教師要能「傾聽」學生所講的言詞，傾聽就是「儘量打開教師的耳朵、暫時緊閉教師的嘴巴。」教師若能傾聽學生所表達的一切，則能搭起師生良性溝通的橋梁，瞭解學生的內心世界；當學生出現犯錯或不當行為，教師在處罰之前，更要傾聽學生所述的行為緣由，以避免師生衝突的發生。傾聽是師生進行雙向溝通的基本，若是教師無法靜下來，耐心的傾聽學生所訴說的內容，則無法瞭解事件的來龍去脈，或行為的前因後果，一位能傾聽學生傾訴的老師，才會讓學生將心中的困擾或

問題講出來；一位能熱心協助學生解決問題的老師，才能讓學生信服。傾聽是師生溝通的基礎，能傾聽學生的心聲，才能知悉學生的內心世界，發掘學生問題，教師如果沒有耐心，或無法讓學生信任，則學生不會敞開心懷，將心中的困擾或遭遇的學習問題告知老師，如此，老師即使要幫忙輔導學生也不知從何著手。

㈡完整的表達者－Express

在教學活動或師生對話歷程中，教師均要把話「講得清澈、說得明白、敘述完整」，這樣學生才能抓住教師言詞的重點與所要表達的核心理念，才不會「會錯意、表錯情」，若是教學歷程，學生才能聽得懂；若是學習活動，學生才不會出現干擾學習活動行為。教師的言語表達，也可以搭配豐富的肢體語言，如手勢、臉部表情、語調聲勢等，教師的言語或肢體表達都應讓學生清楚瞭解，不能讓學生一知半解或不清楚老師要講述的事件做法為何，若是學生聽不懂教師要表達的內容，教師應有耐心的再詳細說明，或另以不同方式告知學生，教師不能以生氣的態度回應：「你到底有沒有在專心聽！」、「你可不可以用心點」等，否則會引起學生的焦慮，長期結果學生即使有任何問題困惑或聽不懂的地方也不會向老師請教。

㈢積極的協助者－Assist

在學生學習過程中，若是出現學習困難或行為問題，教師要採取各種策略加以協助或輔導學生，以增進學生學習的信心或行為改善。在協助學生行為改變或課業進步歷程中，教師要額外花費許多時間與精力，這是教師專業的一種展現，也是身為教師的義務，如此，才能贏得班上學生的信服。從教育心理學的論點來看，教師是學童及青少年的重要他人，中小學的教育階段，老師與父母都是學生問題的協助解決者，不論是課業問題、人際交往問題、情感問題、家庭問題、升學問題等，教師的適時介入協助，都可能對學生有重大影響，要學生能將遭遇的問題或困惑勇於向老師告白，其前提是老師要能獲得學生的信任與尊重，教師的熱忱與關懷要能

讓學生感受到，若是學生不能將問題或困擾事件讓老師知悉，則老師對學生的幫助無從下手。

㈣友善的討論者－Discuss

　　班級教室是個群體社會，此社會組織若是互動熱絡，則群體內個體則能建立良性的互動。教師若能與學生建立亦師亦友的關係，瞭解學生的次文化，與學生有正面、雙向、民主的互動，友善的與班級學生討論課業問題、生活問題、家庭問題等，則能增進師生間的感情，教師要能接納學生不同的意見，具有民主的風度，進而親近學生，則班級學生便能感受到教師的用心與熱忱，誠心的接受教師的指導。權威式的班級領導已不符合時代脈動，教師要改採的是民主式的班級領導，班級規約是師生共同討論認可的，非只是教師一人主觀決定，師生共同討論結果，才能使學生擔負應負的職責。

㈤有效的評鑑者－Evaluate

　　在良性競爭的班級群體中，教師要根據教學目標與學習素材內容，採用多種評量方法，如口語表達、紙筆測驗、實作表現（performance assessment）、卷宗檔案等有效評量學生的學習結果，以提供家長、學生參考。在教師自編成就測驗中，教師要根據項目分析表出題，重視試題的難度與鑑別度，在評量過程中，也要重視學生的學習態度，恪遵評量倫理等。評鑑時應包括於何時實施？在何地實施？評鑑的方式為何？評鑑的內容為何？評鑑的結果如何解釋等。以實作評量為例（早期稱為表現本位評量），教師要明確讓學生知悉：實作作品要完成到何種程度？實作作品評量的方式包括哪些？（如同儕互評、小組互評、教師評定、全班評定）；實作作品評量的準則為何？評量內容的具體要項有哪些？配合策略為何？（如實作、報告、展現、表演）；投入過程、態度與實作結果各占多少比率等。

㈥正向的回應者（／責任的承擔者）－Response（／Responsibility）

教師對於學生的任何問題，要積極的回應；對於家長的疑惑，更要積極的回應，此種回應可透過電話、家庭聯絡簿等媒介來讓家長知悉，若有必要，教師也可透過家庭訪問與家長溝通。此外，對於學生的行為表現、品格養成、學習成果等，教師要負起應負的職責與義務，教師有權力管教學生，更有義務帶領學生朝最佳的狀態發展。

【案例實務】

優良教師你爭我奪，辦公室大打出手！

國立琳和高中，是新北市第一志願的高中，校風相當嚴謹，「積極上進，努力不懈；志在千里，光耀琳和」，是琳和高中全體師生所期許的共同目標。因此不僅是同儕間學業的競爭意味相當濃厚，就連老師彼此也養成了一股「比較」的風氣。

展婷老師與稜靖老師便是模範師資當中的佼佼者，除了分別帶領三年級的語文資優班與數理資優班外，小至學業成績大至班級榮譽皆要比個高下，每當呈現不分軒輊的窘境時，兩位老師甚至還會進行言語上的冷嘲熱諷。

起初，其餘的老師還十分憂心這種偏離教育正軌的行徑，為了防止情形惡化，立即向學校高層報告詳細的狀況，校方也立即給予適當的回應與處理。但是兩位老師還是無動於衷，依舊故態復萌，甚至變本加厲，拿起兩班學生的家長背景作比較。或許是巧合，琳和高中在今年度大學指定科目考試勇奪社會組與自然組雙料冠軍的頭銜，學校也只好對兩位「名師」私底下的明爭暗鬥睜一隻眼閉一隻眼，久而久之其他老師與家長也習以為常，見怪不怪。日子一久，似乎這種互相比較的情況早已被視為「常態」還因此有家長向導師反應，期許能跟隨兩位「資優」老師的腳步，讓自己的孩子也能有嶄露頭角的一天！

「人比人氣死人」這句俗諺正切實驗證了兩位老師的現狀，純粹的成績比較已經滿足不了彼此想要進一步競爭的欲望，轉而以口頭上的激將，只要逮到機會就極盡所能的羞辱對方，這樣一來一往，別說是大幅度地影

響教學上的情緒，就連師生關係也逐漸面臨破裂的局面。可是兩位老師仍不因此善罷干休，如同火山熔岩般不斷地累積醞釀，只差沒有噴發出來而已。

這天，是學校一年一度的50周年校慶，每個班級無不全力以赴，只為奪得象徵班級最高榮譽的錦旗——精神總錦標，就連平常只專注於書本知識的資優班也不例外，展婷老師與稜靖老師更是全程監督，以保持各自班上最佳的表現狀態！下午四點半是大會公布總成績的時刻，一種無形的力量壓得兩位老師喘不過氣來，只能依稀聽到：「精神總錦標……成績是90.5分由三年四班與三年八班共同獲得！恭喜這兩個班級！」從稀落的掌聲與睥睨的眼神就可以得知一場風雨欲來的警訊。

果不其然，當兩位老師走進教師休息室後，就因為爭執這面「精神錦旗」該掛在哪一班而起口角，再加上一整天都待在艷陽高照的戶外，彼此的火氣更大，開始以高分貝的音量互相咆哮，不但引來許多學生的注目，最後竟然在眾目睽睽之下大打出手，手抓錦旗，互扯頭髮，呈現歇斯底里的狀態，直到一條裂痕深深的出現在「精神」兩個字上，才由旁邊的老師們分別帶開，驅散圍觀學生而結束這場鬧劇。

經由學校行政的決定，「精神錦旗」補做一面，如此，二班都有旗子可以掛；經由獎懲委員會開會議決，二位老師在公眾場合大打出手，搶抓錦旗，嚴重影響教師形象，也做了最壞的示範，各記一小過以示懲戒。

班級間競賽榮獲「第一名」固然重要，但學生只要盡力，沒有得到「第一名」又何妨，教師要打破「第一名」的迷思，班級間活動競賽，如語文競賽、教室布置比賽、壁報比賽、大隊接力、趣味競賽，秩序比賽、整潔比賽、直笛比賽、球類比賽等，教師不能以一定要得到年級「第一名」來要求班上學生，因為此種要求是不合理的，試想，要求班上在所有年級間的競賽都得第一名，怎麼有可能，在常態編班的情況下，各班同學都有其優勢智能，要求學生比賽都得名，會造成學生過高的壓力與焦慮，這不僅違反競賽活動規劃的目標，也違反教育本質。如果某位老師任教的班級，所有活動競賽都能得第一名，那全年級的學生都給這位老師教就好，可能會造成其餘老師的誤解：「她那麼會教，全部給她教；她那麼喜

愛第一名，就把所有第一名都頒給她們班就好」。教師是學生學習的一面鏡子，當學生盡力而沒有得名，也值得老師的鼓勵；當全班學生都邁力衝刺，而沒有得到前三名，也值得老師的讚美，教育的本質是激勵學生的用心，與對事件的態度，學生能喜愛學校規劃的活動，並且全力的投入，就達到活動舉辦的目的，誰說參與活動競賽一定要得獎呢？

老師有個人的看法，也有情緒，與同事相處間可能也有爭執或意見不合情況發生，此時教師可能會與同仁發生爭吵情形，若有一方情緒不穩，可能從口語爭執變成肢體衝撞，教師是學生的表率，也是學生學習的楷模典範，教師本身間如無法做好情緒管理，如何教導管教學生？在活動推展或年級事件的處理中，如發生看法間的歧異很大，意見不一致等情況，教師間應坐下來好好談，必要時可請求行政人員（如校長、主任）等出面共同調停或裁決，教師絕不能在學生面前公開怒斥責罵對方，更不能於學生面前有肢體的衝突（如打架、互推等），教師間這種非理性的行為，不僅有損教師專業形象，也會對學生的身心造成某種程度的傷害，根據弗洛伊德的觀點，當人遇到重大事件或驚嚇，心理受到的創傷可能會被隱藏在潛意識（unconscious）之中，此種受到壓抑的心理深層事件，長大後還會以各種身心失衡的情況出現，因而對當事者的影響可能十分久遠（心靈表面與外界接觸的部分為意識，介於意識與潛意識中間的部分為前意識，前意識的覺知一般會被遺忘，但只要靠回憶作用可以喚起）。教師間真要大聲爭吵論辯，也要關起門來不要讓學生看到；教師間真要爭個是非對錯，也要在會議室中進行。從教育社會學及教育心理學論點而言，教師的任何言行，都是學生仿效學習的對象，身為教師者對於自己的處事態度、言行舉止更應謹慎小心。

三、Assist（協助）

教師要協助學生學習，每位學生都是獨立的個體，因此教師要幫助學生尋找最適當地學習方式，讓學生適性發展。學生學習困境面向是多元的，可能是學業問題、可能是同儕人際問題、可能是家庭問題、可能是情

感問題等，當學生學習歷程中遭遇到問題時，學生會徘徊不前，情緒波動，此時教師若能及時介入協助，發掘學生問題所在，與學生共同討論發掘問題所在或困境來源，提供具體有效策略，則定能協助學生走過學習低潮或解決生活困擾，如果教師因專業知能或時間關係無法協助學生解決困境或困擾問題，應適時轉介至輔導室或行政處室。以學生懷孕為例，校園中常發生任教班級老師或導師不知學生因網路不當交友懷孕，或遭性侵懷孕，或發生一夜情懷孕，而是等到學生將孩子產下才知悉，有些學生產下孩子後因懼怕師長或他人知道，將新生兒丟棄或沖走，造成當事者的二次傷害，平時教師若是與學生關係良好，關心學生、樂於解決學生問題，則學生碰到上述問題，怎會不告知老師呢？這是身為導師者應該要反省的一點。

　　教師如果具備敏銳觀察力，留意學生的一舉一動、課堂學習情形，則學生懷孕的事件很容易察覺。學生懷孕的行為特徵：1. 穿著的服裝較為寬鬆；2. 體育課或動態活動藉故請假；3. 常披外套而不脫下，即使是大熱天也會穿著外套；4. 當事者會跟同學或周遭的人講是因為最近比較胖身材才會跟之前不同；5. 體形改變、持續發福，腹部凸出（當事者會以發胖為藉口，或最近胖了很多來搪塞）；6. 精神不佳，心情低落變得文靜不想講話，不想與師長有長時間的對話或接觸（怕被師長察覺）。一位觀察力敏銳的教師，應該對學生的一舉一動、一言一行有高度的反應，當教師察覺學生的穿著與全班學生極大差異時，如天氣炎熱，全班學生都穿短袖，為何單獨某學生還穿著長袖？或是遇到動態活動課程或體育課，學生長期生病或請假，則教師就應與學生個別會談，找出其真正緣由，因為除了先天疾患外，不可能整學期都生病或無法上體育課，教師若是查尋到班上學生有以上行為特徵，就應合理懷疑學生是否懷有生孕，如果教師在課堂中不便與學生深入懇談，可安排至輔導專科教室，並請輔導教師協助諮商，如果教師能提早察覺，介入輔導，並請輔導室及輔導教師幫忙，也可以進行亡羊補牢，避免許多憾事發生（如直接將小孩棄置於廁所，或於廁所內產下小孩，或生下後將小孩任意丟棄等）。

　　攻擊行為（aggressive behavior）指的是在生理上（如用打的、推撞的

或是打架）或心理上（如讓人難堪、侮辱或排擠）傷害他人，此種傷害行為是有意而沒有理由的，前者稱為肢體型態攻擊，後者稱為關係型態攻擊，前者較常發生於男生群體之中，後者較易在女生群體中發生。攻擊行為的學生又分為二大類型，一為主動型攻擊（proactive aggression），當事者發動的攻擊行為是蓄意的，只為達到他們的目的；二為反應型攻擊（reactive aggression），此種攻擊行為主要是因為當事者受到他人的欺凌挑釁或遭遇到挫折引發，反應型攻擊在霸凌行為中為受害者兼回擊者。主動型攻擊的行為一般稱為霸凌行為，當事者為霸凌行為中的「加害者或協助加害者」，被霸凌者通常是較不成熟、焦慮、缺少同儕朋友、或缺乏自信的學生。遺傳及環境因素的影響，都可能使某些學生較易表現攻擊性行為，如神經系統受損而表現出強烈的攻擊行為；來自家庭功能失衡的環境，也較容易有攻擊性行為（白惠芳等譯，2011）。攻擊性行為的發生，會擴大為校園霸凌事件。校園霸凌事件中，受害學生在生理上、心理上、情緒上、學習上都可能出現相關訊息，如學生身上有難以合理化解釋的傷口，如紅腫、瘀青、割傷等；學習態度或行為突然改變，如變為消極、變得過度文靜、不愛上學、改變上下學路線等；個人物品（書包、衣服、外套、學用品）常常破損或被割壞、遺失等；與同學溝通互動變少，不太喜愛與人講話等，當教師察覺學生有以上行為症狀時，就應合理懷疑學生是否為霸凌的受害者，當教師能察覺，才能發掘其真正原因，介入處理尋求支援，輔導處理持續追蹤，如果教師連學生被霸凌都不知道，那教師如何在第一時間幫助學生、守護學生，如何為學生解決處理問題。為學生建構一個「安全、友善的優質學習環境」是身為教師者應做的基本職責。

羊群效應理論（the effect of sheep flock），也稱羊群行為（herd behavior）、從眾心理，若群體規模愈大，從群行為衍生的問題愈嚴重。在經濟學領域中學者常用「羊群效應」來描述經濟個體的從眾心理。羊群是一種散亂沒有次序的組織，平時聚在一起時羊群都是盲目地橫衝直撞，當羊群中有一頭羊向前衝，其他的羊也會不假思索地一哄而上，一起向前衝撞，羊群向前奔馳，並不是因為後頭有獵食者獅、狼等動物在追捕，或是前面不遠處有更好的青草，每頭羊的衝撞及向前動是因為看到領頭羊的奔

跑行為，不管奔跑行為背後的目的為何。就社會心理學的觀點而言，「羊群效應」就是一種從眾心理，從眾心理很容易導致盲從行事，常見青少年飆車發生砍人、砸壞停在路旁汽車等行為，就是一種典型的「羊群效應」，平時，青少年個別騎車時不敢飆車、更不敢做出逾越法律的行為，但當多人聚在一起時，也會像羊一樣盲目地跟隨他人橫衝直撞，看到他人砸毀汽車，也仿效做出砸毀汽車的行為。霸凌行為的肢體霸凌、語言霸凌、同儕霸凌、性霸凌等，當事人之一的協助霸凌者通常是跟隨主要加害者的欺凌行為，而對受害者加以傷害，若沒有主要加害者先帶頭起哄，協助霸凌者可能不敢對受害者加以欺凌或傷害。

　　鑑於霸凌行為對學生人格發展影響很大，教育部依據100年11月9日修正公布的教育基本法第8條第2項規定：「學生之學習權、受教育權、身體自主權及人格發展權，國家應予保障，並使學生不受任何體罰及霸凌行為，造成身心之侵害。」及第5項規定：「第2項霸凌行為防制機制、處理程序及其他應遵行事項之準則，由中央主管教育行政機關定之。」於101年7月28日訂定發布「校園霸凌防制準則」。準則第3條中特別明定校園霸凌的定義，「指個人或集體持續以言語、文字、圖畫、符號、肢體動作或其他方式，直接或間接對他人為貶抑、排擠、欺負、騷擾或戲弄等行為，使他人處於具有敵意或不友善之校園學習環境，或難以抗拒，產生精神上、生理上或財產上之損害，或影響正常學習活動之進行。」第3章特別規定校園霸凌的處理應由學校組成防制校園霸凌因應小組，依照準則規定的程序、方式進行處理、通報及提供學生必要輔導或協助，同時也明定當事人不服學校處理時的救濟方式等。準則第3章第11條明訂：「導師、任課教師或學校其他人員知有疑似校園霸凌事件時，應即通報校長或學務單位，學校應就事件進行初步調查，並於3日內召開防制校園霸凌因應小組會議，開始處理程序。」（教育部網站，2012）對於霸凌事件的處置，導師、任課教師、學校其他人員等都有通報義務。

　　羊群效應下引發的學生盲從違紀行為有時是很嚴重的，如砍傷人、砸毀他人物品等，許多飆車族青少年的家長被警察告知其小孩的違法行為時，第一時間的反應是：「我小孩的膽量很小，很乖，絕不會做這樣的事

情」、「警察先生，您們一定抓錯人了」，家長所述的理由沒有錯，當青少年個體單獨騎車時，很少會有飆車行為，但是在群體之中，青少年看到有人帶頭飆車或鼓譟，當事人也會盲目的跟從，只在意目前的行為是否符合群體要求，不會考慮到行為是否違法及行為的後果。校園霸凌問題之集體欺凌及傷害行為，許多也是羊群效應的作用，加害人在旁觀者及協助欺凌者的鼓譟吶喊下，對受害人的傷害或欺凌行為更為嚴重，這是一種盲目的非理智行為，也是一種衝動行為，事後，這些加害人常常後悔不已，告知老師：「他不是故意的」、「他也不知道當時為什麼會那麼衝動，出手會那麼重」、「我只是想教訓他不要那麼『機車』而已，不知道他傷得那麼嚴重」等。

多數學生從眾行為是不合理或違法的，要預防學生出現此種行為，教師應從平時教學中告知學生盲目從眾行為的後果，教師可採用案例教學並配合法治教育，將加害人及協助霸凌者應付的民事、刑事責任等讓學生知悉；此外，老師也要落實人權教育、品德教育，培養學生敬重他人的認知及情意行為，也要告知學生若是發現同學受到他人欺凌傷害，最佳的策略是告知老師或大人。民主化的社會中，對於同學的『機車』行為，只要同學不違反班級規約，或沒有干擾到他人，他們的行為或表現都應受到尊重，同學不應以他人看起來很「異類」，跟多數同學不同，而對當事人加以欺凌或傷害。教師對學生的困惑解決或問題的處理要有時效性，錯過第一時間，可能達到的成效會變成事倍功半。如學生定期考查成績未達父母親期望，回到家後被父母親嚴厲責罵，隔天到校後靜默不語，消沈喪志，老師知悉後要立即加以安慰鼓勵，並與家長進行電話溝通；學生家庭發生重大變故（如父母親發生車禍住院），或經濟出現困難，老師發現後要立即安慰，必要時可發起班級募捐，請班上學生發揮愛心來幫助當事者，「教師的協助要立即、教師的援手要適時、教師的介入要即時」。

四、Support（支持鼓勵）

教師應多鼓勵學生，不管是物質、精神、社會性的鼓勵，都可以激

發學生不斷的向上學習及成長。激勵永遠不嫌多，鼓勵與讚美是不同的，讚美或稱讚是用於學生行為結果為正向時，當學生學業退步、學習表現不佳，或行為表現未達教師期望時，教師就不能採用稱讚語詞，學生學習表現不佳，教師不能用「你表現很好喔」；學生違反常規或干擾學習活動，教師不能用「你的行為表現很不錯！」。相對的，鼓勵或激勵可以用於學生行為有正向結果或學習表現有進步時，即使學生學習退步，或遇到困境時，鼓勵或激勵也可以使用，如學生參加校內語文競賽沒有得到前三名，學生有點難過，教師的鼓勵語為：「其實你這次也表現很好，老師還是十分肯定你的能力，再接再厲，臺風再加強些，下次一定會有更的名次」，相對的，學生競賽得到前三名，教師的稱讚話語：「美倫，妳這次表現很棒，繼續加油，下次會有更佳的名次。」當學生功課進步，教師可採用鼓勵語為：「美倫，老師看得出來，妳這次很用功努力，投入很多時間，妳看：『有付出，才有收穫』，繼續努力。」

教師支持學生的具體反應，可引發學生持續學習的行為，課堂班級中最常見的教師支持反應為教師肢體語言的運用，教師的支持要讓學生感受到；教師的關懷要讓學生體會到；教師的鼓勵要讓學生察覺到。教師鼓勵的用語要適切，設定的目標是學生可能達到的，如此，學生在教師支持鼓勵下才有可能挑戰新的任務，如果教師為學生設定的目標明顯超出學生能力所及，則學生會覺得教師的支持只是表面安慰的話語而已，對於學生新任務的完成並沒有實質幫助。如學生參加100公尺競賽，參加選手中有三個同學的實力遠高於這位學生，學生自己知道個人這次比賽最佳名次可能是第四名或第五名，教師為學生設定的最佳目標名次最好是第四名。比賽結果，學生只獲得第六名，教師支持的用語為：「君達，其實你的能力與第4名、第5名很接近，只是決賽時你的起跑較慢，不用難過，老師還是肯定你的表現的，明年運動會再把它贏回來。」若是學生的成績與第一名的成績有一段落差，教師不應將對學生的期待標準設定為第一名，因為第一名對學生而言，即使盡力了也是「絕對無法達成的目標」，此種對學生期待標準的訂定可能會收到反效果，或是徒增學生的壓力而已。

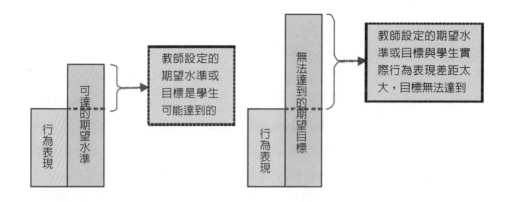

五、Satisfy（滿足）

教師要滿足學生需求，不同學生有不同的需求，教師必須認清各個學生的需求來源，以便達成期望。班級經營的目標在於滿足學生生理上的需求、心理上的需求、社會上的需求，生理上的需求是根據學生生理狀態及發展情形營造一個適合學生學習的優質環境，如空間的規劃、情境的布置、活動的安排、硬體設備的更新等；心理上的需求教師能根據學生的能力與學習目標，營造一個友善而可以讓學生自動投入學習的情境，此即正向班級氣氛，在此種氛圍中，學生有積極的學習動機、正向的情緒表現、心中的疑惑可以得到解答；社會上的需求是教師能以教育社會學的觀點，讓學生能在社會縮影的教室環境中，習得如何與人有效互動、如何與人溝通、如何尊重他人與文化、如何合理地包容他人，如何藉由群體力量完成班級組織的目標。依照人本主義學者馬斯洛（馬斯洛被稱為人本心理學之父）的觀點，個體的動機需求包括匱乏需求與成長需求二大層次，從低層次需求動機至高層次需求動機為生理需求（physiological needs）、安全需求（safety needs）、愛與隸屬需求（love and belonging needs）、自尊需求（self-esteem needs）、知的需求（needs to know and understand）、美的需求（aesthetic needs）、自我實現的需求（self-actualization needs），當學生前四個基本需求無法獲得滿足時，則成長需求很難達成（就心理學的發展而言，人本主義號稱心理學的第三勢力，心理學的第一勢力為西方心理學

主流行為主義，心理學的第二勢力為精神分析論，精神分析論的代表人物
如弗洛伊德、阿德勒、榮格等，弗洛伊德認為人的心理由深層潛意識、中
層前意識、表層意識三個層次構成，人格結構分為本我、自我、超我三個
部分，提出人們的防衛機制及對夢的解析）。馬斯洛的需求模式層次圖如
下所示：

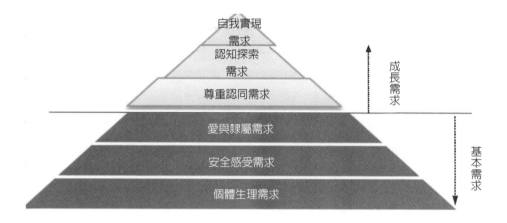

　　就多數學習者而言，學習與生活歷程中，如果其基本需求無法達成，
則學習者很難有效的達到成長需求，因為在一個不安全、沒有歸屬感、缺
乏尊重與認同的學習情境中，學習者怎麼會有高度的學習興趣，怎麼會有
強烈的學習動機與意願，就課堂實務經驗來講，學習者在此種學習情境
中，其學習反應是：「我怎麼這麼倒楣編到這一班」、「運氣實在有夠
差，才會碰到這個老師」、「如果可以轉班的話，我第一個就要轉班。」
試想，學生對老師如果有上述反應，學生怎麼會喜愛他就讀的班級，喜愛
任教他的老師呢？
　　課堂教室中教師能做的是營造一個和諧、安全、溫馨的學習情境與優
質的班級氛圍，此種學習情境可以讓學生感受安全需求、愛與隸屬需求、
自尊需求。在學習歷程中，教師能以愛心為出發點，多鼓勵少責難，則學
生感受學習是溫馨的；同儕間相互幫忙，每個人的長才都有展現機會，
每個人都覺得自己是教室中重要的成員之一，則學生會有歸屬感，會視課
堂學習是活潑充實的，要讓每位學生都有高度的自尊感，教師要安排多元

活動，讓每位學生都有表演的舞臺，每個人都能得到教師的口頭讚賞、同學的掌聲鼓勵，則每個人都會形成正向的自我價值（self-worth），有正向自我價值感的人，會認為自己是有用的、自己是有能力的、自己是有優點的，讓學生認清同學間個別差異的事實，知道自己與別人不一樣的地方，有助於學生品格的成長，願意接受事實、承擔失敗、接納自己。

當班級學生組成的型態是常態分配，「班級間能力分組」（between-class ability grouping）的編班型態與教育革新脈動相違背，因而班級間學生的異質性較高，此種異質性的差異於某些學科學習中更易突顯，教師的齊一的教學方式可能較無法滿足所有學生需求，此時教師的教學更應注意常規掌控與教學目標的達成，教師不能因某單元的知能學習中，部分或許多學生已事前學會而直接跳過不教，這樣對於學習弱勢的學生更為不公平，因為家庭型態或經濟地位變因，已將弱勢家庭小孩置於較低的位置，可以拉拔學童的學習動機或縮短其間的差異就要靠學校教育。在某些學科或部分單元學習上，為了滿足不同層次學生的需求，教師應適時增列補充教材或採用補救教學等方法，將所有學生盡可能拉上來，雖然這樣的教學方式付出的時間、精力較多，但這更是教師專業與教育愛的具體展現。

六、Reward（獎勵）

教師應訂定適當獎勵制度，適時地給予表現優良的學生回饋，而不是用體罰的方式來使孩子害怕而服從。教師五種權力為「強制權」、「酬賞權」、「法職權」、「參照權」、「專家權」，獎勵策略為教師的法職權與酬賞權的使用，班級經營的原則是多用獎勵少用懲罰，獎勵必須公平，可用的增強獎勵包括物質性增強獎勵、社會性增強獎勵、活動性增強獎勵與代幣增強獎勵，因學生間資質、能力有很大的個別差異，教師獎勵原則應包括絕對準則與相對準則，所謂絕對準則指的是有些評比要以班級群體或學生間進行比較，如學期成績前三名，畢業成績前五名等，絕對準則即是常模參照測驗的內涵；所謂相對準則是班級某些學習活動成效評比是以學生個體本身進行比較，而非是學生個體與其他同學的比較，如學生進步

表現或進步準則指標或門檻是依學生個體而異，相對準則是標準參照測驗的內涵。絕對準則是學生的實作目標或展現目標，個人的表現與他人的表現進行比較，滿足感的來源是做得比別人好或表現比他人優；相對準則是學生的學習目標，個人表現在於跟自己比較，是否有學到新知識或是否有進步，滿足或目的來源是個人努力的結果，且有進步。

　　常模參照測驗或標準參照測驗的適用時機不同，就班級個人間的競賽活動而言，教師必須採用常模參照測驗，將個人的成績或學習結果分出優劣，此時，定會有第一名、第二名及最後一名，教師採用常模參照測驗時，不應將班級學生在學習表現的名次公告，如果家長或學生要求知道，教師只能公告前幾名同學的名單，教師絕對不應將倒數名次的學生讓班上其他同學知道，因為此種做法不僅傷害同學自尊，也會打擊同學的信心。以學生美術作品為例，教師不應把班上畫得最差同學的作品公開展示於黑板上，讓同學加以批判，此種作法不僅違反教學倫理，更嚴重傷害到學生，或是將班上實作作品較差者公告於教室中，教師評定的應是學生的學習態度與學習結果，如果因為資質關係，用心投入但還是無法畫出或做出較好的作品，教師也應加以鼓勵；實作評量的歷程要兼顧學習者實作的歷程態度與實作結果成品。

　　動機（motivation）是直接推動個體活動以達到一定目的內部動力，動機有二個作用，一為活動性（activity）、二為選擇性（selectivity），前者指的是個體具有動機之後，才能對某些行為有推動、加強、維持的作用；後者指的是具有某種動機的個體，其行為總是指向於某一目的而忽視其他方面，學習歷程中，活動性作用或選擇性作用的動機對學生學習態度及學習投入都有正向幫助。個體動機有二大類型，一為內在動機（intrinsic motivation）：指個體對於活動本身感興趣，活動能使個體獲得滿足感，是對自己的一種獎勵與報酬，無需外力作用的推動，布魯納（Bruner）認為內在動機主要由三種驅力引發，一是好奇心、二是好勝心、三為互惠性；二為外在動機（extrinsic motivation）：個體對於活動的動力與活動行為並非是內在驅力及興趣產生的，而是活動以外的刺激誘發出來的推動力，內在動機是一種內在取向模式、滿足取向模式，外在動機

是一種競爭取向模式、權力取向模式、酬賞取向模式（時蓉華，1996）。內在動機的培養是教育的最終目標，但是在型塑學生內在動機的歷程，學生外在動機具有關鍵性角色，培養學生外在動機最有效的刺激即是增強物的使用及獎勵策略，當學生願意參與、願意從事相關活動，才能促發內在驅力，教師的獎勵方法及增強物的使用對於學生外在動機的培養是有實質助益的。外在動機與內在動機前後脈絡關係可統整如下圖：

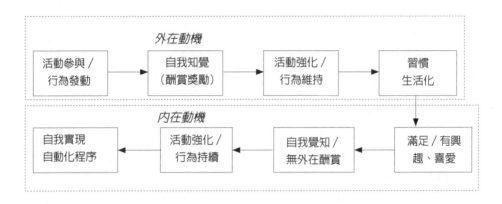

七、Organize（組織）

　　教師協助（分派）學生扮演不同角色，讓其各司其職，使班級能有系統地運作。教師是屬於組織內的一份子，其工作是在組織內所進行的，不管是面對一群學生、家長或是行政團隊，老師無法自己一人來進行教學活動，教師應以系統化的過程蒐集、組織、使用、儲存、傳播、維護與創造知識。組織是學習活動的規劃與安排，班級是動態的組織群體，動態組織群體是有活力與生命力，活力的源泉就老師對學習活動的編排與調整，教師要讓班級社會成為一個學習型組織，如此班級組織群體才能達成卓越與精緻的目標。班級學習活動教師雖為主要領導者與規劃者，但活動達成最好能有效運用班級人力與家長專才。

　　班級幹部是教師班級經營的助手，班級幹部的遴選上，教師應同時考量到學生的意願與才能，最佳的策略是師生共同討論選舉產生，經由學生

推舉產生才能讓班上同學有信服感與參與感，為讓每位同學都有歷練機會與參與班級事務的經驗，班級幹部最好每學期（最慢一學年）改選一次，教師要相信學生個個都能成為班級的好幹部，信任學生的潛能。如果教師能夠慎選班級幹部，建立學生正確的價值觀與服務表現的行為，讓成為班級幹部的學生能全心全力熱忱的投入協助班級事務，對教師班級的行政管理有很大幫助。教師對於平時表現良好的班級幹部，除社會性增強外，也應配合代幣增強或具體性增強來激勵學生；若是學期當中，若是某些班級幹部表現不如理想，或都無法完成教師交待的任務，則教師可與班上學生討論，進行班級幹部的重新遴選，但此種方法是最不得已的權變策略，可以的話，最好不要於學期中任意重新選舉少數幾位幹部，因為這會對班級行政運作或學務處行政運作造成部分困擾。

在品德教育實施中，利社會行為或利他行為（altruistic）的培養是十分重要的，利他行為是一種助人行為，也是一種親社會行為。班級學習活動或相處的歷程，可以服務、幫助他人的途徑很多，班級幹部與小老師都是一種服務他人的行為表現。在知識的管理組織上，教師要做好知識管理，知識管理包括取識獲取、知識儲存、知識流通、知識應用、知識創新，能做好知識管理才能進行為知識轉化，將資料變成資訊、轉變為知識、再創新為智慧，一個具有智慧的老師，「教學才會有創新、管教才會有方法、做事才會有效率、經營才會有效能。」知識管理轉化的流程如下圖：

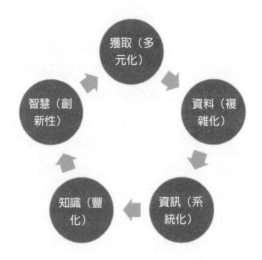

八、Obey（服從）

　　讓學生自發的遵守學校或教室的規範，而並非以強迫的方式讓學生服從。服從主要是班級規範的遵守，發自內心對教師的信服，當教師能藉由專業知能及以身作則讓學信服，則「教師在班級課堂中所講的話，學生才會聽」；當學生能遵守班級師生所訂的規範（班規），則學生的不當行為，或干擾學習活動行為，或違反紀律行為自當減少。服從並不是一種表面、暫時的聽從或敷衍塞責行為，學生必須確實知道展現行為的合法性與合理性，單從訓誡、大聲斥責、恐嚇、威脅等負向教師肢體語言，是無法讓學生發自內心的服從或表現合宜行為。至於課堂班級中的知識論辯，教師應把握教學相長或師徒相授的精神，同時扮演教學者與學習者、啟發者與導引者。

　　對於學生不當行為的處理，教師應多採取第一人稱的回應讓學生知道其行為的不對，如：「金太，你平時表現都還不錯，但最近你常常與同學發生爭執，嚴重干擾老師的正常教學，對於你最近的行為表現，『老師』感到十分難過，因為你不應該是這樣的一位學生。」要學生能服從教師領導，與遵守教師訂定的規範，教師訂定的規範必須合法、合理，且是學生可以做到的，如教師規定課堂上課中不能發生任何聲音，連感冒打噴嚏的

聲音也不可以；胃腸不舒適放屁的聲音也不行，此種班級規約的訂定是合法但不合理的，不合理的規定不僅無法獲得學生認同，即使學生表面服從內心也不會真正信服。當教師訂定的班級規約過於嚴苛，會讓學生認為教師訂定的規定「很奇怪」，會對教師的專業心生質疑：「這樣的規定合理嗎？」、「別的老師都沒有這樣規定，這些規定是否太嚴格！」、「我們老師是否在整我們」等。

班級規約或班規的訂定最好是師生共同討論擬訂，班規訂定後全班都應遵守，教師對違反班規學生的處置要公平一致，服從班規是維持班級正常運作的策略之一，班規條文雖是死的，但教師採用的策略必須靈活的，否則很容易陷入死胡同的地步，讓學生覺得老師過於僵化、不知變通。如規定課堂上課中同學不能上廁所（如果沒有此規約，許多同學下課跑去玩，聽到上課鐘聲響起才衝去上廁所，進到教室常遲到，干擾到教師前半段教學的進行），是避免學生下課時只知玩耍或做其他事情，等到教室課堂上課時才想要上廁所；為維持考試的公平性，及避免學生作弊，考試進行時也明確規定學生不可任意離開教室，否則回到教室後不能繼續作答，但有時，學生於課堂期間或考試進行到一半時，突然腹痛或急性腸炎要拉肚子，教師就不應墨守成規，堅持課堂規定或考試規則，因為這是一種突發狀況，對學生而言是一種並不是學生故意為之的行為，教師不能因學生腸胃不適上廁所後而施以處罰，或禁止其繼續考試作答，因為這是不合理，也違反一般的社會法則。

服從要讓學生發自內心的信服，此種信服及認同才能讓學生的態度有真正的改變。態度構成的內涵包括認知取向、情感取向與行為意向，當學生知道事件的原委、瞭解老師處事的公平性、洞悉老師為何要如此做，而老師採用的策略是合理、公正的，學生才會產生好的情感，好的情感是一種贊同、尊重、發自內心的同意，在此種正向情感的誘發下，學生才會心甘情願的接受教師的教導與告誡，也才會發自內心的遵守班級規約，當所有同學都有正向認知及積極性情感，班級的氛圍會形成強勢的團體動力，可以藉由同儕及團體成員的關係來約束或規勸當事者的不當行為。團體動力學（group dynamics）是完形心理學者勒溫對社會心理學領域提出的一

個重要理論，內涵旨在闡述團體的動力關係，勒溫認為團體並非個體的簡單集合，而是一個具有整體意義的完形，整體意義才是團體的根本意義，群體的本質在群體成員間的動力依存關係，每一成員的狀況與行動都與其他成員的狀況及行為有密切關聯，組織團體的各成員的組合形式（團體結構）與其功能（團體行為）是動力關係（車文博，1996）。團體動力可以形成團體決定與群體約束力，當多數學生都認同及信服老師安排的學習活動或規劃的教學進程，學生群體間會形成一股強烈正向力量，此力量可以約束、規範個別成員的不當成為或干擾學習活動行為。

教室實務情況顯示，班級互動群體中會有小團體之非正式組織出現，非正式組織成員通常是個性接近、談得來的同學，因為平時較有話題，或是對事件的看法較為接近，課餘時間較喜愛聚在一起。班級小團體成員會相互鼓勵，也較會分享個人的看法，藉由小團體成員的告誡或約束，群體成員中的個體行為也會改變，對於班級中的小團體，教師應欣然面對，而不要刻意要打破班級的小團體。教師要注意的是不能讓班級間的小團體彼此間形成相互對立詆毀的群體，若是非正式群體互相對立，教師要立即介入輔導，否則會影響和諧的班級氛圍。

九、Motivate（激勵、引發動機）

激勵是學習動機的源泉，激勵是學習投入的催化劑，教師應不斷地運用策略激發鼓舞、激勵學生，增強學生學習信心，尊重其為一個獨立的個體，讓孩子能有解決問題、勇敢負責的能力。鼓舞、激勵應強調學生的努力行為或投入行為，而非是「努力」或「投入」本身（如你很努力、你很投入，教師的強調語是「努力」或「投入」，教師適宜的用激勵語是：「你是一位很努力的學生」、「你是一位認真的同學」、「這次的教室布置，你投入很多時間，老師覺得你們已布置得很好，不管有沒有進三名，老師都要獎勵你們」。在學生學習過程中，激勵可以促發學生更進一步持續投入學習或活動參與的動機，沒有一個學生不喜愛教師的激勵，這正如沒有一位教師不喜愛校長的激勵一般。

　　Covington從學生尋求自我價值的反應方式，將學生分為三種動機模式型態：1. 精熟導向的學生（mastery-oriented students）：此類型學生重視成就，認為個人能力是有辦法改變的，為了改善自我的學習技巧與能力，他們會把重點關注於目標，將成功歸因於個體的努力；2. 避免失敗的學生（failure-avoiding students）：此類型學生以安全穩定為優先考量因素，他們只從事或參與自己會做的事情或活動，只確定會成功或目標可以達成時才會去做，採取避免失敗的策略是裝會、找藉口或對失敗緣由合理化，以目標設定過低（確保成功）或過高（以免自我價值受到傷害）作為二個常見避免失敗的策略，此類型學生長期下來學習意願會降低，由避免失敗變為接受失敗；3. 自暴自棄的學生（failure-accepting students）：此類型學生自覺個人能力不佳，成功的機會很低，偶而的成功是外在因素（運氣好）造成的，因而會表現出習得無助、學習動機低落的情形（溫明麗等譯，2005）。班級經營定要避免學生變成自暴自棄類型的學習者，輔導避免失敗型態學習者能成為接受失敗事實的學習者，進而敢於嘗試、願意嘗試。

　　促發學生學習動機的有效方法就是避免學生重複的失敗，連續的失敗不僅會喪失學生學習的動機，更會打擊學生的自信心。從教室評量的觀點而言，教師自編成就測驗的試題不應太難，否則學生的努力付出與其期望水準間會有一段很大的落差，教室評量是要測出學生真正的學習結果，是要評量出學生已學會哪些知能，而不是在考倒學生。學生若是一再失敗、自覺成績不理想，學習態度會從努力積極變為消極怠慢，缺乏信心結果導致自暴自棄，放棄學習，因為再怎麼努力都無法達到自己設定的期望水準或父母的要求，如果班級評量的試題能包括基本能力（難度簡單試題）、充實基本認知（難度中等試題）、及進階基本認知（難度較高試題）三個不同難易度的試題內容，則較能減少學生自尊受挫的情況。教師的評量試題最好是中間偏易，簡單、中度、高度難度試題的分配情況最好如下圖所示：

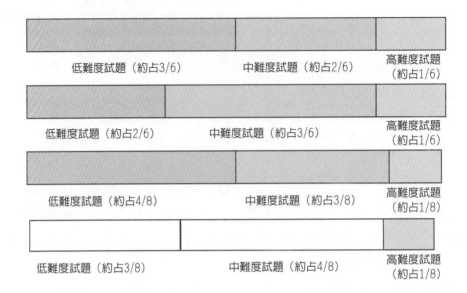

　　上述圖示第一種及第二種試題分配中，高難度的題項約占總分的六分之一，中難度、低難度的試題約占六分之五；第三種及及第四種試題分配中，高難度的題項約占總分的八分之一，中難度、低難度的試題約占八分之七，如此的試題分配是一種中間偏易，其中第一種及第三種試題型態之低難度的題目約占總分的二分之一，此部分的表現情形也可作為篩選學生是否需要進行補救教學的參考指標，因為低難度的試題是所有學生都應達到的基本能力，若是學生在學科單元的基本能力未達到，可能是低成就學生，教師需要採取其他補救教學策略進行補救教學，將所有學生拉上來。

　　目標結構（goal structure）是影響教室氛圍與學生動機的重要因素，學生經由與人互動，可對學習本身產生自我價值信念，進而影響學習意願，三種不同的教室環境的目標結構如下：1. 合作型目標結構：學生藉由共同合作才能達成學習目標，學生的理念是：「自己要達成目標，必須同學也要達成目標」、「同學無法達到目標，我自己的目標也無法達成」；2. 競爭型目標結構：學生達成目標的唯一方法是同學們彼此相互競爭，學生相信：「自己達成的目標必須是其他同學無法達成」、「同學無法達到目標，但我自己卻可以達成」；3. 個別型目標結構：學生學習活動的達成

與班上其他同學沒有必然關係，學生的理念是：「我做我個人的事，達到我設定的目標，同學有沒有達到目標，都跟我沒有關係或不會影響我。」競爭雖然是種刺激且是激勵動機的因素，但受激勵的學生通常是只有少數「贏」的同學，當學生發現自己總是輸的一方，競爭不僅無法成為動機來源，反而變為一種阻隔因素，當競爭者認為參與活動競賽時，有可能「贏」，或所有競爭者能力差異不大時，競爭才會成為一種有效動機來源。研究證實，班級教室情境中，學生從事愈多的合作學習，教室的氛圍就會愈佳，學生的同儕關係也會愈好，合作學習的班級結構，可以促發學生的學習動機，增加學生個人對他人的包容與尊重、提高學生的自信心，更可提升中低成就學生的內在學習動機（溫明麗等譯，2005）。目標結構的脈絡圖示如下：

合作型目標結構

・個人達成目標&他人也達成目標

競爭型目標結構

・個人達成目標&他人也無法達成目標

個別型目標結構

・個人達成目標&他人有無達成都沒有關係

放棄型目標結構

・個人無法達成目標&他人有無達成都無所謂

　　班級經營中的目標結構型態會隨活動類型與其目的而異，個別型目標結構也沒有錯，因而這些目標結構都會促發個體的學習動機。競爭型目標結構與合作型目標結構對學生的學習行為都有助益，教師要學生習得的是正向的學習行為，所謂正向的學習行為是能積極參與班上的學習活動，不逃避、不馬虎，其信念態度是「自己可以成功，多數同學也可以成功」、「自己學會，多數同學也可以學會」、「當同學有學習困難或問題時，若

是我有能力，我願意幫助他們」等，此種正向行為與態度的習得，才是班級經營所期待的。個別型目標結構雖也可促發學生學習，但學習者的學習信念卻缺少「群體」及「關懷」態度，對學生全人品格教育的養成較為不利。目標水準的訂定可依個體的資質、能力、優勢智能而不同，但學習活動的達成可與同儕共同合作完成，如此，可兼顧目標結構類型的優點。

十、Modify（調整）

教師要視實際情況，隨時調整自己的教學方式及風格，保持敏銳的觀察力，注意學生的學習狀況與態度，以使教學能達成最佳的效果。調整行動即是一種教育行動研究，也是一種教師反思的歷程，有效能的教師能從學生行為展現或學習活動表現中得知學生的改變與進步情形，調整是教師的一種權變策略或方法形式的改變。以數學教學為例，如果教師依照一般進度將單元教完，發現多數學生都沒有聽懂，或單元平時考或形成性評量的成績均很差，表示此單元較難，教師必須再進行補救教學，補救教學之教學進度要變慢，講述要更清楚，輔以更多圖表或教具；如果教師發現其任教班級學習成效均不佳，學生多數無法理解，而此種情形並沒有發生在同年級的數學教師身上，此時教師就應反思檢討，問題可能就在教師身上，可能講述不清楚、可能是教學流程不完整、可能是教法有問題等。

班級經營歷程中，教師應隨時反思自己班級經營的策略與常規管理方法是否具效率與效能，當學生不當行為發生時，教師用錯方法比沒有加以處置引發的後果更大，如學生課堂講話欠缺專注，教師看到後拿起課本朝學生丟擲過去，課本不偏不倚打中學生眼睛，造成眼睛受傷，這樣的處置方式比沒有介入處理的結果更糟，學生可能只是一時好玩沒有專注學習，由於教師的不當處置引發嚴重的親師生衝突。對於學生不當或偏差行為，教師定要介入處置，但教師要用對方法，所採取的管教策略或處罰方式要合法、合理，絕不能逾越教師合法管教的權限。

不合法的管教方式絕對不被允許，但不合理的管教策略則無法彰顯教師的專業。如學生干擾班級學習活動，教師會命令學生暫時站到教室

外聽講，以讓教學活動順利進行，但走廊外面刮強風下大雨，氣溫只有15度，非常寒冷，學生站在走廊聽課很容易感冒，平時教師責罰學生暫時站在走廊聽講，是可以接受的輔導管教策略，但教師的處罰策略應同時考量到當事者的身心狀態與當時的情境，若是當時天候不允許學生長期站在走廊上，則教師可將罰站的處所改在教室後面，如此，可以暫時使干擾學習活動行為停止，也不會傷害到學生。輔導與管教辦法相關合理規定均是「死」的，運用這些策略方法的教師是「活」的，教師要以靈活的思維與彈性策略來輔導管教學生，在合法的前提下，靈活有效的運用具體策略，如此，才能達到雙贏策略。就紀律維持的實例來看，學生作業沒有寫完，要學生補寫完是一種班級紀律，但如果前一天學生是因為生病而沒有寫功課，隔天到校後學生生理狀況依然不舒服，教師就不應強迫學生一定要當天把功課補寫完，教師應考量的是學生當時的身心狀態，學生功課不寫不是因為偷懶不想寫，而是因為身心狀況不好無法完成，最佳的策略是教師應叫學生好好休息，等身體康復後再將功課補寫完。

十一、Assign（分派工作、任務）

教師需要適當地分派學生工作及任務，對學生的能力、性格進行瞭解，依照任務的需求給予小組或個人適當的角色，以求在異質化的班級中，也能做到因材施教，某些工作分派可以採取輪流的方式，某些活動的安排則需要根據學生的興趣與專長，如校慶運動會的個人單項競賽，或語文藝能的比賽等。

從打掃區域的安排、班級幹部的任用、活動比賽的選派等，教師要同時採用教師中心與學生中心模式策略，此種混合模式可同時考量到學生的興趣與專長、能力，及任務性質。以班級幹部的任用而言，當學生相互彼此認識後，教師不能完全採用「同學自願」方式讓學生擔任其感興趣的幹部，學生有興趣不一定能勝任，輪流擔任的方式也不是十是適當；再以學校各項活動比賽而言，教師不能全以教師指派，而完全不管學生的興趣，此種結果是能力取向，如果學生有能力但沒有投入動機或努力意願，即使

學生參加比賽，也不可能有好的表現，教師若是指定次佳能力而又有積極意願的同學參加，反而更能激發同學投入的動機，也讓多數學生能參與班級的學習活動。在班級經營中，身為教師（尤其是班級導師）對於班上學生個人的專長或優缺點應該有深入的瞭解，教師能瞭解學生，才能有效運用班級人力資源，發揮學生專長。如教室布置需要對藝術與人文較有專精者、球類活動競賽需要對該球類運動有涉獵者、音樂或語文競賽需要對該項領域學習或表現較為突出者。

　　班級的學習活動不只是少數人的學習活動，更不能變為菁英教育，所有班級活動的規劃不能只為少數幾位同學而量身定做，即使某位學生的各種能力都很好，也不能占據其他同學參與學習的機會，教師應讓多數同學都有參與班級活動的機會，也要鼓勵同學儘量參與，多元活動的本質即在此，如校慶時參加趣味競賽的同學，可以以未參加大隊接力的同學為優先，人數不足時再考量也有參加大隊接力者，教師不應以學生的平時表現及比賽名次為優先考量，剝奪學生參與活動的機會，如教師認為某些學生平時學生較調皮，較愛作怪，校慶比賽時這些學生都嚴禁參加各項比賽，教師認為這可作為一種懲罰，讓學生知道平時愛搗蛋的後果；少數學生因為體型關係，行動較為笨拙，為避免影響班級的成績，就不讓這些學生參與各項團體競賽，這不只違反活動規劃的價值性，也失去活動舉辦的教育目的。

　　每位學生都有參與學習活動的權利，只是活動項目有限，學生參與的學習活動不可能均等，或以量化數據來均分，但教師應儘量讓全班學生都有參與的機會，雖然有些學生平時課堂的學習表現較差或常惹人生氣，但這些學生可能擅長於動態活動，教師應給予機會；所有活動的參與並不是在獲得名次，尤其是團體競賽活動，這些活動主要在培養學生的合作、互助態度，讓學生從活動競賽中習得公平競爭的精神，為中小學的學習生活留下美好的回憶。再如園遊會的規劃，教師要儘量讓每位學生至少負責一項工作，而不要將整個園遊會的活動，只交付在少數幾位學生身上，或只讓少數學生負責。讓班級每位學生都能參與班級活動才能促發學生對班級的向心力，每位學生都有其可以擔負的工作或可以負責的活動內容，教師

應給予學生機會,給予學生機會才能讓學生的優勢能力表現出來。

「分派是要依學生資質、興趣、專長等,讓所有學生都有參與學習的機會,讓學生都有投入班級活動的意願。」

十二、Negotiate(協商)

教師要懂得與學生對話、溝通,可嘗試站在學生的角度,與學生利益交換、說服學生,與學生協商,而非與學生妥協,或是互相交流彼此的看法和想法,使目標達到一定的共識。協商是教師開啟溝通的大門,與學生進行民主雙向的互動,協商並非妥協,而是對學生的一種尊重;協商並非放任,而是對學生責任的賦予。班級經營中某些學習活動或計畫的推展,需要考量學生的看法與負荷,如隔天上課,英文、國文都要平時評量,若要再增加數學或其他科目的平時考試,恐學生無法負擔,此時若多數學生跟教師反應:「老師,我們可否後天再考數學,因為明天英文、國文都要考試」,此種老師與學生的協商,更顯示教師的專業,並不會讓學生覺得老師「好欺負」,教師能與學生協商,會讓學生更尊敬老師,讓學生覺得「老師也很重視我們的意見」,或「老師也會重視我們的想法」。

與學生協商並不表示老師向學生低頭,或是教師的權力受到威脅,從Wolfgang與Glickman(1980)界定的教師行為連續體,教師的角色可能為介入主義者(interventionist)、互動主義者(interactionalist)、非介入主義者(non interventionist),教師這三種角色行為的扮演應根據班級屬性、學生特質、學生自制能力等因素加以綜合考量,介入主義者的教師行為,教師有高權力、學生的權力低,採取環境控制方法,以酬賞及處罰作為工具,調整學生行為、型塑學生行為;非介入主義者的教師行為,學生有高權力、教師的權力低,教師的主要任務提供一個支持性、促發性的學習環境;介於這二種教師行為中的教師角色為互動主義,互動主義者的教師行為在統合應用介入主義者及非介入主義者的教師行為(吳明隆,2010)。雖然三種教師行為背後的哲學理念有些不同,但其教育目標是相同的,均是在於讓學生有更佳的學習表現與正向行為的培養,三種教師行

為角色中學生的權力有高、中、低的不同，但學生權力的給予相對的就是
責任的賦予，師生共同承擔學習之責，是學習型班級組織的目標之一。

　　一位能與班級學生協商的教師，才能聽到學生的心聲，才能瞭解學生
真正的感受；就學生而言，一位能與他們平等對話的老師才是值得他們佩
服的教師，要學生發自內心的信服，或是培養學生的內在動機，教師的管
教或活動的規劃執行不能只採由上而下的方法，此種權威式的壓制或單向
度的命令，無法讓學生真正的佩服，學習活動的發起者是教師，但學習活
動的參與者是學生，如果學生無法配合，或是無法全程參與，教師規劃的
學習活動是有名無實，無法達到教育目標的。如教師上課時突然告知班上
學生，隔天要進行形成性評量，學生回應教師明天要小考的科目很多，希
望教師教授的新單元內容考試可以延緩，教師不管學生的回應內容，也不
與學生協商，堅持隔天一定要考試，導致多數學生回家溫習課業的時間不
夠，或時間無法有效分配，因而隨便應付或放棄，教師評量的結果並不是
學生真正的學習結果，無法有效作為教師回饋與教學改進的參考，此種學
習活動的安排不僅無益、也無效。

　　「協商並不是妥協，而是對學生的一種尊重；協商並不表示教師權威
式微，而是教師一種專業展現。」

十三、Acculturate（使適應新的文化習俗）／Assess（評價）

　　兩種或兩種以上的文化不斷的接觸，也許會形成一個接受其他文化的
文化。教師應該帶領學生瞭解本身自有的文化，並教導學生適應新的文化
習俗，且運用至日常生活中，使其能產生保有本身文化特色的文化，而不
是被主流文化所吞噬。適應新文化的另一種意涵是多元文化教育的推動，
教師於班級經營中要讓學生學會不同文化的包容與尊敬，不論學生個體為
何，不論學生的家庭結構為何，不論學生的族群為何，每位學生的人格
權、學習權都需要被尊重，教師可以以案例教學方式增補學生不同的文化
經驗，增加學生對不同文化的認識，提升學生文化素養，從認識、認同自
己文化開始，激發學生的自尊心與價值感，進而瞭解、尊重、包容其他不

同文化，此種對不同文化的尊重與包容正如對每個人信仰的尊重一樣。

　　教師應定期地評估學生的學習狀況，省思及評定教師的班級經營及教學方式是否需要做些改變，以求師生雙方都能適應彼此。學習活動的評量方式依評量目的及歷程包括四種型態：安置性評量（學生分組學習或起點能力的瞭解用）、形成性評量（小考或平時考，用於發掘學習困擾及教學改進）、總結性評量（定期考查或學習成果的檢核，用於評定學生學習成就）、診斷性評量（學習問題的診斷）。依評量結果的解釋的準則點可分為效標參照評量及常模參照評量，效標參照評量的參考點是教師設定的標準，評量的比較是學生個體；常模參照評量是學生個體在群組中排序位置，評量的比較是學生與群體所有參與的學生，班級情境中的評量應多採用效標參照評量形式，此形式參照點的設定有二種方式：一為教師根據教學目標及班級多數學生之前的資質、能力，區分為「精熟」及「未精熟」，分割參照點必須是多數學生可以達到的；二為參照比較點為學生個體，學生個體與自我比較，區分為「進步」及「待努力」。不論教師採用紙筆測驗或實作評量，評量必須公平、合理，若是認知性的學習評量，雙向細目表之一的認知目標要包括知識、理解、應用、分析、綜合、評鑑等各種低階、中階、高階型態試題（或區分為記憶、瞭解、應用、分析、評鑑、創作等型態試題），而試題的難度最好是中間偏易，如此才能使多數學生成功的機會。

十四、Grade（評分）／Globalize（全球化）／Govern（治理）

　　教師應運用多元的評分方式，以便找出學生的其他所長，在生活中觀察孩子的表現，發現孩子的多元智慧，使其能快樂學習。根據Howard Garder的論點，學生可能發展智力型態包括：邏輯－數學、語文、空間、音樂、肢體－動覺、人際、內省、自然觀察等，因應多元智力理論與社會革新脈動，班級評量應根據教學目標、學科性質採用不同類型的評量型態，如實作評量、檔案評量。就實作評量而言，成績評定應兼顧實作歷程與結果，教師不能只根據最後實作作品或成果作為成績評定的唯一標準，

此外，教師也可採用同組成員評定、他人評定、教師評定等多種評量方法。

　　教師在全球化的趨勢中教導學生建立多元文化觀點，拓展學生的國際視野，而非侷限於自己眼中的小世界，讓學生能瞭解本身處在一個全球化的時代，提早掌握國際脈動，與地球居民同步生活。此部分教師於課堂中或早自修融入相關重要國際議題，如2011年諾貝爾和平獎共同頒給三位女性（葉門民主鬥士卡曼、賴比瑞亞女權運動家葛波薇、非洲第一位民選女總統賴比瑞亞總統瑟利夫），以肯定女權對世界和平運動的重要性，教師可於課堂中與學生共同討論三位獲獎者得獎的緣由；蘋果（Apple）電腦共同創辦人史蒂夫·賈伯斯（Steve Jobs）於2011年10月初逝世，得年只有56歲，造成科技界極大震撼，教師可就賈伯斯一生的起落、對科技界的影響、做事態度等與學生討論。

　　教師在班級經營中運用管理，提高學生學習效能，瞭解學生個性，用心與學生溝通，達成有效的班級經營。班級的治理就是教師要有效的經營一個班級，班級的治理要有方法、要有策略、要持之以恆、要有耐心，班級的治理的目標就是要營造一個友善優質的學習環境，讓學生喜愛學習、樂於學習。班級治理在於如何經營班級，而非只是管理班級，管理偏向於對人物的掌控，經營強調的對人、事、物的規劃與有效安排，重視的是對人的啟發、對事物的有效運用。

　　治理是有效管理班級，包括班級之人、事、時、地、物等都是教師要管理經營的。人是對學生的瞭解及管教輔導；事是班級事件的處理及學習活動的安排；時是教師時間的規劃運用，包括課餘時間的分配及課堂教學時間的掌控；地是場地及情境的布置、美化及利用；物是教學素材的置放與取得。要將班級的人、事、時、地、物經營治理好，教師必須妥慎運用教師的專業知能，其中二項關鍵的因素是教師的態度與方法，教師如能具愛心及耐心，用心投入於班級，配合有效的策略方法，才能型塑優質的學習環境。

十五、Empower（授權）／Encourage（鼓勵）

教師要讓學生在學習過程中，發展出能掌握自己未來生活的能力。教師應充分讓學生參與抉擇的過程，給予授權，以激發學生自我察覺與主動參與的特質，學生可以由此學習到自我控制與自我負責的態度。像是教師可將一些權力下放給班級幹部，部分事務由學生自行決定，養成學生自治的能力，也可以培養學生領導的專長。

身為一個人性化的教師，應保持良好的師生關係，給予學生支持、關懷，鼓勵孩子發展本身的優勢智慧，做為學生前進的動力。從社會學家韋伯（M. Weber）科層體制的論點來看，學校、班級等都具有正式組織的特性，教師具有三種不同權威型態：傳統權威（traditional authority）、魅力權威（charismatic authority）、理性權威（rational authority），傳統權威是基於傳統神聖職責所擁有的權威，指的是根據歷史的脈絡或文化的背景賦予教師的權力或影響力；魅力權威是基於個人人格特質所形成的特殊權威；理性權威是科層組織下的法定合法權威，以明訂法律條文規定賦予教師的權力或影響力，傳統權威與理性權威都是一種「制度的權威」（institutional authority），魅力權威則是一種「個人的權威」（personal authority）。傳統權威類似教師的「形式權威」，理性權威與魅力權威類似教師

的「實質權威」，配合教師權力的運用觀點，魅力權威是教師的參照權與專家權，這二種權威是教師個人權威，也是最能展現教師專業的權威；理性權威是教師的法職權與酬賞權，法職權與酬賞權都是教師合法法定的權威，但教師運用時也不能偏離「合理性」準則，教師權威的合理使用僅限於學生人格的陶冶、學習表現的開展、品德行為的養成等，教師權利的運用有其限制，因而教師不能意氣用事、不能將權威運用無限上綱，教師的權利或義務在法令上都有一定規範的。如教師藉由法定的成績評量權，來掌控學生行動，做出違法逾越的行為，如性騷擾學生、性侵害學生等。

不合法的權威用語如：「妳不配合老師，老師要把妳此科的成績打得很低」、「如果你不這樣做，老師要把你期末成績打不及格」、「妳只要照老師的話去做，老師保證妳的此科的成績會很高」等，此類用語與做法是教師法職權威的不法使用，當事者不僅誤解教師實質權威的內涵，也違反制度權威運用的合法性與合理性準則。單單使用強制權無法讓學生信服，教師必須統整「制度的權威」與「人格的權威」。此外，教師在班級經營中，可以採用干預主義（主要使用傳統權威與法定權威）、互動主義（統合個人的權威與法定的權威）、非干預主義（主要使用個人的權威，包含參照權與專家權）的哲學理念來經營班級，教師要採用何種班級經營哲學觀端視班級的生態、班級學生的自我控制力與要達成的目標而定，干預主義較常採用行為主義的策略，非干預主義多使用人本主義的方法，重視學生內在控制行為與內在動機的養成。不論教師開始採用何種哲學觀點來經營班級，最後的目標願景都希望學生能自動自發，習得正向行為與優良品德，從外塑行為轉內發行為，從外在學習動機轉為內在動機，從他律變為自律。授權的策略就是讓學生能為自己的學習行為負責，教師要讓學生知道：「尊重自己，才能贏得同學與老師的尊重；學習的成敗不全是老師的責任，每位個體都要負起很大的責任。」

歸因（attribution）是當事者對特定行為結果原因的解釋，Heider於1985年提出的歸因理論有二種型態：一為性格歸因（dispositional attribution）、一為情境歸因（situational attribution），性格歸因是當事者根據個人內在性格或內在特質對行為結果作出解釋，如「每次數學沒有考好，都

是因為我考試太緊張且計算容易粗心造成的，如果我放鬆應考、仔細檢查一定能考得比較好，但我就是無法做到」；情境歸因是當事者根據將行為結果的成因歸因於外在情境，如環境、外在事件的影響等，如「這幾題並不是我不會寫，而是老師給的考試時間太短，如果老師再延長十分鐘，相信我可以全對」、「100公尺沒有跑到前三名，是因為鳴槍聲太大，裁判就站在第一跑道旁，鳴槍時害我驚嚇一下，起跑差點摔倒。」Heider提出性格歸因與情境歸因二種歸因型態，如果學生朝向正向詮釋，二種歸因對學生持續的學習動機都有正向影響，教師可以告知學生：「每個人考試都會緊張，但只要你事前好好準備，考試時細心些，成績會更好」；「全班同學考試的時間都相同，你沒有寫完，可能演算速度較慢，或練習太少，以後只要再多加練習，老師相信你會有更好的成績。」

　　根據Weiner提出的論點，學生評估行為後果或事件成功失敗的影響因素常歸於以下四種：個人能力、個人努力、外在運氣、事件難易。以內控信念（locus of control）的觀點而言，能力、努力二個變因是學生個人可以掌控的因素，此種因素導因於當事者個人，此二種歸因稱為「內控信念」；相對的，運氣、事件難易二個變因是學生個人無法掌控的因素，此種因素導因於外在緣由，此二種歸因稱為「外控信念」。從歸因穩定性的觀點來看，能力與事件本身難度的變動性是不會隨時間改變而有大幅度的變化，二個歸因元素歸於「穩定成因」，個人努力與當事者知覺的運氣好壞會隨時間或情境差異而產生不同的行為結果，二個歸因元素歸於「不穩定成因」，四個歸因元素中當事者自己可以掌控者為「努力歸因」，其餘能力、運氣、事件三個歸因要素當事者均無法自己掌控。在班級情境中的應用中，如果學生把學業失敗或活動比賽失敗均歸於是一種穩定成因——能力，如個人程度不好或班上能力差，則對未來成功期望或成就動機會明顯降低；相對的，若是學生把學業成功或活動比賽得獎或有好名次歸於是一種穩定成因，如個人程度好或班上能力佳，則對未來成功期望或成就動機會明顯提升，如果當事者反將事件成功或行為結果歸於不穩定因素——運氣，如我們運氣好，則會影響進一步的學習動機或活動參與興趣。

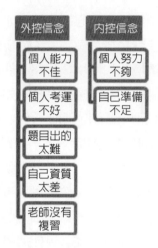

　　對成就抱持高度期許的人才能進一步激發自己向前奮戰的動力，此種動力即是學生的成就動機，如果學生自覺自己能力很差、不論自己如何認真投入，結果都是一樣「很差」或「無法達成」，則長久下來，學生的學習意願低落、學習情緒負向、學習態度消極，甚至自暴自棄，此種學習行為即教育心理學所謂的「習得無助」（learned helplessness）。每個人學習過程中皆會遭遇挫折或失敗，教師的職責是告知學生不好的事情都可能發生在每個人身上，並教育鼓勵學生面對失敗或遇到困境，能再接再厲、不要放棄，保持樂觀解釋式態（optimistic explanatory sytle），將失敗或不好的結果歸因於不穩定且可控制的變因上，如「我之沒有得獎，是因為我比賽時太緊張」、「這次數學成績退步，是因為我沒有依照老師的方法，把握自己會的題目，花太多時間在計算前面二題最難的題項」、「太緊張」、「沒有把握作答方法」等緣由是一種不穩定且當事者可以控制的變因；相反的，如果學生每次都將失敗歸因於「自己笨」、「自己能力差」等穩定且無法控制的變因上，則學生的解釋式態會變為悲觀解釋式態（pessimistic explanatory sytle），持悲觀解釋式態的學生常會出現習得無助的行為。

十六、Manifest（**表明**）／ Mobilize（**動員**）

　　教師在建立班級常規時，每一條規則，表明了一個具體的行為。教師向學生說明清楚自己對某事的看法、觀念或作法，並且要精確的執行，不能夠朝令夕改或是睜隻眼、閉隻眼，這樣可能會造成學生僥倖的心態。並注意不可一次訂下太多規則，須等學生瞭解，並學會一些規則之後，再慢慢增加，表明就是教師要講述清楚、表達完整，讓學生真正瞭解教師所要傳遞的重要訊息，教師要於學生不當行為發生之前明確告知哪些行為是「不適切」或是「錯誤的」，而不要於學生出現不適當或違犯班規行為後才指責學生。學生是需要教育的，是需要被告知的，學生的認知、技能、情意都是需要教師指導、教授的。

　　表明的意涵有二：一為教師應明確的告知學生哪些行為是「能為」、哪些行為是「不能為」，如考試作弊、投機取巧、說謊、霸凌同學、觸法或有傷害同學的玩笑行為（如同學要坐下時，突然把椅子挪開；教室中伸出腳故意絆倒同學；在同學椅子上放置圖釘或尖銳東西；至學校公用電話亂打110或119電話）；二為教師應以「我的用語」（以第一人稱我陳述教師對事件的感受）表達對學生不當行為或干擾教學活動的感受，如學生課堂講話影響教學活動進行，教師可明確告知學生：「你講話的時機好像不對，這樣的行為造成老師很大困擾，也影響到其他同學的學習。」對於學生出現不當行為或偏差行為時，教師最好不要直接只以第二人稱「你」／「妳」來指責、辱罵學生，如「『你』是一位很差勁的學生」、「『你』的行為很讓人討厭，妳知不知道」、「『你』真的是無藥可救」，「跟『你』同一班實在很倒楣」等。

　　表明就是教師要跟學生講清楚、說明白，如純粹是課堂玩笑話教師更應說明清楚，不要讓學生誤解，或依老師課堂開玩笑的話語實際付之行動，而做出違法或違反校規的行為，如教師課堂為讓學生明白資訊科技發展的進步情況，告知學生很多照片都可以採用合成的方式完成，並張貼到網站上，而對於下列細節並沒有說明：「對於將他人照片以合成方式張貼到網路上，沒有經當事人同意是違法的；或是此照片對當事人造成身心傷

害，當事者是可以提告的」。教師的目的是要依此部分告知學生網路上的訊息不全然是可靠的，不完全是正確的，但同學誤會教師意見，認為對於不喜歡或討厭的人，以合成方法將其不雅照片方式公布可以達到「捉弄取笑」的目的，如此結果最後將衍生重大的問題。

【案例實務】

小學生被罰站，一狀告到校長室！

徐老師是一位相當盡責的國文老師，身為新立國小三年六班的級任導師，無時無刻不為班級著想，甚至呵護學生如自己的孩子般無微不至，與家長的互動也十分融洽。

這一天，是暑假過後的第一堂國文課，徐老師神采奕奕地踩著輕快的步伐迎接著這一堂課的到來，迫不及待見見久違的孩子們，是不是在假期中都過得平安且充實？沒想到，連教室的門都還沒跨進，只聽到班上的開心果李毅秦，大聲地嚷著：「我暑假和我爸爸去泰國……」或許是身旁同學們殷切的眼神與渴望的心情，毅秦根本未察覺導師已悄悄地走至講臺的正中央，「噓！」席中突然有學生即時制止毅秦耽誤課程進行的舉動，徐老師則給予溫暖的微笑，感謝之情不言而喻，說道：「毅秦的暑假似乎過得很精彩！沒關係，下課也可以與老師分享喔！」

但是談話被中止的毅秦，並不以為意，仍然正大光明的在課堂中不斷地與同學進行分享。

過程當中，徐老師好言相勸了不下數次，最終以不影響其他同學上課的情緒為由，將毅秦請出教室外面作罰站的動作，為時五分鐘。對於老師的處罰，毅秦相當不能接受，認為班導是存心找麻煩，心中滿是怒火又無處可宣洩，惱羞成怒的他，憋著這口氣將過錯全賴在老師身上；回到家，深怕爸爸不相信，還刻意誇大自己被罰站的過程，說得有多委屈就有多委屈。心急如焚的李爸爸，憐惜向來活潑樂觀的兒子，突然一反常態的哭得一把鼻涕、一把眼淚，也沒有經過求證的動作，一氣之下就告到校長室，把整件事情的來龍去脈，又經過一番加油添醋，在校長面前，把矛頭全指向徐老師。

校長得知此消息後，並沒有為了安撫家長的激動情緒而胡亂作出懲處老師的命令以息事寧人，相反的，緊急召喚徐老師到校長室作進一步的說明；並同時詢問該班的學生，當天事情發生的真實經過究竟是什麼。

經由一連串的查證過程，李爸爸赫然發現，原來當天是自己的孩子三番五次地影響老師的課程進度，也經過相當多次的勸阻，卻克制不了想說話的欲望，因此才暫時被導師請出教室外罰站，作五分鐘的冷靜與緩和。起初，李爸爸還拉不下臉，但是在班上同學的集體見證下，也自知理虧，透過校長中介的引導下，師生及家長三方的僵局終於瓦解，也相互體恤對方因立場的不同而造成事件認知上的誤解，更感恩校長的明智判斷，即時制止了一場不必要的紛爭。

許多親師衝突事件，是導因於家長對整事件或老師處置的誤解，或沒有進一步對事件的來龍去脈瞭解清楚；加上有些學童怕回到家裡受到家長責罵，避重就輕的將事件責任推給他人。遇到不明理或情緒剛直的家長，行政人員要妥善處理，尤其是作為老師後盾的主任及校長，如果行政不能有效支援老師，不能為老師排解衝突，那老師如何專心、全力的投入於班級事件的處置，如何創新教學提升學生學習表現，老師要學校行政人員作為後盾，負起行政服務的職責，教師的教學、管教、班級事件的處理等都要合理、適當，尤其是對學生違規行為或對干擾教學活動順暢進行的不當行為之處理，教師要在合法的前提下，考量到學生的個別差異與當時的情況，作出合理的處置，只要教師「依法行政、依理行事、依情管教」，則家長對老師的誤解多能化解澄清。

十七、Engage（建立關係、投入）

　　教師應與學生家長建立良好的關係，樂於與家長分享孩子學習情形，建立良好的親師關係，不只可以幫助教師瞭解學生狀況，也能請家長協助教師的教學計畫，教師能傾聽學生的內在想法並善於溝通、交流，以建立良好的師生關係。

　　投入指的是在某個學習活動裡，學習者對活動之付出的行為強度、情緒特性與個人投資。學生的投入行為包括四個向度（陳奎伯、顏思瑜譯，2009）：

1. 行為上的投入：指的是學生對學習活動十分地活躍、而且表現得十分認真，行為的投入的具體學習活動有三：專注、努力、堅持。專注代表的是學生的專心程度，及其對作業的重視程度；努力指的是學生會全力以赴地投入他們要做的事情或學習活動，不會退縮或敷衍了事；堅持指的是學生遇到困難或瓶頸，也會以較多時間付出努力加以完成。

2. 情緒上的投入：學生投入時的情緒是正向、積極的，不論事情難易，學生覺得投入這些活動是有趣、愉快、充滿熱情的，學生感受到「我想要去做」事情或「我想要去學」，而不是「我得去做」或「我得去學」，後者的學習者是在一種負向情緒下去從事學習活動，其感受是非自願、不愉快或意興闌珊的。

3. 認知上的投入：認知的投入指的是整備自己、接受挑戰、喜歡接受。高度投入的學習者會規劃、監控與評定自己的行為，並且會運用更精緻化或統整化的學習策略，勇於接受挑戰；相對的，認知未投入的學生，較無法使用深度處理策略，只依賴簡單的方法從事學習，會避免從事較困難事件或有挑戰性的活動，不會規劃、監控或評價自我的學習。

4. 表達上高強度：表達指的是學生會提供合理的意見或具體建議，提出可行的做法供群體組員參考，積極參與課堂的討論，且提出與學習活動有關的問題，樂於為同學解決問題或困難協助。

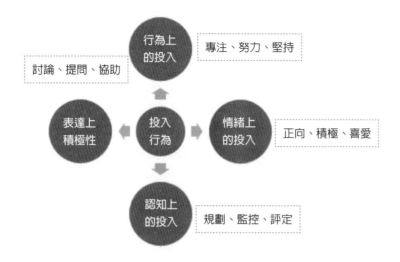

【實務案例—無心惡作劇】

邱老師是六年一班的導師,平常對班級要求嚴格,特別是比較調皮好動的學生,總是免不了為班上做勞動服務,作為處罰,因此班上同學家宏認為邱老師時常找他麻煩,對邱老師懷恨在心。

這天學校廚房煮了綠豆湯,當成午餐飯後甜點,家宏便主動表示要幫邱老師裝,老師將杯子遞給家宏後,便低頭批改聯絡簿,而沒有注意到家宏在綠豆湯裡面加了安眠藥。

邱老師在午休期間喝完綠豆湯後,覺得特別疲倦便趴在位置上午睡,但是直到午休結束都沒有醒來,由於邱老師平時嚴格,班上學生不敢主動叫她起來,接著第一節上課期間,邱老師仍然未醒,到了第二節上課鐘響,班上同學察覺有異,加上家宏對自己做的惡作劇心生畏懼,才請隔壁班老師過來幫忙將邱老師叫醒,之後家宏承認在老師的綠豆湯裡加了安眠藥,才造成老師昏睡。

案例中家宏原想讓老師多睡一下,不想再聽老師嘀嘀咕咕,也不想聽到老師責備的語詞,因而才在老師的綠豆湯中加入安眠藥,由於家宏無法得知安眠藥的劑量,因而加入的顆數也不知道,若是劑量太重也會危及生命安全,案例中顯示的是學生價值觀的偏差與對法治教育的不足,如果平

時老師加強相關法治教育，從師生關係建立著手，不會有學生會想在老師飲料中加入其他的東西。學生違反班級規約或紀律，教師也不應完全採取批評、怒斥、責罵、處罰等負向管教方法，這些方法都只能暫時壓抑學生的違規行為，教師應配合正向管教策略，從學生認知與價值觀的輔導改變著手，兼用治標與治本方法，才能有效改善學生的不當行為。

十八、Normalize（正常化、使合標準）/ Nourish（培養）

教師教導學生學習，使其達至科學數據上所認定的標準或一定的程度。若班級中有特殊學生，教師應使其正常化，讓其所處的生活環境，及所接受到的教育都盡可能與正常社會相符，並使其能接受人性化的待遇，讓特殊學生可以融入社會環境中，也讓其他學生學習關懷與包容。班級經營中的標準或目標設定包括學習目標（learning goals）設定與表現目標（performance goals）設定，學習目標也稱精熟目標（mastery goals），指的是目標設定的範圍為學生能力展現與作業精熟程度，教師設定的學習目標要讓學生可以「做得好」，學生有能力學習、有改善及進步的空間；表現目標強調的是學生在某些作業或學習活動的能力是很強的方面，目標的設定要讓學生可以「做得到」。有了學習目標，學生會努力去促發、增加或改善自己的能力，有了表現目標，學生才有意願去從事學習活動，或是證明自己的能力給他人看（陳奎伯、顏思瑜譯，2009）。教師以正向言語告知學生：「你是有能力完成的」、「你是可以做到的」，表示教師對學生能力的肯定，此時學生要證明自己是有能力的，或用一點努力即可完成，就會付之行動實踐；教師告知學生：「你有進步的空間」、「你有改善的能力」、「你可以做得更好」，學生會反省、透過努力以求得更好更佳表現。

培養要強調的是學生全人教育的啟發，包括學業能力、品德行為、溝通互動能力、尊重包容與同理心。

教育的最初意義便是培養，教師教導學生，不只要使其在學科知識上有所成長，也要給予精神的支持、態度的訓練，讓其人格也能夠正常發

展，以幫助學生長成為一個完好的人。教師透過教學或互動，使學生慢慢喜歡上某科目或對某事物感興趣，培養學生自己的興趣，讓學生能夠瞭解自己的喜好與需求。

十九、Teach（教育）／Train（訓練）

教師應該要教育學生而不是訓練學生。教師應慢慢啟發、培育學生，使其能在學習中有所領悟，而不是給予填鴨式的教育，不斷反覆地做相同練習，訓練學生成為只會背誦答案的機器人。應將學生視為一個完整的人，引導學生發展出本身的潛能，並使學生喜歡學習，而非囫圇吞棗，應付了事。被稱為教育心理學之父的桑代克（Thorndike）以動物為實驗，建構其連結主義（connectionism），其要義為：1. 學習是個體在刺激情境中表現反應時的刺激─反應連結，經由多次練習與嘗試錯誤學習（trial-and-error learning），正確的反應會多於錯誤的反應；2. 個體在某種刺激情境習得的刺激─反應連結，將有助於日後其他類似情境中新的刺激─反應連結的學習，此種現象即為學習遷移（transfer of learning）（或稱訓練遷移）；3. 嘗試錯誤學習是否可以使刺激─反應建立連結有三大原則：(1) 練習律：刺激─反應間的連結，隨練習次數增多而變強；(2) 準備律：個體在身心準備狀態下（有此需求），刺激─反應間的連結較為有效；(3) 效果律：刺激─反應間的連結若能使當事者獲得滿足，則二者間的連結會增強（張春興，2001）。要學生將刺激─反應建立緊密的關聯，必須讓學生有多次練習機會，要讓學生有練習機會，教師規劃的學習活動要能吸引學生，讓學生能喜愛，活動的教育價值性，要讓學生知其然，也能知其所以然。

從桑代克的實驗結果提出的系統學習論可以發現：學生的許多行為都需要學習，經由多次刺激─反應的連結，配合正增強，可以讓學生習得應遵守的行為規範。如公眾場合中接受手機的禮節、學校中使用手機的倫理等，教師都應教導，當學生出現不合適宜的行為，教師要立刻加以糾正，並告知學生合宜的使用行為，如開振動、講話輕聲細語等，之後，學生搭

公車、捷運、高鐵等公眾場合中使用手機，便知道合宜行為為何，此時，刺激─反應的連結才是有效的而能讓個體滿足的。從訊息處理理論的觀點而言，學生接收訊息的二個主要媒介是視覺、聽覺，經由注意暫存於「短期記憶」，再經由複誦或回憶策略儲存於「長期記憶」，短期記憶的容量有限，而學生注意力的維持不可能持續或長久，因而教師不能一次教授太多內容，若是教師呈現的內容過多，教材停留的時間過短，學生的短期記憶無法負荷，會造成學生聽不懂，或講完多數內容忘記的情況。

學生的動機區分為內在動機與外在動機，內在動機是學生個體發自內心的一種自我鞭策力，外在動機是藉由外在的誘因或獎賞促使學生投入學習活動，有些學者反對教師以外在動機為媒介來導引學生學習，他們認為此種動機是被動的、短暫的，但從班級經營的實務策略而言，外在動機對中小學學生是必須的，根據經驗法則，內在動機與外在動機並非對立的，內在動機的培養是班級經營的目標，但學生內在動機的培養多數要搭配外在動機的策略運用，如學生不喜愛打籃球，喜愛閱讀，自習課或空白課程時，教師可告知學生要閱讀，必先至球場玩（或打）20分鐘籃球，至球場運動是一種外在動機，也是教師獎賞權的運用，學生之前沒有興趣，可能是不會打、怕流汗、受傷的經驗等，當學生從玩的歷程中學會籃球運動，或覺得運動流汗後反而更舒適，長久下來，學生可能對籃球運動有高度興趣，此時，對籃球運動的喜愛程度已變成一種內在動機。

班級經營的目標之一是激發學生的學習動機（motivation），動機是喚起學生學習活動，維持已引起之學習活動，持續朝向達成學習目標的一種內在心理歷程，動機在學習活動中扮演十分重要角色。在學生學習動機的養成上，教師要循序漸進，以外在動機為誘因、歷程，以內在動機培養為終養目標。

有效能的教師應將各種課程結構加以轉化應用，課程結構包括：正式課程／顯性課程（manifest curriculum）／形式課程（formal curriculum）、潛在課程（latent curriculum）／內隱課程、空白課程（blank curriculum）／彈性課程、空無課程／懸缺課程（null curriculum）。顯性課程是要達到教育目標所訂定的各種正式課程內容，對教師而言是教科書及教學指引手

冊；潛在課程是藉由各種非正式活動、規範、價值與信念對學生產生潛移默化的影響作用，如老師對衝突事件的處置態度、班級氣氛、老師的人格特質、學校組織生態等都可能對學生的學習、觀念、態度等有直接的影響作用；空白課程指學生在校可自行運用的時間內所從事的各種活動、或是同儕間所規劃的學習內容，空白課程可以由學生安排，也可以由教師規劃，或由師生共同討論決定，空白課程如自修課、早自修、下課、午休時間等。空缺課程是學校教育應當安排的課程，或應規劃的學習內容，但限於時間，或因社會變遷衍生的新知能，或因相關因素等無法納入顯性課程教材中，如理財、男女交友分手藝術、手機使用倫理守則，此部分內容教師應根據社會脈動與變革，將應教授給學生的知能或素養利用融入式教學，或適當時間教授給學生。四種課程之中，潛在課程的功能與空白課程的運用教師不能忽略，潛在課程雖是非正式課程的型態，但它對學生產生的影響是很大的，老師的身教、言教及處事態度就是一種最佳的潛在課程；空白課程的規劃，可讓學生習得更多元性、豐富性、趣味性的學習內容。

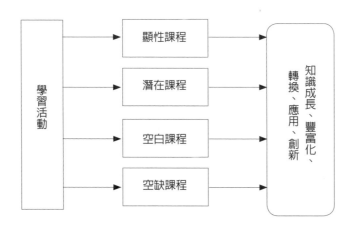

參考書目

吳明隆（2010）。**班級經營理論與實務**。臺北：五南。

時蓉華（1996）。**社會心理學**。臺北：東華。

張春興（2001）。**教育心理學—三化取向的理論與實務**。臺北：東華。

陳奎伯、顏思瑜（譯）（2009）（O'Donnell, A. M., Reeve, J., & Smith , J. K.著）。**教育心理學（為行動而反思）**。臺北：雙葉。

溫明麗等（譯）（2005）（Parsons, R. D., Hinson, S. L., & Sardo-Brown, D.等著）。**教育心理學—教育的行動研究**。臺北：洪葉。

第六章

班級經營的道德規範

　　教學與研究一般，研究一方面強調的是其科學的研究方法與程序，另一方面則更應重視其倫理（ethics）守則，因而研究歷程或結果出版均應要重視「研究倫理」。企業界重視的是企業倫理（business ethics），所謂「好的倫理即是良善的經營」，醫學強調的是醫病關係，重視的是醫學倫理，一位好的醫生不僅要有精湛的技能與豐富的醫學智能，更要有醫德，醫德就是醫生要遵守的倫理守則或道德規範。在教育現場中，一位稱職的教師，不僅要有教育專業知能，也要恪遵「教學倫理」（the ethics of teaching）守則。瑞士教育心理學家裴斯泰洛齊（J. H. Pestalozzi）認為學生如為花木，教師角色就如園丁，教師職責在於因應學生個別差異，開展學生潛能，並培養學生道德行為，教學倫理指的是教師在整體教學歷程中，所要恪遵的道德規範或行為準則，其倫理道德內涵包括教學行為、測驗評量、輔導管教、親師生溝通，教學倫理的展現在於保障學生學習權，

促進學生知能成長、具備正向品德行為（吳明隆，2009）。

　　教師要恪遵的倫理行為，包括自身的肢體語言運用、教學歷程行為、測驗評量行為、輔導管教行為、溝通互動行為等。肢體語言運用如威嚇學生、騷擾學生等；教學歷程行為如故意傷及學生自尊，對學生歧視或有不公平的待遇，教學活動馬虎、講述不清，或利用課堂時間從事與教學無關的活動等；測驗評量行為如故意洩題給特定學生，造成評量的不公，評量結果的傳遞損及學生的自尊心（如公布倒數名次的同學姓名），以學生成績不佳為藉口懲處學生等；輔導管教行為如體罰學生，或採取不合理的管教方法等；溝通互動行為如與已婚同仁或家長間有過從甚密的關係，或故意散播不實言論傷害行政人員或其他教師等。教師是學生的表率，教師的言行舉止、教學、管教、評量、與人溝通等都要遵守基本的倫理規範與道德準則，這是教師的職責，更是教師要遵守的行為。教師倫理行為的脈絡圖如下：

　　有些老師課堂上課中，要求十分嚴格，但這些要求是否合理則值得商榷，如老師要求學生於課堂中不能發出任何聲響，如物品或東西掉落地上發出聲音，老師會處罰學生罰寫課文或到教室後面罰站，此種上課情境讓同學都很緊張，也讓同學覺得老師的要求太嚴苛，但任課老師卻告訴同

學，沒有這樣要求，有些同學於課堂中會玩學用品或分心，老師的課堂規則是為提升同學的專注力，但老師是否思考後，與其讓同學課堂行為中緊張焦慮，為何不營造一個讓學生喜愛而較少壓力的學習環境。研究指出：在適度的壓力與焦慮情境下，學習者的學習表現最佳，完全沒有壓力或完全沒有焦慮，或是高度壓力或高焦慮的情境中，學習者的學習表現都不會，讓學習者有點壓力，學習者的潛能才能完全開展，這就是所謂的「馬蠅效應」。一匹健壯的馬，如果沒有馬蠅叮咬，會輕鬆自在慢慢的走著，因走走停停而無法準時到達目的地；相對的，若是有馬蠅叮咬在其身上叮咬，馬就會快速奔馳，不敢怠慢，想藉飛快的速度來甩掉身上的馬蠅。對於學習者而言，只有被老師適當叮著，才不會完成放鬆；只有被給予適當壓力，才會有學習的動力。

但老師給予學生的壓力不能超出學生的負荷，否則只會達到反效果，不合理的要求或過於嚴苛的規定反而會造成學生無法適應，如教師糾正低年級學生的字體，要學生把字體寫得工整是一件好事，但老師如果以標準印刷楷書字體來檢核學生的字體超出低年級能力所及，對學生而言，書寫回家功課會變成一件很痛苦的事情，學生會深怕寫不好而被老師責罰。

教育專業倫理守則實踐，在於教師義務的履行，教師行為表現的實踐在於下列六個向度：1. 認知性：身為一位教師對教育專業倫理、研究倫理及教育法規內涵應有正確而深入的認識。2. 價值性：教育專業的行為實踐均應有其價值性，以能發揮教育價值、達到教育目標為主。凡是欠缺教育價值性的行為或決定，教師應將其轉化，以能保障學生的學習權。3. 公平性：公平性理念在於尊重每位學生，身為教育工作者不應忽略適性教育，發展學生潛能，使每位學生均能獲致其最想要、最適切、最理想的教育模式，以能開展個人潛能。4. 民主性：教育專業倫理奠基在師生民主對話上，在知識論辯的過程中，知識的自由權甚為重要，教育工作者要能虛心接納不同的學生觀點，不打壓學生獨立之思考行為；5. 反省性：教育工作者對於班級事務處理或學生問題解決，應以一種宏觀、全面的觀點來看待，以生態及交互作用理論模式來解析班級問題、解決師生衝突，教育工作者更應思自己，以行動研究法反思教學、改變自己。6. 法則性：法則性

的觀點在於教育工作者應遵守相關的教育法規規定，以身作則，服從法令，從職前訓練、甄選聘任、權利義務、在職進修、輔導管教等，不應與教育法規內涵相違背（吳明隆，2009）。

認知性	・知悉哪些個人行為能為，哪些行為不能為；哪些教師行為可做，哪些行為不可展現。
價值性	・個人展現的行為有其教育性與目的性，以愛為出發點，非是個人情緒的發洩。
公平性	・公平無私的對待每位學生，沒有偏見，儘免負向期望效應的發生。
民主性	・接納他人不同意見，能以民主及開明態度與學生溝通互動。
反省性	・以放大鏡欣賞學生優點，容忍學生不小心的犯錯行為，並時時省思個人行為。
法則性	・以身作則，依法管教學生，不逾越教師權限，在合法合理的前提下管教輔導學生。

壹　課堂中違反班級經營道德守則案例

教師課堂中常見違反倫理守則具體行為如下：

一、課堂上推銷物品

陳老師是國中二年級的數學科任教師，陳老師於這學期上課時，皆空留5至10分鐘時間推銷開發腦力智商的保健食品，陳老師告訴同學：「很多同學課業成績不好，不是不聰明而是腦力智商沒有被開展，如果腦力智商可以開展，這些同學的成績會有大幅進步」，陳老師除以口頭大力宣傳外，並將影印的宣傳成效資料發給同學，作為成效的佐證資料。

老師是位資訊傳遞者、知識啟迪者、人格導正者，教師主要責任在

於傳道、授業、解惑，教師並不是推銷員，教師不應於課堂中推銷任何物品，這不僅違反教學倫理行為，也違反教師的道德準則，此物品即使跟學習有關係，教師也不應於課堂或學校中行銷；此外，非經學校行政處室同意，教師也不應讓任何廠商或行銷人員至教室推銷或販買任何物品，因為教室不是販賣所、不是大賣場、不是百貨公司，教師沒有權利推銷物品（書籍、保健食品、學用品等），也沒有義務從事推銷行為。教師向學生推銷各種物品，教師明知其違背規定，仍向廠商收取回扣，而向學生推銷物品，係觸犯貪污治罪條例第6條第1項第4款「對於主管或監督之事務，直接或間接圖利罪」。教師應告知學生，如果要購買任何學用品、書籍，可由父母親陪同至相關門市或書籍購買，或與同學一同去現場參觀購買，如果是書籍、學用品等也可透過有名網路購物網訂購。

二、課堂宣傳特定宗教

林老師是位國中國文教師，也是位虔誠的基督徒，從幾次見證大會其信仰更為堅定。見證者之一為一位高中教師，他說在開刀治療肝癌之前信仰基督教，開刀時夢見天主在旁協助，開刀後復原非常好，之前沒有信教，肝癌復元開始信教；見證者之二為一位退休公務員，在一次車禍中昏迷十幾天，甦醒前夕期間隱約看到一個人幫他從動彈不得的泥濘中拉起，她相信此人是耶穌基督。從二位見證者身上，林老師對基督的宗教信仰更加堅定，自此以後常利用國文課進行宗教宣傳，林老師除以見證者告知的事件轉告同學外，還列舉了自己聽過或遇到的許多奇蹟告知同學，並大肆宣傳信仰基督教的好處。

憲法第7條明訂：「中華民國人民，無分男女，宗教，種族，階級，黨派，在法律上一律平等」、第13條規定：「人民有信仰宗教之自由」，個人宗教信仰是一種自由，教師不得利用法定的權威職權，強迫學生信仰某一宗教，或於課堂中對某一宗教刻意加以宣傳，教師不是傳教士，課堂教室也不是傳教之所，教師可能是某一宗教的信仰者，但教師應認清個人在學校的角色，除不應於課堂中宣傳宗教外，更不能對其他宗教加以批

判，宗教本身是中性的，教師無權於教室中批評別人信仰的宗教。為避免引起爭議或家長誤會，課堂中或課餘休息時間，教師也不應播放有關宗教的歌曲，如基督教的聖歌；佛教的歌曲、誦經經文等，中午用餐時間或掃地時間，教師如要於教室播放歌曲，最好是多數學生喜愛的偶像所唱的歌曲，此種歌曲是中性的，沒有特定的宗教意識，歌唱者是多數學生喜愛的明星偶像，所以較不會引發爭議或家長反彈。

三、在校批評特定政黨

李老師是國中一年級的英文老師，課後之餘喜愛看政論刊物及政論節目，李老師是位某政黨傾向者，對於其他政黨有強烈的反對論點，總統選舉前夕，常利用課堂時間對其餘政黨加以嚴厲批評，並告知同學要轉告家長，年底的選舉一定要投給某政黨的候選人。在辦公室或在教師休息室，李老師沒事時也會與其他教師討論選舉事情，由於李老師對某政黨傾向的偏好十好強烈，若有其餘同事批評此政黨的不是時，李老師總挺身而出加以反駁，因而常與同事爭得面紅耳赤，或與政黨傾向不同的教師發生爭執，歷經幾次爭執事件後，課餘時間，學校同仁都不想私下與李老師一起閒聊，因為怕李老師無法控制自己情緒，破壞同仁間的情誼。

選舉期間，教育人員在校的立場必須是中立的，教師私底下或下班時間可以為某候選人助選或服務，這是每個人的權利，但教學上班時間，教師就應扮演教育者的角色，教育者的倫理守則之一是不應也不能於課堂中，或學校公開場合中為某政黨或某候選人助選，也不能於課堂或教學中批判攻訐某政黨或某候選人，因為這與教學事務無關，也與學生人格陶冶、品德養成、學習表現無關，學校或教室並不是政治選舉場域，教師不應把個人對某政黨或某候選人的不滿情緒帶至教室。即使是公民教師或社會領域老師教授與選舉相關的教材內容時，也應秉持中性觀點與中立立場，就教材內容加以客觀分析，不能根據個人好惡融入主觀情緒對政黨或政治人物加以批評，這是一位稱職教師應遵守的道德職責。

四、對學校推展活動大肆批判

涂老師是學校資深教師，在學校的教學年資已超過20年，平時教學認真，與學生互動也很好，只是對於學校推展的活動會有不同意見或看法，因而常在朝會中與行政人員發生激辯，涂老師認為學校推展的有些活動是沒有教育意義的，或是沒有教育價值性，校長、主任等行政人員也試圖與涂老師溝通，但涂老師主觀意識很強，無法接受校長等人所提及的教育觀點或活動的教育意義。當涂老師無法接受行政人員所論述的看法時，至教室課堂上課中常會於課程告一段落時，於課堂中發牢騷並大肆批判行政人員，如：「運動會為何要有那麼多表演節目，節目的練習占用同學太多時間，同學說有必要嗎？」、「廁所改建工程為何不能於開學前完工，害東樓同學要跑至西樓使用廁所，真不知總務處人員暑假在做什麼！」、「川堂的布置都沒有定時更新，負責的組長不知整天在幹什麼？」、「校長常常不在學校，真的有那麼多會議要參加嗎？」。

行政對教學是一種服務，行政人員是教師的後盾，教師是行政活動的配合者，行政人員或與教師能緊密結合，則學校活動才能順利推展。教師不論年資、性別、職務為何，必須能配合學校行政人員規劃與推展的活動，如果教師對行政人員規劃或推展的活動有任何疑惑，或不瞭解的地方可以透過正式的朝會、學年會議提出，經由公開論辯的歷程，會澄清教師的誤解，或對事件有進一步瞭解；若是反應意見的合理性與適切性很高，相信學校行政人員會接受；如無法經由正式會議反應，也可以私底下與行政人員進行理性溝通，如此，才是解決衝突的常態。教師不應把對行政事務或行政人員行事的不滿情緒，於課堂班級學生面前宣洩，此種作法不僅自損教師的專業，也會讓學生誤認教師的情緒控制有問題，教師於課堂中批評學校同仁或指責同仁的不是，都不是解決衝突的有效方法。

五、課堂多數時間由學生自修，教師做自己的事情

郭老師是高中的國文老師，上課時常常講述與課堂進度無關的內容，之後，再很快的把課程進度講完，多數學生有聽沒有懂，剩餘的時間就

讓學生自己自習，當學生自習時，郭老師卻玩弄自己3C產品，如果有學生到前面問問題，郭老師常以「學習問題要自己尋求解決，自己找出答案」，郭老師常跟學生講的一句話是：「高中生要會獨立自主的學習，不要什麼問題都要煩老師」，學期開始時少數學生還會於自習時間，到前面請問郭老師，但總是被郭老師潑冷水，不僅問題沒有得到解惑，還被郭老師責難，之後，同學都不會再於課堂自習時間問郭老師問題。

　　課堂時間，教師就應盡到講授課程內容的職責，當然課程內容傳授給學生的方式很多，如直接採用講述法，或是分組活動學習，或是實驗操作，或是實作練習，或討論法等都可以，不管教師採用什麼方法，教師都應扮演教學者、規劃者、導引者的角色，教師不能任由學生自生自滅，完全採用個人導向的自我學習，不同課程單元內容可能配合不同的教學方法，教師對於活動規劃、時間安排，教學參與等都要負起應盡的責任與義務。即使是高中生或特色招生班級學生也需要教師的輔導與啟迪，若是課堂時間任由學生自習，或多數由學生自行學習，即有失教師的職責，教師不能認為班級學生什麼都會，所有學習活動都可以靠自己，若是真的如此，就不需要研發那麼多的教學法或教學策略。

六、課堂上的言語表達不適切

　　當學生於上課中出現不當行為或干擾同學學習活動的不適切行為，嚴重影響教師教學活動的順暢進行，有些教師會情緒失控，而出現體罰、傷害學生自尊的行為，體罰行為如命令學生頂著課本罰站，規定課本不能掉下來；叫學生半蹲；以棍棒打學生等。過度管教行為如拿膠帶黏在學生嘴上；命令學生整節課維持某種特定姿勢等。語言威脅、傷害學生行為，如「你再吵鬧，我就把你趕出去！」、「生到你這種小孩是一種不幸；教到你這種學生更是倒楣！」、「你是豬啊！怎麼講都講不聽！」、「你眼睛瞎了，或是你腦殘了，你不知道現在是上課時間嗎？」等，教師的這種非理性的語言，不僅嚴重傷害學生自尊，更是破壞和諧師生關係、引發親師生衝突的導火線。

　　就之前已發生的親師生衝突事件而言，其主要原因為二大型態：一為教師教學專業受到質疑，二為教師的管教不當。課堂教學行為在於依據課程進度，講述課程單元內容，此部分除教師教學活動外，也包括教師的班級經營能力，如果教師常規管理不佳，無法掌控學生行為，則會干擾到學生的學習活動，教師的專業即會受到家長質疑；管教問題多數是體罰學生，或是沒有考量到學生身心狀況所引發。若是教師能堅守教師倫理守則，以愛心為出發點，展現教師實質權威，班級學生行為多數是可掌控的，親師衝突事件是可避免的。

　　引發家長質疑或親師生衝突事項的脈絡圖如下：

教學專業問題	· 教學專業受家長質疑 · 講述與教學無關事件 · 行銷物品或攻訐他人
常規紀律問題	· 課堂常規無法掌控 · 班級紀律無法維持 · 學習活動受到干擾
肢體語言運用問題	· 傷害學生自尊語言 · 疑似性騷擾的事件 · 恐嚇或威脅當事人
管教學生問題	· 體罰學生 · 不當管教之處罰行為 · 使學生身心受到傷害

其餘違反班級經營道德規範的案例如：

一、畢業旅行和學生聚賭

　　蕭金和老師是某國中三年忠班的班導師，擔任導師後由於以身作則、

恩威並用、賞罰分明，因而與班上同學相處融洽，班級氣氛還算良好。第一學期第三次定期考查後，學年舉行三年級的畢業旅行，時程為3天2夜，三年忠班班上36位同學均參加。畢業旅行第1天住宿於旅館時，蕭老師按往例於9時巡視同學房間，巡視到第2間男生房間時，發現同組男生在玩牌小賭，賭的金額不大，每次只有10元，同學告知老師他們只是在打發時間，目的只是好玩，每次金額10元是要讓參與同學打牌時會更用心、更投入，蕭老師認為同學相處的時間只剩一學期，而且賭的金額很小，同學的出發點是良善的，認為同學只要高興即可，因而並未加以禁止同學小賭的行為；第二天晚上，蕭老師在同學盛情的邀約下，也參與同學小賭的行為，事後，蕭老師將贏得的數十元全數還給同學。

　　教育哲學論述道德問題時，對於當事者的道德行為有二派觀點：一為結果說，一為動機說。主強結果說論者，對於道德行為的判別以當事者表現的行為結果為主，有善意的想法，若沒有善意的行為，其道德也無法判斷是否為善；沒有善意的動機，但卻表現善意的行為，其道德行為也為善（善是一種快樂），此派論者即功利主義者（如邊沁、米勒）所倡導的論點。強調動機說學者代表最有名者為康德，康德認為對當事者的道德行為準則判別，以當事者從事此行為的動機或出發點為主，不以行為結果是否為善行作為判別依據。在班級經營中，教師要教育學生的是不僅要有行善的動機，更要有行善的行為結果；不僅要有善的意志，更要有善的義行。身為教師謹言慎行，身為學生表率，對於學生似是而非的觀念與行為要加以導正，教師該堅持不能放鬆。

　　打牌是課餘時間的一種正常休閒，也是值得推廣的一種休閒活動，但打牌牽扯到賭博行為就是不對，不論金額多少，賭博行為是一種違反校規的行為，學生跟蕭老師所述的理由是一種似是而非的論點，身為教師者應該以更理性態度與批判能力教育學生，不能任由學生出現違反校規或社會規範的行為，蕭老師沒有立即糾正學生不當行為為其錯誤之一；此外，蕭老師也參與同學小賭行為，雖然事後蕭老師把贏得金額還給同學，但身為老師明知事件行為不對，又自己涉入不法事件之中，其行為更嚴重違反教師應謹守的分際，此為其錯誤之二。畢業旅行讓學生玩得快樂、讓學生能

對國中求學生活留下美好回憶，是畢業旅行的目的之一，但前提是戶外教學所安排的行程必須考量到學生的安全、所規劃的活動必須是學生可以勝任的、學生所從事的任何行為必須是合法的、不能抵觸校規與法令，否則戶外教學或畢業旅行即失卻其原有的教育性目的與價值性目標。

二、課後留校隊選手訓練卻請學生喝啤酒

　　郭老師是某國中體育教師兼學校籃球校隊教練，為準備全市性的比賽，於下午放學後將籃球隊選手留下練習。為獲得更好的名次，於比賽前夕，選手練習得格外用心，郭老師看到每位同學皆能戮力以赴，用心練習非常高興，有次看到同學個個汗流浹背，有位同學跟郭老師說：「老師，好累又好渴，請我們喝飲料。」其餘同學聽到有人說「請喝飲料」，皆異口同聲說跟老師說：「請喝飲料。」郭老師看到同學最近練習很辛苦，請同學喝飲料也不會花很多錢，就答應同學說：「好！」當老師回應「沒問題」後，有同學說：「我爸爸說冰啤酒可以解渴，每次他大量流汗後會以冰啤酒解渴。」經此同學一說，其他同學也跟著吆喝：「冰啤酒！冰啤酒！」郭老師直覺認為啤酒的酒精量很低，很多成人都以它作為飲料喝，因而便自己到學校對面的超商購買啤酒，請籃球隊成員每人一瓶。

　　當學生學習活動認真或社團、球隊練習辛苦，或有好的表現，教師可以自掏腰包請客，教師請學生喝飲料或吃東西，與學生跟家人聚餐的情境感受是大大不同，教師自掏腰包請客，不僅使師生的距離更為親近，更會讓學生感受教師另一種不同的關懷，教師請學生不一定要花費很多錢，重點是在老師的心意，學生也不希望老師花太多錢，教師應在自己經濟許可的範圍內加以衡量，不管老師請學生喝飲料或吃東西，最重要的考量是安全與合法，安全是衛生可靠，對學生的健康不會有影響；合法是依照社會規範或相關法令規定行事。案例中，教師請學生喝啤酒，就是違反相關法令準則，即使啤酒的酒精量很低，但國中學生不能喝酒，是社會的規範與法令規定，若是教師完全依照學生的意願行為，而此行為活動是不適宜，就違反教師倫理。老師對於學生行為「能為」與「不能為」之事，應該非

常清楚；對於學生行為「可做」與「不可做」之舉，應該非常瞭解，教師
應有堅持，這是身為老師者應有的最基本職責。

三、課堂中向講話學生丟粉筆

　　謝老師是國小六年一班的導師，對於班規及學生課堂學習要求十分嚴
格，下課之餘謝老師不喜愛同學圍繞在教師桌旁，這樣會干擾到作業批改
的進度，謝老師對班上的要求表面雖然嚴厲，但就老師職責與工作投入而
言，謝老師也是位認真負責的教師，但謝老師課堂上課中，有一個習慣，
就是若有同學低頭未專心聽講，或同學與他人講話，謝老師會直接拿起粉
筆丟向當事者。有次上國語課時，班上子雄轉頭與後面同學政育講話，謝
老師看到後，一樣拿起粉筆丟向子雄，但因子雄位置較後面，郭老師並沒
有丟準，而是擲向子雄旁邊的同學雅麗，後面的同學政育看到老師的舉動
外，趕快用手將子雄推了一下（政育的目的在提醒子雄，老師已經注意到
他了），當子雄轉過頭來，剛好謝老師又向子雄丟第二枝粉筆，此時粉筆
正好丟向子雄的眼睛，當時子雄只覺得眼睛被快速撞擊，很不舒服，但因
為粉筆是老師丟的，子雄表面上裝作沒事，但實際上眼睛已受到傷害。

　　學生於課堂中不專注或不用心時，有些教師會直接以手中粉筆、教
科書、板擦等物品向學生丟擲，以提醒學生注意，教師的出發點是好的，
但教師採用的方法是錯誤的；教師的用意是良善的，但教師的策略是不對
的。案例中，子雄的眼睛已經受傷，若遭受感染，嚴重的話會傷及視力，
如果學生的視力受損，教師的行為可能變為一種「重傷害罪」；從教育的
立場來看，教師採用的方法雖可警告學生，達到「老師已經注意到你不專
心聽講」的告誡目的，但此種向學生丟擲物品的行為違反教師輔導與管教
準則，重要的是此種懲戒風險非常大，很容易有副作用產生，身為教師絕
對不要採用。對於學生不當行為的處置，教師要用對方法，用對方法就是
採取合法、合理的管教策略。

四、學生課堂看課外書立即當場撕破

謝老師課堂除要求學生學習定要專注不能講話外，也不容許學生看與課堂無關的課外書或玩其他物品，當謝老師於課堂中看到同學不專心聽講，底頭下看漫畫書、課外書等，除了當場斥責沒收外，若是當事者課業最近課業退步，更會將同學看的課外書或漫畫書當眾立即撕毀，撕毀的書籍請當事者自己拿至後面回收桶回收；如果是電玩類的東西，有時也會當著全班面前將物品砸爛，再請同學立即丟至垃圾桶，由於謝老師採用的是權威式管教與領導，因而班上學生的東西被老師撕毀、砸爛或沒收都只能默默接受。

依法的觀點而言，除了違禁品外，教師不能沒收學生攜帶至學校的任何物品，而沒有加以歸還，即使學生攜帶的物品於課堂中玩弄，而沒有專心聽講，或干擾教師教學，教師也不能將毀損，老師可以做的合理管教行為是將其沒收「暫時保管」，並告知學生，等到他的行為有改善、上課不再分心或干擾教學活動的順暢，老師會將「暫時保管」的物品或東西歸還，若是老師將暫時保管的物品歸還給學生後，學生還是於課堂中玩弄，影響學習活動的進行，可以請求導師介入協助，告知當事者的父母。老師沒收學生的物品後，應負起保管的責任，若是毀損或不見，老師應負賠償責任。

五、定期考查平均成績最差的三名指定為服務委員

黃老師是國小五年三班的導師，為鼓勵同學認真讀書，有更好的表現，黃老師訂下以下的規定：第二次定期考查後座位的安排，根據同學在班上國語、數學、自然、社會等四科的平均排名，選擇座位的優先順序為名次，第一名的同學優先選擇座位、第二名其次、以此類推，……；其次是班上的值日生由平均分數最後的五名同學擔任，每天一人，連續一個月。為了讓班上知道班級服務委員（值日生）的那位同學，黃老師還特別自費請人製作一個壓克力三角牌，板上刻有「服務委員」四個字，當同學當天為服務委員（班級值日生），服務股長會於前一天放學時將服務委員

牌子置放在當事者桌上。

　　學生學業成績的高低不應與其行為表現建立關聯，學生座位的安排必須根據實際學習活動的規劃型態而異，除考量到學生的身高、視力、課堂用心度外，也要考量到是否干擾學習活動的順暢。學生座位的安排必須有利於學習活動的進行，有利用於學生課堂的學習，便於教師教學素材的拿取，此外，還有考量到個別學生的差異，依照定期考查成績高低依序選取座位，不僅違反教育價值性，也與教師專業展現相違背。案例中黃老師以定期考查成績不佳為藉口，將班上值日生的工作輪流由考試成績最差的5名同學擔任，教師所持的理由是這幾位同學既然不認真，不想用心讀書，就專心做班上的服務工作，讓班上其他同學有更多時間用於課業讀書方面，教師的此種論點是似是而非的。因為班級中總有學業成績較差的同學，成績排名定會有倒數幾名的同學，這是教育常態，只要這些學生盡力了，教師不應再苛責處罰他們，「沒有哪位學生不想考高分的，沒有哪位學生想考班上最後一名的」，教師要做的是鼓勵他們，發揮自己的長才，展現自己的優勢智能。

六、驚心動魄的畢業旅行

　　蔡雅然是明光國小六年二班的導師，六年級下學期第二次定期考查後學年舉辦3天2夜的畢業旅行。旅行前一天，學年主任召集所有學生，告知畢業旅行要注意的事項：分組進行活動、避免與陌生人交談、晚上沒有老師同意不能擅自離開住宿旅館、各種活動的玩耍要注意自己的身心負荷等。第一天同學均玩得很高興，第二天的行程第一站為至亮亮大型遊樂園，第二站至民俗館參觀，第一站集合時間為早上10:30，當8個班級車隊駛向第二站途中，六年二班同學發現班上泰國並沒有上車，蔡老師得知後趕快以手機與帶隊主任聯絡，並以手機聯繫泰國，因為車隊已過了一半行程，再掉頭回到亮亮遊樂園會影響整個行程，因而帶隊主任決定車隊駛向第二站，同時與手機以亮亮遊樂園聯絡，請員工幫忙找尋明光國小的學生（泰國），車隊到達第二站後，帶隊主任趕快搭計程車回到第一站亮亮遊

樂園找尋，當主任車子開到路途中聽到蔡雅然老師來電說班上泰國已經由亮亮遊樂園請員工開車送達第二站，主任聽完後如釋重負，整個緊迫心情寬鬆不已。

學生上車後，為何蔡雅然老師沒有確實點名，主任心中不解，經主任查問之後，原來泰國與同組同學有準時上車，當泰國與同學從前門上車時，蔡老師有看到，因而點名時，蔡老師就沒有再唱名，等到蔡老師點到泰國之後的同學時，泰國頓然覺得肚子有點痛，泰國趕快跟旁邊同學子乾講說他要去洗手間一下，請他告知老師一下慢點開車，泰國講完後立即從後門下車衝向遊樂園廁所，當泰國下車後，子乾立即戴上耳機打開iphone聽音樂，忘記告知蔡老師泰國下車上洗手間的事宜，等泰國回到集合地點，車隊已經開走，在泰國不知所措時，遊樂園員工看到問明緣由，將泰國帶至服務臺，並告知經理，經理從泰國的學習單中找到次一站的地點，請園區員工開車載泰國至民俗館與同學會合。

任何學習活動最重要的是確保學生安全，教師將學生平平安安的帶回學校，學生也能平平安安的回到家中，是學習活動規劃最基本的原則，學習活動若無法保障學生的安全，則學習活動就失掉其教育價值性，也不應舉辦或安排。儘管老師教學非常成功、常規管教非常有效率、學生課堂表現非常好，如果家長無法看到小孩平安回到家裡，則教師所有的努力都是枉然的。戶外教學是學習活動的一部分，教師自然應負起照顧、管教的職責，在參訪地點的選取上必須以安全為第一考量，參訪路線的規劃上也必須以安全為第一考量；在學生上車之後，教師必須負起逐一點名的工作，確認全班學生都已上車，才能車子開往新的目的的；或是確認學生全部到齊，才能將學生帶離，此項點名的工作對教師而言，是最基本也是最重要的行為，教師不能輕忽。

戶外教學、畢業旅行、帶學生至游泳池學習游泳、至校外參觀相關教育活動等，搭車或集合回校時，首要工作就是要逐一點名，發現有同學沒有上車或未同學點名未到必須立即尋找。校外任何教學最重要的工作就是學生安全的保障，當學生能「平平安安」的回到學校，才是教師最重要的職責。級任老師早自習的時間，第一要務就是「點名」，若是學校規定時

間尚未到校的學生，教師要打電話或請同學打電話至學生家中確認學生是否有上學，如果是學生生病，教師也可藉此機會表達對學生的關心；科任／專任老師上課時，要以很快的速度，掃瞄全班的座位，看哪位學生的座位是空的，如果座位是空的，老師可以跟班上學生確認同學是否請假，如果學生沒有請假，確實有到校，任課教師要查明學生人在何處，必要時可告知級任老師或學務處，請他們共同協助找尋。為迅速與班上學生家長取得聯絡，導師必須於開學最短時間內建立完整班級學生的電話聯絡手冊，內包括每位學生家中電話，父母親或主要照顧者的手機號碼，班級學生的電話簿導師必須隨身攜帶，以應付緊急所需。

【實務案例】

這位同學因為睡著了而沒有發出任何聲音，到達總站時，他忽然驚醒，發現自己仍然在遊覽車上，而且車子停靠的地點並不是校門口。於是他趕緊用手機打電話給家長，告知自己的位置及狀況。

「爸爸我現在在○○總站，可不可以快點來載我？」

「你怎麼會在那裡？車子不是應該開到校門口嗎？」

「我不知道，我在車上睡著了，醒來就在這裡了，沒有人叫我。」

家長聽了小孩所說的情況後非常生氣，隔天就到學校找老師理論，老師瞭解是自己的疏忽，急忙跟家長賠不是。

這個案例告訴我們，點名這件事情，對於老師來說看似輕鬆，其實是非常重要的一件事。點名除了可以確認學生在身邊，也可以藉此多認識學生。教師沒有點名，萬一不小心發生了其他事件，例如孩子被綁架或走失等等，後果將不堪設想。點名不僅可以讓老師掌握學生的行蹤，保護學生的安全，同時也可以避免自己因為不知道同學的去向，而受到家長、學校的質疑。對於班級領導者而言，尤其是教師這個角色，確實做到「點名」這個動作是相當重要的。

就讀國中三年級的厚昆，是老師們眼中的頭號麻煩人物，平常除了不愛交作業也經常瞞著老師蹺課。

星期二的上午第二節課，厚昆又藉故向英文老師說自己肚子不舒服，

想要上廁所，老師不疑有他就同意厚昆的要求，但是厚昆之後便整堂課都沒有回到教室上課，英文老師由於在趕進度，也沒有察覺厚昆沒有回到教室。第三節是理化課，班上同學到自然專科教室上課，由於是分組實驗操作，座位與教室不同，因此化學老師並不知道有同學缺課，接著第四節是音樂課，同學至音樂專科教室上課，風紀股長沒有告知音樂老師厚昆缺席，所以音樂老師也沒有注意到厚昆不在班級內。

這段期間，厚昆翻牆到校外的網咖，打線上遊戲消遣時間，但是在返校途中違規穿越馬路，恰好被一輛貨車迎面撞上，導致失血過多而送醫治療中。直到警察聯絡厚昆雙親，生氣的厚昆父母到學校詢問後，校方和導師才驚覺，學生居然在上課期間，因蹺課擅自出校而釀成重大意外的發生。

七、校外補習洩露考試題目

方老師、林老師、謝老師三位男老師是同年教師甄試分發至啟光國中的教師，方老師是數學教師、林老師是理化教師、謝老師是英文教師，由於三位老師任教於同一年級，又擔任導師，因而三位私底下十分要好。方老師的父親是開設文理補習班，對象是國中學生，近年來由於補習班附近新開一間補習班，拉走不少學生，方老師的父親就跟方老師講，能否鼓勵其任教的學生到其補習班補習，為了提升補習班的教師師資，方老師邀請林老師、謝老師課後一同到其父親開設的補習班任教。剛開始時，方老師等三位教師在課堂上不太敢讓學生知道其課後在補習班上課的行為，但幾個月後，在方老師父親的慫恿下，於課堂中間接強迫學生補習，他們採取的策略是：1. 請有補習的學生在課堂中告知其他未補習的同學，說在○○補習班的老師上的很好，教師補充的教材很多；2. 發考卷時間接的暗示同學：「自己沒有時間複習，可以找一間補習班課外多練習」、「這種成績很難上前幾志願的學校喔」；3. 對有補習的同學課堂態度比較親切，也比較會噓寒問暖。方老師等三位教師為了證明有來補習同學的成績會有明顯進步，定期考查時，若是輪到方老師出數學、林老師出理化、謝老師出英

文試題，三位教師會把試題融入其他題目中於考前讓同學練習，有補習的同學因為定期考查試題有事先練習過，因而多數同學在這三個科目的成績都會異常的高出其他未補習同學許多。後來因為有同學於某次定期考查前將補習班試題帶至教室複習，被其他不小心看到，當天定期考查時同學發現考試許多題目與同學在補習班練習的試題多數相同，才向家長及主任揭發此一教師不法事件。

教育人員任用條例第31條第7項規定：「行為不檢有損師道，經有關機關查證屬實者。」其已任用者，應報請主管教育行政機關核准後，予以解聘或免職。第34條明訂：「專任教育人員，除法令另有規定外，不得在外兼課或兼職。」補習係兼課行為，專任教育人員未經允許在外補習，應受行政處分。中小學教師於校外補習行為是違反相關法令規定的，這是教育行政機關明訂禁止的行為，案例中的教師不僅在校外補習，更將定期考查的試題洩露給有補習的學生，嚴重違反教學倫理準則，及考試評量的公平性，教師的行為已經構成「有損師道」的要件，嚴重的話可能會被解聘或免職。學校行政人員如其職務與行政督監有關者，如果明確知道教師違法補習而採取消極性隱匿或積極性包庇的行為，應受行政處分。行政人員如因隱匿或包庇而受取賄賂或不正利益者（收取回扣或禮物等物品），則構成貪污治罪條例之違背職務收受賄賂罪。

若有家長要求教師給予學生個別指導，時間為教師下班後的課餘時間，地點為學生家裡，或教師家中，指導的項目可能為課業的加強、才藝的練習、精熟的練習等，人數為1至2人，此種因家長懇求與個別學生需要所給予的輔導，此種個別指導的行為一般稱為「家教」。教師個別的家教行為教育行政機關一般不會介入干涉，因為這是教師與個別家長間的一種契約行為，只要教師個別指導時不違反教師道德守則即可，如在校不會對家教對象特別關注、同學犯錯時不會對家教學生特別處理、沒有將在班級中評量的試題事前告知家教學生，或讓家教學生練習。家教是教師課餘時間對少數學生的個別輔導付出，是教師與家長間的一種互惠關係，只要教師秉持教學良知與恪遵倫理守則，則家教行為是可被允許的，也不會影響教師的專業。

　　教師課餘時間輔導個別學生的課業或藝能時，可能會與學生建立更友好密切的師生關係，教師不能因為當事者是家教的對象，在學校中就給予不同的對待，課餘輔導與班級規範維持是二個截然不同事件；尤其是當這些學生於課堂或教室中違反班級規約，教師偏袒或責罰不一致，如此，會讓班上學生誤解「老師對家教同學比較好」，老師偏心，老師不公平，這不僅影響老師的專業，也會破壞和諧的師生關係。

貳　教師的兩難困境

　　陳老師是國小六年五班級藝術與人文老師（音樂課），今天因為校際音樂比賽事宜，在辦公室與行政人員討論交通與樂器搬移事宜，慢幾分鐘進到教室，當陳老師走到教室外時就聽到五班亂哄哄吵成一團，進到教室後全班同學被陳老師罰站幾分鐘並被斥責。下課後，陳老師將此情形告知五班導師黃老師，黃老師自覺班上常規紀律沒有落實，一直向陳老師說對不起，並向陳老師保證日後會加強班上的常規管理，第二節是國語課，黃老師進到教室後，非常生氣的詢問全班同學，第一節音樂課吵鬧的同學站起來，全班同學看到黃老師怒氣沖沖自覺老師真的生氣了，因而沒有人站起來，黃老師說：「吵鬧而未站起來的同學，要加倍處罰。」此時，只見明雄、易志、美雅、宜芬、士傑、明偉等6個人站起來，這6位向老師誠實告白的同學，被罰中午午休時間打掃清理教室內外地板，6個同學也被老師口頭責罵警告，至於其他也有吵鬧但沒有誠實站起來的同學，則都沒有被黃老師處罰。

　　上述案例中，同學於課堂表現不適當行為時，誠實同學反而被老師處罰，而不誠實者反而沒有事，這樣的常規管理策略是有待商榷的。課堂行為中教師教導學生要誠實，學生沒有說謊展現誠實行為反而被老師責罰，說謊而不誠實的同學反而沒有事情，這是十分矛盾的現象，對於初次犯錯而勇於承擔責任的同學，教師應採取較為寬容的處罰方式，對於犯錯而又不敢勇於承擔責任的同學，教師應有技巧的找出當事者並加以責罰，否則是與教育本質相違背的。類似情境如六年二班午休時間，導師林明華在辦

公室與家長就班上同學課業退步原因加以討論，因而未在教室陪同學一起午休，班上幾位規矩較差同學在教室嬉笑怒罵，吵雜聲嚴重干擾到隔壁一班及三班同學的午休，剛好總導護老師巡查經過，六年三班同學被總導護老師訓誡了一番，總導護老師回到辦公室將此情況告知林老師，要林老師注意班上同學午休常規，林老師自覺沒有將班上同學訓練好，除向總導護老師對不起外，也向一班及三班教師道歉。

回到教室後，林老師怒不可遏的大聲斥責同學：「中午吵鬧沒有睡午覺同學站起來！」只見班上雅倫、建志、政育、惠民、雄展、宜華陸續站起來，林老師看到這幾位站起來的同學，生氣的斥罵：「你們為何要這麼被動呢？睡午覺是睡給老師看的嗎？你們真的很自私，不僅影響到班上同學休息時間，也吵到隔壁二班的同學，為何老師講了又講你們就是不聽，每次吵鬧的都是你們幾個！」當林老師一講完，建志馬上舉手回應：「老師，講話走動的又不只我們幾個，還有同學沒有站起來。」林老師聽完後，更為火大：「你把自己管好就好了，不要每次被罰站的都有你。」自動站起來、誠實認錯的幾位同學被老師罰當週體育課（同學最喜愛的課程）不能到操場打球，在教室罰寫功課。至於也有吵鬧或走動同學，因為沒有誠實站起來反而沒有受到林教師懲罰。

教育目標在鼓勵學生為自己行為負責，即使做錯事情也能誠實面對，不逃避、不說謊，但當學生誠實面對，反而受到教師的懲處，行為犯錯受到教師合理的責罰是合理的，也是導正學生行為的一種適切做法，只要教師採取的方法是合法、合理的，則管教方式並無不當，其中的爭議點是誠實以對反而受到教師責罰，但未誠實承認錯誤行為的當事者，反而沒有受到教師責罰，同樣是違犯常規或輕微的不當行為，教師的責罰應是一致公平的，對人而不對事，如此的責罰方式才能讓違規犯過者心服口服。當事者之所以無法信服老師，是因為教師沒有針對那些未勇於誠實承認的犯過者，特別加以處置，同學被制約的結果是犯錯時只要不承認，只要說謊，只要自圓其說裝作沒有做過，就不會被老師責罰，間接的結果是養成學生說謊的習性，案例中教師的處置不僅無效，也無正面效益，更是違反教師常規管理運用的目標。

　　案例中老師的做法似乎在鼓勵學生做錯事情不要誠實面對，若是可以掩飾或不要自我承認，則可以免受大人責罰，類似案例在中小學常規管教情境中常發生。品德教育的重點之一，在培養學生負責任態度與誠實美德，學生之所以未坦誠其錯誤行為，乃是教師制約造成的，因為只要未自動坦誠，則不會受到教師責罰，而教師也不會持續追問或採取更積極的處置方法。訂定常規與說明班級規約，教師應將說謊所應負的責任詳細的告知學生，此外，教師處理學生違反班級規約或做錯事情的處理態度，會嚴重影響到學生的行為表現，如果學生是無心之過或初犯，就受到教師嚴厲責罰，則學生當然無法信服，若是教師改以說理取代處罰，改以包容寬恕取代責備咆哮，則學生做錯事情定會誠實面對。

　　另一個教師兩難困境實例為教師校外補習，國高中許多教師因為班級家長的要求，課餘時間給予學生補習，參加校外輔導的學生人數在3位以上，教師校外對學生課業加強的行為，就不是「家教」，而是「補習」，教師課餘時間對學生學業的教學，讓學生更達精熟程度，是家長向教師的一種請託行為，就教師與家長而言，是一種兩廂情願的事件，教師並沒有強迫學生參加補習，參與校外補習的學生也要繳交補習費，家長及參與學生的行為是一種自願性的，依合理性觀點與價值性的準則來評斷，此種教師校外補習行為是合理性，也是有其教育價值性的，因為經由教師課餘時間的加強，學生不懂之處可以理解，不精熟的教材內容變得精熟，可達到補救教學與精熟學習的目標。

　　就法的觀點而言，教師的補習收費行為就是不合法的，雖然教師課餘時間對學生補習也有付出勞力與時間，但教師有其權利與義務，也有其應遵守的倫理守則規範，補習是一種不合法的行為，也是違反教師聘約準則規定，對於合法的事件，教師應有所堅持，如果家長想請教師對學生進行補救教學或精熟學習，教師應先瞭解家長所告知的事件的真實性，學生是真的聽不懂，或是家長不想輸在起跑點，或是家長想讓小孩有更多時間練習。若是多數學生真的無法理解，或是一知半解，那教師就應省思自己的教學法與教學方式是否適當，從自己教學策略的改變著手，若是對課程內容無法理解的學生只是少數，那可能是個別學生的問題，教師可於早自

修、午修或課餘時間安排小老師教學制度，請小老師協助補救教學，時間及體力允許的話，教師也可以就這些學生進行小組補救教學。

【實務案例】

下課時很多同學跑到操場打球，上課鐘響，都是在最後一秒鐘才衝進教室，坐在自閉症孩童小王前面的小傑也不例外。不過也因為匆忙拉開椅子的關係，椅子就撞到了後面小王的桌子，當下小王的臉色一變，但是小王什麼也沒說，也沒有對小傑做出反擊行為，在老師進教室之後，大家就開始上課。在老師講課的過程中，小王突然拿出了削鉛筆機開始削起鉛筆，而隔壁的同學當下看到他這個行為也不疑有他，繼續上課。沒想到過了沒多久就聽到一聲淒厲的慘叫！老師連忙環顧教室問說：「怎麼了！」只看見小傑痛苦的趴在桌子上，穿著薄薄夏季制服的背上竟然插了一支鉛筆！老師看到這樣的情況大吃一驚，馬上請班長帶小傑去保健中心，護士阿姨看到了都搖著頭說：「怎麼會傷得這麼嚴重？鉛筆的筆芯都被凹斷在身體裡了！這個要好好包紮消毒，要不然會有感染的危險。」之後，將小傑送到學校附近的外科診所治療，醫生同時打了破傷風針及消炎針，並給予小傑二天的藥。

就在老師送小傑就醫時，教室的秩序亂成一團，很多同學為受傷的小傑打抱不平，因為平時大家都容忍小王許多行為，沒想到小王沒有感受到同學對他的包容，同學多數很生氣，怪小王不該用鉛筆刺傷小傑，班上的子雄直接跑到小王面前說：「你死定了啦！老師現在很生氣！等老師回來你就死定了！」

小王聽了子雄的話很害怕，因為他真的以為老師想要置他於死地，所以他就大哭大叫的往頂樓衝去，邊跑邊喊他要去跳樓！而這樣的情形嚇壞了在教室的學生，所以他們很驚慌的跑去保健室找學務主任來處理這件事情。學務主任一聽非同小可，立刻往頂樓跑去，好險頂樓上還有加蓋一層圍牆，但是小王正趴在圍牆上哭著說要跳樓尋死，學務主任見狀立刻溫言相勸，跟他保證老師不會處罰他，老師也沒有想要小王死的意思，叫小王不要誤會更不能跳樓，其餘同學也說出安慰的話語：「老師很好，怎麼

會叫你去死」、「老師很關心你的，你不用擔心」、「老師不會打人的」等。小王聽了主任及同學的話後心情慢慢穩定了下來，所以就乖乖讓主任把他帶回教室了。

　　事後老師問小王為什麼要拿鉛筆刺小傑呢？小王立刻就說：「小傑故意用椅子撞我的桌子！又不跟我道歉！所以應該受到懲罰才算公平。」（其實是小傑拉開椅子時太用力，不小心撞擊到後面桌子，才碰撞到小王的），對於自閉症孩童小王來說，做錯事的人就應該道歉，而不道歉這種沒有禮貌的行為就該受到處罰，處罰最直接的方式就是由他來執行，小王僵化而單一的思考模式，沒有考慮到事件的後果及嚴重性，這也是其行為特徵之一，經老師加以開導及有耐心的啟迪，小王也知道自己闖下大禍，當天晚上，老師先打電話給小傑家長，告知事情的原委，及小王的身心情況，尋求家長的諒解；之後小王的父親也親自打電話給小傑家長向其道歉，並願意負起所有醫療費，隔天，小王向小傑對不起，說不應該刺傷他，在老師有方法的處置下，班級學生間的衝突圓滿落幕，老師又一次的告知小王，若是他認為有同學欺負他，或覺得有同學故意撞他，都要報告老師，不可以再採取傷害同學的報復行動。

　　對於老師的處置，已經達到雙贏的目標，小王已經知道行為錯誤並向小傑道歉，小王的父親也向小傑家長致歉，小傑及小傑家長都原諒小王的行為，但事後部分家長覺得小王的情緒控制有問題，動不動就會做出傷害同學的舉動，那天倒楣的時候，受傷的學生可能是自己的小孩，所以多數家長希望老師對小王的行為能多加約束；身為導師的林老師也知道小王的行為，該說也都說的，要告知的也告知了，要同學配合及注意的事項也都講了，但自閉症學童的心智特徵之一是心智障礙，無法理解他人的行為，無法感受他人所做的事情，多憑自己的直覺判斷，很容易誤會別人，與別人發生衝突，所以人際互動有困難，同儕關係不佳。老師只能特別請同學特別留意與當事者的互動，及所表達的肢體語言；雖然老師也以教育愛為出發點，有耐心的輔導啟迪學生，但家長的恐慌及不安是事實，老師一方面要特別關注小王，又要安撫班上家長，讓家長放心；又要教育指導其他學生，有時，導師將多數時間關懷於小王身上，而忽視班上其他同學，或

其餘同學不當行為的處置，可能會讓衍生其他的問題，或是讓多數同學認為「老師對小王比較關心，對小王比較好」的錯覺；相對的，老師一視同仁的處理小王與班上同學的行為，沒有因為小王有原生性的疾患，而採取較包容的策略，可能會被小王的家長認為老師欠缺教育愛，而引發親師生衝突事件。

參考書目

吳明隆（2009）。教學倫理——如何成爲一位成功教師。臺北：五南。

第二篇

研究實踐篇

2

研究實踐篇主要內容包括三大部分，一為「近10年有關班級經營的相關研究分析——以碩博士論文為例」，此研究採用統合分析法，就10年內碩博士論文有關班級經營議題研究的內容，統合歸納班級經營研究取向，作為未來從事班級經營主題探究的參考；二為採用質性研究之個案研究法，探究一位任教職38年的教師生命史，從個案教師生涯班級經營理念與策略的分析，深入瞭解個案教師之班級經營的八大內涵於課堂教室的實踐情形，資料搜集的方法或來源包括訪談、研究者的觀察回憶、實習教師課堂觀察的省思及記錄文件、學年主任、科任教師與行政人員提供的文件檔案等。三為以半結構式問卷探究教師班級經營實踐的困境。

第七章

近10年有關班級經營的相關研究分析——以碩博士論文為例

本章主要就近10年來「班級經營議題」之國內相關的博碩士論文內容進行統合分析，包括研究的動機與目的、中小學班級經營的研究取向、中小學班級經營之博碩士論文內容的評析，進而提出具體建議，作為未來班級經營主題探究的參考。

第一節　研究動機與目的

本節將論述從事國內班級經營博碩士論文後設分析的動機與目的。

壹　研究動機

新世紀的社會變遷結果是政治更民主、經濟更富裕、社會更開放、

文化更多元、思想更自由、科技更發達。就社會變遷的觀點而言，人是社會變遷的發動者，也是變遷的受益者，在變遷的過程中，人不但要適應社會，也要開創社會導引社會；而社會進步、個人成長則有賴教育，故教育具有媒介及催化的功能（教育部，民84）。社會快速變遷結果，對工商企業、社會家庭等均造成重要影響，如社會風氣敗壞、個人自我意識抬頭、親職教育失調、價值認同的混淆、新住民家庭增多及家長權力膨脹等，對教師班級經營與教學活動造成很大的困擾，新時代社會變遷所引發的教育困境主要下列幾個方面（吳明隆，2010）：1. 社會風氣敗壞、人際關係疏離；2. 自我意識抬頭、破碎家庭驟增；3. 親職教育失調、學生問題嚴重；4. 家長權力膨脹、班級管理困難；5. 社會結構改構、角色轉換不易；6. 異國婚姻增多、調適融入不易；7. 價值認同混淆、叛逆行為增多；8. 傳播媒體誤導、資訊轉化錯誤；9. 次文化的導引、建構另類取向。

　　近年來教育研究系所、師資培育中心的成立，培養不少在教學或教育研究領域裡的教育研究者，教育研究工作不斷受到重視、採用之教育研究方法也更加多元，教育或教學研究數量逐年的增加，為讓後續從事教育或教學研究工作者能夠更有系統、更廣泛而深入的從事教育或教學研究，需要蒐集整合過去的教育或教學研究，讓後續研究者從教育或教學整合的研究中發現更有意義價值的研究議題，運用可行的研究方法，讓研究結果能夠在實務應用層面更完善落實。透過研究的整合，可彙整多元的理論觀點應用，將以往的研究連貫成為一個較有系統的架構，提供後續研究者一個較完整、全面性的視野，針對研究議題充分的加以綜合分析與理解認知，以驗證理論與擴大實務的應用。因此，透過研究文獻、資料的歸納與分析，將有助於理解研究議題的歷史演進與變化趨勢，發現可行的研究方法趨勢，將過去橫斷面研究串聯成縱向的研究發展脈絡，從微觀的角度深入分析與鉅觀架構脈絡的建置。在教育的研究議題中，「班級經營」與教育、教學息息相關，班級經營為教師必備的專業知能，師資培育的課程也極為重視。一般認為師資培育課程應包含一般課程、專門學科課程、教育專業課程，其中教育專業課程大致又可分為教育基礎、教育方法、教育

實習三類，而班級經營即為教育方法領域中的一個必修科目（陳奎憙，1996）。基於師資培育對班級經營課程的重視以及研究的整合需求，此乃本研究動機之一。

　　Bosch（2006）將班級經營定義為教師如何工作、班級如何運作、師生如何一起工作、教與學如何發生的歷程。對學生而言，班級經營意謂著對於班級運作掌握部分的控制及對於師生間互動方式的理解。對師生而言，班級經營並非是個狀態，而是歷程。因此，Stichter、Whittaker、Richter、Johnson 與Trussell（2009）將班級經營定義為促進班級中計畫、組織、期望及回饋等程序的環境與教學變項。把班級經營視為過程，另一方面採用班級經營的目標結果來看，如Hardin（2008）根據不同的關注與目標，對於班級經營的定義亦有所不同，其從三個觀點來定義班級經營，分別為規範的班級經營（classroom management as discipline）、系統的班級經營（classroom management as system）、教導的班級經營（classroom management as instruction）。第一個觀點視班級經營為培養學生的正確行為，第二個觀點視班級經營為透過有系統、組織的技巧，來營造安全的學習社群，第三個觀點則視班級經營為培養學生的利社會行為。還有強調內在特質，如Jones（1996）認為班級經營是影響教師效能與心理健康的主要因素。Karen（2006）對過去50年來有關班級經營的研究，進行後設分析研究發現，班級經營為影響學生學習成就的關鍵因素，甚至凌駕於學生本身的才能因素之上。有效的班級經營是有效教學的必備條件，而班級經營的良窳與班級氣氛營造、學生學習成就有密切關係（吳明隆，2006）。在國內國中小學經營，以班級為單位，設置導師經營班級的所有事務，一般教師教學也以班級為單位，其班級教學的知識、技能與態度，深深影響教師教學品質與學生學習效果。因此，選擇「班級經營」為研究論文剖析之議題，乃本研究動機之二。

　　近10年國內有關「班級經營」的研究議題，從國家圖書館「全國博碩士論文資訊網」的檢索系統中搜尋博碩士論文自2001至2010年近10年的論文一共有217篇，其中在2008年最多有43篇，其次是2009年42篇，2007年26篇，2005年及2010年23篇，2006年度17篇，近幾年研究篇數大幅增加，

顯見班級經營的議題是國內近年來教育研究領域很受到關注的內容之一，近二年2008年、2009年更達高峰。面對如此豐富的「班級經營」研究文獻，有必要加以分析、整理，歸納，彙整出一個結果，以便對於近10年的「班級經營」研究成果有統觀的理解，瞭解研究關注的焦點為何？研究方法如何進行？針對「班級經營」研究議題進行回顧與整合，將有利於「班級經營」議題研究的發展及日後從事班級經營相關研究內容的參考，乃本研究動機之三。

貳 研究目的

近10年班級經營在國內博碩士論文中在研究方法的發展趨勢為何？其研究對象在中小學校情形為何？班級經營研究所關注的重點，及相關的變項有哪些？可以提出哪些班級經營的研究建議？基於上述研究動機，擬將本研究的目的列舉如下：

一、分析班級經營的研究方法發展趨勢

本研究首先探討班級經營的研究方法的發展現況，分析近10年研究方法的發展趨勢，藉以瞭解班級經營可行與常用的研究方法。

二、整體分析國內班級經營論文之研究對象

分析國內班級經營論文中，研究對象的取向為偏向於何種受試者，藉以檢視學校系統中班級經營受到重視的程度。

三、歸納國內班級經營論文之研究相關研究變項的研究結果

分析國內班級經營的論文，歸納主要研究背景變項結果與相關研究變項的關係，試圖判別與班級經營有關以及可能影響的變項，作為後續研究者研究參考。

四、提出國內班級經營論文之研究建議

分析國內班級經營論文研究之特色與缺失，提出國內班級經營論文未來研究的建議。

第二節 中小學班級經營研究取向

從國家圖書館「全國博碩士論文資訊網」的檢索系統中蒐尋論文名稱為「班級經營」的研究，有關中小學班級經營相關碩博士研究論文，自2001年至2010年近10年的論文一共有217篇，分別以年（篇數）表示為：2001(7)、2002(11)、2003(10)、2004(15)、2005(23)、2006(18)、2007(26)、2008(43)、2999(42)、2010(23)，其中在2008年最多有43篇，其次是2009年42篇，2007年26篇，2005年及2010年23篇，2006年17篇，尤其近幾年研究篇數大幅增加，顯見班級經營的議題是國內近年教育研究重視的議題之一，近二年2008年、2009年更達高峰。在博士論文中只有1篇為張廣義（2006）的「國民小學教師教學關聯資本、教學信念、班級經營策略與教學行為表現之研究」，其餘皆為碩士論文。本節將就國內班級經營相關議題的研究內容分別就研究方法、研究對象與研究結論進行剖析，以便對近年班級經營研究議題有更深入的瞭解。

壹 班級經營研究方法與研究對象分析

一、班級經營研究方法分析

研究方法採用與研究主題、研究目的息息相關，可以看出班級經營研究發展趨勢，從國內班級經營相關議題博碩士論文摘要內容，針對研究者所採用的研究方法摘錄統計的篇數如表7-1：「2001-2010班級經營研究方法篇數統計表」，大致將研究方法歸類為問卷調查法、問卷調查與其他法混合（訪談法、焦點座談法等）、準實驗研究法、行動研究法、個案研

究法、其他法，其中其他法包括觀察法、訪談法、口語原案分析法、德懷術、詮釋分析法等研究方法，然而研究法的探究中發現研究者本身對研究法的定義有些並不清楚，如在教學情境應使用名稱為準實驗研究法，而非實驗研究法；問卷調查法不應將文獻探討部分再加入所謂文獻分析法；尤其在行動研究法或個案研究法常以質性研究方法來定義論文研究法，日後類似研究需要更精確的交待論文使用的研究法。表7-1：「2001-2010班級經營研究方法篇數統計」是經過研究者統整歸納，再參酌內文再加以分類而成。

整體分析2001-2010班級經營研究方法，問卷調查法有103篇、其次是行動研究法48篇、個案研究法26篇、問卷調查與其他法混合18篇、其他法16篇、準實驗研究法6篇。顯見班級經營的研究方法以問卷調查法最多，其次才是以解決教師個人教學問題之行動研究法與個案研究法。

依照各年論文在研究方法的採用，2001年有7篇，問卷調查法6篇最多，個案研究法1篇；2002年有11篇，行動研究法4篇最多，問卷調查法與其他法3篇，問卷調查法以及其他法2篇；2003年有10篇，問卷調查法4篇最多，其他法3篇，行動研究法、個案研究法、問卷調查與其他法各1篇；2004年有15篇，問卷調查法與行動研究法各7篇最多，準實驗研究法1篇；2005年有23篇，問卷調查法12篇最多，行動研究法7篇，個案研究法2篇，問卷調查與其他法與準實驗研究法各1篇；2006年有17篇，問卷研究法9篇最多，問卷調查與其他法、個案研究法、準實驗研究法各2篇，行動研究法與其他法各1篇；2007年有26篇，問卷研究法14篇最多，行動研究法4篇，問卷調查與其他法與其他法各3篇，個案研究法2篇；2008年有43篇，問卷研究法14篇最多，行動研究法11篇，個案研究法8篇，問卷調查與其他法5篇，其他法4篇，準實驗研究法1篇；2009年有42篇，問卷研究法21篇最多，行動研究法9篇，個案研究法6篇，其他法3篇，問卷調查與其他法2篇，準實驗研究法1篇；2010年有23篇，問卷研究法14篇最多，行動研究法與個案研究法各4篇，問卷調查與其他法1篇。

2004年、2005年量化研究與質性研究大約各占一半，然後問卷調查與其他研究法混合漸漸出現，2005年開始問卷調查法逐漸有增多的研究趨

勢，行動研究法與個案研究法則在2008年逐漸增加研究趨勢。

　　分析國內班級經營研究方法發現，多數論文偏向量化、客觀的實證研究，質的、描述性詮釋研究近來雖受到重視，但研究數量與關注層面仍相當有限；研究者的角色也逐漸從客觀中立的立場，轉而參與研究，教師也漸成為主動研究者（戴文琪，2003）。就統合摘要表來看，問卷調查法是班級經營研究最常使用的方法，依照整體及各年篇數仍以問卷調查法最多，2005年開始問卷調查法逐漸有增多趨勢，此乃說明研究取向偏向於量化與客觀實證研究居多；隨著行動研究理念的推展與研究典範的部分改變，研究者的角色也逐漸從客觀中立的立場，轉而為參與研究者，教師也漸成為主動研究者，因而採取行動研究法與個案研究法的研究論文也較多，2008年採用行動研究法與個案研究法完成碩士論文者逐漸增加。可見問卷調查法、行動研究法與個案研究法是班級經營研究最主要的量化與質性的研究方法；至於問卷調查與其他研究法混合應用在2005年後才慢慢出現。

表7-1　2001-2010班級經營研究方法篇數統計表

年度	篇數	研究方法篇數					
		問卷調查	問卷調查與其他	準實驗研究	行動研究	個案研究	其他
2010	23	14	1	0	4	4	0
2009	42	21	2	1	9	6	3
2008	43	14	5	1	11	8	4
2007	26	14	3	0	4	2	3
2006	17	9	2	2	1	2	1
2005	23	12	1	0	7	2	0
2004	15	7	0	1	7	0	0
2003	10	4	1	0	1	1	3
2002	11	2	3	0	4	0	2
2001	7	6	0	0	0	1	0
總計	217	103	18	6	48	26	16
百分比		47.5%	8.3%	2.8%	22.1%	12.0%	7.4%

註：其他研究方法包含觀察法、訪談法、口語原案分析法、德懷術、詮釋分析法等研究方法。

　　從圖7-1「班級經營方法論」之直條圖變化情形可以看出，近10年來有關班級經營議題研究之碩博士論文，其研究採用的研究方法以調查研究法（121篇）最多，依次是行動研究法（48篇）、個案研究法（26篇）、其他方法（16篇）、而以準實驗研究法最少（只有6篇）。

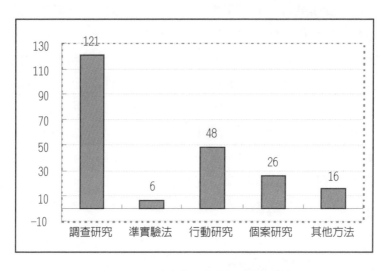

圖7-1　班級經營研究方法論直條圖

二、班級經營研究對象分析

　　班級經營研究對象的剖析，可以發現多數研究者在研究主題擬定過程中，是從文獻理論的發現或自己本身遭遇的問題與實務經驗導引出研究議題，對研究對象的剖析可以瞭解國內不同階段教師對於班級經營的重視程度。

　　整體分析2001-2010班級經營研究對象（如表7-2），可以分為學前教育師生、國小師生、國中師生、高中職師生、其他五種組別，其中其他包含有文獻或混合教師群組或網站網頁。研究對象在國小師生有116篇、其次是國中師生55篇、高中職師生31篇、其他法10篇、學前師生5篇。顯見班級經營的研究對象以國小階段的師生研究最多，其次才是國中階段師

生，再其次是高中職階段師生，正顯現國民義務教育階段班級經營議題比高中職或學前教育重視程度。

依照各年論文在研究方法的採用，2001年有7篇，高中職師生4篇最多，國小師生2篇，其他1篇；2002年有11篇，國小師生7篇最多，國中師生2篇3篇，高中職師生以及其他各1篇；2003年有10篇，國小師生6篇最多，國中師生2篇，高中職師生以及其他各1篇；2004年有15篇，高中職師生5篇最多，國小、國中師生及其他各3篇，學前教育1篇；2005年有23篇，國小師生12篇最多，中師生11篇；2006年有17篇，國小師生9篇最多，國中師生4篇，高中職師生3篇，其他1篇；2007年有26篇，國中師生8篇最多，國小、高中職師生各7篇，其他3篇，學前教育1篇；2008年有43篇，國小師生30篇最多，國中師生9篇，高中職師生3篇，學前教育師生1篇；2009年有42篇，國小師生28篇最多，國中師生10篇，高中職師生2篇，學前教育師生及其他各1篇；2010年有23篇，國小師生12篇最多，國中師生6篇，高中職師生5篇。

國小師生以2008年、2009年最多，國中師生以2005年、2009年最多，其餘則較不明顯，可見國小班級經營議題逐年受到重視，尤其在2008年、2009年國更明顯；國中班級經營議題則在2005年開始受到重視但仍比國小少，高中職則較平均，沒有很明顯變化。

隨著研究典範的轉移，研究對象由隨機取樣一般群體到目的取向特定對象（戴文琪，2003）。綜言之，研究對象以國小師生最多，而且是逐年增加研究數，在2008年、2009年最多；國中師生則次之，在2005年開始受到重視；再其次為高中職師生，研究論文數較平均不明顯。

表7-2　2001-2010班級經營研究對象篇數統計表

年度	篇數	研究對象				
		學前師生	國小師生	國中師生	高中職師生	其他
2010	23	0	12	6	5	0
2009	42	1	28	10	2	1
2008	43	1	30	9	3	0
2007	26	1	7	8	7	3

（下表續）

年度	篇數	研究對象				
		學前師生	國小師生	國中師生	高中職師生	其他
2006	17	0	9	4	3	1
2005	23	0	12	11	0	0
2004	15	1	3	3	5	3
2003	10	0	6	2	1	1
2002	11	1	7	2	1	0
2001	7	0	2	0	4	1
總計	217	5	116	55	31	10
百分比		2.3%	53.5%	25.3%	14.3%	4.6%

註：其他對象包含文獻或混合教師群組或網站網頁

　　從圖7-2「碩博士論文有關班級經營議題之研究對象群體分布的直條圖」可以看出：研究對象以國小師生為標的群體者最多（116篇），其次為國中師生之標的群體（55篇），以高中職師生為標的群體的有31篇，以學前師生為標的群體者最少（只有5篇）。

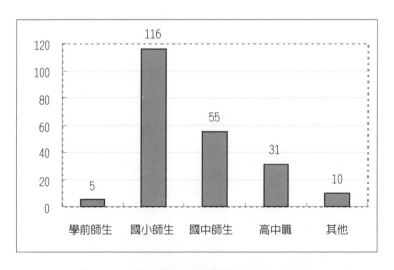

圖7-2　「班級經營議題」研究對象直條圖

貳 研究相關變項

　　師資培育將「班級經營」納入教育學程的課程後，國內以班級經營為關鍵字的相關題目論文約於民國80年後同時開始萌芽，並在民國90年、91年有漸增的趨勢（戴文琪，2003）。針對國內班級經營在2001～2010年的博碩士研究論文各篇的結論摘要內容分類，以下依據研究背景、研究變項間關係進行分析：

一、背景變項與相關班級經營研究之分析

　　班級經營相關之背景變項在個人部分有性別、年齡、服務年資、教育程度、結婚狀況、職務、任教科目、任教年級、帶班時間、取得資格管道、專家與生手、研習與補習等變項研究；在學校環境背景變項有班級人數、學校規模、學校所在地、學校屬性、創校歷史等變項研究。

二、班級經營與其他研究變項關係研究之分析

　　班級經營的變項有班級經營策略、班級經營信念、班級經營效能、班級經營風格與類型、班級經營信念、班級經營知識等；相互關係影響的變項有學習動機與適應、領導行為與風格、管教態度、知識管理、情緒管理、全面品質管理、人格特質、班級氣氛、教學信念、學習型組織、自我效能、友善校園、人際關係、組織認同、行銷管理、人權態度、家長參與、品德教育等。

第三節　中小學班級經營研究分析結論與建議

　　近10年班級經營的博碩士論文分析依照研究方法、對象、研究背景變項、相關研究變項等的分析歸納結論。由於統合分析的資料是以碩博士論文的摘要為主，若是研究當事人論文摘要欠缺完整，則部分的內容不夠明確、精簡，對於進行統合分析而言是美中不足之處，若是研究當事人未能

提供全文電子檔，則無法正確提供後續研究者完整性的資料。

壹　結論

一、研究方法分析之結論

㈠班級經營以客觀量化的問卷調查法居多，其次為質性的行動研究法與個案研究法

採用問卷調查法之班級經營研究為最常使用的研究方法，依照整體及各年篇數分類仍以問卷調查法最多（篇數約占總篇數的55.8%），2005年開始問卷調查法逐漸有增多趨勢，此時期的研究偏向於量化與客觀實證調查研究居多；但隨著研究者的角色轉變，從客觀中立的立場轉變為參與的涉入研究情境的研究者後，教師也逐漸成為主動研究者，研究方法部分改採行動研究法與個案研究法，2008年行動研究法與個案研究法則有逐漸增加趨勢。可見問卷調查法、行動研究法與個案研究法是班級經營研究最主要的量化與質性的研究方法；至於問卷調查與其他研究法混合在2005年後才慢慢出現，至於採用準實驗研究法的研究者則不多，只有6篇。

㈡班級經營的研究方法由量化研究到質化研究，漸漸有質量並重的發展趨勢

2004年、2005年量化研究與質性研究大約各占一半，然後問卷調查與其他研究法混合漸漸出現，2005年開始問卷調查法逐漸有增多的研究趨勢，行動研究法與個案研究法則在2008年及2009年研究篇數逐漸增多。班級經營研究法不僅重視普遍性的客觀量化研究，也開始注重現象背後意義內涵的質性研究，近10年來教育行動研究之論文篇數共48篇，占全部的22.1%；採用個案研究進行論文研究的篇數有26篇，占全部的12.0%。

二、研究對象分析之結論

㈠班級經營議題研究對象以國小師生最多，2008年以後更明顯；其次是國中師生，在2005年開始增加

近10年來有關班級經營相關研究的研究對象中，研究總篇數中約有53.5%（共有116篇）是以國小的教師及學生為研究樣本或受試者；研究總篇數中約有25.3%（全部的四分之一，共有55篇）是以國中的教師及學生為研究樣本或受試者。在以國小教師或學生為探究對象的篇數中，以2008年、2009年最多，國中師生為對象者則以2005年、2009年最多，其餘則較不明顯，可見國小班級經營議題逐年受到重視，尤其在2008年、2009年國更明顯；國中階段班級經營議題則在2005年開始受到重視但仍比國小階段少，高中職則較平均，沒有很明顯變化。

㈡研究對象由一般對象到目的取向特定對象，開始多元化

隨著研究典範的轉移，研究對象由隨機取樣的一般對象到目的取向特定對象，有些研究以個人主觀的教學省思、研究文獻、網站網頁、教學軟體、特殊障礙學生為研究對象，更反應目前國小、國中、高中職教學現場班級經營的需求，研究對象開始多元化，而不再侷限於一般國中小師生，這種研究取向反應的是教師將所學應用於自己所處的教學生態中，兼具實務面與學術取向。

三、研究背景變項分析之結論

從論文列舉背景變項的內容可以發現：班級經營相關之背景變項在教師個人部分有性別、年齡、服務年資、教育程度、結婚狀況、職務、任教科目、任教年級、帶班時間、取得資格管道、專家與生手、研習與補習等變項；在學校環境背景變項有班級人數、學校規模、學校所在地、學校屬性、創校歷史等變項。班級經營與具有顯著差異之背景變項綜合歸納如表7-3所列：

表7-3　班級經營與具有顯著差異之背景變項表

班級經營變項	個人背景變項	學校環境背景變項
班級經營方式	性別	
班級經營策略	性別、年齡、服務年資、婚姻狀況、職務、任教年級、研習補習	
班級經營效能	性別、年齡、服務年資、教育程度、婚姻狀況、職務、任教科目、任教年級、專家新手、資格管道、帶班時間	班級人數、學校規模、學校所在地、學校屬性、創校歷史
班級經營風格	年齡、職務、任教科目	
班級經營系統知識應用	年齡、教育程度	學校所在地
班級經營知識結構	專家新手	
班級經營知識管理應用	性別、服務年資	
班級經營學習型組織應用	性別、職務	學校所在地

四、班級經營相關變項分析之結論

　　班級經營的變項有班級經營策略、班級經營信念、班級經營效能、班級經營風格與類型、班級經營知識等；相互關係影響的變項有學習動機與適應、領導行為與風格、管教態度、知識管理、情緒管理、全面品質管理、人格特質、班級氣氛、教學信念、學習型組織、自我效能、友善校園、人際關係、組織認同、行銷管理、人權態度、家長參與、品德教育等。研究相關變項之所以持續擴增，乃是許多從事班級經營相關議題研究的碩士生是中小學教師，從事碩士論文主題的探索時，會將教改革新的議題或中小學推展的活動及政策納入研究主題中，因而如學習型組織、友善校園、人權態度與品德教育等都會納入相關變項中。研究結果多數也與經驗法則及一般認知態度相符合，學習型班級組織的建構、友善校園的營造、人權態度與品德教育的認知等均與班級經營效能有顯著相關。

五、就班級經營相關議題論文的層級而言，以碩士論文為主

　　以「班級經營」為關鍵詞蒐尋到的碩博士論文共有217篇，從2001至2010年共10年的碩博士論文資料庫的研究層級來看，除了一篇為博士論文

外，其餘216篇均為碩士論文，可見從事「班級經營」相關議題探究分析
的研究生幾乎均為碩士生。其實就筆者建構的班級經營八大內涵來看：教
學活動經營、訓育工作經營、輔導活動經營、行政事務經營、情境規劃經
營、人際關係經營、親師合作經營、意外事件處理等，以「班級經營」為
核心，作為博士層級的論文主題很多，此方面，國內教育領域的博士生可
從班級經營相關的文獻來找尋。

　　註：本研究查詢的關鍵詞為「班級經營」，如碩博士論文的摘要中未
以「班級經營」關鍵詞，則無法查詢到，即使是與班級經營有關的研究，
這是研究的限制。

貳　建議

　　本小節根據統合分析的結果就班級經營議題未來的方向及內容提出若
干具體建議，作為未來從事此領域研究的參考。

一、研究論文摘要建議

(一)研究論文摘要內容要能簡要清楚，符合精簡明瞭原則

　　從國家圖書館「全國博碩士論文資訊網」的檢索系統中蒐尋論文摘要
發現，對於量化的實證研究摘要應該要包括研究目的、研究方法、研究對
象、研究工具、統計方法與重要結論；質性實證研究則至少應敘明研究的
目的、個案對象、資料蒐集方法、研究發現與省思，完整而精簡的摘要說
明可避免閱讀者需要再全文閱覽，此外，質性研究之研究的信度、效度與
研究倫理最好也能簡要說明。在「班級經營」的研究論文摘要中發現仍有
許多論文摘要未清楚交代完整摘要內容，造成蒐尋閱讀的困難，尤其是研
究對象未說明清楚、研究方法界定不明，研究結果欠缺具體明確，令讀者
難以理解，而無法快速瞭解研究的全貌，失去「論文摘要」的效益，不完
整及欠精簡的研究摘要無法有效提供學術知識分享的功能。

㈡釐清研究論文中的主要研究發現與研究結論的差異

在「班級經營」的研究論文摘要中發現有些論文在結論敘述採用統計結果，只說明變項之間有顯著差異或有關係，但未進一步將其研究結果作為結論論述，很難真正看出其背景變項與研究變項的差異性或變項之間的真正關係，在研究結論與研究目的上無法前後呼應。摘要的內容敘述含糊不清，是研究者撰寫摘要應該要注意之處，主要研究發現與結論的區別，是未來研究者要再補強的一點，對於主要研究發現與結論的差異與敘寫的技巧，任課教授可於研究方法論相關課程中提供實例與研究生共同分享討論。

二、研究方法建議──釐清個案研究、行動研究的界定，以和研究目的相契合

在班級經營研究方法中發現，仍有研究者對個案研究與行動研究無法清楚定義，僅以質性研究方法含糊交代其研究方法，欠缺具體明確，就研究目的與方法而言，行動研究與個案研究是有所不同的。個案研究（case study）旨在探討一個個案在特定情境脈絡下的活動性質，有一個界限系統，如一個方案、機構、個人或社會單元等的描述與分析（林佩璇，2000）；而行動研究是一種自我批判反省的活動，是由實務工作者於其所在實際工作情境中，解決其所遭遇之實務工作問題的一種研究歷程。教育行動研究即教師在教育實際情境中（一般為課堂教室），以其關注的價值性教育問題為焦點，以實務研究者及問題解決者的角色，蒐集有效資料，反省、探究、批判其所關注的問題，以改善實務的教育情境，建構優質的學習環境，進而促發自我反省與教師的專業成長（吳明隆，2002）。兩者最大差別在於行動研究是研究者本身是在實際情境中的實務工作者，以解決實務工作問題為導向，除有行動循環歷程外，定會有研究者個人的省思；而個案研究是有特定對象的脈絡，著重情境脈絡描述與個案行為分析，以瞭解其獨特性與複雜性，以便能回歸教育的實踐面。

三、研究對象建議

㈠研究對象擴及教育領域的特殊群體

在國內特殊教育中有許多資賦優異才能班，體育、音樂、美術、傳統技藝等、加上有許多身心障礙的班級，其班級經營的研究更少，近來特殊教育主流強調特殊障礙學生回歸普通班級，其班級經營的影響是值得加以探討的，研究結果可進一步瞭解特殊班級的班級經營的困擾、發掘有效的策略，以協助特殊班級的教師進行班級經營的參考；此外，對於資賦優異才能班與普通班班級經營的差異或管教的異同等，也是值得加以比較分析探究的。

㈡資訊科技融入教學之班級經營相關議題的探究

科技的進步，班級網站經營、個人部落格、班級互動數位學習軟體的應用，對於現在的學生有其吸引力，然而應用科技軟體、產品在班級經營的實施與成效仍值得更多的行動研究來驗證測試班級經營應用科技軟體的可行性與實用性，增加班級經營的途徑，協助教師班級經營策略應用。如教育行政單位正如火如荼推展的電子白板、電子書教材、電子書包等，教師使用電子白板、電子書、電子書包於課堂教學之班級經營的困境及有效策略也是值得未來探究的議題之一，如學者Erdogam、Kursun與Sisman（2010）就以實徵研究之個案研究法探究資訊科技於課堂教室使用時，班級經營與班級紀律的問題、原因及可能的解決策略，他們從四個面向來探討：一為資訊科技教師要面對的班級經營問題為何？二為資訊科技教師可能會遭遇的常規問題有哪些？三為上述班級經營與常規問題的潛在原因是什麼？四為教師、行政人員與父母就這些班級經營與常規問題可能有效的處理策略為何？

四、就整體班級經營相關之碩士論文品質而言，提升學術研究的嚴謹度

就內容而言，許多量化研究的相關變項間之關係探討過於簡化，無法突顯班級經營歷程中的中介變項、干擾變項、自變項與依變項間關係，某些變項的納入，只是研究者根據個人的經驗法則就加以納入，研究者探究的變項可能只是班級生態中非影響班級經營效能或班級經營品質產出的主要變因或重要變項；就背景變項而言，研究者過多關注於背景變項在班級經營變項的差異，只強調「統計顯著性」，忽略「實務顯著性」（臨床顯著性），差異或相關的效果值未能詳細呈現；就行文格式而言，雖然論文已經經口試委員審核通過，但有些行文格式及內容仍有錯誤或待斟酌之處；就摘要敘寫而言，未能掌握完整化、簡明化，將重點清潔而簡單的呈現；就研究方法論的敘寫，將文件分析法與一般文獻探討混淆等。學術論文寫作專業知能的提升除靠研究者個人自行閱讀相關方法論書籍外，最好於相關課程中與教授進行雙向溝通互動，如此才能提升方法論的知能，並有高品質論文的產出。

五、鼓勵有興趣的博士生從事班級經營相關議題的研究，以提升研究層級

以「班級經營」為關鍵詞蒐尋到的碩博士論文共有217篇，從2001至2010年共10年的碩博士論文資料庫的研究層級來看，除了一篇為博士論文外，其餘216篇均為碩士論文，可見從事「班級經營」相關議題探究分析的研究生幾乎均為碩士生（只有一篇為博士論文），就「班級經營」議題的研究層級而言發現：主題研究層級均為碩士論文為主，博士論文只有一篇，因而鼓勵有興趣的博士生從事班級經營議題的研究實有其必要，博士生可根據自己的喜好與方法論的專長，選擇合適的研究方法，不論是量化研究或質性研究等實徵研究均可，前者可就變項間的關係加以探究推論，後者可就實際課堂教室班級經營的實踐程度作深入的解析與詮釋，如果研究者能採用混合設計法模式更佳，這部分視研究目的而定。

六、考量採用結構方程模式進行變項間因果關係的檢定，以驗證性因素分析進行量表因素結構的驗證

　　在量化研究的實徵調查研究論文121篇中，只有一篇是採用結構方程模式（SEM）方法進行變項間因果關係的驗證（張育綾，2010，論文題目為「臺北縣國民小學教師人際溝通能力與班級經營效能之研究」，此部分由於筆者是以「班級經營」為關鍵字詞查詢，可能會有遺漏，此為研究限制之一）。結構方程模式可以同時考驗包含數個指標變項的潛在變項間之因果關係模型，這對於影響班級經營效能變因或採用班級經營策略影響的相關變因的探究可更為深入，含有多個潛在變項間的因果關係模型，採用SEM方法可進行整個模型合理性的檢定，此種統計方法的應用性較符合班級經營的複雜生態；此外，從量表的編製歷程來看，所有量化研究論文127篇中，測量工具之效度檢定，使用最多是量表的建構效度檢定，採用的統計方法為探索性因素分析法，沒有一篇論文是採用驗證性因素分析（CFA）以驗證量表因素結構的適配度，因而研究者要不斷編修量表，對研究者造成不少困擾，若是研究者編製的測量工具，量表的構面及所屬的測量題項（指標變項）十分明確，研究者可以直接採用CFA的方法，驗證量表的因素結構與樣本資料的契合度情形。

　　以筆者指導方惠麗（2009）撰寫的碩士論文為例，「高雄市國小級任教師知識管理能力與班級經營效能之相關研究」（有效樣本數N為605，二份測量工具由筆者與方惠麗共同修訂編製），原碩士論文中只採用線性迴歸探究知識管理五個構面對六個班級經營效能構面的預測情形，解釋變異量介於20.9%至33.3%（方惠麗，2009，頁123），筆者以蒐集的原始有效資料改採結構方程模式，驗證修正建構的假設模型圖，模式估計結果標準化參數估計值如圖7-3。

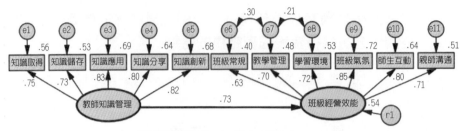

[路徑修正模型]：Standardized estimates
卡方值=154.662(p=.000)；自由度=41；CFI=.970；RMSEA=.068；GFI=.955

圖7-3　教師知識管理對班級經營效能影響之因果路徑的修正假設模型標準化解值圖

　　標準化估計值模式圖顯示：外因潛在變項「教師知識管理」對「班級經營效能」內因潛在變項的直接效果值為.73，其解釋變異量為54.0%，外因潛在變項「教師知識管理」五個觀察變項的因素負荷量介於.73至.83間；「班級經營效能」內因潛在變項六個觀察變項的因素負荷量分別介於.63至.85間；誤差項「e6」與誤差項「e7」間的相關為.30、誤差項「e8」與誤差項「e7」間的相關係數為.21。CFI值為.970，RMSEA值為.068，GFI值.955，整體假設模型與樣本資料的適配度佳，包含潛在變項與觀察變項的結構方程模式中，教師知識管理能力對班級經營效能影響的因果路徑得到支持。同時考量到潛在變項與指標變項的測量模型較能符應班級生態模式，探究潛在變項的因果關係更有價值性。

七、鼓勵回流碩士專班的中小學教師，以行動研究法完成具實務性與學術取向的論文

　　目前各大學開設的回流碩士專班的班別的碩士生中，有許多是中小學教師，這些中小學教師具有教學實務經驗，也知道班級經營的困境或問題所在，若能將自身所學的教育專業知能用於課堂教室的實際情境中，採用行動研究方法，發掘問題、採取策略、解決問題、反思班級經營的方法，對於班級經營實務問題的改善是有很大的助益。之後，教師再將整個教育行動歷程以符合論文格式的內容呈現，則不僅可以完成碩士論文的撰寫，重要的是可以配合知識經濟時代的脈動，發揮「知識分享」的功能。班級

實務問題的解決終究要回歸教師本身身上，教育專業理論是一個理念層次，如何有效轉化為具體策略，展現有效能的教師行為，才是實踐層次。

第四節　後設分析的省思

本研究主要就10年來國內有關班級經營的研究結果加以統合分析（meta-analysis），研究採用的方法為後設分析法（又稱統合分析法），研究主要目的不是針對某篇論文加以評析，或是針對研究法的進行優劣比較，而是從統合觀點來解釋歸納的資料。後設分析發現，近10年有關班級經營議題探究的論文217篇中，約有一半採用問卷調查法（121篇）從事論文變項的資料蒐集，配合相關研究法探究變項間的相關，使用最多的統計方法為積差相關、平均數差異檢定及迴歸分析；其次是行動研究與個案研究法，採用這二種研究方法從事班級經營議題研究的碩士生約占1/3（74篇，百分比為34.1%）。筆者之所以從事此篇研究，除了想達成第一節所述研究目的外，其中一個緣由是作為最後二章實徵研究前的前導性研究。從班級經營相關議題的研究取向中可以看出，近10年相關的研究還是以量化研究之「問卷調查法」為資料蒐集的主要來源，問卷調查法是一種自陳量表的感受勾選，其優點是可以快速蒐集到大量有代表性的受試者，統計分析結果可以推論到受試者的母群體，但其缺點是只能瞭解受試者外在的一般行為現象，無法深入知悉受試者於班級生態之動態經營行為與互動情形。

　　註：本篇研究論文中，研究者個人以「筆者」自稱，未以「研究者」自稱，是為了與論文中提及的「其他研究者」作一區隔。

參考書目

吳明隆（2002）。教育行動研究導論—理論與實務。臺北市：五南。

吳明隆（2006）。班級經營與教學新趨勢。臺北市：五南。

吳明隆（2010）。班級經營—理論與實務。臺北市：五南。

Bosch, K. (2006). *Planning classroom management: A five-step process to creating a positive learning environment*. Thousand Oaks, CA: Corwin Press.

Erdogam, M., Kursun, E., & Sisman, G. T. (2010). A qualitative on classroom management and classroom discipline problems, reasons, and solutions: A case of information technologies class. *Educational Sciences: Theory & Practice, 10*(2) , 881-891.

Hardin, C. J. (2008). *Effective classroom management: Models and strategies for today's classrooms*. Upper Saddle River, NJ: Pearson Merrill Prentice Hall.

Karen, B. (2006). *Planning classroom management*. Thousand Oaks, CA: Corwin Press.

Little, S. G., & Akin-Little. A. (2008). Psychology's contributions to classroom management. *Psychology in the Schools, 45*(3) , 227-234.

Rosas, C., & West, M. (2009). Teachers beliefs about classroom management: Pre-service and in-service teachers' beliefs about classroom management. *International Journal of Applied Educational Studies, 5*(1) , 54-61.

第八章

一位國小教師教職生涯之班級經營的實踐探究（I）
——築夢圓夢、教職起航

　　這是一位教師專業發展的生命史，也是一位資深教師教職生涯的故事，一位從事教職38年教師之班級經營「變」與「不變」的敘說，服務教職30多年來，班級經營與管理態度五大生涯階梯各不相同，從個案教師的課堂行為回應研究者敘寫之班級經營相關理論策略的可行性，與班級經營實踐的省思。個案中盼老師的班級管理行為特色為：「管理的眼睛明亮，能洞悉學生的一舉一動；管理的耳朵清晰，能明辨學生的一言一行；管理口舌理智，能激發學生的學習動力。」個案盼老師的態度是：「管理的語言，能循循善誘、可以有當頭棒喝之效；管理的臉孔，像慈眉觀音、有時又像怒目金剛。」38年的教職生涯中，教育熱忱與教學投入，對學生的愛與對教育理念的堅持不因年歲增長而有一絲動搖，雖然他沒有學士以上學位，但班級經營的策略及方法與第一篇「班級經營－理論策略」所述內容頗多契合之處，盼老師的班級經營行為展現可以說是「班級經營－理論策

略」內容於課堂教室的具體實踐。

第一節　研究動機與目的

　　民國72年研究者師專畢業後，以優異成績分發至高雄市一所市中心的一所國小服務（化名為永明國小），當時要進到這所國小的新進教師必須是指導學生球隊或語文競賽全國前三名者，或是師專畢業全市排名前二名者，因為校長辦學十分用心也對教職員十分嚴格，全校教職員在校長領導的氛圍下，個個都十分兢兢業業，越區就讀的學生甚多，學校在高雄市家長及教育行政單位的評價甚高（當時被高雄市教育行政人員認定為國小最優質的學校）。74年研究者服完兵役後，回到永明國國小學校服務，擔任高年級的導師，這位盼老師一直跟研究者於同一學年擔任導師，跟他相處學習的10幾年期間，研究者發現其班級的班級氣氛、教學方法及班級經營的確與別的教師有很大的不同，學校每任校長及主任均十分肯定盼老師，常常於朝會時公開表揚其班上優良事蹟，其中三項最為明顯的是一為班級學生的學習表現均比同學年的班級顯著突出，尤其是數學學業表現；二為班級負責公共區域廁所的打掃，盼老師分配到的公共區域均是全校公認打掃最乾淨的；三為每天早上自願訓練排球，常榮獲全國全三名，教學成效評定方面常榮獲永明國小教學優良教師，於教師節家長會的謝師宴上接受表揚（74-89，研究者），以數學教學成效型塑自我的專業形象、以打排球作為學生學習誘因，建構讓「學生喜愛學習、快樂上學」的班級生態，教學理念有堅持也有彈性、管教策略有科學也有藝術。盼老師任教的風評是「行政人員十分肯定、家長十分滿意、學生十分認同、同仁十分讚賞。」由於盼老師班級經營十分有技巧，因而長久以來，若有實習教師至永明國小實習，學校行政單位會優先以盼老師任教班級為實習教師實習的場所。目前在永明國小的教務主任提供下列的文件資料可以獲得佐證：

　　「數10年來，盼老師所任教的班級，在月考時所展現的全班數

學總平均成績，幾乎每一次均為學年之首。」（991225，主任）

　　「我擔任主任後，常常有熟識家長私底下問我，有沒有什麼辦法讓升上五年級的小孩給盼老師教，我都回答他們：『實在沒有辦法，高雄市的電腦常態編班做得很徹底，電腦編班時還有教育局督學現場查核。』」（991225，主任）

　　研究者離開永明國小後，當時同一學年的教師多數已經退休，唯獨盼老師還繼續從事教職工作，並樂此不疲，個人觀察盼教師的教學及與他互動的時間約有25年，其中有15年時間與他相處過，曾經為同事關係，也曾經為家長與教師關係。本研究之所以以盼老師為研究個案教師，著實是因為盼老師一生的教職生涯之班級經營行為與策略有許多值得加以探究與詮釋的事件。本研究將被訪談的老師以「盼老師」為化名，乃是希望從此老師的教職故事的敘說，能作為新進教師的啟迪，期「盼」對教師的班級經營有更深入的瞭解，也期「盼」個案教師的教職生涯能持續下去，直到身心無法負荷；此外，研究者更希望藉由課堂的觀察與訪談中，瞭解一位教師教職班級經營生涯轉變的情形，以和研究者編著整理的班級經營理論策略內容是否相符應。

　　盼老師在永明國小除前二年擔任中年級導師外，餘全部擔任高年級導師。後來永明國小成立排球體育班，盼老師也擔任過一屆體育班導師，之後，永明國小新進一位年輕體育教師，體育班導師就由這位年輕體育教師擔任。盼老師說，體育班學生正常課堂時間多用於練球，因而課堂進度均無法如期完成，他都利用週休二日的時間請學生到學校補課，上午時間上國語與數學課，下午時間練習排球及加強術科，中午班上統計訂便當；寒暑假時練習平半，前二節上課後二節為體育術科練習。經盼老師利用假日及寒暑假的加強，體育班學生不僅排球比賽成績優異，定期考查時，連國語與數學科平均成績也最為突出，是全年級平均最高的。個人問盼老師，週休假日及寒暑假的學業加強及球隊訓練是否為學務處規定，盼老師說，是自己與學生、家長形成的共識。後來盼老師也教過二屆音樂班高年級學

生，盼老師發現音樂班學生家長的社經地位較高，家長也很明理，但學生從小受到寵愛、自我中心較強，在盼老師導引下，班級學生的氣氛和諧，帶領二屆音樂班的學生，學生及家長對盼老師也都十分肯定與認同（之後教育局認為永明國小之前的音樂班不合法，停止永明國小成立，後來永明國小又重新向教育局申請，目前音樂班的學生為三年級）。

對於盼老師擔任體育班無怨無悔、默默付出的精神，教務主任提供詳實的資料：

「本著對排球運動的熱愛與執著，盼老師採團體集中統整訓練方式，一大早七點半的體能訓練，中午軍事化的吃飯及打掃，減少時間的浪費，增加孩子的充足的睡眠，下午規律的魔鬼訓練後，還主動利用放學後及假日加強課業的輔導；在孩子體能的維護考量部分，除平日早晚固定的牛奶不可少以外，中午餐點及下午的營養補充，更是緊迫釘人的要孩子有足夠的體力承受。因為盼老師無怨無悔的付出，才能讓成長中的孩子們享有充分的食物與睡眠，杜絕一切垃圾食物，規律的集中訓練，學業的穩定成長，令人稱羨的全國賽優秀成績，更重要的是班級經營常規的培養，在在都能令學校放心、家長安心，並成為本校的特色之一。」（991225，主任）

在永明國小要擔任體育班及音樂班的教師，必須是學校行政人員認為教學認真、能與家長進行良性雙向溝通且能良善經營班級，且能贏得學生信服的老師，否則家長是會群起反彈的（體育班及音樂班家長對教師比較挑剔）。不論盼老師擔任體育班、音樂班或普遍班教師，其班級經營的策略、數學教學成效、學生常規處理、對外競選成果都能贏得家長、學生的共鳴，盼老師的教學是有方法的、盼老師的常規管理是有策略的、盼老師的班級經營是有方法。訪談中，研究者問盼老師，二年後的音樂班就升上五年級了，那時這個班會不會又是讓盼老師帶，盼老師小聲而堅定的回答研究者：「可能性很大。」

　　最近數10年的研究當中，研究者於期刊發表了數十篇有關班級經營理論與實務的文章，後來再根據教育實際現場，將資料重新整理並增列許多實務問題，編成《教育行動研究導論》、《班級經營與教學新趨勢》、《班級經營的理論與實務》（二本班級經營的書籍部分內容統整為《班級經營與教學新趨勢》於大陸以簡體字版出版），此外，研究者長期於學校開設「班級經營」課程，也常受邀至各級學校（包含中小學及科技大學）演講關於班級經營理論與實務策略問題，但對於一位教師從初任教師開始，歷經30多年教職生涯之班級經營或教學策略的心態或轉變，則尚未觸及。本研究因緣際會，藉由地利、人和之便，找到一個合適而願意與個人進行心理對話的研究個案，藉由質性研究訪談、觀察、文件資料分析等方法，探究與詮釋個案教師（盼老師）整個教職生涯班級經營的態度與策略方法的特色，及個案教師之班級經營隨時代教改脈動而轉變之處。具體而言，本研究的目的乃是希望從一位長期受到家長肯定、同仁認同、學生喜愛的教師，發掘其班級經營策略或有效常規管理的方法，探究變與不變之處，瞭解教師於課堂教室情境之班級經營行為實踐程度與策略運用情形。研究的待答問題為：

一、國小教師的班級經營態度或策略方法是否有所謂的教職階梯存在？

二、一位長期受到行政人員肯定、家長滿意、學生認同、同仁讚賞的教師，其班級經營策略方法有何特色？有何變與不變之處？

三、檢視研究者整理統整論述的班級經營理論策略教材於課堂班級的實踐程度為何？

根據研究待答問題，本研究的研究目的有以下三點：

一、試圖發掘國小教師班級經營之教職生涯階梯。

二、從教師教職生命的敘說中找出班級經營的具體策略及「變」與「不變」的地方。

三、檢核研究者統整論述的班級經營理論策略內容於課堂班級的實踐情形。

第二節　班級經營效能評定與測量工具

Brophy（2007, p.1）認為有效的班級經營者是：關注發展學習的自我調整能力，而不是只要從外在行為的服從；經營者要重視的是發展師生間的良好關係，和藉由師生群體合作完成工作，而非是設計成一種非人性化的官僚體制；經營者要培養的是一種社會化的生態而非是彼此關係遙遠的權威圖像，經營者也要重視倫理與理念，而非強調僵化的法規與刑罰，經營者的循循善誘並非是嘮叨不休。許多基本研究指出：班級經營的成效和班級經營者（教師）的態度、教師於學習環境中的投入程度與教學的行為有密切關係，教師要為學習者建構的是生態是一種有意義的學習環境（Brocato, 2009, p.139），教師與學生的關係並不是分離的個體，而是一種夥伴關係（Good & Brophy, 2008）。

最優秀的教師「並非只是會教授內容，更重要的是要會教人」。班級經營的核心在於教師有效的教學實踐與良好的師生關係，研究證實，個人中心教學與學生學習表現的相關是顯著的，採用個人中心教學的班級經營策略有助於學生學習活動參與程度的提高、批判性思考能力的提升、同儕及社會關係的改善，減少逃學及不當行為的次數。正向和諧的師生關係，則可以提高低學業成就學生及社交能力不佳之學生就學的意願，若是學生家長能積與參與班級事務，做為教師教學的夥伴，則個人中心教學的效益會更好（Walker, 2009, pp.122-123）。

教學是一種情緒的付出，當教學目標達成時，老師會體驗到快樂與教學樂趣，如果老師看到學生無法挑到重點，瞭解課程內容，或學生出現不良行為或知道學生欠缺努力、沒有學習動機時，教師就會有挫折感，老師們指出：學生的不當行為或負向表現等，通常來自於教室的師生互動不佳、師生溝通不良，教師們相信若是老師自己我能適當調整教師自我的情緒表現，有助於教學目標的達成，與促進良好的師生關係。例如說四年級的老師因為學生不小心打破科學儀器時，老師卻能保持平靜情緒，沒有生氣或是表現可能會干擾了其他同學的情緒態度，用比較平靜或平穩的

態度處理事件，則有助於課程進行而不讓事件成為教室重點，重要的是教師採用的策略與情緒反應不會影響到學生一天正常的學習活動（Sutton, Mudrey-Camino , & Knigbt, 2009, pp.130-131）。Sutton等人進一步研究指出：中等學校教師一致認為教師在教室中咆哮大叫，對於班級事件的處理是沒有幫助的，教師的情緒失控不僅影響師生關係，更大幅降低教學的效能與效率，如果老師能進行深呼吸調整情緒反應，改變自己訓誡的聲調，可以避免教師出現非理性的行為或態度，教師情緒的調整與管理要先從教師的認知態度改變起，如果教師的思維模式沒有改變，則無法有效管理自己的情緒。Sutton等人所提的論點與第一篇理論策略篇所述的觀點相同：教師要處理學生不當行為之前，要先調適處理教師自己的情緒，教師情緒管理是班級經營中有效教學或管教的基本，許多親師生衝突事件或不當管教案例都是教師在情緒失控下發生的。

　　在第一部分理論策略篇中的第一章，研究者從宏觀角度將班級經營的內涵統合為八大構面：教學活動經營、訓育工作經營、輔導活動經營、行政事務經營、情境規劃經營、人際關係經營、親師合作經營、意外事件處理經營。研究者再根據中小學班級經營的生態與實務，將班級經營八大構面編製48個指標變項，每個經營構面各有6個測量變項（題項），48個班級經營效能的測量題項可實際運用班級經營相關實徵研究中，尤其是從事量化研究者可實際作為研究的測量工具之一。

一、教學活動的經營

- ‧能依課程綱要與學校特色編排與設計適切的課程內容。
- ‧能依課程需求使用適切的教具與教學媒材。
- ‧能依學生學習特性與教材性質選擇適切的教學方法。
- ‧能依學生學習表現適切調整教學內容與提供適時的回饋建議。
- ‧能依實際需要選擇適切的評量方式與提供適切的補救教學。
- ‧能依課程內容與學生特質編排適切的習作與提供適切的指導。

二、訓育工作的經營

· 能指導學生共同建立有助於學習的班級常規。
· 能公開訂定合理的班級自治公約並公平執行。
· 能適時養成學生基本禮貌與生活規範。
· 能指導學生參與班級與學校自治活動的推展。
· 能輔導學生品德發展並公平執行獎懲。
· 能激發學生發展各項才能並積極參與課外活動與社會服務。

三、輔導活動的經營

· 能具備並確實應用輔導基本知能推展班級輔導。
· 能熟知學生身心狀況與家庭情境有效展現輔導經營。
· 能依學生不同學習條件個別給予學生期望。
· 能覺察並善用輔導策略有效輔導學生偏差行為。
· 能覺知班級輔導角色發揮一級輔導與治療功能。
· 能建立並善用輔導資源協助班級輔導經營。

四、情境規劃的經營

· 能依學生與教學需求安排適宜之教學情境。
· 能依教室空間規劃光線來源與照明設備。
· 能營造安全且有助於學習的情境。
· 能營造積極、正向、和諧之班級氛圍。
· 能依實際需要機動調整學習情境。
· 能適宜應用教室設備或校園空間進行教學。

五、行政事務的經營

· 能熟捻班級經營技巧進行級務處理。
· 能配合學校行事妥適安排班級活動。
· 能指導學生參加校內外各項競賽活動。

・能鼓勵並適性安排學生從事公眾服務工作。
・能招募家長協助班級經費之管理與運用。
・能籌組班級家長會協助班級事務之運作。

六、人際關係的經營

・能建立班級良好的師生關係。
・能營造班級學生和諧的同儕關係。
・能建立良善的班級親師關係。
・能營造良好互動的班級氣氛。
・能激發班級榮譽感與凝聚力。
・能建立班級良好的溝通方式。

七、親師合作的經營

・能與家長建立多樣化的溝通管道。
・能適時向家長傳達班級訊息與回饋。
・能積極建立班級親師合作互動機制。
・能建立和諧緊密的親師聯絡網。
・能建立班級家長人力資源庫。
・能善用家長資源協助班級活動。

八、意外事件的處理

・能具備意外傷害處理之基本知識與技能。
・能熟悉保護兒童的相關法令以周全有效的保護兒童。
・能隨時查報教學相關設備以消除危險因子。
・能熟悉意外事件處理流程以迅速反映危安狀況。
・能把握適切的處理時機以減輕意外傷害之危害。
・能善用校內外專業資源以協助善後的處理。

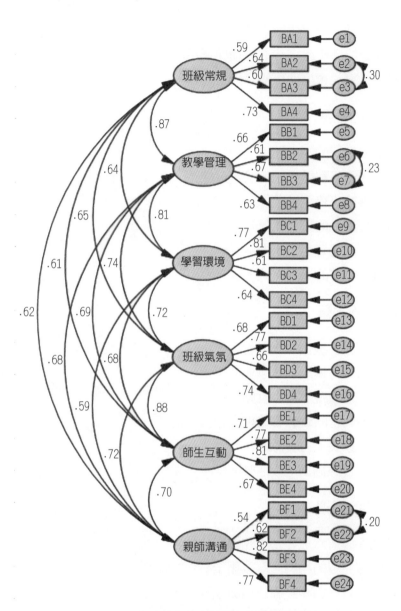

[班級經營效能量表]；Standardized estimates
卡方值=617.040(p=.000)；自由度=234；CFI=.940；RMSEA=.052；GFI=.917

圖8-1 「班級經營效能量表」CFA修正假設模型模式估計之標準化解值圖

　　研究者與方惠麗（2009）再參考國小班級實務現況及研究可行性，將班級經營八大構面簡化為六個：「班級常規」、「教學管理」、「學習環境」、「班級氣氛」、「師生互動」與「親師溝通」六個構面，經調查高雄市605位教師發現：六個構面的內部一致性α係數分別為.826、.755、.791、.804、.826、.775，六個構面的內部一致性α係數均大於.750以上，表示班級經營效能量表的信度良好。經研究者採用驗證性因素分析（CFA），檢定量表的因素結構模型與樣本資料的適配情形，發現增列三組誤差項間有共變關係時，簡易的班級經營效能量表六因素結構可以得到支持（一階六因素斜交模型或二階因素結構模型與樣本資料均可以適配），量表24個測量題項劃分為六個構面的構念效度良好。

　　從參數估計值可以發現：1.徑路係數估計值均達.001顯著水準；2.所有變異數估計值均為正數，表示沒有不合理的解值或不適當的統計量，變異數估計值除六個因素構念外（由於六個因素構念潛在變項的變異數界定為固定參數1，因而個別測量模型的指標變項不用界定參照指標），所有的變異數估計值均達.001顯著水準；3.共變數估計值均達.001顯著水準，六個因素構念潛在變項間中高度的正相關；4.所有估計值標準誤均很小，界於.010至.038間。5.六個因素構念之測量變項的因素負荷量（標準化徑路係數值）介於.543至.821間，表示「班級經營效能量表」驗證性因素分析之基本適配度良好，量表基本適配度檢定摘要表如表8-1所列。

表8-1　「班級經營效能量表」驗證性因素分析之基本適配度檢定摘要表

評鑑項目	檢定結果數據	模式適配判斷
是否沒有負的誤差項變異數	均為正數	是
因素負荷量是否介於0.5至0.95之間	標準化徑路係數數值介於.543至.821間	是
是否沒有很大的標準誤	徑路係數標準誤介於.022至.035間。 共變數標準誤介於.010至.038間。 潛在變項變異數標準誤介於.011至.032間。	是

表8-2 「班級經營效能量表」驗證性因素分析修正模型整體適配度檢定摘要表
（N＝605）

統計檢定量	適配的標準或臨界值	檢定結果數據	模式適配判斷
自由度		234	
絕對適配度指數			
χ^2 值	p>.05（未達顯著水準）	617.040（p<.001）	否（參考指標）
RMR值	<0.05	.019	是
RMSEA值	<0.08（若<.05良好；<.08普通）	.052	是
SRMR	<0.05	.042	是
GFI值	>.90普通（≧.95良好）	.917	是
AGFI值	>.90普通（≧.95良好）	.893	否
增值適配度指數			
NFI值	≧.95良好（普通適配為>.90）	.907	是
RFI值	≧.95良好（普通適配為>.90）	.891	否
IFI值	≧.95良好（普通適配為>.90）	.940	是
TLI值(NNFI值)	≧.95良好（普通適配為>.90）	.929	是
CFI值	≧.95良好（普通適配為>.90）	.940	是
簡約適配度指數			
PGFI值	>.50	.715	是
PNFI值	>.50	.769	是
PCFI值	>.50	.797	是
CN值	>200	265	是
χ^2 自由度比	<2.00(良好)，<3.00(普通)	2.637	是

　　從「班級經營效能量表」CFA整體適配度統計量摘要表得知：由於樣本數很大，因而χ^2值統計量只能作為參考指標值（卡方值對樣本數的大小非常敏感，當樣本數很大時，幾乎所有的卡方值都會達到.05顯著水準，拒絕虛無假設，而使適配假設模型無法得到支持），除χ^2值外，餘十五個適配度統計量中只有二個適配度統計量未適配門檻值，一為AGFI值（=.893）、二為RFI值（=.891），以三大適配度統計量過半的門檻作為模式適配度的標準而言，五個絕對適配度指標值有四個達到模式適配門檻值、五個增值適配度指標值有有四個達到模式適配門檻值、五個簡約值適配度指標值全部達到模式適配門檻值，整體而言，「班級經營效能量表」

CFA修正假設模型與樣本資料的契合度良好，最後修正的一階六因素構念假設模型與樣本資料可以適配。

表8-3　「班級經營效能」量表各測量變項之因素負荷量及信效度檢驗結果摘要表

指標變項（測量題項）	因素構念	因素負荷量	信度係數	測量誤差	組合信度	平均變異數抽取量
BA1	班級常規	.591#	0.349#	0.651	.7366	.4133#
BA2	班級常規	.640#	0.410#	0.590		
BA3	班級常規	.600#	0.360#	0.640		
BA4	班級常規	.731	0.534	0.466		
BB1	教學管理	.663#	0.440#	0.560	.7394	.4154#
BB2	教學管理	.608#	0.370#	0.630		
BB3	教學管理	.672#	0.452#	0.548		
BB4	教學管理	.633#	0.401#	0.599		
BC1	學習環境	.765	0.585	0.415	.8020	.5066
BC2	學習環境	.813	0.661	0.339		
BC3	學習環境	.612#	0.375#	0.625		
BC4	學習環境	.637#	0.406#	0.594		
BD1	班級氣氛	.682#	0.465#	0.535	.8064	.5112
BD2	班級氣氛	.772	0.596	0.404		
BD3	班級氣氛	.657#	0.432#	0.568		
BD4	班級氣氛	.743	0.552	0.448		
BE1	師生互動	.713	0.508	0.492	.8303	.5514
BE2	師生互動	.769	0.591	0.409		
BE3	師生互動	.808	0.653	0.347		
BE4	師生互動	.673#	0.453#	0.547		
BF1	親師溝通	.543#	0.295#	0.705	.7886	.4890#
BF2	親師溝通	.623#	0.388#	0.612		
BF3	親師溝通	.821	0.674	0.326		
BF4	親師溝通	.774	0.599	0.401		
適配門檻臨界值		>.700	>.500	<.500	>.600	>.500

#未達門檻指標值

　　從個別測量題項的信度係數值來看，24個測量指標中有14個指標變項個別信度係數值（因素負荷量的平方）低於.500，表示這14個觀察變項反

映潛在因素構念的變異低於50.0%。從組合信度值指標值來看，「班級常規」、「教學管理」、「學習環境」、「班級氣氛」、「師生互動」、「親師溝通」六個向度的組合信度值分別為.7366、.7394、.8020、.8064、.8303、.7886，均高於門檻臨界值.600；就平均變異數抽取量指標值來看，六個因素構念潛在變項中有三個未達門檻臨界值.500。就模式內在品質檢定而言，部分個別測量題項反映的潛在因素變異雖低於50.0%，但除題項BF1外，全部觀察變項的信度係數值也都在.300以上（BF1觀察變項的因素負荷量平方為.295，也接近.300），表示觀察變項可以尚可反映相對應的潛在因素構念變項，CFA模型的聚斂效度尚可。

表8-4　「班級經營效能量表」構念間之區別效度分析摘要表

模式與統計量／潛在變項	受限模式(B)（相關係數固定為1）			未受限模式(A)（相關係數自由估計）			卡方值差異量（模式B-模式A）	自由度差異值
配對潛在變項	ρ	df	χ^2	ρ	Df	χ^2	χ^2	Δdf
班級常規—教學管理	1	18	92.179	.88	17	75.772	16.407***	1
班級常規—學習環境	1	19	253.813	.63	18	91.197	162.616***	1
班級常規—班級氣氛	1	19	195.150	.65	18	56.855	138.295***	1
班級常規—師生互動	1	19	227.928	.60	18	57.224	170.704***	1
班級常規—親師溝通	1	18	221.467	.61	17	65.271	156.196***	1
教學管理—學習環境	1	19	129.312	.80	18	69.514	59.798***	1
教學管理—班級氣氛	1	19	151.198	.74	18	60.520	90.678***	1
教學管理—師生互動	1	19	189.493	.68	18	59.580	129.913***	1
教學管理—親師溝通	1	18	186.075	.66	17	52.552	133.523***	1
學習環境—班級氣氛	1	20	280.312	.73	19	106.556	173.756***	1
學習環境—師生互動	1	20	325.369	.67	19	62.503	262.866***	1
學習環境—親師溝通	1	19	369.857	.58	18	72.540	297.317***	1
班級氣氛—師生互動	1	20	139.951	.88	19	85.008	54.943***	1
班級氣氛—親師溝通	1	19	219.911	.71	18	45.638	174.273***	1
師生互動—親師溝通	1	19	262.146	.70	18	53.905	208.241***	1

註：***p<.001受限模式與未受限模式卡方值差異量（$\Delta\chi^2$）大於10.83，達.001顯著水準

從區別效度分析摘要表可以發現，15對未受限模型χ^2值（未受限模型

之潛在因素構念間之共變參數為待估計的自由參數）與其相對應受限模型的χ^2值差異量（$\Delta\chi^2$）（受限模型之潛在因素構念間之共變參數為固定參數，其相關係數限定為固定常數1）界於16.407至297.317（p<.001），多數χ^2值差異量遠大於10.83臨界點，表示有足夠的證據可以拒絕虛無假設（$H_0：\sigma=1$），任何二個因素構念潛在變項間的相關顯著不等於1，因素構念變項所反映的潛在特質間有顯著的不同，「班級經營效能量表」六個因素構念間有良好的區別效度。由於六個因素構念潛在變項間的相關為中高度相關，相關係數值界於.58至.88之間，這些因素構念可能共同反映一個更高階的因素構念，此因素構念潛在變項即為「班級經營效能」。二階CFA假設模型中二階因素構念潛在變項為「班級經營效能」、一階因素構念潛在變項為「班級常規」、「教學管理」、「學習環境」、「班級氣氛」、「師生互動」、「親師溝通」六個，每個因素構念各有4個測量題項。「班級經營效能量表」二階CFA假設模型模式估計結果可以收斂辨識，標準化估計值模式圖中沒有出現大於1.00的標準化徑路係數，非標準化估計值模式圖中沒有出現負的誤差項變異數，表示模式估計結果沒有出現不適當解值或不合理的統計量數，二階因素構念潛在變項對六個一階因素構念變項的標準化徑路係數分別為.78、.88、.81、.91、.87、.78，模式的自由度為243，整體模式適配度χ^2值為733.307（p<.001），CFI值為.923、RMSEA值為.058、GFI值為.903，整體而言，二階因素結構模型與樣本資料的契合度良好。

　　雖然研究者已建構班級經營評定測量工具，測量工具經專家效度檢核修改具備良好的內容效度，簡易班級經營量表的因素結構具有不錯的聚合效度與區別效度，但研究者考量班級經營效能或成效若只是採用量化研究之問卷調查法，則無法回答研究者所擬解答的問題，量化研究有所謂的黑箱存在（無法實際觀察到受試者的實際行為或表現，而非指蒐集的資料是錯誤的），當研究者要進一步深入探究黑箱內的行為或活動或互動程度時，採用質性研究法可能更為適切，如此才能深入完整的瞭解黑箱內的實際運作情形──深入觀察瞭解到教師於課堂班級生態中的行為及班級生態師生互動情況。研究者編製的班級經營內涵八大構面的測量題項或是修訂

簡化的班級經營量表工具雖然在這次研究中沒有用到，但可作為日後想對探究有關班級經營相關議題的研究人員，提供一種實質上的幫助。

在教育領域中，以教師或校長為個案標的進行教育生活史的探究者，其目標在於從個案所處實際生態中解析個案的教學行為或領導行為，如張慶勳（2006）之校本文化領導的理念與實踐研究，即採用生命故事敘說分析（life story narrative analysis）的方法，來解析詮釋一位教師到校長的教育之旅，其研究所用的資料類別包括訪談記錄、田野筆記、觀察記錄、文件檔案及研究日誌等。就生命史敘說分析研究上，Cassidy（2001）認為敘說分析最好有相關理論基礎，並要注意以下研究的基本假定：1. 實際生活故事的事實與情境脈絡，及事件在情境脈絡中所產生交互作用，如此對事件或行為的分析才會有意義；2. 敘說的觀點有助於研究者以其實際的經驗或知能為根本，深入解析事件，進而建構知識，並統整研究之生命故事。

根據第一部分理論策略篇文獻探討整理顯示（吳明隆，2010），一位有效能教師的班級經營會有其特色所在，班級經營得宜的教師，在教學活動經營、訓育工作經營、輔導活動經營、行政事務經營、情境規劃經營、人際關係經營、親師合作經營、意外事件處理經營等八大構面多數可以處理得較好，雖然這八大構面不是齊一水平的標準，但至少在構面經營上較有特色。本研究教師生命史的敘說分析，關注的重點是一位教師的教職生涯班級經營行為與班級經營策略方法的解析，並深入探究個案教師於課室教室生態班級經營策略的實踐應用情形，文本分析呈現主要從宏觀角度來論述個案教師班級經營八大構面的行為，論述時並非採用一一對照方式，而是根據研究者蒐集的資料加以統合，以以有系統的文本敘說來論述詮釋資料的內容。

第三節　研究程序與實施

研究程序與實施部分主要就研究對象、研究工具與研究方法、研究場域、研究倫理、資料編碼與記錄及研究的效度加以說明。

壹　研究對象

研究對象為於高雄市永明國小任教28年之高年級盼老師（全部教職的服務年資為38年）。研究對象選擇盼老師為個案教師，主要基於以下幾個緣由：

一、曾是同仁情緣

民國72年研究者以畢業成績直接分發至永明國小服務，當年盼老師也以績分調動以第一順位調至永明國小，那年研究者為盼老師班上的科任教師（盼老師72至73年擔任中年級導師），研究者任教時間只有一個月即入伍服役，民國74年個人服完兵役，擔任高年級導師並兼任組長，此時，盼老師也擔任高年級同一學年導師（民國70至80年，永明國小的校園生態是新進教師要擔任高年級導師者必須先擔任中年級導師，教學及班級常規獲校長及行政人員肯定者才能擔任高年級導師），研究者的班級與盼老師的班級相鄰，之後六年的時間，研究者與盼老師都任教同一學年；後來，研究者因個人生涯規劃，擔任高年級科任老師，每學期都有任教到盼老師的班級。研究者擔任導師期間，也任教過盼老師的大兒子，因而盼老師也曾經是研究者的家長，基於這些關係，研究者與個案間的相處非常融洽，此種良好友誼關係（為同仁關係、親師關係、朋友關係）有利於訪談資料的蒐集與個案間的積極配合；此外，研究者與個案間的良好友誼，讓研究者與個案間心理對話的內容更為深入，也更為真實可靠，訪話中（現場訪談或電話訪談）個案教師皆能暢所欲言，回應研究者所提問或想知道的內容。

二、盼老師的魅力

研究者認識盼老師的時間約有30年，這30年期間，盼老師一直是永明國小的明星教師之一，其班級經營、數學教學策略、學生數學表現與常規管理深獲永明國小每任校長的讚揚，此外也獲得校內同仁的肯定、家長的

認同。高雄市未實施電腦編班前，許多家長私下請託要把孩童編到盼老師任教的班級，跳級生也指定要編到盼老師班上，99學年度有位單科跳級的跳級生也在盼老師班上附讀（科目為數學、社會、英文），盼老師除擔任普通班教師外，也擔任永明國小第一屆體育班導師、二屆音樂班導師，在國小校園生態中，要擔任體育班或音樂班等資賦才能班的導師，必須是行政人員肯定、學生家長認同的教師，若是導師安排不適切，很容易引發家長群起反彈。一位任教快40年的教師每天依然朝氣蓬勃、精神奕奕，七點準時到校，對教育投入的熱忱與當時任初任教師時一樣，雖然有些學生覺得他很兇，但多數學生對盼老師是喜愛與認同的，以這樣的一位教師來探究、分析其整個教職的生涯的班級經營策略方法，是極富意義與價值的。

三、實務策略與實徵研究的融合

研究者之前曾編著許多班級經營的相關的素材，也到許多中小學及技職院校對教師講述及分享有關班級經營的策略與實務，為了進一步瞭解目前教師於課堂教室生態之班級經營的具體實踐情形，因而以盼老師作為受訪對象，從一位任教的資深教師身上檢核相關班級經營理論策略的應用情形。

「與盼老師同學年很久的一段時間了（11年），10多年來時代的變遷，每個階段都有許多的事件可以談，他的經歷，就是一部活生生的現代教育史，聽他講以前的事，我感到非常的有趣（應該可以做質性研究了）。但，『不論是以前發生過的事，還是現在正在做的事，都能讓人感受到他對學生暖暖的教育愛』。為人師、為經師他都做到了。」（991208，學年）

這是與盼老師相處11年的現任學年主任的觀察文件資料，盼老師的班級經營與教學經驗是豐富多采的，其中有許多值得加以詮釋與敘說的，學年主任（教育大學碩士畢業）特別提到盼老師的經歷也可作為「質性研

究」，這個論點正好與研究者所持的觀點相同，這也是研究者以盼老師為研究個案的原因之一。學年主任所描述的「不論是以前發生過的事，還是現在正在做的事，都能讓人感受到他對學生暖暖的教育愛。為人師、為經師他都做到了」，盼老師為人師、為經師都有其堅持與彈性的策略，他的班級經營行為可讓學生及其他同仁感受到他對「學生暖暖的教育愛」，這種愛與班級經營的理念也許可和第一篇理論策略篇相互呼應。

貳 研究場域

本研究的研究場域為永明國小，場域之個案教師為永明國小盼老師，盼老師經營班級生態為參與觀察分析的重點，研究小場域生態特別關注盼老師於課堂教室中與學生互動行為，另外整個研究大場域為盼老師服務的永明國小，從永明國小整體校園生態的場域中，可以蒐集到家長、同仁、班級學生對盼老師班級經營方法的回應及評價等資料，也可以檢核盼老師人際關係經營與對行政事務活動參與的程度。

參 研究工具與研究方法

在質性研究中研究者本身即是研究工具，因而研究者的洞察力、分析能力、資料整理與詮釋能力是重要關鍵能力。研究者長期投入於班級經營理論整理統合與實務工作的分享，因而研究者個人的專業知能足以勝任此一領域資料的分析與解釋。

為達研究目的，本研究所蒐集的資料包含個案本人敘說過去的經驗、研究者及個案同仁的觀察、個案教師任教學生的回應內容。本研究採用的研究方法主要為觀察法（observation）及半結構式訪談法（semi-structured interview）、文件檔案分析法（documentary analysis）、問卷調查法（questionnaire survey）。研究者確定研究對象後，先與電話跟盼老師聯絡，告知其研究目的，並徵詢其研究同意，第一次於11月13日先將要訪談的綱要送至學校給盼老師（這個星期日盼老師也至學校處理事情，本來

研究者想以電子郵件傳送訪談綱要，但盼老師告訴研究者他沒有使用過電子郵件，因而研究者才將訪談綱要列印出來親自送至永明國小給他），先請盼老師就訪談的內容先行回憶，之後再約定正式訪談時間。

二次正式訪談時間分別約定在民國99年11月17日及12月1日，訪談地點均為盼老師的教室，第一次訪談大綱與盼老師進行意見交換與深度的心理對話；第二次訪談時就第一次訪談時未提問的事項或研究者想再進一步瞭解的內容訪問盼老師，訪談時徵求盼老師同意錄音並摘記重點。在整理與轉譯盼老師訪談內容時，遇有不清楚或研究者想再確認的地方，研究者直接透過電話訪談詢問（電話訪談事先也與盼老師達成共識，電話訪談事宜盼老師也欣然同意，他說不會打擾到他），研究期間，研究者與個案教師進行10多次電話訪談互動，電話訪談時間不一，多數是利用是晚上7:00至9:00時段。

為進行資料佐證與確認資料的可靠性，蒐集資料除了研究者與個案教師進行訪談所得的資料外，也輔以研究者之前與個案相處15年的觀察回憶內容；至於個案後半段在永明國小的教學與行為，則商請與個案任教同一學年，有11年相處經驗的學年主任幫忙，請其近年來對個案所見、所聞的內容的觀察加以紀錄，此文件檔案由研究者請自至永明國小取得，並針對部分有疑惑內容請教此位學年主任。這個學期盼老師班上有位臺東大學的實習教師，研究者商請實習教師針對實習所見、觀察紀錄簡要撰寫實習反思心得，此部分的文件是實習教師以電子郵件寄給研究者。其餘文件檔案資料還包括曾任教盼老師班上的科任教師與學校主任，科任教師與主任在永明國小的服務年資都超過20年，對盼老師在永明國小的教學情況與班級經營策略都有深入瞭解。

問卷調查在於蒐集個案班上學生的感受情形，為免個案教師在班級現場會影響學生作答的真實性，因而於學生填答時，請個案與實習教師暫時至隔壁禮堂。在填答時，明確告知學生研究的目的，同學填答的資料老師（研究者在施測問卷，告知學生研究者也曾經是永明國小的教師，因而以老師自稱）會直接帶走，不會讓盼老師看到同學填答內容，問卷採不具名的回答，請同學依自己感受程度真實填答。學童填答時希望資料有保密

性，少數幾位同學在書寫開放題原因時，很天真的說：「老師從筆跡，就知道是那位同學寫的。」經研究者一再保證、告訴同學，老師（研究者）會守信用，絕對不會讓盼老師看到同學選填的情形，同學才很認真的作答。從此一事件可以看出，盼老師對班上同學的瞭解與認識程度，連盼老師班上同學都知道。

班級學習感受問卷

小朋友，這是一個沒有對錯的簡單調查問卷，請你依自己的感受程度在每題勾選√一個選項，填答時不用寫姓名、座號，請你放心真實填答。謝謝你

高雄師範大學師培中心吳明隆　上

你的性別：男□　女□

1. 我覺得編到盼老師的班上是我的榮幸
　　□非常同意　□大部分同意　□一半同意　□少部分同意　□非常不同意
2. 我很喜愛盼老師
　　□非常同意　□大部分同意　□一半同意　□少部分同意　□非常不同意
3. 盼老師是一位教學認真的老師
　　□非常同意　□大部分同意　□一半同意　□少部分同意　□非常不同意
4. 盼老師是一位賞罰分明的老師
　　□非常同意　□大部分同意　□一半同意　□少部分同意　□非常不同意
5. 我很懼怕盼老師
　　□非常同意　□大部分同意　□一半同意　□少部分同意　□非常不同意
6. 班上的同學相處很愉快
　　□非常同意　□大部分同意　□一半同意　□少部分同意　□非常不同意
7. 我覺得我們班的班級氣氛很好
　　□非常同意　□大部分同意　□一半同意　□少部分同意　□非常不同意
8. 我很喜歡我們這一班
　　□非常同意　□大部分同意　□一半同意　□少部分同意　□非常不同意
9. 我覺得盼老師對我們班很用心
　　□非常同意　□大部分同意　□一半同意　□少部分同意　□非常不同意
10. 如果可以重新編班，我還想編到盼老師任教的班上
　　□非常同意　□大部分同意　□一半同意　□少部分同意　□非常不同意
　　為什麼（請小朋友簡要寫出）：

11.父母親肯定盼老師的教學
　□非常同意　　□大部分同意　□一半同意　□少部分同意
　□非常不同意 □無法確定
12.五年級編到盼老師的班上，父母親很高興
　□非常同意　　　□大部分同意　□一半同意　□少部分同意
　□非常不同意　　□無法確定
〈謝謝小朋友的填答〉

　　在題項計分上，「非常同意」、「大部分同意」、「一半同意」、「少部分同意」、「非常不同意」五個選項正向題分別給予5、4、3、2、1分，題項11及題項12若是勾選「無法確定」選項，則視為遺漏值，題項不予計分。為實際知道同學第10題的感受情況，研究者一再告知同學字數多寡沒有關係，最重要的是一定要寫出原因內容。

肆　研究倫理

　　就本研究的研究倫理的考量方面與資料處理有以下幾項：

一、研究個案匿名的處理方面

　　對於本研究個案匿名的呈現，經研究者與個案進行第二次訪談後，與個案討論後，決定以「盼老師」為化名，個案也同意研究者採用此化名。之所以用「盼老師」為化名，乃因「盼」有希望之意，研究者期盼從個案教職生命史身上發掘的人格魅力、班級經營等能做為其他教師學習或參考，他人之石可以攻錯，從一位家長認同、行政人員肯定的教師，可以找到其人格特質或班級經營策略的獨特之處；此外，個案服務教職最久的學校，以「永明國小」為化名，因為這所學校曾經是高雄市最優質的學校，也曾是所有教師、家長、行政人員肯定讚揚的學校，更是個人服務教職的第一所學校，研究者希望學校永遠綻放光明，培育更多的人才。

　　在以個案為標的教師時，研究者先以電話聯繫，詳細告知其本研究目的，獲得個案口頭答應後，親自到個案服務的永明國小跟他約定訪談

時間並向其致謝。訪談時的摘記重點與錄音都經個案的同意。所有關於個案的資料、協助提供檔案文件的個案同仁、實習教師等在研究者中均以簡稱或代號呈現，個案班上學生陳述意見之資料也只以簡單代號S01、S02、……等表示（此代號為問卷回收鍵入電腦的編號順序，並非是學生的教室座號，問卷回收時學生也沒有填寫姓名與座號）。

二、研究資料內容的公開處理方面

在資料紀錄內容公開方面，研究者也徵得個案的同意，所有資料的呈現皆不會損及個案的權益，若有涉及敏感案例或行為的內容會先徵詢當事者的意見，做必要的取捨（整個研究歷程中此部分的資料好像沒有），整個論文完成之後，研究者將論述的內容先讓個案審核一次，看是否研究者統整詮釋的內容有誤，個案認為沒有問題後，再將電子檔郵寄給出版社出版。至於研究歷程中是否會因研究者已有的專業知能而強加諸於研究個案身上，研究者在撰寫過程中儘量提醒自己，以中立的立場進行資料的客觀詮釋，遇有疑惑或想再深入瞭解的地方即以電話請教個案，進行雙向意見溝通，進一步確認資料的客觀性與真實性。

有關實習教師對盼老師班上學生姓名的處理，研究者均將學生名字省略，而以○○代替，學生的「姓」氏也以別的姓氏呈現，其目的是無法讓讀者得知實習教師所描述的學生身分，研究者關注的是完整呈現實習教師於課堂觀察所見的事件經過，而非是學生個人，希望從事件的發生與盼老師的處理方法，中肯的詮釋盼老師班級經營的情形。

三、不干擾盼老師正常課堂教學

研究者進行訪談時，均先以電話與個案聯繫，時間均是學生放學後的時段；此外，電話訪談均利用晚間或晨間（盼老師上班之前），問卷調查是利用學生第二次定期考查早上考試結束時間，因而整個研究進行完全沒有干擾到盼老師正常的課堂教學。實習教師所提供的課堂觀察紀錄文件為盼老師正常教學時所看到的真實班級生態，紀錄文件為課餘或回到家中所

撰述，因而研究的進行完全沒有干擾到盼老師班上的正常教學，也沒有對實習教師的課堂實習有任何影響。

伍、研究過程的編碼與紀錄

　　由於盼老師曾是研究者的同事、也是研究者的家長，研究者離開永明國小後也常至永明國小，常會碰到盼老師，除與盼老師閒話家常外，也會與永明國小認識的教職員閒聊永明國小校務發展情形，研究者雖然離開永明國小，但對近年來永明國小的校園生態也有大概瞭解。整個研究過程除二次正式的訪談盼老師外，也透過長、短期觀察盼老師教學與班級經營的永明國小同仁提供相關的紀錄文件，研究資料取得主要有訪談取得的資訊；電話訪談獲取的訊息；學年主任、實習教師、學校主任與科任教師等提供觀察的文件檔案、省思文件；盼老師任教班級學生於不具名問卷之自陳量表的數據與書寫的文字感受。相關資料類別及資料編碼舉例摘要表如表8-5：

表8-5　研究獲取之相關資料類別及資料編碼舉例摘要表

資料紀錄類別	提供資料對象	性別	資料編碼舉例	代表意義
訪談紀錄	受訪者 （師專畢業）	男	991117，盼	第一次訪談受訪者，受訪者口述之內容，「盼」為個案教師的化名。
訪談紀錄	受訪者 （師專畢業）	男	991201，盼	第二次訪談受訪者，受訪者口述之內容。
文件檔案	受訪者之學年主任 （碩士班畢業）	男	991208，學年	受訪者之學年主任對受訪者近11年於永明國小教育現場看到、所見的文件紀錄，「學年」為個案之學年主任的簡稱。
文件檔案	研究者	男	74–89，研究者	研究者於民國74年到民國89年在教育現場所看到、聽到有關受訪者的回憶紀錄。

（下表續）

資料紀錄類別	提供資料對象	性別	資料編碼舉例	代表意義
文件檔案	實習教師（大學畢業）	男	991230，習	99學年度上學期盼老師班上實習教師採用課堂觀察法，所見、所目睹、所聽到的綜合評論與省思文件，「習」為實習教師的簡稱化名。
文件檔案	科任教師（碩士班畢業）	女	991224，科任	曾任教受訪者之科任教師（於永明國小服務20年），在永明國小教育現場所見、所聞撰述的文件紀錄資料，「科任」為此科任教師的簡稱。
文件檔案	教務主任（碩士班肄業）	女	991225，主任	曾任教受訪者之現任教務主任（於永明國小服務25年），在永明國小教育現場所見、所聞撰述的文件紀錄資料，「主任」為此教務主任的簡稱。
自陳量表	受訪者班上學生		991201，S01	受訪者班上學生於自陳量表開放題所陳述的內容。

陸 研究的效度與信度

　　質性研究的效度一般採用三角檢定法。質性研究中如何確保受訪者所陳述之內容的可靠性與真實性是非常重要的，質性研究中的訪談內容若能配合觀察法所看到的生態面貌，與個案熟識的同仁所見、所聞的文件檔案，在相互交叉比對之下，即能確保受訪者陳述內容的客觀性。本研究在整個研究過程中，由於研究者正式訪談個案前，已對個案有初步的瞭解，與個案長期保持聯繫，因而有很好的友誼，當研究者告知個案要以其作為研究對象時，個案欣然答應，進行訪談時是一種深層對心理對話，個案會根據研究者提問的內容懇切的回答。在資料的檢定佐證上，採用多元驗證方法，方法一為以盼老師班上學生自陳感受問卷，就學生所陳述的內容和資料內容進行交叉比對；方法二為實習教師於課堂教室之自然情境中觀察所見的記錄與省思文件；方法三為與個案熟識或同一學年的同仁與行政人

員，對個案之班級經營與教學等所見、所聞所撰述的文件檔案，在多種資料文件的比對檢核下，研究中所描述的個案事件或行為具有很高一致性，表示研究者論述內容的效度很高，資料事件的信度也很高；此外，在事件的詮釋與分析上，研究者完全站在學術研究立場，以中肯的語句及適宜用語來論述個案的行為與班級經營的情形，沒有將個人之班級經營的專業知能強加於個案身上，著重個案行為詮釋的真實性。

第四節　教職生涯起始與轉換

本節根據研究者統整歸納的資料加以詮釋盼老師的教職生涯的「緣」與「成」。

壹　人生有夢──緣

盼老師就讀師專的原因與多數師專生一樣，考量的是家中經濟問題與將來就業，因為盼老師小時家中經濟貧苦，因而以就讀師專為第一考量。盼老師家中有七個兄弟姐妹、盼老師排行第四、上有二位哥哥、一位姐姐；下有二位弟弟、一位妹妹，小時家住花蓮，家中經濟不佳，國中畢業後以考取東部師專為第一志願，師專分組時選讀特殊教育組。盼老師踏上教職的二個原因：一為考量家中經濟問題，二為對國小教師工作也有興趣（991117，盼）。盼老師畢業後分發至高雄縣鄉下的一所國小服務，在此國小服務五年；之後以績分調動調至高雄縣市邊界的一所學校，在第二所學校也服務五年，盼老師服務第二所學校期間，學校因行政區的重新劃分，重新被劃分為高雄市的學校，最後以市內績分調動進到高雄市。民國72年盼老師調至高雄市永明國小，從民國62年於國小擔任教職至今（民國99年）已有38年時間，在永明國小服務已達28年，盼老師擔任過的行政職務有體衛組長、設備組長、事務組長。

研究者訪問盼老師就讀師專時印象最深刻的事件為何，盼老師思索一下，突然想起下列事件：盼老師說當時師專五年級每天要在司令臺升旗，

升完旗後會舉行即席演講，盼老師在那次即席演講說得十分深入、內容是有關當時時事的解析，其餘被抽到的同學講述的多跟教育有關，因而盼老師演講的內容十分吸引在場的所有師生。二天後，升完旗後舉行的即席演講，學校指定盼老師就之前演講的內容再補充重新講述一次，盼老師也不知其真正原因為何，只聽師專導師說：「你講得內容很好，對時事的分析也很客觀中肯，但有些低年級參加社團的學弟妹沒有聽到，所以學校想請你再講述一次。」為了第二次能講得更好，盼老師把原先的雜誌及資料再詳細看了一次，做了更充分的準備，果然第二次的演講內容比第一次更完整、更深入，這天的升旗，學校只安排盼老師一個人進行演講，沒有再抽籤舉行即席演講，盼老師講完只聽司令臺下掌聲如雷。等到盼老師講完，校長上臺致詞時，才知道在臺下跟同學站在一起聆聽盼老師演講的是當時的行政院長蔣經國，那個星期蔣經國院長到東部視察，有一個早上的行程是到盼老師就讀的師專參訪，由於蔣經國院長一再叮嚀不能打擾學校正常作息，學生升旗時由學校行政人員等陪同一起站在學生隊伍最後面。後來盼老師班上同學得知當天學校來了一位貴賓，回到教室後跟盼老師開玩笑說：「你要升官了。」

　　這件事情盼老師在演講前完全不知情，是等到校長致詞介紹院長時，盼老師才知道院長也在下面聆聽，這件事情對盼老師而言是一種信心的肯定，他相信只要事先有充分準備，事情的結果多數是甜美的。盼老師自述道：

　　　「在師專就讀時，印象最深刻的事件就是那次的演講，演講前我完全不知道蔣經國院長也在下面聆聽，如果我事先知道，可能會很緊張，怕講錯或分析不好，損傷學校校譽。」（991117，盼）

　　從此事件之後，盼老師很喜愛時論性的雜誌，這對後來他喜愛看雜誌習慣、獲取新知有很密切關係。

　　在第一所學校服務期間，盼老師接任四年級導師，接任導師後，令盼

老師為之震驚的是這班四年級多數學生的注音符號幾乎不會，因而盼老師只得從一年級注音符號開始教起，之後，持續利用中午時間幫學生進行注音符號補救教學。在第一所學校服務期間，盼老師只安守導師本分，致力於提升學生的學業表現，當時學生的學業表現低落，但學生單純、家長純樸，在第一所學校服務期間，學校從沒有發生親師生衝突事件，學生雖然課業表現不佳，但常規表現與行為令盼老師十分心安，因為學生非常尊重老師，對老師的的話語與訓誡不敢不聽。此時期的班級經營唯一的困境為學生的學習表現一直未達盼老師所期待的，盼老師每天花很多時間在進行補救教學。

「我印象最深刻的事情，是許多學生到了四年級連注音符號與九九乘法都不會，這可能跟低年級與三年級老師的教學有關，但其中一個原因也可能是鄉下小孩較不喜歡讀書，那時鄉下家長根本沒有人管小孩在學校的學習情況。」（99117，盼）

盼老師服務的第二所學校，原先的行政區劃分隸屬高雄縣，後來併入高雄市，使得盼老師從高雄縣教師變為高雄市教師。在第二所學校服務時，因為前一年發生督學至學校視察時，卻找不到校長及一級學校行政主管的事件，讓高雄縣教育局官員十分生氣，認為學校的行政運作過於鬆散，隔年新到任的教務主任變得十分嚴格，力圖改變學校的氛圍，希望藉由對外校際競選提升學校的正向知名度，那時，學校排球隊剛好欠缺一位教練，年輕的盼老師便成為最佳人選。盼老師與排球的結緣及指導排球知能便是從此學校開始（之前，盼老師在第一所學校體育課有上過排球課程，那時只時讓孩童玩玩排球而已），盼老師採取的方法：一為請之前有經驗的學長至學校指導，學習如何教導學生打排球；二為自行進修，閱讀排球教學的相關書籍，由於盼老師的用心與積極投入，盼老師帶領的排球隊屢獲佳績，記功嘉獎的次數很多，五年後由於績分很高才能以第一順位調到市區的永明國小。盼老師除了會指導學生學習排球外，本身排球也打

得很好，調到永明國小後也代表學校參加高雄市教師組排球比賽，屢次獲獎。

　　在第二所學校服務期間，盼老師有次帶排球隊到中部比賽，晚上休息時，有二位學生因互相怪罪對方白天比賽時不用心而起爭執，進而演變成嚴重打架事件，盼老師知道後，非常生氣，因為盼老師一再叮嚀，外宿時要注意安全與行為表現，如果行為不當不僅會影響校譽，可能還會影響到日後到外縣市比賽機會。當盼老師知道學生發生打架事件時，非常生氣，那時正值年輕氣盛時期，盼老師除當著所有學生面前訓誡二位打架學生外，還出手打了二位學生臉頰，由於盼老師出手很重，學生臉頰留下掌印。回到學校後，二位學生家長知悉後十分生氣，認為盼老師處罰過重，便直接向校長理論，之後，在盼老師、主任及校長的道歉下，此事件才圓滿落幕，經此事件後，盼老師在第二所學校服務期間，就沒有再發生親師間衝突事件。

　　　　「第一次打學生是學生打架，因為是排球隊的學生，我要求比較嚴格，打他們時出手比較重，才會讓家長這麼生氣，那時我真的有點情緒失控，要不是平時和球隊學生感情很好，可能會被家長告。」（991117，盼）

　　不經一事、不長一智，經此事件後，盼老師體會到常規管理的一個秘訣：教師處罰學生前要先調適自己的情緒，教師不能在情緒失控狀態下處罰或責備學生，這樣會容易造成學生身心傷害。正如盼老師所體會的，之後在市區永明國小服務時，雖然也有體罰過學生，但從未發生班上家長告盼老師的事情或因處罰學生導致親師生衝突的事件。

　　第二所學校的區域靠近高雄市，那時很多老師都在課後私下補習，盼老師應家長要求，下課後也在補習，盼老師很中肯的告知研究者，那時他也知道補習是違法的，但是補習是一種各取所需的行為，一是家長希望孩童學業能再提升，自願讓學童補習；二為老師下班後額外的付出可以多

賺取一些費用，三是當時學校有很多擔任導師者都在補習。民國68年至72年，盼老師說不僅他服務的學校有許多老師在補習，附近學校多數教師課後也都在幫學生補習（盼老師說當時補習一詞多以臺語「養鴨」表示）。盼老師認為其可能原因為二：一為升學主義掛帥下，家長都希望自己的小孩多學一些，最重要的是不要輸在起跑點；二為學區附近好像沒有任何補習班或安親班，家長為讓孩童有較多的練習與學習機會，便在自己導師處課外輔導。

> 「當時我在學校附近租了一間房屋，一個月租金多少我忘記了，學生的補習費是1,000元，那時我們班補習的學生有十多位，如果聽說有督學要來抓補習，老師就會停一、二次。」（99117，盼）

貳　結緣起飛——成

　　盼老師調至永明國小的考量有三點：一是為自己孩子未來的入學作準備，二為永明國小在當時高雄市被歸類為「最優質」的小學，學生越區人數最多，三是永明國小位在市中心，交通便利，上下班十分便利。盼老師說：

> 「當時高雄市有這樣的傳言，研習會你跟別人講你在永明國小服務，研習會的教師會以羨慕的眼光看著你；參加語文競賽、中小學科學展覽競賽、國小聯合運動會、音樂比賽四大校際比賽，只要是永明國小的師生或組別，別的學校都會先懼怕三分。」（991117，盼）

　　永明國小是盼老師的第二個家，從民國72至99年底，盼老師已在此學校服務快30年，盼老師於永明國小服務的前15年，研究者有幸與他共事，

15年的觀察對一位教師而言，觀察所得資料的可靠度是很高的；其次是個人在與盼老師15年的共事中，有6年的時間是與盼老師任教同一學年，9年時間都擔任盼老師班上的科任教師，之後研究者也陸續回到永明國小，跟盼老師及之前同仁閒聊，閒談中也能大概瞭解盼老師的教學動態情形；此外研究者從二次的正訪談與電話訪談中，深入瞭解盼老師教職生涯心路歷程，輔以對盼老師有充分瞭解的學年主任、同事提供的文件，實習教師一學期課堂觀察的省思文件、學生回應感受資料等，論述詮釋的內容十分客觀，資料文件相互比對可以驗證資料分析的合理性與一致性，在合理性與可靠性的前提下，解析盼老師教職生涯態度與班級經營的策略方法。

　　永明國小從第一任校長至第六任校長，雖然每位校長的領導風格各不相同，但每任校長對學校投入與用心程度是相同的。盼老師在永明國小28年的教職生涯中，前後與六位領導風格不同的校長的共事過，六任校長對盼老師的數學教學、班級經營與排球隊訓練成果等均有很高的評價：

　　　　「如有跳級生到高年級就讀或單科隨班附讀數學，家長第一個指定是盼老師的班級，盼老師的數學教學是有口皆碑，如果是永明國小的家長，多數都知道盼老師數學教得很好。」（991225，主任）

　　　　「校慶活動或各種研習活動，場地布置與會場整理，校長及承辦主任都會請盼老師擔任負責人，這個工作盼老師已經做很久了。」（991225，主任）

第五節　教職生涯態度與行為分析

　　本部分針對訪談與觀察紀錄文件，對盼老師整個教職生涯的態度與特色加以詮釋。

壹 安全第一、學生為重

就校園意外事件而言，學生能「快快樂樂上學、平平安安回家」是學生家長最大的期盼，其次才是「充實忙碌的在校學習」。盼老師任教38年來，帶領的班級尚未發生過意外事件，盼老師認為「講道理說明白是預防意外事件的重要原則，班上紀律不能打折」（991117，盼），當學生知道事情後果的嚴重性就不會於教室中或室外課捉弄同學（指會讓同學受到傷害的玩笑）。盼老師帶領新班級時，早期會於生活與倫理課程及早自修進行案例宣導，九年一貫課程實施後（沒有生活與倫理課程）會直接於早自修或開學時進行案例教學，盼老師會明白告知學生教室中不能從事或表現哪些行為，如在教室中打球、在教室中奔跑、故意絆倒同學，把同學椅子突然挪開、在同學椅子放置任何東西等，盼老師常以把同學椅子突然挪開，造成同學下半身癱瘓的實例進行案例教學，盼老師認為當同學知道此種玩笑行為可能導致很嚴重的後果，甚至可能造成同學一生的傷害，同學就會警惕，如果有同學故意違反這些規定，盼老師會嚴厲責備，予以當頭棒喝，如此常規才能貫徹執行，盼老師自述道：

> 「最讓我生氣的事，明明已經跟學生講了很多次，這個玩笑開不得，或不能在教室打球，但少數學生就是很白目，對於這樣的學生，老師一定要嚴格執行之前的規定，否則學生的壞習慣無法完全改過來。」（991201，盼）

實習教師在課堂實習中於校慶運動會預賽時觀察到下列一個事件：

> 「蘇○○是運動會1,600公尺接力賽的選手之一，預賽的前一天練跑時，交接棒的那一刻摔倒受傷。盼老師知悉原因後大發雷霆，因為老師不斷叮嚀交棒後要往旁邊減速，而他那天是繼續往前，當然撞到前面的跑者。盼老師勃然大怒的說：『平常就是太少罵你，

才會變成這樣。原來你平常都沒在聽老師說話，就已經跟你們說過……』，有時候真的要讓孩子知道事情的嚴重性，尤其是安全方面的教育。」（991230，習）

總是將學生的安全擺在第一位，是盼老師班級經營與教學活動安排首應考量的前提，如果事先已經跟學生講述很清楚明白，而學生又受傷，盼老師會十分生氣，即使是平常表現良好的同學。盼老師認為許多受傷意外事件是可以預防的，身為家長最不願看到的就是學童在校園內發生意外事件或重大傷害，盼老師自述道：

「幾年前，隔壁鄰近○○國小發生畢業班學生從教室頂樓不小心絆到繩索摔死事件，那位學生還是班上模範生，事件的發生就是教師的疏忽與學生不小心所引起，如果帶隊老師能再次提醒學生，或不要讓學生參與有危險性活動，事件的發生也許可以避免。不管老師教學有多好，如果班上學生在學校發生意外事件，重傷害或死亡，對學生家長都無法合理交待，當然，如果是小傷還比較沒有關係。」（991117，盼）

盼老師說他在永明國小擔任高年級導師後，公共區域清掃被分配的地區多數是廁所，清掃廁所時會用到鹽酸，有次同學居然用刷子沾稀釋鹽酸嬉鬧互潑，他知道後十分生氣，這些同學被罰站在廁所一節課，並被他嚴厲責罰並用手打了那位同學好幾下的臉頰（這是體罰行為），由於盼老師以很兇的語氣責備學生並打學生，班上所有學生都嚇了一跳，從那次後，清掃廁所的同學就不敢於掃地時故意嬉鬧開玩笑。盼老師說：

「很多事情一定要跟學生事先講清楚，尤其是可能傷害到同學的玩笑行為絕對不能做，老師一再叮嚀學生，學生自然會警惕，學生之間還會相互約束。」（991201，盼）

就學生的戶外教學安全為例，盼老師任教學生在戶外教學或畢業旅行前，盼老師會在出發前一天明確告知學生除要依分組名冊結伴而行外，集合上車的時間一定要準時，甚至提早幾分鐘，尤其是三天二夜的畢業旅行，準時上車是很重要的，因為每個行程及參觀地點進場時間都已經事先預定好，如果某班學生無法準時集合到齊，會影響全學年所有車輛開車時間（早期高年級一學年有14至16班，畢業旅行的車輛多有十多部），所以盼老師在畢業旅行時通常要求學生帶手錶（或卡通錶）。每個定點在開車前，老師一定要「逐一點名」，看學生是否全員到齊，如果學生沒有到齊，絕對不能開車，這個經驗盼老師也對資淺教師或新接任導師的同事分享過。戶外教學或畢業旅行首重的是「學生安全」，如果學生能平平安安的回到學校，讓等候在校門口的家長看到，戶外教學或畢業旅行通常就算圓滿完成。在訪談中，盼老師告知研究者永明國小鄰近的學校，某年舉辦畢業旅行時，第一天在第一個定點玩完後，車子駛向第二個定點時，某一車隊的導師才發現班上有位學生沒有上車，這位女老師下車馬上嚎啕大哭，深怕未上車的這位學生發生意外，幸好第一個定點服務區管理員很熱心，知道學生未準時跟上遊覽車，自動開自用車子載學生到下一個學校旅遊點與學校同學會合（畢業旅行時旅行業者會設計學習單，學習單上有每個旅遊點的位置與電話）。對於戶外教學的安全，盼老師自述道：

「戶外教學最重要的是學生安全，考量學生安全，旅遊景地現在都不到有溪谷的地方，多數是到大型遊樂區，空間大又安全，今年臺北市的花博是很多學校畢業旅行參觀的景點之一，早期也常安排到故宮、小人國。不管是戶外教學、畢業旅行，只要是老師帶隊出去的活動或比賽，要開車前老師一定要一個一個學生點名，不要偷懶，這個是教師應負的職責之一。」（991117，盼）

盼老師除了直接告誡責備外，還會罰學生反省，反省是體育課、電腦課不能上或舒活時間不能至禮堂打排球，而要留在教室看書並書寫心得報

告。研究者問盼老師說會不會有學生連閱讀心得報告都不寫，盼老師告訴研究者，他任教過的學生不敢。研究者也推論學生不敢，因為盼老師生氣時真的很兇，「真的很兇」是許多家長與學生對盼老師共同的描述，在教師班級領導中，這就是「教師權威」的展現，此種權威能讓犯錯的學生知道「老師生氣了」、「我以後不能再犯同樣的錯誤」。盼老師之所以如此強調學生的安全，乃是基於教師倫理及教師應負起的職責義務考量，盼老師一直強調，家長將學生送到學校，交到班級老師手上，就是期望孩童的快樂成長、學習環境是個安全、溫馨、和諧的情境，盼老師所提到的學習情境就是友善校園及友善班級環境的型塑。

在班級經營最應注意的事項方面，除了學生安全外，盼老師特別列舉了教師在處理下列三件事件時要格外謹慎：一為偷竊、二為說謊、三為作弊，這三類事件發生時，如果班級老師沒有妥善處理，很容易誤會同學、嚴重傷害學生的自尊心，造成家長的不諒解。老師如果沒有將三類事件發生的緣由弄清楚，隨便依同學指認或所說的認定某位同學有偷竊者、說謊者或作弊者，是很危險的，尤其教師不能根據學生過去行為來推論目前的可能情況（盼老師所講的是教師以偏概全的謬誤，此謬誤即是班級經營中的月暈效應）。就盼老師的教學經驗中曾經碰到一個實例，就是學生把戶外教學的錢夾在數學習作中，此學生一口咬定第三節體育課最早進到教室的同學是偷竊者，幸好盼老師協助其找尋，才沒有發生誤會同學，否則事件可能會弄巧成拙，變得一發不可收拾（盼老師述的案例是班級經營中的現象），盼老師認為一位教師沒有明確證據，沒有經過查證歷程，絕不能於教室公開場合將偷竊者或說謊者指名道姓說出。對此，盼老師自述：

> 「我在處理偷竊、說謊、作弊三種事件會格外注意，尤其不能只聽信某一位同學的話，就認為某某同學是偷竊者。如果同學真的有偷竊或說謊行為，教師要私下處理，不要讓全班同學都知道某位同學是小偷、某位同學欺騙老師，這樣很容易傷害到學生的自尊心。」（991201，盼）

貳 教職生涯的理念與態度

　　研究者訪問盼老師，對於一位教師應注意哪些事情？盼老師不假思索的回答說：「優先的考量學生安全」，對於教師本身要注意二件事，第一件事為教師本身的品德操守、第二件事為財務的處理。就品德操守方面，盼老師認為師生之間互動應保持一定的距離，盼老師所指的距離是男教師與女學生間的肢體接觸，盼老師說：

> 「記得以前跟體育組長林○○老師帶田徑隊到市立體育場參加國小聯合運動會時，校內選手跑完走不動，不管是男女選手，老師都會上前用手攙扶學生，把學生扶到休息區，這幾近來如果要扶女學生，都會請隨隊的女老師來扶，除了是暈倒或摔倒受傷，這樣的考量是避免不當的誤會產生。」（991117，盼）

　　盼老師的這種做法改變也是經由校內進修研習得知，永明國小在教師進修研習中曾請專家學者講述有關教師法律責任與性騷擾相關議題，會議當中曾特別說明國內校園性騷擾許多認知衝突都發生在男教師身上。對於教師品德操守方面，研究者認識盼老師28年來，發現盼老師是位嚴以律己、以身作則的教師，班級內師生衝突事件從未發生，對於盼老師人格特質分析後面有詳細論述。

一、勇於接受挑戰，不怕權威領導之教學者

　　當時永明國小的第一任校長為創校校長（以下簡稱為正校長），辦學十分認真，學校從徵收校地到完工，正校長均親自參與，除了大年初二未到校外，其餘假日不管刮風下雨均會到校辦公、整理校園；每天上學除開會外，七點整定準時站在校門口觀看學生上學、教師上班情形；若是教師班級常規不佳、教師未準時上課、作業批改不認真、定期考查班級平均成績顯著落後別班等，則正校長會於朝會公開指名教師要檢討。研究者在

訪談過程中詢問盼老師，在填調動學校名單上會不會害怕新校長的嚴格領導，盼老師說他不會，他認為教師就是要能接受挑戰，只要自己把該做的事做好，即使再權威領導的校長也不用懼怕。盼老師自述道：

> 「我一直相信我的教學能力與做事態度，當時選填學校順序時根本沒有考慮到這個因素，我唯一考量的是永明國小是所新學校，又位在市區交通便利，較適合年輕人。」（991117，盼）

聽完盼老師的話語，對於盼老師的勇氣十分佩服。研究者個人記得民國72年公開選填永明國小後，有別的學校的主任就直接跟研究者告誡：「永明國小的校長很兇，你要有心理準備。」後來研究者到永明國小服務，與正校長一起共事，發現高雄市所傳言的「正校長很兇」，其實是正校長對教師要求比較嚴格，但此種嚴格都是教師可以接受的；此外，正校長個人辦學十分認真、以校為家、全心投入校務，以身作則為教師表率。正校長對教師的要求雖然較嚴格，但對教師的福利也相對的十分關注，根據研究者當時的觀察發現，永明國小的教師並沒有因為校長的嚴格要求，而與校長的領導起衝突，相對的，全校的教職員工對正校長十分的佩服，私下與正校長的情感很好。正校長退休後，一直與當時在永明國小的教職員還有密切聯繫，教職員子女的喜宴皆會請正校長上臺致辭。正校長清廉、認真用心、以身作則、全力對校務付出的態度與精神也對盼老師的教學有重要影響。

> 「正校長實在很不簡單，當時對學校大小事務都能掌握，每位教師的教學、作業批改、學生常規的表現都有深入的瞭解。就是因為校長能掌握學校的動態，所以老師根本不敢摸魚。說真的，這對我日後在永明國小的班級領導產生一定的影響。」（991117，盼）

二、管教雖然嚴厲，班級師生關係依然和諧良好

在與盼老師相處的15年時間中，研究者觀察到若有班級學生課堂學習不專注或常規表現不好，盼老師會大聲嚴厲指責，甚至體罰學生（民國74年代至民國84年代，永明國小多數教師都有體罰學生情況發生），當時研究者與盼老師的教室是相鄰，盼老師責罵學生的聲音，研究者班上都可以聽到。但盼老師體罰學生或責罰學生，都沒有發生家長告盼老師的情況，盼老師與任教班上學生的感情都非常好。研究者詢問盼老師其中緣由，盼老師說，他處罰或體罰學生時表面上會心平氣和，不會在情緒失控下處罰學生。

「我處罰或大聲責罵學生，臉部表情不會讓學生感受到老師情緒失控，課堂與下課的情境我會分開，課堂中對於學生的不專注行為，或於班級中故意違規行為的同學，我會嚴厲斥責；但是下課時間，我還是會跟學生有說有笑，當然，如果前一節我有生氣過，那天學生下課跟我互動者會比較少。」（991117，盼）

對於許多教師說現在教師難為、學生難以管教的情況並未出現於盼老師身上，盼老師認為現在學生的常規行為與之前好像沒有什麼差別，他不覺得學生難以管教。對於特殊學生他會採取較為權變的方法，如學業成就低落的學生，作業沒有辦法全部完成，他會把作業的份量給少一點；對於有情緒障礙的學生，會特別交代班上同學不要與其發生衝突，並注意跟他們交談的用語，絕對不能以刺激性言語激怒他們，開學時會事先將特殊學生的情況告知科任教師（特殊學生的行為在輔導記錄表中都要記載）。盼老師自述道：

「我不認為現在學生的常規表現與早前永明國小（研究者在永明國小服務期間）的學生表現有不同，我教了那麼久，也沒有發生同學欺負班上同學的事情（指的是班上學生被霸凌的情況），唯一

的一件事是同學勒索別班學生事件。」（991117，盼）

　　對於盼老師所說的勒索別班學生的同學，研究者也知道這位學生，因為當時研究者還在永明國小服務。至於班級霸凌事件，盼老師說除了這件勒索事件外，他在永明國小教書期間從無發生，班級發生最多的是同學間的公開小爭執，至於教室內意外事件也沒有，因而盼老師在永明國小服務約28年時間，親師生之間的相處關係都十分和諧。

　　盼老師這種對於自己教學的肯定與處罰學生常規問題的效率，展現的教師類型為L. Canter（1992）所分類的「果斷反型教師」（吳明隆，2009），研究者認為這與盼老師的人格特質與嗓門宏亮有關（研究者推論當時盼老師在師專就讀之即席演講所以能特別引人注意，可能也與盼老師有好的嗓門有關），研究者觀察發現，盼老師未生氣時與學生相處極為融洽，常和學生有說有笑，私底下也會和學生開玩笑；但當班級學生違反常規或干擾教學活動時，盼老師會大聲斥責，由於盼老師嗓音很大，因而當他大聲責罵學生時，會令學生震顫。實習老師對盼老師師生互動之的課堂觀察發現（991230，習），盼老師的師生互動有以下特性：

(一)瞭解孩子——個性特質、學習能力、人際關係、喜好、厭惡。

1. 指派孩子做事都有其背後的目的。

2. 推派學生參加活動：像是挑選最符合性向、最有能力的孩子參加創意運動會。而有些課餘活動，則推薦比較弱勢、需要關愛的孩子去參加。

3. 推派學生參加比賽：挑選最符合性向、最有能力的孩子。

4. 知道學生需要什麼、喜歡什麼、討厭什麼。像是全班都喜歡打排球，舒活時間就讓他們去打打球。

5. 剛開學的時候，班上充斥著「浮躁」的氣圍，表面上看不出端倪，但老師立即從掃地工作、數學作業、科任課上課情形……

之中，迅速感受到變化，可見十分瞭解班上每一個小孩。

(二)給孩子機會——有些事情交代給孩子去做，讓其覺得備受重
　　視，也可以從中磨鍊辦事能力，像是幫老師影印。

(三)有時跟孩子開開玩笑，以幽默風趣的口吻調侃他們，可見師
　　生互動良好。像是：「王○○和林○○……。」以班上正值
　　青春期的小男生和小女生之間的互動來開玩笑，總是可以引
　　起全班關注，讓課堂氣氛活絡，也有助於青春期兩性關係的
　　正常發展。

　　從實習老師課堂的觀察發現，盼老師師生互動的主要策略是：瞭解
學生的資質、能力與專長；給學生成功的機會、給學生機會；幽默風趣縮
小彼此距離。盼老師的這些策略就是一位有效能教師的行為特質，與第一
部分理論策略篇所論述的內容相呼應。要瞭解學生教師除要用心觀察外，
教師更要察其言、觀其行，與學生有良好的互動溝通；成功是激勵學生最
佳的動力，長期經歷失敗的學生，會打擊學生的學習動機與信心，成功不
只是課業的進步，也包括其他學藝才能或體育技能的成展現，挑選最符合
性向、最有能力的學生參加比賽，給予學生機會與學習經驗就是多元智能
理論與班級課堂的實踐，研究者沒有詢問盼老師是否知道「多元智能理
論」，但盼老師的課堂教學與班級經營卻能有效運用多元智能理論於課堂
班級活動中。實習教師省思文件中所提盼老師「指派孩子做事都有其背後
的目的」，及盼老師安排的活動背後也有目的，如：「剛開學的時候，班
上充斥著『浮躁』的氛圍，表面上看不出端倪，但老師立即從掃地工作、
數學作業、科任課上課情形之中，迅速感受到變化，可見十分瞭解班上每
一個小孩。」這種學習活動的安排即是教育分析哲學家所述的教育三大規
準中的「合價值性的意義」。

三、善於時間管理，班級常規甚獲每任校長肯定

　　盼老師從民國72年進入永明國小，至99年共經歷六任校長（中小學校長從派任制改為遴選制後，每位校長最多只能連任一次，即在一所學校服務二任8年），每任校長都對盼老師的班級經營十分肯定。研究者在永明國小15年的服務時間，歷任四位校長，學校有重要研習或舉辦全市性活動，校長或主任都會請盼老師協助場地的打掃與布置，由於盼老師動員班上學生做事的效率很高，之後學校有類似活動或研習，盼老師都是負責場地布置的工作。研究者在永明國小服務時，廁所並非外包給廠商打掃，而是由班級負責，盼老師教導的班級一直負責廁所公共區域的打掃工作，那時全校十六間廁所（四個樓層，每個樓層角落各有一間男女共用廁所），打掃最乾淨讓學生最喜愛使用的廁所是盼老師班級負責的，有時候連教室位於別樓層的同學，下課時都會跑到盼老師班上負責打掃的廁所方便。盼老師的策略是除了每天掃地時間的打掃外，請早自修練習寫完而程度較好的同學協助打掃拖地，此外，下課時，請專人協助巡視公共區域，一發現有髒亂，負責巡視的同學會立即打掃，由於盼老師對廁所乾淨的要求，無形中影響到班上同學，因而班上多數同學都會以打掃公共區域為榮。另外，盼老師也會自己購買拖把及小型刷子，因為學校購買的是統一格式，自己會根據班上的需求購買更適合學生使用的清掃用具，這部分花費的經費不多，所以並沒有向學校請購（74-89，研究者）。對此，盼老師自述道：

　　　「那時候，學校購買的拖把很難扭乾，也沒有班費，所以我下班時會順道去五金行購買更適合學生使用的拖把及刷子，這些沒有多少錢，因學生使用起來順手效果也不錯，所以每學期開學時我都會購買給我們班的學生使用。」（991201，盼）

　　盼老師每天早上7點附近就會到學校，除了批改尚未改完的作業外，也會立即批改當天到校同學繳交的作業，除了帶球隊外出參加比賽未在學

校外，多數的時間都會留在教室中，有時科任教師上課時，盼老師才會至辦公室批改作業，盼老師說科任教師上課時，他比較不喜歡坐在教室後面批改作業，因為這樣好像會被誤認在監視科任教師上課。

> 「科任教師在我們班上課時，如果還有作業沒有批改完，我比較喜愛在辦公室批改作業，因為這樣科任教師上課比較自在。我對作業處理的原則是如果沒有特殊原因，多數會在當天批改完，而且不會將作業帶回家批改，因為這樣很不方便，也比較沒有效率，這可能跟我個性比較急有點關係。」（99117，盼）

實習老師對盼老師教學時間管理的課堂觀察發現，盼老師於課堂教學中是相當有效率的，此種緊密活動的安排，學生才不會覺得無聊，更能讓學生於課堂中專注於學習活動，這也是有效能教師課堂教學的行為特質之一：

> 「善用時間——可以在同一時間裡，完成許多事情，節省時間。像是：體育課先練習全班接棒賽跑；接著分成兩組，一組打排球，另一組跳高，然後再交換；一堂課下來可以讓孩子完成三項運動。」（991230，習）

四、教學方法得當，多數學生數學學習進步顯著

在高雄市未實施電腦編班之前，每到盼老師輪到教授五年級（國小帶班是二年一輪，因而編班的年級是一、三、五年級，二、四、六年級是不重新編班的，編完班後學生不能轉班但可以轉校），當年暑假校長就會很困擾，校長困擾的是多數家長希望孩童能編入指定的少數班級中，以高年級為例，永明國小學生數最多時一班約有60位，一個年級有十六班。希望編到盼老師班級的學生家長通常有200多人，家長通常會透過家長委員、

地方民代、教育行政機關等來請託校長幫忙，造成校長極度的困擾（其實這種情形在當時每個學校都一樣，正由於編班問題造成校務行政正常運作，後來才全面實施電腦編班，避免人情關說）。研究者訪談盼老師，詢問他為何會受到多數家長肯定，盼老師很果斷的回答，可能是跟學生數學有顯著進步有關係：

> 「在第一所學校教書時，我為了對學生進行補救教學，從最基礎的基本概念教起，發現學生的數學有顯著進步；到了永明國小後，我也是採用同樣的方法，從每個單元的基本概念開始教，我不會因為定期考查，急著將進度教完，我每教完一個小單元，會自行編印學習單讓學生練習，以診斷學生是否完全理解。家長之所以希望孩童編到我的班上，可能跟學生數學學習表現有關。」（991117，盼）

　　在與盼老師15年的相處中，盼老師所講的與研究者心中認定的結果不謀而合（這個結果和問卷調查學生所填答的內容相同，也與教務主任、學年主任所見、所陳述的文件一樣）。當時學生定期考查是不同年級互相出題，六年級老師出五年級試題，五年級老師出六年級試題，監考時由教務處統一排定教師監考輪值表。閱卷時是同一年級教師在同時段統一閱卷，每位教師批改幾個試題或小單元，因而分數的批閱是十分公平的（現在永明國小是由導師自行閱卷、由導師自行監考）。班級數學平均成績的差異隨著定查考查次數的累積而有顯著不同，剛開始時，盼老師班上的數學平均成績只高出別班3至5分，但到五年級下學期或六年級上學期，盼老師班上的數學平均成績會顯著高於其餘班級10分附近，與最差班級的差異多數平均會高達15分，盼老師班上學生的數學成績較別班同學顯著突出，此種情形，不僅學校教師會知悉，連家長都知道，社區家長相互流傳著：「永明國小的盼老師數學很會教。」由於盼老師數學教學及學生常規管理的評價很高，未實施電腦編班前，永明國小許多教職員的子女也多請託行政人

員編入盼老師任教的班級。

實習老師對盼老師教學方面的課堂觀察發現（991230，習），提出以下省思：

「在數學教學方面：1.基本概念重於一切：基礎要紮實，細節不能疏忽；剛開始老師一定要盯緊，親自逐一批改、要求確實訂正；還有，盼老師最在意選擇題了，盼老師說過：『選擇題雖然配分最少，但最重要，因為考的都是觀念。』2.步調要慢：按部就班，一節課只教一個觀念就好。3.使用多元的教學方式：圖解、實際操作等，可以增進理解，並加深印象。4.不會的馬上問，老師馬上教。5.精益求精：基礎穩固以後，把概念逐漸延伸，進行加深加廣的學習。6.應用所學：不斷跟孩子強調，看到題目時，要把學過的「十八般武藝」都拿出來應用。」

「在國語教學方面：1.情意教學：將課文內容連結時事，培養孩子思辨的能力。像是：有一次在講解課文《笛卡爾的迷思》時，講到凸透鏡可以聚光，黃○○分享了用放大鏡燒螞蟻的經驗，盼老師便藉此機會教育，強調要尊重生命，雖然沒有真正燒死螞蟻，但這種事連想都不能想，更不可以去做！2.表達能力訓練：要求孩子發表自己的看法，無論對錯或好壞，只要每個人有獨特的見解，都給予肯定。像是：老師在上每一課的第一節時，都會要求每位孩子上臺發表自己擷取的『課文大意』；檢討習作時，也會請孩子分享自己造的句子。重點在於訓練孩子上臺的膽量，逐步建立表達的自信心；還有組織想法的能力，老師十分強調『表達自己的想法最重要』、『每個人的想法一定不盡相同』，然而事前準備工作很重要，要先在頭腦想過才說得出來；表達能力方面，老師也會要求抑揚頓挫、聲音大小等等。3.造句要豐富：要使用多元的素材、語詞、修辭來美化造句，不能隨便，要造出符合個人程度的語句。4.重視閱讀：(1) 鼓勵孩子從閱讀中學習修辭、優美詞句、意境的描寫及鋪

陳等。(2) 盼老師向來不指派任何寒、暑假作業，唯有鼓勵『多閱讀』。(3) 盼老師認為閱讀的核心不在於寫心得，而是對於內容的省思與啟示；至於學習單，老師認為有寫就好，他在乎的是『每個孩子獨特的想法』。像是：班上的王○○面對學習單遲遲下不了筆，追究其原因，原來是以前中年級時候的老師逼得太緊，認為內容不夠好就重寫，導致她『不敢寫』」，而盼老師就鼓勵她：『寫什麼都沒關係，都不會錯，把自己的想法寫出來就對了！』培養孩子思辨的能力、勇於表達自己的想法，正是盼老師最主要給孩子建立的觀念。」（991230，習）

　　從實習教師的班級課堂觀察發現：盼老師的數學教學時非常重視單元內容的「基本概念」，其次是一節課只教一個重要概念，教完後讓學生馬上練習相對應的習作題目，盼教師逐一批改，學生有錯誤馬上訂正，盼老師對數學習作的要求，並不是單元全部教完後才讓學生一次寫完習作題目，這樣雖然有效率，但不一定有效能，教師單元進度可以早一點教完，但部分學生不一定完全理解（聽得懂）。盼老師重視學生基本概念學習的紮實與教學策略，就是從第一所學校為學生進行補救教學時所吸取的教學經驗。盼老師說，在第一所學校教數學時，整個單元一下教完，學生可能還聽不懂，但如果將單元內容拆成數個小單元，循序漸進的慢慢講清楚，多數學生還是可以聽懂，至少簡易試題學生都還會。實習教師的觀察發現，跟研究者擔任盼老師班上科任教師時的觀察發現相同。如果研究者之前的課程是盼老師的數學課，常見的課堂情形是下課時同學拿著數學習作排隊讓盼老師批改（74-89，研究者）。

　　盼老師不只數學教學有方法，其實國語教學也生動有趣，課堂中常會有學生開懷大笑的聲音，實習教師觀察發現，盼老師的課堂教師是：「上課風格嚴謹卻不嚴肅，總是幽默詼諧、妙趣橫生。」（991230，習）此外，從實習教師的省思文件可以發現盼老師「向來不指派任何寒、暑假作業，唯有鼓勵多閱讀」。可見，盼老師也認為學生閱讀的重要性，對於寒

暑假作業內容為何，許多教師的作法不一，但盼老師不指派任何寒、暑假作業，鼓勵學生多閱讀的作法，是符合教改脈動與時代趨勢，表示的是盼老師不因只是師專學歷程度，而沒有創新前進的做法與策略。

　　學習目標的訂定，盼老師也會根據學生資質與程度，採取權變方法、適性安排不同的學習活動，課堂作業及打排球均是如此：

　　　「重視因材施教，1. 指派作業方面：全班都作延伸題型的練習卷，不會做的題目老師會指導；稍微落後、講解過許多次還是不懂的學生，就先抄解答，回家再參考練習；但程度真的不行的學生，要求他們寫會基本題（課本、習作）就好了。2. 打排球：將全班分成兩組。競賽時，兩組的網子高度依能力有高低之分；練習時，使用相同的訓練方式，但兩組的難度及要求則有所區別。」（991230，習）

五、強調方法效率，會做事但不愛兼任行政職務

　　盼老師在學校教學有方法、有策略，對行政工作的協助也積極投入，但卻不喜愛接任各處室組長職務，歷任的處室每年都有主任請盼老師擔任組長，但盼老師均以訓練球隊婉拒，當時因為永明國小的班級數有90幾班，學校教職員人數眾多，要再找尋次適合擔任行政職務工作的組長比較方便，所以就沒有勉強盼老師擔任組長。研究者訪談盼老師，後來為什麼他要擔任設備組長、事務組長、學年主任，盼老師說最近幾年因為減班，加上同期進到永明國小教師多數已退休，新進教師完全沒有經驗或對永明國小的生態與環境不夠瞭解，校長及主任不放心讓完全沒有教學經驗的老師兼任行政工作，親自拜託他能兼任行政工作職務，他才勉為其難的答應；其次盼老師也說，他很不喜愛文書與公文處理，他寧願協助各項行政活動，作為一位參與工作者，而不要作為一位主辦活動者。

　　盼老師做事很重視效率，他認為教學沒有效率，就沒有作用（盼老師

指的作用是教學效能）；學生做事沒有效率，沒有方法，事情很難圓滿完成，課堂教學與常規管理都要講求方法，盼老師自述道：

> 「有方法才能很快將事情做好，沒有方法的常規管理，有時連檢體都沒有辦法準時收齊，做事是否有方法可以從班級繳交的各項資料及公共區域的打掃知道。」（991201，盼）

盼老師雖然之前沒有擔任過組長，但長期協助參與各處室行政事務或協辦各項活動，對各處室的工作也大致知悉。後來在校長及主任的請託下，也擔任事務組長、設備組長及學年主任。盼老師做事的態度可以從學年主任的觀察記錄中得到佐證：

> 「盼老師從事或協助學校行政工作經驗豐富，有溝通力，能博得大家對他的信任。他的教學年資久，不論擔任是排球班、音樂班或是普通班的導師，處理大大小小事務總是有條不紊，能依事務的輕重緩急，做適當的分配，並且有始有終，完成每一項任務。對於學校交辦的事項、繳交的簿冊，從不拖延，並且有組織、有系統、有計畫的完成，並盡善、盡美，克盡己職。」（991208，學年）

對於盼老師教學與級務處理的效率與方法的重視，實習教師於課堂實習觀察發現：

> 「有方法，用方法──若仔細觀察盼老師，會發現他做事有條不紊，很講究『方法』，用對方法，不但學生容易進入狀況，對老師來說也能更有效的管理。像是：數學、國語作業簿的書寫格式都事先安排過，方便老師批改之外，偷懶、沒寫完的學生也一目了然。」（991230，習）

　　就是盼老師級務處理有效率也用對方法，因而能掌控班上同學的一舉一動，做到所謂的「同時處理」原則。一位有效能的教師能掌控所有學生的動態，這需要教師有敏銳的觀察力與判斷力，其重要的心態是「一位教師有無真正用心於班級學生身上，有無方法策略處理班級各項事務。」對於盼老師的心思細膩與周密態度，實習教師的觀察描述道：

　　　「心思細膩而周密——國小的導師每天面對那麼多孩子，要督促課業、規範品行，還有細微末節的瑣事要處理，改的簿本一大堆，更不用說對孩子千叮嚀、萬交代的，總是忙得昏天黑地。但盼老師就是能夠保持頭腦清晰、調度得宜，什麼事情該事先安排、該交代，事後要怎麼處理，……需要稍微想一下，心中就已經有答案了，而且結局總是令人滿意。」（991230，習）

六、一路始終如一，教學態度不隨校長易人而變

　　盼老師在永明國小服務約30年時間，教職工作期間永明國小總共換了六位校長，每位被派到或遴選到永明國小擔任校長者，在永明國小的評價都很高，每任校長都兢兢業業、辦學十分認真，但每位校長的人格特質與領導風格迥然不同，雖然校長領導風格不同，對事件的要求方式也不一樣，但盼老師的心境與教學態度並不受影響，其對教學與班級投入程度、行政工作的協助與球隊訓練的執著，並沒有改變。對此，盼老師自述道：

　　　「因為我沒有兼任行政工作，也不是處室主任，因而我沒有這種感覺，何況校長平時很少會進到班級教室，我對學生的要求與教學態度並沒有因不同校長而不同，這可能是我堅持的一點，像現在，我還是很重視學生的數學學習，會自己編很多課外習題讓學生練習，對於學習低落的學生，中午休息時間，有時我會親自實施補救教學；有時會請不想睡午覺而功課較好的同學作為小老師，

怕打擾其他同學午休，會藉用視聽教室作爲小老師上課的地點。」
（991201，盼）

　　由於盼老師的班級常規得宜、教學頗有技巧，因而很多到永明國小實習的實習教師，都會被指派到盼老師班上實習，這學期的實習教師是一位男老師，個人第一次訪談盼老師時他也留著教室協助整理一些級務。對教學態度積極投入，永遠保持熱忱與不懈怠的精神，是盼老師從事教職工作一直「不變」的地方，對此，盼老師的學年主任有深刻體會：

　　　「盼老師每天七點準時到校，全校就我們二個每天最早到校，我們倆總會在收發室碰面，我拿國語日報，他閱讀三大報，偶爾我們會針對學年的事務先交換意見。他是環保的實踐者，我當衛生時，全校盼老師的班級做得最好，有一次研習，我才發現，原來老師自己就是如此。而上班的交通工具，他選擇搭公車、走路上學；最近則是騎腳踏車上學。他應是良好生活實踐的教育者吧！」
（991208，學年）

七、專注教學工作，忽略進修與學習資訊科技知能

　　盼老師從民國62年擔任教職至今，一直沒有參加學位進修。民國72年調至永明國小時，那時永明國小有很多老師利用晚上至高雄師範學院（後來改制為高雄師範大學）進修學士學位，或利用暑假時間至各教育學院（多數到屏東師範學院、臺南師範學院、少數到臺東師範學院）進修學士學位，目前永明國小也有很多老師是碩士在職專班畢業。像盼老師一樣，從師專畢業到服務快40年都沒有再進修取得學士學位者，在永明國小非常少。對於沒有再繼續進修的問題，盼老師回答道：

　　　「我也不知道，就是沒有進修學位的動機，其中的一個因素是

　　我覺得教學對我而言駕輕就熟，我也感覺我對學生行為的掌控十分
得心應手；另外一個因素是當時下課後，就急著趕去補習，從來沒
有想過要繼續進修。」（991201，盼）

　　盼老師提到「補習」，等他講完，研究者接著問他，您現在是否還有
補習，他笑著推了研究者一下，說：「現在怎麼可能，已經十幾年沒有補
習了。」（991201，盼）

　　盼老師除了未繼續進修學士學位，對資訊科技與電腦知能也自覺無
法跟上時代脈動，研究者詢問盼老師有無使用電子郵件進行師生溝通，或
與人互動，盼老師說他根本沒有使用過電子郵件，其他如電腦套裝軟體
（如WORD、EXCEL、POWERPOINT等）的使用基本知能也不大熟悉，
至於上網則會一點點（因為校務行政成績系統必須上網才能輸入成績與評
語）。個人在其教室進行訪談時，發現一臺個人電腦，詢問之下，這臺電
腦平時多是實習教師使用，少部分時間是下課時間同學上網使用或查詢資
料用，班上的電腦主要作為校務行政之用，主要用途是給各班教師作為期
末線上成績鍵入，至於列印成績單及相關簿冊資料再到電腦教室。

　　盼老師雖然沒有繼續進修學士學位或碩士學位，但並沒有放棄「自
我充實」或「研習進修」，盼老師自我進修的方式就是喜愛閱讀書報或雜
誌，課堂中常將看到的資訊或事件融入於教學活動之中。此方面實習教師
與盼老師近距離接觸，發現：

　　「學而不厭，誨人不倦——有些資深老師學習新知的能力不
佳、與社會脫節，導致教學受挫。不過盼老師恰恰相反，他總能
廣泛接觸、吸收新知，然後將其變成上課的舉例、教材；更重要的
是，他會不斷充實自我，學習更多知識。像是：學校在推動『書香
閱讀計畫』時，他把孩子看的書拿來自己看過一遍，然後跟孩子討
論。」（991230，習）

在個人服務永明國小的15年時間，前10年的時間（從74至84年），永明國小多數級任教師都有補習，當時教師也知道補習是不合法，但那時的內外因素迫使級任教師不得不補習。因素一為多數就讀高年級學生家長都會要求級任教師放學後再為孩童進行額外的複習，其中以數學科為一順位、國語科為第二順位，平時教師課餘補習都以幫學生進行數學的複習為主，在定期考查前再順便幫學生進行國語的複習；因素二為擔任級任教師都有幫班上同學補習，因而當時高年級各班學生下課後去補習的人數很多，補習在高年級變成一種放學後的學習型態。盼老師由於「數學教學很會教」的名聲於學校社區中流傳著，因而也有許多別班的學生不到自己導師處補習，而改到盼老師補習的地方補習。對於補習問題，盼老師真誠的告知研究者說：

> 「那時補習費一位學生1,500元，有時還開二班，星期一、星期三一班；星期二、星期四一班；學生多時，一個月的補習費約學校薪水的二倍多。」（991201，盼）

至於一個月補習費約多少，研究者基於保密與倫理原則，將其省略。國小補習的生態在當時高雄市校園十分普遍（80年代），所以當時督學主要的工作之一就是在抓老師補習。以法令的觀點而言，教師的補習行為是不合法，但以當時高雄市國小校園生態而言，補習反而是一種常態。記得個人退伍後至永明國小服務的第一個月，有天正校長請研究者到校長室，個人以為教學發生什麼問題，原來是因為個人不知永明國小補習的氛圍，不想為班上學生補習，而有家長透過家長委員請校長轉達讓我知悉，我記得校長以開玩笑的口氣說：「別的班級老師下課後都去養鴨（養鴨是當時補習的簡稱），你怎麼沒有啊。」以校長的行政經歷及個人對校務投入用心度，校長也絕對知道教師補習是不合法的，若有人檢舉某位教師下課後補習，教育行政機關就會派督學去查（去查是比較含蓄用語，當時都說是督學「去抓」老師補習），校長之所以沒有禁止教師下班後補習，其最大

的原因是當時的社區的氛圍導致，當時永明國小越區就讀的學生數很多，家長對孩童學業的期望與要求也很高，大家都怕自己小孩輸在起跑點，因而都會要求班級導師多教一些；其次是當時永明國小學區附近很少有專為國小學童補習數學的補習班，因而在家長的要求下，永明國小高年級教師不得不補習，當時的情境是某位班級導師若是沒有補習，二年後編班指定要給這位老師教的學生會很少（74-89，研究者），這種教育生態是十分弔詭的。

八、體驗正向管教，從經驗中發掘最佳的經營策略

盼老師在訪談中，明確指出「安慰與鼓勵」學生的重要性，尤其是當學生受了委屈，教師適時的激勵與安慰，對學生的影響很大，此外，也可讓家長知悉老師的謹慎、細心與對學生的關懷。

剛至永明國小第二年，盼老師7時30分至球場訓練排球隊。這天，永明國小辦理全市性的教學觀摩，很多教師來賓至永明國小參觀。早自修總督護巡視校園時，發現盼老師班上有同學吵鬧（因二位同學打架、同學圍觀，班長剛到班上將書包放下，正要請班上同學安靜），總督護進到教室後，直接叫班長過來，二話不說就用力打班長二個耳光，大聲責罵說：「你們班不知道今天有很多來賓及外校老師來我們學校參觀嗎？擔任班長都不協助你們老師管理秩序，你們看看別班的早自修多麼安靜啊！」原來前一天放學時，總督護老師一再叮嚀全校同學，早自修要安靜，不能吵鬧，因為一大早學校就有很多來賓會來到學校參觀。盼老師班上同學看到班長被打，及總督護的大聲責罵聲，全班頓時鴉雀無聲，被打了二個耳光的班長獨自回到座位上不斷哭泣，覺得受到委屈。盼老師回到教室後得知前因後果，除處罰二位打架同學外，也對圍觀同學一併處罰，對班長則加以安慰與鼓勵，班長在盼老師的安慰鼓勵下，才不再哭泣，心情才得以釋懷。隔天，班長的聯絡簿上的親師溝通園地上寫著：「盼老師，今天美雅（化名）自覺受到很大委屈，她覺得林老師很不講理，沒有弄清事情的來龍去脈就隨便打人，幸好有老師對她及時的鼓勵安慰，美雅的心情才得以

釋懷，真的非常謝謝老師。」盼老師自述道：

> 「從這件事情以後，我更瞭解安慰與鼓勵對學生的重要，學生
> 被處罰之後，還是要鼓勵他們，這樣學生才能釋懷，或不會有被放
> 棄的感覺。」（991201，盼）

　　從盼老師堅定的語氣中發現，這件事件對盼老師日後的教學與班級經營產生的重大影響。在研究者與盼老師進行心理對話時，盼老師一再強調鼓勵的重要：

> 「學生一定要適時給予鼓勵，即使是責備他們之後，也要
> 給學生鼓勵，鼓勵會讓學生感受到老師其實是真正關心他的。」
> （991201，盼）

　　盼老師採用的鼓勵的方式是多元的，有時是直接口語讚美，有時是採用間接詼諧的語氣或事件來激勵學生，實習教師課堂教室中發現：

> 「禮拜四是全校集合跳健康操的日子，有一次，當其他同學
> 都在跳健康操的時候，只見蘇○○動也不動，偶爾才比劃個一招半
> 式，大半時間還嘻皮笑臉，完全無視於現在正進行的團體活動。盼
> 老師事後才得知這個狀況，便利用課堂時間，跟蘇○○說：『嘿！
> 你們知不知道，那個都有人在拍照，人家要做成資料照片的啊！看
> 到一個帥哥站在那裡不跳……，你至少也要學交通警察在指揮那
> 樣，擺擺動作吧！』原本以為老師會嚴厲以對，沒想到竟然是以如
> 此輕鬆的語氣來要求，讓我感受到正向管教的魅力。」（991230，
> 習）

九、富有巧思創意，以最經濟方式自製教學素材

當研究者還在永明國小服務時，盼老師因為班上同學的學習表現顯著的好，正校長在安排學期教學觀摩時，特別商請盼老師作一堂數學教學觀摩，當時由於全校教師人數有100多人，還特別將教學觀摩地點移到四樓禮堂，其中有一項比較特別的是教具部分，教具是盼老師自製的，教學觀摩結束後的心得分享，盼老師說他會根據單元內容，將抽象的概念具體化，並與學生個人生活經驗相結合，許多有用的素材及設備在校園中都可以發現（74-89，研究者）。後來永明國小學生在操場上體育課的足壘球課程的場地，也是盼老師與體育組長共同發揮巧思，以簡易膠帶規劃設計的。對於盼老師教學的巧思，實習教師於課堂中發現：

「生活中的巧思方面，如1.帶他們去禮堂打排球所架的杆子，是用拖把壞掉後的木棍；而球網，是橡皮筋連成的一條長繩。完全是由老師自製，不用花錢，省時又方便。2.體育課所學的桌球，教學生兩張課桌併起來就可以對打了，既新鮮又有趣。3.把教室裡的置物箱疊成正方體，往後在教『1立方公尺』的時候就可以進行實物教學。」（991230，習）

十、堅持教育價值，權變的班級領導藝術

盼老師班級領導採用的是策略是恩威並施、剛柔並濟。他一直堅持做到讓學童快樂上學、喜歡上學。學童若是能快樂上學、喜愛上學，則必有強烈的學習動機，較少的違規行為發生。實習教師於課堂實習中發現，盼老師採用的領導方法是嚴格與寬鬆的統合應用方式：

「就剛柔並濟方面，一為該嚴格的時候─言出必行、實事求是：1.學業表現：像國語跟數學，該盯的要盯緊，一鬆懈，就要趕緊『拴螺絲』了。2.班級經營：先嚴格，才有規律──約法三章，明知

故犯一定要罰。像是：嚴禁在教室走廊奔跑、打球等。盼老師還說過：『每一屆多少都會有一些牛頭馬面』，但該嚴屬的時候就是要嚴屬。如果一開始先鬆懈，再來要求就很難了。3.生活、衛生、安全教育：規範孩子生活，養成良好習慣，也可避免意外事故。4.好好跟孩子說道理：使用堅定而溫和懇切的口氣跟孩子說道理（有時使用有趣的方式），讓孩子知道老師是真心為了他好，講一次、兩次、三次……循循善誘，不厭其煩。要讓孩子知道「承認錯誤」並不會招來責罰，用心營造一個講道理的平臺，這樣一來，也可以養成孩子誠實的習慣，不會為了逃避懲罰而說謊。。二為該輕鬆的時候——讓孩子快樂上學、喜歡上學最重要：1.適時增強：課堂該做的事情、進度完成後，還有時間，就帶他們去打打排球（全班最喜歡的活動），即便是十分鐘，他們也夠滿足了。2.使用正面、肯定的言詞鼓勵孩子。3.三不五時跟孩子開開玩笑，讓他們知道老師關心他們，也希望他們快樂。」（991230，習）

從實習教師於教室觀察的省思文件，可以發現盼老師對學習成就與常規管理策略有以下特色：

㈠全面掌控、隨時拴緊螺絲

對於國語及數學學習情形，盼老師會根據學生資質與能力，從平時練習卷中隨時掌控學生的學習情形，察覺學生有學習鬆散或退步情形，教師會視情況個別指導或再教學，其中對學生數學學習的情形，盼老師非常在意，隨時掌控，注意學生的學習表現。

㈡先嚴格後寬鬆的管教方法

盼老師對於班級學生要求是先嚴格後寬鬆策略，當學生的行為表現已經由外塑變成內化時，盼老師就不會那麼嚴格要求，尤其是對於班上常會屢犯不當行為的同學，盼老師一開始會採用較為嚴格的管教方法，盼老師

的嚴格是一種合理教師權威的使用，而非是無理要求。盼老師這個方法與第一篇「班級經營理論策略」中所描述的最佳的班級常規管理的方法相呼應，盼老師是先採用介入主義法（教師中心班級經營），再採用非介入主義法（學生中心班級經營），其中當然有互動主義模式，師生共同協商的活動。

㈢循循善誘、以理說服學生

對於學生應遵守的行為習慣或班級規約，盼老師會不厭其煩的提醒學生，當學生不小心犯錯時會根據學生個性採用不同方法跟學生講道理，不會馬上處罰學生，盼老師最不能忍受的是學生明明做錯事情會不承認。這種說謊而不誠實認錯的行為，盼老師查明真相後通常會很生氣。盼老師自述：「說謊是學生一種推卸責任的說詞，如果老師已明確知道學生說謊一定要嚴厲糾正，因為說謊會成為習慣，這對學生來說很不好。」（991117，盼）

盼老師說之前教過一位自閉症的學童，這位學生課業中等，但情緒較不穩定，很容易生氣發怒，如果同學跟他發生爭執，在情緒不穩情況下還會動手打同學，因而盼老師特別提醒班上學生，不要惹他生氣或與他發生爭執，如果盼老師有耐心的跟他開導或講理，他也可以聽得進去，因而在班上也算適應得很好。六年級上學期剛開學不久，有次上音樂課時，前面同學的直笛不小心打到他，打到他的同學不以為意，忘記跟他說對不起，他非常生氣，以為是前面同學故意打他，他趁前面同學在練習吹直笛時，用尖銳的鉛筆往前面同學的背後刺了下去，斷掉的筆心留在同學身體裡面，前面同學痛的大叫。音樂教師趕快請班長攙扶同學到保健室處理，並請同學到辦公室告知盼老師。盼老師跟護士將受傷同學送到校外處理後，盼老師立即回到教室，此時許多同學圍在這位自閉症學生的身旁，盼老師聽到同學說：「你是神經病，隨便拿鉛筆刺人家，你知不知道筆心有毒？」、「等老師回來，你就『死定了』」，其實盼老師將受傷同學送到外科診所途中，受傷同學已經將可能緣由詳細告知盼老師，盼老師想到進入教室後再開導這位自閉症同學。沒有想到，這位自閉症同學一看到盼老

師進到教室，立即衝出教室跑到頂樓說他要跳樓，盼老師與班上同學追上頂樓（此時，盼老師班上有同學將事情報告在辦公室的教導主任），在主任、盼老師等安慰勸說下，這位自閉症同學才乖乖進到教室。

後來，在盼老師與這位自閉症同學私下詳談，盼老師才知道，這位自閉症同學之所以看到盼老師進到教室就衝到頂樓，是聽到同學之前跟他講說「等老師回來，你就『死定了』」的話，他心生緊張害怕，想到盼老師進來不知會發生何種可怕情境（這是他自己幻想的），因而才會想到頂樓跳樓，這位學生告訴盼老師，他也害怕死亡。這件事情對盼老師日後的班級經營有很大的啟迪作用，那就是「教師的話語」，對於特殊學生，如自閉症、過動症、有情緒障礙的學生，盼老師跟他們互動時用語都特別小心謹慎，盼老師認為這些學生更需要老師更多的耐心與愛心，責罵處罰反而會使他們畏縮、恐懼，情緒更不穩定，教師要有耐心的跟他們講道理，並經常鼓勵他們；此外，也要教育班上學生，嚴禁同學嘲諷或戲弄他們，更不能欺負他們（在盼老師嚴格紀律的要求下，盼老師班上同學尚未有同學霸凌同學的情形），盼老師說：

> 「當時我看到他在頂樓背靠著牆壁，哭著說要跳樓，我自己也嚇一跳，如果他真的跳下去，那事情就大了。發生這件事情後，我就嚴格禁止學生，不論同學之間發生什麼事，不要亂用『你就死定了』、『你死了』等用語。」（991201，盼）

㈣善於鼓勵、應用增強原理

盼老師雖然嚴格，但也有詼諧幽默的一面，時常會和學生開玩笑，讓班級充滿開懷的笑聲。盼老師也時常採用口語鼓勵及運用普立馬克原則來適時增強學生的進步或好的行為表現，其中打排球是目前盼老師最常使用的活動性增強物，打排球也是盼老師班上學生目前的最愛。

盼老師對數學學業要求會根據學生資質與能力而採取權變方法，對於

教學活動的規劃與實施也是採用權變的策略，對於學生的輔導方法也會因當事者而異，如實習教師所描述的實例：

　　「有一次蘇○○被女同學告狀，說他『露鳥』，而且不是第一次了，盼老師趕緊把國語課調成綜合課，專程處理這件事。盼老師一開始就把這樣的行為定義為『變態』，告誡孩子『別以為這樣很好玩』，並跟孩子說明有關『穿著風衣的男子（暴露狂）』，還有他們可能遭遇被恥笑、被揍、被剪掉等等的後果；接著老師把話題帶回班上，說明事情的嚴重性：『這並不是尊不尊重的問題，是你有病！因為你明明知道不能這樣做，可是你卻做了，就表示你自己控制不了，你很可能有心理方面的疾病，你需要去治療。我們人有可能因為童年的一些事件而導致心理有創傷，然後我們自己不知道也不覺得，這時候就要去尋求治療，找媽媽帶你去看醫生，及早治療應該還來得及……。』老師的話十分有份量，而且也很有說服力，從頭到尾眼神並沒有針對當事人；最後，老師說：『這件事我已經講過了，表示班級層級已經處理過了。如果下次還有發現這樣的事，發現的同學請直接跟輔導室報告，畢竟這是要由學校層級來處理了。如果到那時候，輔導室可能會強迫你進行心理治療，或是交由警察局、社會局的介入，就任憑學校處置了。』其中，還有提到性騷擾、違反社會善良風俗等觀念。盼老師以溫和的口吻，嚴謹的態度，完整而實際的處理整件事情，讓我佩服得五體投地！」（991230，習）

　　從實習教師所提供的課堂教學紀錄事件，可以看出盼老師在處理事情的有效性與洞悉事件嚴重性的敏銳度，如果當時盼老師沒有立即告知學生事情後果的嚴重性，事後可能會引起很大的後遺症，導致班級不當行為「漣漪效應」的產生，就班級輔導知能與策略的運用而言，盼老師對此事件的處理是有效率的、是適當的、是有效能的，盼老師認為許多學生的不

當行為或玩笑行為是因為不知行為後果的嚴重性，如果老師能詳細告知學生，讓學生明白或瞭解，則學生許多不當行為自會減少，盼老師自述道：「學生的某些行為，以大人的觀點來看是很嚴重的，但學生自己不知行為後果的嚴重性，以為沒有什麼，如男生隨便摸女生屁股、沒有經同學同意，隨意拿取（借用）同學的東西等。」（991201，盼）。盼老師除了重視學生的學業表現外，尤其重視學生的品德行為與常規表現，就實習教師課堂發現，他常不厭其煩的提醒學生要養成守時習慣、培養尊重他人與自我負責的態度：

> 「一是守時觀念方面——1. 教導孩子清楚什麼時間該做什麼事（例如午睡），而且務必在期限內完成（作業未完成、需要訂正的人要利用下課時間補齊）；2. 上課準時，樂團練習勿遲到；3. 把握時間，主動做好自己該的事情。二是良好態度方面——1.尊師重道：(1) 早上到校要跟老師同學道早安；(2) 跟老師拿取東西要用雙手；(3) 禮讓老師先盛飯菜；2.學習態度要正確：(1) 對老師及同學都要有尊重的態度；(2) 學習態度要正確。三是自律方面—對自己負責：1. 對自己的學習負責，讀書、溫習功課是自己的事；2. 對自己的行為負責，自我要求，像是：畢業旅行前早就跟孩子不斷強調『自律』的觀念，真正出門時就可以減少失控的事件發生。」（991230，習）

　　盼老師要學生培養的行為表現簡單來講是嚴以律己、寬以待人，養成守時的習慣，培養正確的態度。「態度決定高度，態度影響一個人未來的學習與職場競爭力，態度也決定了一個人的未來表現」，盼老師認為學生做事的態度、學習的態度、做人的態度都很重要：

> 「對某些事情我都會嚴格要求，不要求有時螺絲就會鬆掉，有時還有發生班級意外事件，如故意開同學玩笑、欺負同學、做事毫不在乎、作業馬馬虎虎等，學生畢竟是學生，許多事情一定要老

師三令五申、講了再講，才會記得，所以身為老師不能怕煩。」
（991201，盼）

　　盼老師對班上同學品德教育的深耕、感化養成十分重視，永明國小許多家長希望小孩高年級時能被盼老師教，除了數學學習外，盼老師對學生正向行為表現的要求也是一點。對於盼老師此項班級經營的特色，永明國小的教務主任特別以「深耕品德教育、感化育人的理念」作為說明：

　　　「深耕品德教育、感化育人的理念——秉持永明國小優良傳統的品德教育——有禮貌、守秩序、愛整潔，盼老師始終是以身作則，嚴格要求教導的班級人人稱讚、家長安心，甚至於只要是學務處頭痛的頑馴不堪學生，只要經過他的緊迫盯人關懷，皆能轉化而為彬彬有禮的學生。」（991225，主任）

第六節　盼老師的人格特質與做事態度

　　班上沒有不會犯錯的學生，也不可能全部都是好學生（循規蹈矩的學生），只有不會有效處理學生犯錯行為的教師（吳明隆，2009）。教師對班級的投入與採用的處理策略和教師人格特質與做事態度息息相關，當然也與教師信念有關。在未論述盼老師的人格特質與做事態度時，研究者先引用永明國小教務主任的一段話：

　　　「行政配合、為校增光功勞高——接下一般教師引以為麻煩的排球班，無怨無悔、默默付出，只為訓練一支有紀律的球隊，在學業與球技並重的要求前提下，團隊的紀律、體能的培養、課業的進度及家長的溝通認同，無一不是費盡心力全力以赴，以校為家的他，終為學校奪得全國賽的冠軍。而後在學校的請託之下，再度接

下家長最關注的音樂班，盼老師轉換教學模式，引導一群在家備受寵愛的學生，進軍音樂的世界，同樣能以優質的教學，協助樂團指揮發揮極致的表演水準，年年榮獲臺灣區的優等佳績。無論是任何別人不願意嘗試的工作，永遠是他最樂意挑戰的目標。」（991225，主任）

　　這位教務主任對盼老師教職工作態度的評析：「任何別人不願意嘗試的工作，永遠是他最樂意挑戰的目標。」就是盼老師人格特質與教職態度的最佳註解。在永明國小任教期間，不論學校安排盼老師任何行政職務或請託幫忙，在能力所及的情況下，盼老師都會答應，並全力以赴。盼老師這種認真投入、以教職為「志業」的態度是其贏得行政人員、家長、學生肯定認同的地方。與盼老師熟識的科任教師在描述盼老師時也陳述道：

　　「每天上班後第一件事：先砌一壺茶。送茶的小天使會爲這樓層每一位老師的杯子倒上暖暖的祝福。如果這天送茶小天使因爲考試沒來送水倒茶，我便會親自出馬向每位同仁送上祝福並寒暄問好。同是這樓層的盼老師總會熱情的與我打招呼，閒聊之餘，原來我們都是喜歡古早味的『老人家』，舉凡有年代的老東西、老茶、傳統小吃都是我們津津樂道、交換心得的話題。第二天早上，我喜出望外得到盼老師分享的ㄏㄤ蕃薯，盼老師就是這麼的貼心。」（991224，科任）

　　對同事而言，盼老師是位嚴以律己、寬以待人的同仁；對學生而言，盼老師採用的是恩威並濟，賞罰分明的策略，「非常兇又非常和藹可親、非常嚴格又非常容易親近」。從個人觀察與文件檔案中發現，盼老師人格特質與做事態度有以下幾點特色：

壹 做事認真、善盡應負的職責

　　從研究者對盼老師進行回憶觀察省思時，發現盼老師從課堂教學、常規管理、外掃區的打掃、球隊組訓、行政人員分配交辦的事件等，盼老師都能全力以赴，盼老師認真負責的態度總是贏得學校行政人員讚揚，承辦活動後的嘉獎定不會漏報盼老師。擔任事務組長或設備組長期間，更是全力投入，以行政服務理念來服務教師，寒、暑假或例假日常會於永明國小看到盼老師的身影，尤其是調到永明國小的前一個10年盼老師常用例假日時間至學校自己出數學練習卷，刻鋼板並油印試題（當時永明國小只有油印機，並沒有影印機）（74-89，研究者）。這是研究者當時所見情形，後來研究者離開永明國小，於寒、暑假時回到辦公室，也經常看到盼老師。對於後來盼老師擔任設備組長對全校班級的服務態度，可用科任教師所描述的為代表：

　　「設想周到、服務到家——擔任設備組長的期間，貼心地於寒、暑假期間，事先依照年級、班級人數，簿本類別，逐一發放到各教室，免除全校老師開學之初，因為發課本、簿本而忙得人仰馬翻。使全校老師於開學時能輕鬆有效率的發下課本，而且錯誤率很低。」（991224，科任）

　　盼老師認為自己職務份內的事，就應該自己事先把事情做好，不用麻煩老師的就不要麻煩老師，以免造成老師的困擾，就負責相關研習活動或校慶運動會的場地布置上，盼老師儘量不麻煩別班的老師或別班學生，除了工作量較大外，否則盼老師會都會與班上同學共同分擔完成，盼老師認為讓學生將事情做好也是一種學習，這是一種師生責任的分享：

　　「很多學生在家中都沒有做家事，學校教育可輔助這個部分，從群體合作中，學生也能體會團體的重要性，很多事情不是學生不

想做，而是老師沒有給學生機會，如果老師給學生機會，又指導學生如何做，學生通常會把事情做好，高年級的學生很會做事了。」（991117，盼）。

貳　寬以待人、與同仁相處融洽

　　盼老師在永明國小服務28年期間從未主動與同仁發生正面衝突，但早期有幾次小爭執都是因為定期考查試題難易的主觀評定，高年級另一學年教師引發的。盼老師於永明國小服務的第一個10年，高年級定期考查是不同年級互相出題，命題老師由校長與教務主任共同決定，決定後私下通知命題老師，命題老師出完題後再由教務主任審題（有時教學組長會協助參與試題審題工作），之後統一交由印刷廠印製，其過程十分嚴謹。之所以如此謹慎，跟永明國小第一任正校長有關，因為正校長十分重視各班定期考查的成績，正校長認為品德行為與學業表現都很重要，若是班級導師任教科目（通常是數學與國語）學生的平均成績顯著低於同學年班上很多，正校長會私下於校長室告誡班級導師，有時還有於朝會直接點名教師要再用心。

　　有幾次，輪到盼老師出另一學年的數學試題，當另一學年老師看到試題，尚未看到學生的考試成績結果，就直覺說試題的難度太難，題目的陷阱很多，而於下課時間氣沖沖的找盼老師理論，用很生氣的語詞說：「您的題目為什麼要出的這麼難，這種題目的陷阱很多，您知道嗎？」盼老師被質問得不知如何回答，但盼老師又不好意思當面與這位老師起衝突，只好靜默作為回答或微笑回答：「應該不會吧」。等到正式閱卷後，另一學年各班數學科定期考查的班級平均成績還是很好，老師自認很難的試題學生的答對率還是很高，幾次之後，這位常和盼老師起爭執的老師，自覺也不好意思，之後也就不會因主觀的看法而與盼老師起爭執了（74-89，研究者）。盼老師自述：

「和同仁發生衝突事件，好像沒有（盼老師想了很久）。」
（991117，盼）

　　與盼老師相處超過25年的教務主任，提供給研究者的文件資料以「誠心待人、服務同仁人緣佳」來描述盼老師：

　　　「誠心待人、服務同仁人緣佳——學校裡組織多，舉凡教評會代表、校務會議代表、考績會代表……，每一次的選票裡總少不了盼老師，他的正義行為、為同仁謀福利的執著，永遠令校內的老師們所敬重與佩服，只要任何疑難雜症的爭議，在他數10年的經驗分享之中，就能讓其餘同仁口服心服，順利過關完成。久而久之，就連學年主任的繁瑣事務，都能使同學年的同事們尊重他，對他的服務讚譽有加呢！」（991225，主任）

參　保養得宜、外表身形與之前變化不大

　　盼老師的服務年資雖然已有38年，但由於盼老師從年輕時訓練球隊，在永明國小課餘時間還打羽毛球，盼老師在永明國小第二個10年，永明國小的教師形成一股打羽毛球的風氣，這個時期永明國小很多老師下課不再為學生進行課業輔導（補習），加上禮堂地板重新整理，有寬敞的空間可進行羽毛球的對打比賽，因而許多教師下課後都聚在禮堂打羽毛球，盼老師也是其中的一員，此外，盼老師對桌球也稍有涉獵，桌球的球技也很好，另外一個休閒運動是盼老師會利用假日到游泳池游泳。長期從事不同運動結果，盼老師的體能到目前還很好，外表看起來還很年輕，與之前的外形差異沒有很大，研究者覺得較大的改變是增列少許白髮。由於盼老師對排球、桌球、羽毛球等多種球類都有涉獵，因而班上體育課的課程更為多元也很正常，學生也很喜愛上體育課，從早期躲避球、羽毛球到近年來

的桌球、排球等，盼老師於體育課程中都有納入。

　　在中小學教師，曾有一位國小校長轉述其社區家長的看法，編班時國小一年級學童最不喜歡讓50多歲的老師教，因為年齡差距太大，會有知識代溝；中高年級時，孩童也不喜愛讓年齡很大的教師教到，因為這些教師等退休，動態能量不足，也不太喜愛管學生。盼老師的教職工作已經邁入38年，也算是位教學資深教師，上述所描寫的情況並沒有發生在盼老師身上，朝氣蓬勃、精神奕奕，與學生一起打球，是盼老師給人的印象，教學情況與班級經營令學生與家長都滿意。當教師跳脫年齡引起的生理變化，維持身心的健康，用心於學生身上，則教學經驗與年資反而變為教師的一種助力而非阻力。從盼老師的年齡與體能的變化，讓教育工作者體認的是「擁有健康的身體與體能，才能發揮自己的所長，全心全力投入於教學的工作，如果健康不佳、體能不好，則許多願景與理想是無法實現的。」

肆　中氣十足、聲音宏亮而有力

　　永明國小很多教師課堂上課皆使用教學用擴音器，但盼老師在永明國小任教28年來從不使用教學擴音器或麥克風，因為盼老師講話聲音鏗鏘有力，十分宏亮，尤其是大聲說話及生氣時罵人的聲調，往往使人有震懾之感。因而當學生作業未完成或有違規行為，只要盼老師提高聲音詢問或責備，學生自然就知道老師「生氣了」，而心生怕怕，此種懼怕並不是一般的畏縮、恐懼行為，而是學生感受到「我做錯事情，老師生氣了」，正由於盼老師講話聲音的優勢，使得其常規管理掌控十分得心應手。

　　　「盼老師兇起來時，學生就知道自己做錯事了；但盼老師在課堂或下課時會常以國臺語和學生開玩笑，所以班上學生和老師的關係是很好的。」（991230，習）

　　教師的肢體語言與口語表達是教學成功的一個重要因素，一位有效能

的教師除具備豐富的專業知能外，清晰而完整的口語與肢體語言運用也是其關鍵因素，從盼老師的身上，不難看出這二項有效能教師的特質。愛的教育並不是放任學生不管，溺愛或縱容學生的愛並不是愛的真諦，嚴格的愛才是合理的，盼老師對常規管理表現的要求是一種「有智慧的愛」，有智慧的愛可以讓學生感受教師的愛心與用心，又可以讓學生展現更多正向的行為，預防或減少不當行為的產生。當教師音量夠大，口語表達清晰完整，也是有效能教師應具備的知能之一，盼老師就具備這個優勢，加上他能夠善加運用，對於學生偏差或不當行為的處理更能得心應手。

> 「學校很多老師上課都用擴音器，但盼老師從來不用擴音器或麥克風，教室中也沒有教學用擴音器，因為盼老師的音量很大、聲音宏亮，全班學生都聽得一清二楚；尤其當盼老師兇起來時，聲音更大。」（991230，習）

伍　直言坦率、對實習教師有高度期許

對於國小實習教師的素質及學習態度，盼老師有很深的感觸。學年主任的資料文件提到：

> 「印象中盼老師幾乎每年都有帶實習教師，先前的實習老師或許比較敬業，這一、二年，他被實習教師的態度與能力『嚇到』了。對於師資的培育議題盼老師應該會有很深的感觸吧！」（991208，學年）

從盼老師於民國72年調至永明國小後，若有實習教師至永明國小實習，教務處都會以盼老師的班上作為實習教師實習的班級，早期實習教師實習的期限為一年，後來改為半年，目前實習教師除必須繳交4學分的實

習費用外，實習完還必須參加教師資格檢定考試，檢定考試及格，才能取得教師證照，進一步才能參加各縣市舉辦的教師甄試。由於整個大環境改變，少子化結果造成許多縣市國小教師沒有缺額或開出的缺額很少，僧多粥少的結果造成要考上教職工作十分困難，其錄取率比公務人員高普考還低，近5年來考上正式國小教職者甚少，造成許多儲備教師（早期以流浪教師稱之）。少子化造成教師難考的現實情況，使得許多實習教師在實習期間沒有投入很多心力，這些實習教師認為即使教師檢定及格，也無法順利覓得正式教職工作，因而於實習期間變得被動，準備公職考試等。對此，盼老師自述道：

> 「最近有二位實習老師，這二位都還是之前我教過的學生，實習的態度我真的不敢苟同，十分被動，如果我沒有叫他們做事，他們整天就拿著補習班的講義在看，什麼事也不做；教學觀摩時，事先也沒有準備教具，時間也沒有掌控好，因為是我自己之前的學生，事後檢討會我也不好意思講太重的話，反而是他們大學的指導教授一直說他們教學經驗還要再磨鍊。」（991201，盼）

盼老師認為實習老師的實習態度是「心態」問題，如果實習教師對教職一途沒有興趣或覺得沒有信心考上教職就直接放棄實習，否則他以後是否要讓實習教師到課堂見習可能要再考慮，盼老師自述道：

> 「我覺得這是心態問題，不是實習教師不能做到，而是他們不想做。之前，實習教師都會自動協助布置教室，協助我處理級任，幫忙監督同學公共區域的打掃，協助解決同學課業問題，有問題或疑惑時，課餘時會主動和我討論，多數時間比我早到晚退。這學期的實習同學就很認真，態度也很積極。」（991201，盼）

陸　執善固執、堅持價值性的教育理念

根據盼老師之學生主任提供觀察紀錄文件，研究者得知盼老師班上學生因為直笛團比賽和直笛團指導的音樂老師吵了一架（這好像是盼老師在永明國小與教師同仁最大衝突的一次）：

> 「最近發生的一件事，就是他要求班上幾位直笛的學生直接退團，其他一、二位更是直笛隊的主角，這個動作殺傷力太大，比賽迫在眉睫，只有一、二個星期練習。直笛團的指導老師非常認真，加時間、借課、找機會表演、個別指導……。中間過程的轉折、行政力的介入、同事間的溝通管道……略！重點在於：『我們是在辦教育，組訓團隊不必為了得到成績，而忘了教育最原始的初衷、音樂與個人的關係，更不需要挫一個孩子的心。』」（991208，學年）

這件事件研究者二次訪談盼老師時，盼老師並未提及，經研究者再於電話與盼老師確認，才知這事件是研究者訪談盼老師後才發生的事件。

五年級時，學校直笛樂團與牧笛樂團在招募新成員，盼老師認為讓學生多學一種樂器，對學生也有幫助，加上樂團的指導教師是班上的音樂老師，跟班上同學較熟，盼老師就鼓勵班上學生多報名參加，外聘教授一年的指導費1000元，一個學期才500元，對學生而言，費用不貴。盼老師班上多數同學參加的是直笛樂團，每天利用早自修時間練習，一年練習下來，學生都有明顯進步，也很喜愛吹直笛，有部分同學還會利用下課時間自我練習。升上六年級後，因為直笛樂團要代表學校參加高雄市直笛比賽，直笛樂團換了另外一位的音樂老師，這位老師以比賽得獎為目標，費了很多心思，為了挑選最佳的選手代表學校參加比賽，連續利用三天早自修時間，逐一測試直笛班學員的程度。盼老師班上有二位學生，在第一天測試完後，指導老師直接跟她們二位說：「妳們二個明天以後不用來練習了，等到比賽後再來」、「這次比賽不缺妳們二位」，這樣的話語對這二

位同學打擊很大，盼老師知道後，馬上安慰她們：「連音本來就比較難吹，沒有關係，等比賽以後妳們還是可以繼續練習。」

隔天，盼老師班上又有一位直笛樂團成員回來告訴盼老師說，指導老師叫他明天也不用去練習，說他的程度不能上臺比賽，上臺的話會走音，盼老師得知後非常生氣，當天就和直笛樂團指導老師吵了一架。對於此事件，盼老師說：當時是他鼓勵班上許多同學加入直笛樂團，目的在使學生能多學一項技能，但目前直笛團隊的訓練目標似乎與當時同學加入時所宣示的大相逕庭，完全以比賽得獎為目標，指導教師從未考量到學生的內心感受，加上盼老師班上因為有位跳級生附讀數學科（這位跳級生因為自然科跳級成績未達標準，只能單科跳級，在盼老師班上附讀的學科有社會、數學、英文），第一節課盼老師希望教學正常化，不要影響五年級跳級生附讀數學的時間，因而要求直笛班樂團成員在第一節上課前要準時回到班級，對此，直笛班樂團的指導教師很不高興，因為這樣會影響練習進度，而對盼老師班上的直笛班同學百般刁難，並威脅他們說：「如果你們再不配合練習時間，就不讓你們參加比賽。」

盼老師之所以生氣的緣由，完全是站在學生立場考量，他認為教育必須有基本堅持，否則就違反教育的本質。盼老師說：

> 「我會生氣，是因為這位音樂老師嚴重傷了孩童的自尊，即使學生連音沒有吹得很好，教師也不應該叫她們下次不用來練習，等比賽完再來練習就好；更氣的是他既然跟我們班的學生說：『直笛樂團不缺少妳們幾位』。」（991201，盼）

盼老師認為若是這位音樂老師可以讓學生每天跟樂團練習，不用那麼直截了當的跟學生說「妳們明天開始不必來練習，等正式比賽完再來練習」的話語，他也不會那麼生氣。他認為當初直笛樂團成立的宗旨與目前比賽導向的目標完全背道而馳，學習一種樂器是為了培養學生多一項技能，其重點在於興趣與鼓勵，如果因為學生參加某種樂團或學習某種樂

器，自信心受到打擊，甚至傷害到學生自尊，就不是學習的本質，也失去成立樂團的目的。對於教育本質的執著與教育理念堅持的信念，盼老師從擔任教職起從未改變，對此，學年主任也有深入的描述：

　　「盼老師有自己的理念與想法，有時會擇善固執，有時會適度整合自己和別人的想法。擇善固執的那一面，到最後，通常會讓人感覺，盼老師當初講的是對的。例如：五上時，盼老師教普通班學生打排球，因基礎練習總是枯燥的，學生常有微詞，但也因盼老師的堅持，這些學生也從排球的運動中，肯定自我並學會一項運動技能；升上六年級，學生每天期待老師指導他們打球，從打球中得到許多樂趣。若是一般教師，可能就打退堂鼓了，但盼老師設想較周到，堅持下來了。」（991208，學年）

　　從此一事件中可以看出盼老師對教育理念的堅持，鼓勵學生參加樂團，學習直笛、牧笛或其他樂器，目的是為了比賽得名還是為了培養學生多習得一項樂器技能，盼老師心中的理念十分明確，盼老師鼓勵班上學生多參加樂團，多習得一項音樂技能，目的在讓學生從音樂的陶冶中，培養學生音樂的素養，讓學生從樂團中找到另種學習樂趣，盼老師的用意在於讓音樂陶冶學生的情操，讓正值青春期的學生比較不會心浮氣躁，也可以讓學生有成就感，減少偏差行為或不當行為。當時學校成立這些樂團的目的也是如此，所持的理念是擴展學生的多元智能，並不是為了比賽得第一名，所以盼老師才會鼓勵班上學生多參加，有些學生雖然程度不好，學習較慢，但學生從參加樂團中也找到另一種樂趣，為了能吹好一首曲子，有些學生會在下課休息時間會坐在位置上吹奏，不怕吹不好被別的同學嘲笑，盼老師自述道：

　　「剛開始時，下課都是直笛聲，同學吹得也不是很好，但幾次練習後，多數同學都能吹完一首完整曲子，連幾位學業程度比較差

的同學，也吹得很好。」（991201，盼）

　　教育本質是為了提升學生的信心與自尊心，如果因為比賽而打擊學生的信心與興趣，這個學習活動就缺少「教育價值性」，要培養學生的興趣與激發學生的信心不容易，相對的，要打擊學生自信心與傷害學生自尊是快速容易的，但這不僅違背教育的本質，更有失活動舉辦或規劃的原始目的，盼老師堅持的「不是個人的利益，而是學生的感受與自尊」。

第七節　班級經營所遭遇的困境

　　一般教師在班級經營中可能會有教學不力或一時情緒管理失控或體罰事件，發生親師生衝突；其次可能對校務行政工作或活動無法配合，消極抵制，產生行政人員對教師負面印象，其中最多的衝突事件是導因於教師的體罰或不當管教。在盼老師整個教學生涯，任教過的班級學生，發生二件嚴重的親師生衝突，這些衝突的導火線並不是盼老師本身，而是起因於同學與家長，一為任教班級學生勒索別班同學；二為家長溺愛學生導致。

壹　教學無力感的事件

　　第一件事是教到一位會勒索別班同學的學生，這男學生個子不高，十分調皮搗蛋，在同學年常以老大自居，在班級常規行為中大事沒有小事不斷。科任老師上課時，常心不在焉或打瞌睡，對於科任老師的糾正愛理不理，表現吊兒郎當，有時還會頂嘴，屢次告誡或輔導，其不當行為都無法完全改進，當盼師責罵或警告完，此學生的行為才會稍為收斂，但不久又故態復萌。有次於放學途中，居然勒索同學年一位比他高壯的男同學，被勒索同學正好是地方角頭老大的兒子，這位角頭老大平時對永明國小的老師是十分謙恭的，從未到過永明國小與任何師生發生衝突，但這次知道兒

子被盼老師班上學生勒索，大為發火，隔天直接到教室找盼老師及教導主任（那時尚未改為學務主任），還欲動手揍盼老師班上的這位學生，後來經主任及盼老師的安撫，透過地方民代、家長委員、其孩童班上級任老師出面共同斡旋協調，才順利消弭一件嚴重的班級衝突事件。盼老師說，據他當時所聽到的消息，這位學生畢業升上國中後，行為更加惡劣，常霸凌其他同學，最後好像被送到少年隊接受管教（盼老師接受訪談時對於學生目前真正的情況已不是十分清楚）。

　　這件事情對盼老師而言，印象十分深刻。因為盼老師花在這位學生身上的輔導與正向管教時間甚多，盼老師對這個學生恩威並濟、有鼓勵也有口語告誡，幾次這位學生嚴重頂撞科任教師，科任教師就直接向盼老師告狀說這位學生的行為如何惡劣，希望盼老師好好管教這位學生。根據研究者當時的觀察發現，永明國小的班級生態中，學生最懼怕的是級任教師（班級學生最聽班級導師的話），盼老師有幾次見輔導管教無效，會叫學生至廁所旁放置拖把的空地，加以責打（盼老師說有時他是用手打臉頰，有時是用竹片打小腿）。民國74至84年10年間，體罰學生在永明國小幾乎是常見的事情，那時班級教育生態是：級任教師不會「打」學生者，還會被家長質疑教師的教學能力，管教方法過於鬆散，這也是一種很弔詭的現象。後來教育部大力推展「零體罰」的友善校園環境，並宣導教師體罰學生的民事與刑事責任，加上少子化趨勢，家長均視孩童為寶，在整個教育革新的脈動推展下，盼老師已10多年沒有體罰過學生了。研究者詢問盼老師，您還有在打學生嗎？盼老師回答道：

　　「現在怎麼敢打學生，我已經10多年沒有打學生了。時代不同，現在體罰是會被告的，最近幾年常有教師體罰學生被家長告的案例，現在校園生態與當時您（指研究者）在永明國小時是完全不一樣的了。那個時候，我們二個班是隔壁班，教室都在西棟四樓，有時對面（東棟）教室教師打學生，那個「啪！啪！」打學生的聲音，我們這一棟的教室都聽得一清二楚。除了學生真的有嚴重受傷

外，很少有家長會告老師的情況，現在情況不同了，那個老師敢打學生，打完就會被告。」（991201，盼）

　　每一年盼老師的班級都會有少數較難管教的學生，但這些學生只要老師隨時關注，時常叮嚀，有問題馬上處理，這些少數學生的不當行為都會收斂，至少不會干擾到正常教學活動的進行或同學的學習活動。盼老師較擔心的是家長無法配合管教的學生，當家庭教育無法配合，則老師的能力是有限的，盼老師自述道：

　　　　「對某些行為偏差的學生，有些教師不論採用何種管教或輔導方法可能作用都不大，這些學生要家長協助配合，如果家長又不管，這類型的學生很難管教，幸好這類型的學生很少，就我教過的學生來講。」（991201，盼）

　　盼老師的輔導管教方法中也使用了行為改變技術的「增強相對立原則」，盼老師為讓這位學生的行為可以改善，讓他負責公共區域督導的工作，盼老師當時班上負責的公共區域為廁所，打掃廁所的同學多數是班上公認學業較佳、較好的學生，由於盼老師班上的公共區域之清掃常獲外掃區整潔比賽冠軍，也屢次獲校長於早上升旗典禮的嘉勉，班上同學均以打掃公共區域為榮。這位學生剛開始時還很負責，會協助同學共同打掃，但後來卻我行我素，自我放假，公共區域清掃時間一到，這位同學就到處閒逛，有時還會與別班同學發生爭執吵架，別班教師或同學常向盼老師告狀，令盼老師十分困擾：

　　　　「每次警告他或跟他講，他都會說，老師：『我會改』，或『我知道，下次我不會再犯』，但結果卻是言者諄諄，聽者藐藐，根本白費心力。」（991201，盼）

　　這位學生是盼老師擔任教職來，最令盼老師頭痛的一位，從此位學生身上，盼老師才發現教學也有無力感的時候。

貳　最怕家長溺愛孩童

　　第二件事是班上有位學習障礙學生，這位學生雖然學生稍顯落後，開始時與班上同學相處還算融洽，雖然有與班上同學發生小爭執，但沒有發生重大的違規不當行為。有次放學時，因為排路隊問題，和當時站側門的糾察隊發生爭執，這位學生的父親是地方角頭，平時很寵愛這個孩子，對這位學生過度溺愛，隔天學生上學時段，這位角頭父親直接到側門，眾目睽睽之下，很用力打了昨天和他兒子發生爭執的糾察隊臉頰，還大聲恐嚇在場的所有糾察隊同學。這位父親的舉動，激怒了總導護，總導護知道班上同學被盼老師班上家長打的訊息後，氣沖沖的向校長申告，幸好學校行政人員出面協調，盼老師親自向總導護道歉才平息此件風波。經此事件後，同學年的學生，都知道盼老師班上有位同學的父親是角頭（當時師生都說是流氓），每位級任老師都告誡班上同學，不要和盼老師班上這位有角頭父親的同學發生爭執（早期小學上下學執行交通維護工作是六年級的學生，總導護由六年級導師輪流，擔任總導護老師的班上，要當糾察隊，執行全校上下學交通維護，各交通要道並有輪值的導護老師站崗，後來考量學生當糾察隊的安全性，各國民小學的上下學交通指揮，改由學校老師及志工或義工爸爸／媽媽擔任）。

　　盼老師認為家長溺愛學生，是他常規管理的最大的困境，因為家長的寵愛，會讓學生迷失自我，自以為是為所欲為。在其38年的教學生涯中，除了遇到一位會勒索同學的學生外，其餘學生的不當或違規行為在盼老師的輔導與管教下，通常都會適當收斂或改善。家長寵愛的結果或自以為是的態度，使得家長認為自己的小孩不會犯錯，小孩行為有過錯，都是別的同學或老師造成的，明知自己小孩是犯錯在先，也會一再寬容，而縱容孩童，這個家長心中認為教師不必改變或塑造孩童的品格或行為，只有父母親才能改變或塑造孩童的品格或行為，盼老師只要負責教學就好，其餘孩

童的行為品德，父母自然會管教（這位家長的態度及觀念與影片「天之驕子」中的民代父親相似）。

　　盼老師對這位角頭父親甚為頭痛，若是學生有任何行為問題要與這位父親溝通，這位父親通常會說，都是盼老師班上其他同學惹禍的，他的小孩不會說謊或亂編故事，也絕不會主動與同學發生吵鬧的。幾次班上發生同學與其小孩發生小爭執，這位父親就會到教室直接質問同學：「你昨天為什麼打陳○○（陳○○為學生化名，真實姓氏盼老師也忘記了）。」（其實同學沒有打他小孩），加上陳○○父親出言恐嚇，久而久之，造成盼老師班上同學都不敢和這位學生玩耍、打球或分在同一組學習，深怕陳○○受傷或回家向父親告狀。由於陳○○父親完全不聽盼老師與班上同學的任何解釋，造成盼老師班級經營的困擾。

　　　　「就我教過的學生而言，多數學生都很乖，家長也很配合，就只有這位家長最令我頭痛，如果是學生本身問題，就我的經驗比較容易處理，但如果是家長的問題，就比較困難，我最怕的家長過度的溺愛孩子。」（991201，盼）

　　這位父親對盼老師的教學是沒有任何意見的，也是十分敬重盼老師的，只是很寵愛陳○○，很怕自己的小孩在學校受到傷害或受到其他同學欺凌（其實盼老師任教的班級尚未發生同學霸凌班上同學的事件），盼老師苦口婆心與他溝通，但陳○○的父親就是聽不進去，過度相信其孩童的言詞。盼老師認為家長過度呵護小孩，反而是害了小孩，同學間不免會有嬉戲行為，因而有時會發生些小爭執，這些小爭執在老師技巧處理下，事情都會圓滿解決，若是當事者之一為陳○○，其父親知道後都會打電話質問盼老師緣由或隔天直接到教室質問同學，讓班上同學很害怕。陳○○父親似乎在保護孩童以免受到同學欺凌（現在的用語為霸凌受害者），每次都要經盼老師詳細解釋事件的來龍去脈，並一再安撫保證，陳○○的父親才會釋懷。因為盼老師知道陳○○有個這樣的父親，因而在體育課或分組

活動學習時，都會特別暗示或提醒同學，注意不要打傷或讓陳○○先使用相關教具或物品（早期學生體育課很喜愛打躲避球，為免陳○○被外場同學打到，都會將他安排在外場，不敢將他安排在內場）。

盼老師38年的教職生涯中，前述第一位很難管教輔導的同學，對一向重視常規與強調原則紀律的盼老師而言，是其擔任班級導師工作自覺最無力感的一位學生，從此學生事件案例，盼老師才知道教職教育輔導工作並非針對每位學生都是有效的，輔導知能的班級應用也並不是萬能的；第二位學生家長是盼老師遇到自我中心最強、最難溝通的家長。就上述二件事情外，盼老師認為他教職工作以來，班級經營上沒有再碰到很棘手或難處理的事件。

盼老師38年的教職生涯投入態度與對學生的用心並沒有因為上述二件事件而有所改變，盼老師相信每位學生都有他可取之處，只要教師好好引導學生，重視適性教學，學生的學習態度是可以改變的，學習潛能是可以開展的。就以這屆學生為例，班上有位情緒障礙學生，每天上課都遲到，這位學生之所以遲到，是因為其母親要先送他的哥哥到國中，然後再繞路到永明國小，因為兄弟二人處理生活的能力速度比較慢，所以出門時間也較晚，其母親又不放心哥哥自行坐公車或騎車到學校，堅持要自己接送，所以弟弟每天都遲到。校慶運動會四百接力預賽在早自修比賽，這位情緒障礙的學生也是班上成員之一，盼老師怕他預賽當天太慢到學校，特別於前一天叮嚀他母親一定要提早到校，不要錯過比賽時間。盼老師之所以如此用心，是因為徑賽跑步是這位情緒障礙學生的專長之一，自從他入選班上四百接力選手後，體育課的課堂學習更為用心，對自我更有自信，盼老師自述道：

「給學生機會，就是給學生信心，不管是哪一種類型的學生，如果老師給他機會，他就會有榮譽感，覺得老師也很關心我，注意到我有這個專長，當學生受到肯定，他的行為與態度也會跟著改變。」（99117，盼）

　　不論學生的資質為何、人格特質為何，給學生機會，就是肯定學生，當學生受到教師肯定，就會喜愛老師，認同老師，這樣的學生其行為表現與學習態度也會朝正向一面改變，盼老師的這種做法就是心理學上有名的「期望效應」。

第九章

一位國小教師教職生涯之班級經營的實踐探究（II）
——我心如是、啟迪轉化

　　本章首先就盼老師教職生涯之班級經營的轉變作一深入分析，其次以盼老師班上在學習感受自陳量表的回應來佐證前一章研究者論述詮釋的內容，再來就盼老師在班級經營的實踐行為進行分析，最後就整個質性研究歷程進行省思與檢討。

第一節　盼老師教職生涯階梯

　　盼老師38年的教職生涯，從宏觀班級經營的內涵來看，可以劃分為五個階梯：第一階段：熟悉生態、摸索學習、建構心中願景（摸索投入期）；第二階段：緣於排球、找到自我、培養第二專長（衝刺開創期）；第三階段：苦幹實作、積極投入、建立專業形象（潛能展現期）；第四階段：遵守法規、平穩教學、錯失進修時機（踏實穩健期）；第五階段：

駕輕就熟、始終如一、等待時機傳承（經驗傳承期）。這五個時期是研究者根據研究所得結果加以劃分，研究者以半結構問卷題項第15題〈如果您要從任教職至今，把您班級經營或常規管理的分成幾個不個階段或管教學生有不同方法，您會劃分成幾個階段，每個階段可否給一個名稱〉，訪談盼老師只回答：「好像都一樣」，盼老師所講的「好像都一樣」其實是他教職38年來「不變」的那一部分，「不變」指的是堅持的教育理念、對教職工作的喜愛，對教育的熱忱與教育的愛。至於38年的教職生涯，盼老師也有其「變」的地方，如管教學生的態度與策略，從早期的體罰或不合理的懲戒方式到採用合法、合理的處罰方法；從早期只重視學生數學學習，到後來關注學生多元智能潛能的發展；從早期為學生補習到後來絕不為學生補習；從早期成績要求採用絕對參照高標準到後來依學生資質讓學生自我超越；從教學經驗中體認正向管教的效益與輔導知能的重要等，都是盼老師「變」的班級經營行為或策略方法。盼老師教職生涯五個階梯圖如圖9-1所示。

圖9-1　盼老師教職生涯階梯圖

壹　熟悉生態、摸索學習、建構心中願景（摸索投入期）

　　盼老師教職的第一階段是任教的第一所高雄縣鄉下學校（教職生涯的第一個5年）。當時城鄉差距十分明顯，尤其是學生的學業表現，這裡的學生純樸、家長因工作關係，無暇管教學童，對學校教師完全信任，也十分尊敬老師，家長把教育工作完全交予學校教師，完全不會過問教師的教學方法與班級經營方式。在這個校園生態中，盼老師發現某些教師教學不甚認真（也可能是老師不會教，或教得太快），學生學完三個年級的課程後，班上多數學生的注音符號完全不會；此外，一半學生的九九乘法也不會背，這種班級生態起先使盼老師驚嚇不已，後來經盼老師補救教學，自己摸索發掘較有效的方法，才使學生學會注音符號與九九乘法。盼老師告訴研究者當時他問學生：「三年級老師知不知道你們不會注音符號」，學生回答：「老師知道」，三年級的老師既然知道學生注音符號沒有學好，為何沒有為學生進行補救教學，盼老師對此到現在心中還心存疑惑。

　　經盼老師一步一步指引、耐心的講述，才使學生有最基本的知能，但班上多數學生的學業成績整體表現還是在水平以下。學生學習低成就的情況，使教學倍感困難，但盼老師沒有灰心，數學各單元都從基本概念著手教學，有系統的講述給學生聽，並自己利用課餘時間做了很多簡易教具，輔助學生學習，盼老師在此階段的教學所建構的教學願景，就是如何提升學生的學業表現，尤其是數學科，對於校園生態，從驚訝、接受、適應到力求改變。盼老師日後在永明國小數學科的教學特別有效率與效能（學生的數學學習表現顯著進步），教學方法就是在此階段自我摸索出來的。

　　最讓研究者與實習教師佩服的，盼老師就讀師專時是選讀特殊教育組，數學教學方法是自我從教學經驗中體會省思而得，盼老師告知研究者，在第一所學校服務時回到住宿的地方，第一件事想到的是：「今天數學的進度會不會太快，學生對於基本概念是不是聽得懂，明天我應該要怎樣教比較好。」如果他發現當天學生數學學習態度反應不佳，隔天會採用另一種可以讓多數學生聽懂的方法及口語重新講述一次，他不會急著將單

元教完，因為盼老師明確知道，學習內容是有前後順序的，前一小單元沒有聽懂，之後小單元的學習會倍感困難。盼老師就是從自我省思及經驗中不斷探索最好的教學策略，其重點只在於讓多數學生學會每個單元的基本概念，多數學生會做基本的試題，盼老師這種不斷省思教學歷程的方法，其實就是教育行動研究於數學教學的實踐。

貳　緣於排球、找到自我、培養第二專長（衝刺開創期）

　　盼老師教職的第二階段是任教的第二所高雄縣市交接的學校（教職生涯的第6年至第10年）。在此學校中，因排球隊一位教練的教師調離學校，球隊缺少一位教練，盼老師由於年輕又剛調入學校，因而成為校長、主任中最佳的人選。盼老師沒有因之前沒有教過排球隊經驗而拒絕，也沒有因為自己不是排球國手而迴避，而是欣然答應，教學之餘，也負起排球隊的訓練的責任。盼老師為了能進一步瞭解如何訓練球員，自掏腰包花了1000多元購買相關排球教學的書籍，自我充實進修知能，以學習有效的訓練方法；此外，也請教在他校任教的學長，親自到高雄縣市有排球隊的學校參觀其他教師的指導情形，就在一股年輕人的傻勁鞭策下，從只會與學生玩玩排球，變成一位排球隊的正式教練。

　　該校排球隊在盼老師的帶領下，對外比賽成績斐然，訓練排球隊知能變成盼老師的第二專長，盼老師因帶領排球隊參加各項比賽，屢獲佳績，記功嘉獎很多，使得其調動績分很高，正因為調動績分很高，才能以市區一般績分調動之第一順位調至當時人人稱羨的永明國小。從盼老師早期指導球隊的成功，再次驗證「一位好的教練，並不一定是位好的國手」，如果本身專業知能與技巧很好，但不懂如何傳授與指導方法，則學生的學習是事倍功半、沒有效率的。此外，很多事情或活動對教師而言，「不是不能也，而是不為也」。

　　實習教師於課堂實習觀察發現，盼老師的排球教學的確有方法、有步驟，因而班上學生的基本動作與對打的概念非常紮實與清楚。（991230，習）

1. 循序漸進：先示範，從最簡單的練習，再慢慢加深，不斷給予刺激，讓孩子自己獲得成就感，進而願意努力修正、練習。步驟如下：

   (1) 練習基本動作，包含低手球、托球。

   (2) 場地中間掛起橡皮筋，分組打比賽。這時候強調基本的排球規則，並開始培養團隊合作的默契。像是：要接球的同學就要大喊：「My ball.」

   (3) 要求孩子從普遍的一球即過，到打三球再過。

   (4) 教導他們場上位置的概念、舉球的概念。

   (5) 訓練舉球，告訴他們球要舉到哪裡給攻擊者。一開始可以接受持球，慢慢過渡到成熟的舉球。

   (6) 練習攻擊，孩子的學習熱情及意願至此到達最巔峰。教他們先用手指撥球，逐漸用手掌拍、擊球，久而久之就學會包球了。並且跟他們提醒攻擊要跳、要助跑，還有助跑的位置等。

   (7) 終於掛上羽球網，從橡皮筋到羽球網，這對孩子來說又是另一挑戰，然而他們始終熱情不減，因為這代表著又往真正的排球比賽邁進一步，更具臨場感了。

2. 寓教於樂：全班每一位孩子都把打排球視為一件「快樂的事」，每天上學都期待著排球時光，而且打得有模有樣，超乎預期的好，這實在是難得一見的。其實關鍵在於，老師總是在旁督導，不會讓他們「亂玩」，尤其是基本動作、觀念的要求，有時候老師還會激動起來呢！

　　實習教師詳細記錄盼老師排球教學的歷程，並於課堂中觀察盼老師的排球訓練方法，相信對實習教師而言，也有很大的收穫與啟迪。

參　苦幹實作、積極投入、建立專業形象（潛能展現期）

　　在永明國小的第一個10年，是永明國小校務發展與班級學生數的顛峰（班級數擴增結果，還將整個地下室進行隔間作為教室使用），正校長以身作則，公私分明，以校為家的精神使所有永明國小的教職員深受感動，雖然正校長採用的是權威式領導，但對老師福利與關懷也甚為用心，加上其做事有原則、行得正，因而深受永明國小全校教職員的愛戴，以教師節送給教師的禮物而言，校長與家長會定會細心比價，挑選最適合、最實用的禮物送給老師；第二任校長採用的是民主式領導，完全沒有行政官僚的氣息，對教師十分客氣，與教師無所不談，因而也獲得全校教師發自內心的敬重，第二任校長與正校長一樣，以校為家，以身作則，全力投入於校務的全面發展，這二位校長在當時高雄市國小校長的評價中甚高，也深獲教育行政機關肯定，許多全市性活動或研習都委託永明國小承辦（74-89，研究者）。

　　盼老師調至永明國小的第一個10年（民國72至82年），永明國小的班級數有90多班，每班人數介於50至60人間，越區就讀的學生很多，盼老師擔任五屆（每屆二年）的高年級導師，除訓練排球隊外，也擔任各項對外比賽的教練，其指導的排球隊參加相關排球聯賽都能獲前三名。盼老師常利用放學或例假日到學校刻鋼板，自行出題及油印數學練習試題給學生練習，早上7點30分至7點50分先幫學生複習，之後再到球場訓練球隊；若是球隊在高雄市比賽，盼老師會利用中午休息時間回到永明國小巡視班級，並處理相關級任問題（74-89，研究者）。

　　此時期盼老師課堂上的要求十分嚴格，當學生違反常規或數學成績退步，盼老師會採取嚴厲的體罰方式，如打學生手心、叫學生雙手拿起課本、交互蹲跳、半蹲、罰跪、蛙跳、打臀部或責打身體其他部位等，放學後幫學生補習。這個時期，盼老師也知道體罰與補習是不合法的，但當時永明國小整個校園生態就是如此，體罰與補習變成一種常態，學生與家長多數都知道班級導師都有在補習，班級導師在整個校園氛圍與家長要求

下，不得不補習，若是教師完全不體罰違規犯錯或成績退步學生，家長普遍會認為教師對於學生過於寬鬆，過於放任，這是研究者之前所說的一個很弔詭的校園生態。盼老師雖然有體罰學生，但從未發生學生家長告老師的情形，反而是每二年一次的編班，家長指定子女要編入盼老師班級的學生甚多，因而家長之間相互告知，盼老師很會教數學，其班上學生的數學學習表現顯著優於其他班級，對學生的要求也很嚴。這個時期的盼老師，把全部的時間、精力投入於學生身上，跟二位校長一樣，以校為家，例假日常至學校油印練習題或補充講義（當時永明國小校內沒有影印機，學校附近也很少有幫人影印的商店，即使用影印費也很貴）；另一方面其帶領的排球隊南征北戰，成績斐然，盼老師班級經營中的師生關係與巧思也都獲得同仁與家長肯定。

肆　遵守法規、平穩教學、錯失進修時機（踏實穩健期）

在永明國小的第二個10年（民國82至92年），因大環境的關係，許多資深教師退休，越區就讀的學生數大幅減少，教改如火如荼的展開，教育行政單位三令五申教師不能體罰學生，課餘不能補習，加上報章雜誌及電視媒體常報導許多教師體罰學生被告的事件，因而永明國小的體罰事件逐漸減少。到了民國85年附近盼老師幾乎不再體罰學生，尤其是考試成績退步或學業成績不佳的同學，盼老師絕不會處罰他們，而改以口頭鼓勵，這與之前一個階段盼老師對於學生數學習成績表現的處理有很大的不同。之前家長要求導師課後補習的情況在永明國小也大為減少，多數教師都沒有再為學生補習（根據盼老師告知，目前永明國小沒有一位老師在課後有補習行為），盼老師繼續於早自修教導排球，也樂於其教學工作。此時段永明國小有很多教師利用暑假到師範教育學院進修，有同仁邀請盼老師一起報考（當時暑期進修學士學位的錄取率很高），盼老師缺乏進修動機，他覺得學士學位取得對他來講其實質意義不大，研究者認為另一個原因是盼老師自認為他教書已經教得很好，班級常規也能掌控，盼老師認為進修沒有必要，所以不想再進修學士學位。雖然盼老師沒有進修學位，但靠自我

充實與校內研習進修，也習得許多輔導與專業知能，盼老師也沒有因為只有師專學歷，而有退縮或消極的心態，其對學生的投入與班級經級的用心程度從沒有改變，學年主任的觀察評述：

> 「令人讚賞學習的地方很多，其中最令人讚賞學習的是『心』，不因資深而有所懈怠、虛懷若谷能跟上時代的新思維、與學生互動不倦怠，每天總是保持愉悅的心情來上學，放學後總是能歡喜的回家，這種教育愛：愛學生、愛授課、享受學校樂趣的心，或許是盼老師從未有退休念頭的重要原因吧！」（991208，學年）

　　這個階段盼老師的教學是依循法規、平穩前進，凡事依法令而行，盼老師絕不再體罰學生，也不再為學生補習，頂多是下課後從事一對一的家教（教的多是數學，在定期考查前會為家教學生複習國語）。後來高雄市嚴格執行電腦編班，全市全面實施常態編班，家長不能再請託校長將孩童編入到某個班級，想編到盼老師任教的班級，也只有靠運氣。電腦編完班，若是子女編到盼老師的班級，家長通常都會說很幸運，因為盼老師教學的口碑與風評，在永明國小學區很多家長都給予肯定，不論是校內外的競賽或學生校內外表現均獲得大家一致的好評與讚揚。對此，學年主任的所見、所聞下進行這樣的評論：

> 「盼老師的班級氣氛融洽，在他循循善誘的教導下，學生不論是校內的生活競賽、語文競賽……都有不錯的表現。班級經營中，盼老師自己總是以身做則，盼老師充滿教育愛的一舉一動，言行合一，讓班級團結一心，許多任務也都迎刃而解。而班上的教室布置，也十分用心，處處可見其巧思，也期許學生能努力學習外，品德更要滿分。」（991208，學年）

　　盼老師的管教與班級經營策略也隨社會脈動、教改革新趨勢而調整。

對此，其班上實習教師有很深入的描述：

> 「自省──不斷從教學中調整自己──我曾經問盼老師：『老師，我發現你在生氣之後還是可以微笑，你以前就這樣了嗎？』老師說：『沒有，也是慢慢調整來的，老師要隨時調整自己。』從以前的打罵、專制、權威式的教育，到現在用講道理的方式對待孩子，以開明的態度去接受孩子，其實每個老師都改變很多，而盼老師正是讓我看到一個最佳的範例。盼老師在求學階段讀的是特殊教育，如今卻是數學名師，其中的關鍵在於教學方法的突破。老師曾提及，他在一開始也不得要領，教學法完全是靠自己不斷鑽研、反覆檢討來的，可見其用心之深。盼老師是數學名師，而數學的教學法是他自己鑽研來的，從教學中不斷累積經驗而來的。」（991230，習）

盼老師自述之「老師要隨時調整自己」其實就是教師教學的省思，此種省思、修正、調整自我的方法，才能精進教師的教學專業知能，盼老師或許不知教育行動研究的意義或其真正內涵，但盼老師的班級經營行為的確符應了教師行動研究的真正內涵。

伍　駕輕就熟、始終如一、等待時機傳承（經驗傳承期）

於永明國小的第三個10年（民國92年至今），永明國小的校園生態與盼老師在永明國小的第一個10年差異極大。第一個不同點是當時跟盼老師同一學年的老師多數已退休，早期永明國小跟盼老師一齊服務教職的教職員工也多數退休，民國92年後進到永明國小的教師都是年輕資淺的教師；第二個不同點是永明國小的班級數大幅萎縮，從民國80年代的90多班（快接近100班）變成約30班，班級學生人數銳減，從一班50至60位變成20多位（盼老師今年班上的人數只有28位）。至此，永明國小也換了六位校

長，現在的校長是永明國小的第六任校長，盼老師調到永明國小時正校長是第一任校長，因而六位不同領導風格的校長，盼老師都有與之相處過，雖然六任校長的領導風格不同，但每任校長對校務投入的認真程度都是一樣的。目前，盼老師已不再專職訓練球隊，而是交棒給年輕新進的體育教師，盼老師有空時也會與球隊年輕教師進行意見交流，協助球隊訓練；此外，由於盼老師對教學工作的執著，加上自己小孩都已成年（二個小孩均為國內知名大學研究所畢業，目前均有固定工作），因而更可全心全力投入於班級事務中，目前盼老師對班級經營與教學工作可說是駕輕就熟，其原因之一是盼老師有豐富的教學經驗；原因之二是班級學生人數只有早期的一半，對學生的常規掌控與班級事務的經營十分得心應手。盼老師自述道：「這幾年除了親師會議，家長會到班級外，其餘時間很少看到學生家長來到班級或打電話詢問學生學習或行為問題。」

實習教師的省思文件有中肯的提到：

「熱心且不藏私——在永明國小這些日子以來，我發現盼老師的人緣很好，其他老師都會向他請益，無論是教學、班級經營或是行政層面等；而盼老師總是十分熱心、樂於分享，完全不會有私心。」（991230，習）

實習教師所述的盼老師是位樂於與新進教師或實習教師分享經驗，熱心人緣好，這些看法與所見的內容，與學年主任提供的文件檔案所描述之盼老師的人格特質與態度是一致的。學年主任從盼老師與資淺同仁間互動，也發現盼老師對新進、資淺老師會提供教學經驗與方法供他們參考：

「與同仁互動方面，他的溝通力很好，對於資淺的老師能予以幫助、肯定與鼓勵，從不藏私。對於不公之事，決不姑息，一定力爭到底。對於意見衝突，在阻礙學生發展的情況下，會聆聽他人的意見後再做決定。注重同事們之間的和協，就事論事，公私分明；

此外，也會提供自己看法供同仁參考。」（991208，學年）

　　對於現在教師難為或學生很難管教問題，盼老師認為只要老師用心、有方法、有策略，學生的常規管理或教學就能得心應手。盼老師說，在永明國小第一個10年（從72至82年），高年級班級的學生數均在50至60位中間，而現在班級學生人數最多不超過30位，很多學校班級人數約只有20位附近，當就作業批改而言，教師的工作量就少了很多。九年一貫課程實施之前，每二週規定學生要寫一篇作文（課程表有排定說話、作文、作文三節課），一個學期要批改十篇作文；此外，學生每週或隔週要書寫週記，一學期要批改10至15篇週記；九年一貫課程實施後，一學期學生只要書寫五篇作文、十篇讀書心得，當以作文批改的篇數就跟之前相差很多。在小班教學情況下，教師很容易掌控學生的言行，在學生有不當或偏差行為出現時，教師就可採取預防策略。盼老師自述：

　　「現在學生表現與常規紀律並沒有比較差，跟早期比起來最大的差別，是班級學生數大約只有我剛到永明國小服務時的一半，以前的桌子是雙人座，現在都是單人座。」（991117，盼）

　　與盼老師剛至永明國小第一個10年相較之下，近10年由於少子化社會現象，造成永明國小班級數及班級學生人數大幅減少，這對班級家長委員代表的產生也有很大轉變。早期法令沒有規定要召開全校班級家長會，因而各班家長委員代表都是盼老師私底下直接跟家長請託，由於學生人數多，家長職業多元，許多學生是家長透過關係將子女編入盼老師的班級，因而對於盼老師私下請託當班上家長代表（學校家長會委員），被請託的家長都會欣然答應。後來學校家長委員的產生都是經班級家長會召開時（永明國小班級家長會都安排在上班日的晚上），由家長互選產生，如果沒有順利選出班級家長代表，盼老師才會私下再請託熱心的家長幫忙。盼老師說：

「這幾年來，五年級召開班級家長會時，大約有十多位家長來
參加，但到六年級時，來參加班級家長會的家長都只有個位數，這
種情形不是我們班如此，我們這一學年各班的情形大約都差不多。
就我們班來講，平時有事情就直接用家庭聯絡簿跟家長溝通，近幾
年來，很少再打電話給家長，因為學生學習很好，班上也沒有什麼
問題發生。」（991117，盼）

盼老師認為班上學生的學習很好，也沒有什麼問題發生，其實就是
對自己班級經營得宜的肯定，不管是教學或常規管理等，盼老師自認很順
利，家長對孩童在學校的表現也滿意，所以到班級與盼老師進行意見交換
者非常少，盼老師說：「除了班級家長會及校慶運動會，家長會到學校
外，其餘時間，我們班的家長很少到學校。」（991117，盼）

當家長放心將孩童交到老師手上，並相信教師的能力與教學專業、
肯定教師的認真與用心時，則家長干預或介入教師班級經營的情形就不會
發生，此種情形從盼老師經營的班級可以得到證明。最近幾年，盼老師在
行政獎賞會議中，會將自己從敘獎名單中移除，讓年輕教師有更多記功嘉
獎機會，這是一種栽培後進，不自私的偉大胸懷。對此教務主任描述道：
「曾在幾次的教評會議中，針對活動辦理的敘獎員額名單，盼老師挺身
為協助辦理的教師發聲，爭取能夠讓熱心參與的老師們，可以有更多精神
的鼓勵。」（991225，主任）

第二節　班上學生的回應結果分析

本節主要就盼老師任教班上的學生於研究者自編之「班級學習感受
問卷」題項勾選的情形作一分析。由於此班的學生是六年級，已經在盼老
師班上快三個學期，對盼老師的教學風格與對學生的態度為何，學生應該
有深刻的感受，為避免學生作答的防衛的心理，問卷填答採用無記名的方
式。此外，學生填答時，盼老師也不在教室現場，因而學生填答的可靠性

更高。

表9-1　盼老師班上學生於「班級學習感受問卷」之描述性統計量摘要表

題　項	個數	最小值	最大值	平均數	標準差	百分比值
1.我覺得編到盼老師的班上是我的榮幸	28	2	5	4.07	.858	76.8%
2.我很喜愛盼老師	28	3	5	4.25	.701	81.3%
3.盼老師是一位教學認真的老師	28	3	5	4.79	.499	94.6%
4.盼老師是一位賞罰分明的老師	28	2	5	4.18	.863	79.5%
5.我很懼怕盼老師（IT5）	28	1	5	3.29	1.243	57.1%
6.班上的同學相處很愉快	28	3	5	4.57	.573	89.3%
7.我覺得我們班的班級氣氛很好	28	3	5	4.32	.723	83.0%
8.我很喜歡我們這一班	28	3	5	4.46	.744	86.6%
9.我覺得盼老師對我們班很用心	28	3	5	4.68	.548	92.0%
10.如果可以重新編班，我還想編到盼老師任教的班上	28	2	5	4.14	.970	78.6%
11.父母親肯定盼老師的教學	26	2	5	4.19	.895	79.8%
12.五年級編到盼老師的班上，父母親很高興	26	2	5	4.27	.919	81.7%
5.我很懼怕盼老師（RT5）	28	1	5	2.71	1.243	42.9%
學生整體感受（STOT）	28	3.17	5.00	4.22	.50	80.4%
學生自陳家長整體感受（PTOT）	28	3.40	5.00	4.28	.45	81.9%
整體量表單題平均	26	2.00	5.00	4.23	.84	80.8%

註：RT5為原先第五題計分　IT5為第五題的反向計分題
STOT題項為第1題至第10題總和單題平均　PTOT題項為第11題至第12題總和單題平均

從學生自陳的感受中可以發現：第3個題項〈3.盼老師是位教學認真的老師〉，盼老師班上學生同意的程度高達94.6%；第9個題項〈9.我覺得盼老師對我們班很用心〉，學生同意的程度也達92.0%；第6題〈6.班上的同學相處很愉快〉，學生同意的程度高達89.3%，第8題〈8.我很喜歡我們這一班〉，學生同意的程度高達86.6%。學生對班級氣氛及盼老師整體認同的百分比為80.8%；學生認為其父母親對盼老師肯定與認同的百比為81.9%。在個別題項的反應方面，第5題〈我很懼怕盼老師〉，學生的平

均得分為2.71，百分比為42.9%，表示班級中約有四成的同學對盼老師懼怕，這與盼老師班級領導風格不謀而合，也與個人長期觀察盼老師的班級經營的情況接近，盼老師的音量大，嗓音宏亮，對於作業未按時完成或違反常規的同學，只要稍微提高音量，學生的不當行為自然就會收斂三分，而不敢再犯。在十二個題項中，除了第5題〈我很懼怕盼老師〉的標準差高於1.000外，餘十一個題項的標準差均小於1.000，表示學生在第5題回應的個別差異較大，其餘題項勾選的一致性較高。學生在第5題回應感受有較高的個別差異存在，與盼老師的人格特質與常規管理方法是不謀而合的。

盼老師是位積極果斷型的教師，對於學生不當行為或偏差行為，會立即處理，其態度是嚴格的，其常規管理方法類似Emmer等人（1994）所提的「建設的果斷」策略，採用具體明確的身體語言及口語表達，堅定的語氣與姿勢讓學生知道其行為的不對或危害程度。盼老師認為愛與管教要融合應用，學生做錯事情要讓學生知道，否則學生的行為還會再犯，在責備、處罰學生之前，一定要讓學生知道他錯為哪裡，如果學生自己知道做了這件事情，會讓老師很生氣，表示自己做的這件事情或行為表現是不適當的，否則老師是不會任意生氣的，盼老師說：

「對學生的態度與關注，才能讓學生發自內心的敬重，完全沒有管教的愛是一種錯誤的愛，這種愛跟父母的溺愛一樣，可能會得到反面的效果，我最不認同的家長是過度溺愛學童。因而學生有做錯事情或違反班規，我定會秉公處理，當然在處罰學生之前，我會先瞭解事件的來龍去脈，以免冤枉學生。」（991117，盼）

「曾經有畢業的學生回到學校跟我閒談時，開玩笑的跟我說：『老師，您平常對我們很好，但兇起來的時候，真得很兇』，我聽了以後，跟他們笑一笑。」（9911201，盼）

　　盼老師的嚴厲面其實只是對那些違反班級常規或作業有能力完成而不完成的同學而言，就班上多數學生來講，盼老師是認真、幽默的教師，但盼老師也有其基本的堅持，這個堅持是其擔任教職以來從未改變的，學生的學業表現要進步、學生的行為表現要符合社會基本規範。班級中總有少數幾位學生會有馬虎、混水摸魚或投機取巧者，對這些學生除了要讓其知道行為不對外，也要常提醒或叮嚀，通常認為盼老師比較兇的同學多數是這些學生，這些學生是班級的少數。此種情形可以從題項〈5.我很懼怕盼老師〉的選填情形得到佐證。此題的平均數為2.71，表示學生平均勾選的選項介於「一半同意」及「少部分同意」間；此外，此題的最大值為5、最小值為1，標準差為1.243，表示班上學生對盼老師懼怕的感受情形不一，有些學生根本不會懼怕盼老師，有些學生很懼怕盼老師，很懼怕盼老師學生通常都是常犯錯而被老師責罵的同學。

　　在所有正向題的選項中，平均數介於4.07至4.79間，11個題項的平均數均高於4.00、標準差均低於1.00，表示學生的感受差異情形十分接近，就〈3.盼老師是位教學認真的老師〉題項而言，平均數為4.79、標準差為.499；題項〈9.我覺得盼老師對我們班很用心〉題項而言，平均數為4.68、標準差為.548，班上28位學生幾乎都認同盼老師是位教學很投入、教學認真的教師，二個題項的標準差均非常小。

　　第10題〈如果可以重新編班，我還想編到盼老師任教的班上〉之自陳感受而言，其平均數為4.14，百分比為78.6%，班上約有八成學生願意再給盼老師教。從開放式填答內容來看，學生對盼老師的描述語多數是正向、肯定的：

　　　　「編到盼老師這班使我的數學進步非常多，而且盼老師會在大家不懂的地方仔細講解，也常教我們做人、做事的基本道理。」（991201，S04）

　　　　「因為自從到盼老師這班後，我的數學進步了不少，也知道了更多的知識，雖然比較兇，但是我很喜歡他。」（991201，S05）

「因為數學變的更好了，原本排球不會打，被老師教到就會打了。」（991201，S06）

「因為我覺得盼老師教學認真，而且還會教我們許多事情。」（991201，S07）

「因為可以學到許多的東西。我本來數學很差，在這班的話數學就非常好。」（991201，S08）

「因為盼老師教學用心，還把我的功課從不好變成了很好，且讓我明白了成績的重要，也讓我學會了排球，非常幽默！」（991201，S09）

「雖然盼老師教學態度很認真，而且每天都有全班都喜歡的排球，但我覺得數學有點太多了。」
「因為我愛數學。」（991201，S11）

「盼老師很用心，會把所有自己知道的數學傳授給我們，也會教我們排球和很多。」（991201，S12）

「可以打排球、下次想再被他教到。」（991201，S13）

「盼老師很認真人又好，又會給我們打排球。」（991201，S14）

「因為可以打排球，數學又可以進步。」（991201，S15）

「沒有為什麼，因為盼老師就這樣努力教學，班上同學也很好，就這樣一個好班級。」

「可以打排球，可以上數學。」（991201，S16）

「數學有時候要寫很多，但我知道老師是爲我們好，所以還是很感謝老師。上國中還想被盼老師教，也想跟6年○班一起上國中。」（991201，S17）

「因爲給盼老師教功課會比較好，給盼老師教天天都可以打排球。」（991201，S18）

「因爲盼老師對我們很好。」（991201，S19）

「因爲盼老師教書很認眞用心，還可以打排球，説不定以後我還可以變成數學高手、運動健將。」（991201，S20）

「數學太難，每天都考試，但還好有打排球，可以放鬆。」（991201，S21）

「因爲父母喜歡盼老師，因爲這樣子我的數學會比較進步，排球也會更精進。」（991201，S22）

　　從學生描述的原因來看，和研究者回憶觀察、學生主任的觀察紀錄及實習教師的課堂實習觀察的情形相同，其中三大原因爲：

一、學生感受到盼老師幽默風趣、教學認眞用心

　　學生認爲想再編到盼老師班級的原因是因爲盼老師除了教學認眞、很用心之外，其中一項重要的特質是盼老師的幽默風趣。實習老師於課堂實習的觀察省思文件，多次提到盼老師是位嚴謹而不嚴肅的老師，課堂或課餘時間會和學生開玩笑：

「三不五時跟孩子開開玩笑，讓他們知道老師關心他們，也希望他們快樂。」

「好好跟孩子說道理：使用溫和懇切的口氣跟孩子說道理（有時使用有趣的方式），讓孩子知道老師是真心為了他好，一次、兩次、三次……循循善誘，不厭其煩。」

「上課風格嚴謹卻不嚴肅，總是幽默詼諧、妙趣橫生。」

「有時跟孩子開開玩笑，以幽默風趣的口吻調侃他們，師生互動良好。」（991230，習）

二、讓盼老師教到，數學有顯著的進步或表現更佳

盼老師從任教永明國小中年級開始，他班上學生的數學成就表現就顯著的優於別班，多數學生的數學學習都有明顯的進步，許多學生也對數學有了興趣，誠如學生所言：「我本來數學很差，在這班的話數學就非常好」、「說不定我以後會變成數學高手」、「編到盼老師這班使我的數學進步非常多」等，數學教學品質的口碑，對數學學習的重視與有效的數學教學策略，「數學聽得懂、考試成績好」是吸引學生想讓盼老師教的另一原因。

三、學習到排球技能，培養學生多一項運動長才

學生想讓盼老師教到的另一個原因，是因為可以打排球，「因為可以打排球」是學生共同的心聲。盼老師運用自己巧思與專長，利用學校現有的四樓禮堂設備，配合「舒活時間」（每天早上10:00到10:30），融入排球課程，從基本技能教起，接著讓學生喜愛排球，到分組比賽對打，「排球」課程變成目前盼老師教學的特色之一，學生的回應和盼老師所自述的相同：

「我們班上學生，目前最喜愛的時段是每天的『舒活時間』，每天10點一下課，學生會拿著排球就衝到禮堂『玩排球』，有些會互

相對打，有些會分組比賽；有時連下課時間也有同學到禮堂去『玩排球』，我們班的學生很喜歡打排球。」（991117，盼）

盼老師任教班級學生對排球的興趣與喜愛打排球的態度，多數任教高年級科任老師也多知悉：

「重視健康、發展體育──沒有擔任體育班導師時，鼓勵學生發展專長運動，排球是盼老師的專長，利用彈性與綜合課程讓非體育班學生，兩兩一隊，練習排球基本技巧舉球與托球。也利用晨光時間吸收同學年其他班級中比較好動學生，利用運動與體育活動發洩學生旺盛的體力，回到班級時能安定穩健的學習。」（991224，科任）

盼老師班上學生對〈題項10如果可以重新編班，我還想編到盼老師任教的班上〉回應來看，題項的平均數為4.14，換算成百分比值為78.6%，表示班上學生還有21.4%比例的學生不想再被盼老師教，此種情形是符合中小學班級生態的。在中小學班級學習中，即使教師是位認真負真、積極投入的老師，老師班級經營的方法也可能讓每一位學生滿意，教師的常規管理策略與對事件的處理也不可能令全班每位學生滿意，因為學生間的性向不同、人格特質不同，看法不同，這可能是原因之一；另外一個原因可能是學生心想被別的老師教到可能會「更好」，這是學生幻想的「理想班級情境」，即使盼老師班上學生認為盼老師教學認真、用心負責、班級氣氛和諧，部分學生可能還會期待老師的管教態度可以調整，期待老師不會那麼兇；此外，盼老師對數學課業的要求也可能是一個因素。由於學生回應的問卷調查是採不具名方式填答，所以無法得知是哪二位同學勾選「少部分同意」選項，這是研究不足的一點（若是採用具名方式，學生的回答可能會有所保留，如果問卷後面作上記號，表示之前對學生的保證是假的，這違反誠信原則，所以此部分的內容研究者沒有再進一步對學生進行訪談）。問卷調查結果雖然沒有100.0%的學生都同意重新編到盼老師的班

上，但也有約八成的學生回應若是可以重新編班，還是想再編到盼老師班上，這對一位導師而言其班級經營方法已獲得多數學生肯定、認同。雖然研究者無法對學生進行訪談以探究原因，但從題項的選項分析結果，也可以知道其中緣由。

表9-2 「題項10.如果可以重新編班，我還想編到盼老師任教的班上」之次數分配摘要表

選　項	次　數	百分比	有效百分比	累積百分比
少部分同意	2	7.1	7.1	7.1
一半同意	5	17.9	17.9	25.0
大部分同意	8	28.6	28.6	53.6
非常同意	13	46.4	46.4	100.0
總和	28	100.0	100.0	

　　研究者以回收問卷資料探究學生對第10題的回應情況（次數分配摘要表如表12-2所列），就五個選項勾選的次數來看，勾選「非常不同意」選項的學生0位、勾選「少部分同意」選項的學生有2位、勾選「一半同意」選項的學生有5位。就勾選「少部分同意」選項的二位學生而言，其回答內容為：「因為回家功課有時候很多或難，常常要寫到很晚」（991201，S01）、「因為課業有點重，考試成績有些不理想」（991201，S03）；就勾選「一半同意」選項的5位學生而言，其回答內容為：「有時候功課很難，要寫到很晚，隔天精神不好；可是可以學到很多別班學不到的東西」（991201，S02）；「因為老師上課的時候常常生氣，但下課會讓我們打排球」（991201，S26）；「有的時候老師生氣非常的兇，有的時候老師人很好，還好老師不會隨便亂兇，被老師兇的同學許多是不守規矩的同學」（991201，S25）；「數學有時候要寫很多，但我知道老師是為我們好，所以還是很感謝老師。上國中還想被盼老師教，也想跟6年○班一起上國中」（991201，S17）；「數學太難，每天都考試，但還好有打排球，可以放鬆」（991201，S21）。從7位學生的回答可以看出，學生之所以不太想再被盼老師教到的三大原因：一為回家功課的份量；二為數學學

習的難度與練習；三為盼老師的上課時的生氣態度，學生所述的原因的後二項原因與之前資料分析是前後呼應的，至於第一點學生認為有時候回家功課很多或很難，要寫到很晚，研究者推論可能與學生個別的因素有關，對於回家作業份量的適宜度在問卷調查中沒有呈現，所以此點的緣由研究者無法進行深入的推測。

　　在理論策略篇曾提到若是班上多數學生認為回家作業或家庭功課不會太多，或太艱澀，則感受到家庭作業太多的學生可能只是班級少部分的同學，這些學生回應家庭功課要寫到很晚部分可能與學生個人因素有關，如未專心書寫、補習或學才藝占用過多時間，以致回家太晚。對於回家作業的內容及份量，研究者再以電話訪談盼老師，盼老師說：「平時回家功課就是一般的國語習作、生字圈詞，或是我自己出的練習題試卷，其餘就是讀書心得報告或作文，週休二日通常我不會派回家作業，指派的功課是鼓勵學生閱讀，開學到現在，沒有家長或學生跟我反應回家功課太多，只有少數一、二位同學曾跟我反應說，有時候數學不會寫，要寫到很晚。」（991220，電訪）盼老師告訴研究者，如果於課堂教室中派的家庭功課份量太多，導師一寫在黑板或說完，全班學生就會立即回應：「老師！功課太多了」，盼老師說如果全班多數學生都有這樣的情感表現或一致反應，那就表示回家功課份量內容可能太多了，此時，老師可以和學生共同協商，將部分回家功課挪到別的時間書寫或早自修來寫較為好。

　　研究者進一步以電子郵件就學生回應的二件事情：盼老師課堂生氣與作業份量請教實習教師，電子郵件內容如下（1000108，研究者）：

○○（實習老師的姓名）
老師在整理學生資料，有些疑惑之處，所以想再請教您二件事情：
1. 盼老師在課堂教學中生氣的緣由（原因）多數是什麼導致？
2. 就您課堂觀察盼老師班上回家作業內容多數是什麼？對多數學生而言份量會不會太多？
您直接以電子郵件回應老師（研究者），謝謝您。

　　實習老師電子郵件的回應結果如下（1000109，實習）：

一、若是在課堂，而且是教學中的話

1. 孩子講不聽（屢勸不聽或明知故犯）：通常是老師講過的重要事情，孩子又去觸犯。像是：檢討數學習題時，老師會要求錯的同學站起來，然後老師開始講解，聽懂的就可以坐下。若有人不懂裝懂而坐下，老師就會生氣。但老師不會因為一直聽不懂而罵人，會講到孩子懂為止。像是：體育課打排球時，一再犯同樣的錯，或是態度隨便，老師就會比較激動。

2. 孩子學習態度不佳：

　　像是：唸題目參差不齊，老師就會要求重念，直到整齊為止（太多次或太嚴重時老師就會生氣）。

二、回家作業內容及份量

　　1. 回家作業以國語和數學為主。

　　國語通常習寫生字語詞，還有習作；數學則是習題練習，內容通常為同一個概念（像是：等量公理）程度有課內基本的，也有課外加深加廣的，通常10-20格。2.國語的話，份量適中；至於數學，份量是否過量，應該是取決於當天的難度，不過盼老師會調配，難度高的題數就少，難度低的題數就多。

　　對多數同學來說應該都可以負荷，不過有些同學坦言曾寫到12點左右，可能就是比較需要思考的題目吧。

希望我的回覆對您有所助益！

　　從實習教師課堂觀察發現：盼老師課堂生氣都是有其緣由，這種生氣表示的是對學生學習態度的一種要求，這種要求是合理的、適當的，課堂中如果沒有基本的理念堅持或紀律原則，則無法讓學生專注於學習活動，教學歷程不是按照課表按進度教完而已，對於學生課堂的學習態度與行為更要重視，班級經營中一位都不會生氣的老師，或是對學生學習態度完全放任不管的教師，都不是有效能教師的行為展現，只是教師生氣要有緣由，對事件而非對學生個人；生氣要能自制，不能因為生氣導致情緒失控，而出現非理性的行為，如體罰學生、辱罵傷害學生，甚至與學生互嗆等，正由於盼老師的生氣有其合理性與價值性，所以班上學生不會因老師課堂生氣而不喜愛盼老師或否定盼老師的教學或管教方式。就回家作業的內容與份量來看，實習教師的課堂觀察發現與學生的回應完全相同，此外，與盼老師接受訪談時所述的內容也差不多，「回家功課很難，有時寫到很晚」只是個案，對盼老師班上多數學生而言，並非如此，此點實習教師的課堂觀察發現一樣：就回家功課而言「對多數同學來說應該都可以負荷。」

第三節　實踐與省思

　　教學是一種科學與藝術的統合應用，在藝術策略的運用上，每位教師並不完全相同，這跟教師的人格特質、班級領導與個人的思維模式有很密切關係。每位教師從教職開始到退休，各有不同的教職生命史，有些教師覺得教職工作很充實、很有意義、有許許多多值得回憶與敘說的事情，有些教師卻只把教職純粹當成一項職業，退休後值得敘舊的事件不多。盼老師的教職生涯，敘說著一位鄉下窮苦人家的小孩，如何走上教職工作，如何從教學經驗中型塑自我的專業形象，建立專業教師品牌，獲得家長認同、學生喜愛、同仁肯定的教師。

　　由於研究者長期關注永明國小校務變革，對盼老師的教學與班級經營有長時間的觀察；此外，研究者與盼老師除了曾是同一學年的同仁關係外，盼老師也曾經是個人於永明國小教高年級的家長。研究者與盼老師有很深的交清，研究資料來源除了研究者於永明國小15年的回憶記錄外，重要的是包括研究者與盼老師間的深度對話，這種深度對話是基於盼老師對研究者的信任與友誼關係，從研究者與盼老師心理對話中，研究者得知許多之前的資料。為了佐證資料的可靠性與可信度：一從與盼老師教職後半段有11年交情的學年主任方面，蒐集學年主任對盼老師的觀察記錄文件；二從與盼老師熟識超過20年之科任教師與教務主任在永明國小所見、所聞所撰述的資料文件來進行比對；此外，實習教師藉由一學期的課堂觀察記錄省思文件，更可與之前訪談內容進行交叉檢核，而學生的回應感受更可確認資料的客觀性。

壹　班級經營的實踐情形

　　實習老師對盼老師的班級經營原則與態度，提供以下的描述：

　　「1. 教育愛：盼老師對我說過：『要真心疼愛他們，把他們當作是自己的小孩一樣疼惜』、『讓孩子快樂上學、喜歡上學最重

要！』在盼老師身上，我看見一位老師對於孩子、對於教育的熱情，其實滿令人感動的，而這正是盼老師還沒有想過要退休的理由，也是我從他身上學習到最珍貴的價值觀。盼老師還說過：『像○○這樣的孩子，其實是很想得到老師的關愛，○○、○○也是；他們不像○○、○○本來就較容易受到矚目。所以我們要對他們格外注意，給予關懷。』常會發現老師的舉動都是在乎每一位孩子的，無論其家庭背景、學業表現……，都一視同仁，總是無私奉獻。2.以身作則：我們都知道身教是很重要的，然而在盼老師身上可以看到，他不會有多重標準，或是自己行為與言論相牴觸的狀況發生。」（991230，習）

　　盼老師班級經營理念中的「要真心疼愛學生，把學生當作是自己的小孩一樣疼惜」，就是一位教師必須具備的哲學信念，「以身作則」是班級經營中教師必須遵守的倫理行為準則。實習教師對盼老師班級經營理念與行為態度的描述，正符合理論策略篇中引述福祿貝爾的教育名言：「教育之道無它，唯愛與榜樣」的寫照。

一、將教職視為志業而非職業

　　「教育愛」與「以身作則」是盼老師班級經營時堅守的基本原則之一，盼老師之所以尚未考慮到退休的原因是因為他將教職工作視為一種「志業」而非是一種「職業」，將教職視為一種志業，才能敬業、樂業，喜愛教職工作，喜愛、關心學生，並從中獲到滿足。將教職視為志業者才能展現「人師」行為，相對的把教職視為職業者頂多是「經師」的行為，經師只能歸為教書匠，每日負責的工作是教書，把進度很快教完；批改作業，很快將改完的作業送還給學生；考試，很快將試卷批閱完，讓學生知道成績並按時將成績繳交，下課鐘聲響起，很快離開教室；下班鐘聲響起，很快離開學校；上班時間一到，準時到達學校；上課鐘聲響起，準時進到教室。這種經師行為表面上看是負責盡職的教師，實際上只盡到教師一半的責任，另一半未盡的責任是學生學習結果的檢視與補救，學生行為

表現的關注與輔導，學生學習問題的預防與處理，潛在課程與空白課程的規劃與實施等。

盼老師告知實習教師，對班上所有學生「要真心疼愛他們，把他們當作是自己的小孩一樣疼惜、讓孩子快樂上學、喜歡上學最重要」，這是一種教育愛的展現，要讓孩子快樂喜愛上學，教師一定要班級經營上發揮創意與巧思，除了要讓學生有成就感外（高成功率），最重要的是要讓班上學生感受到班級的溫馨、教師的真誠關懷，班級活動規劃有吸引學生的地方，這些特色在盼老師任教的班級都有看到。不論資質的高低，學生只要用心聽講，照盼老師安排的練習課程，數學就能聽懂，考試成績就會進步；盼老師的詼諧幽默、平易近人，學生感覺班級就像一個大家庭；到學校上課可以根據自己興趣參加樂團，學習一種樂器，下課時間或舒活時間全班可以一起快樂打排球等。

盼老師擔任體育班導師二年的時間，幾乎沒有假日，週休二日要為學生補上課堂進度並教導排球技能，寒暑假每天上午也要為學生加強課業及訓練學生打排球，盼老師這些額外的付出都沒有申請加班費或向學校提出金錢補助，而是一種出自於擔任體育班導師職責的義務與對自我的期許。在中小學校園生態中，對一位資深教師而言，能秉持當時初任教職的熱忱與投入態度，是非常不易的。中小學校園生態中，有些資深教師會倚老賣老，會將這些需要額外付出時間與體力的工作交付給資淺教師，也由於盼老師對體育班學生的真誠付出與用心投入，獲得體育班學生家長及永明國小主任、校長的一致的讚揚與肯定。正如教務主任所描述的：「……，在學業與球技並重的要求前提下，團隊的紀律、體能的培養、課業的進度及家長的溝通認同，無一不是費盡心力全力以赴，以校為家的他，終為學校奪得全國賽的冠軍。」（991225，主任）

班級經營目標與組織全面品質管理目的相同，在於高品質的追求，高品質目標轉化於班級經營行為之中，即在全人化學生培養。全人化學生在於使學生德、智、體、群、美五育得到適合的發展，使個人潛能均能開展出來，而達到自我實現的目的；全人化目標並不是要求每個學生均達到同一水準，而是因應個別差異需求，使學生獲得自我滿足感。五育兼顧的教

育目標，是一種以社會需要為基礎的文化取向、其教學是「外鑠的」，稱為「外鑠教學」、全人化的教育應將外鑠取向的教學設計，轉化為「內發教學」設計。內化的教學取向在於使學生「知、情、意、行」四方面產生正向變化（張春興，1994）。內化的教學取向在盼老師班上展現無遺，內化取向的教學有四大特徵（吳明隆，2010）：

1. 具有「知」的意願

使學生具備求知需求的心理狀態，當學生具備學習動機後，就能促發學生進一步的學習。知的意願就是讓學生知道學習的價值性、重要性與對未來的影響，意願是學習的第一步，也是師生溝通的開始，除了學生願意接受老師的指導，一切的學習活動才能促發。

2. 具有「情」的胸懷

學生能從求知中獲得滿足的愉快之情，從愉快喜悅中，轉為喜愛求知、探究問題、參與班級學習活動等。情的胸懷在於學生從學習與班級活動中獲得了愉悅之情，此愉悅之情是從師生互動、同儕相處、學習活動歷程中獲得，愉悅與喜愛是學生進一步學習的動機所在。

3. 具有「意」的價值

當學生喜愛求知，對知識產生價值感後的同時，也肯定了自己的能力與自我的價值，便會促發自動積極的意志。意的價值在於學生能瞭解自我、肯定自己，知悉自己的長短處，認同自己，進而接納他人，要讓學生有自我價值感，教師要多看學生的優點、發掘學生的長處，讓學生能往被讚美的行為發展。

4. 具有「行」的實踐

具備知、情、意的學習心理滿足之後，學生便會進一步將之轉化成具體的行為表現。行的實踐在於學生能躬自篤行，專注於學習活動、與同儕和睦相處、與教師溝通良好、表現符合規範或常規的行為，存好心、說好話、做好事。

知、情、意、行心理需求的變化，是學生能主動學習、持續學習、喜愛學習的根源，上述四個正向變化的關係如下：

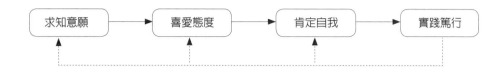

求知意願 → 喜愛態度 → 肯定自我 → 實踐篤行

　　盼老師任教之班級學生，學生的知、情、意、行都有正向改變，從實習教師的課堂觀察記錄與學生於自陳量表問卷所勾選的情形及回應文字，可以看出，盼老師班上學生對班上班級氣氛、老師安排的活動及學習活動的規劃都持正向肯定，不僅對自己學習有信心、肯定，更喜愛參與這些學習活動。

二、班級經營行為的具體策略

　　盼老師的班級經營核心概念行為，研究者將之統整為下列脈絡圖：

愛與榜樣　　策略方法

常規表現
學業成就
多元能力

權變藝術　　恩威並濟

圖9-2　盼老師班級經營策略脈絡圖

　　就「班級願景」而言盼老師希望學生能「喜愛上學，快樂上學」。學生快樂學習，不表示教師採取的是放任不管的領導方式，相反的，盼老師對學生的常規行為、教室環境乾淨卻嚴格要求，他希望學生的數學學習要紮實，基本概念要理解，這樣才能為日後的學習奠下基礎，國語學習除強調表達能力外，也重視情意教學，尤其是感恩的心。

　　　　「教導感恩、尊師重道──擔任畢業班導師，要求畢業生於畢業典禮前夕，感謝低年級老師（一、二年級）的啓蒙。因爲低年

級老師經常被遺忘，因此要求學生感恩老師而獻上祝福的花束。」
（991224，科任）

　　除課業表現要達到應有的水準，盼老師更鼓勵學生學習樂器與球類技能，視學生的專長鼓勵學童踴躍參加校內外的各種活動或競賽，盼老師認為學生能勇於嘗試，才更有學習機會。為達成班級願景，盼老師從四大方向著手：

1. 以身作則，用愛與榜樣感化學生

　　盼老師對班級的投入與認真，全班每位學生都能感受到，做事積極的態度全班學生也能察覺到；言教、身教等有效能教師應具備的素養，在盼老師身上看得到。潛移默化的結果，學生自會效法，這是社會學習論的楷模學習。盼老師對班級的用心、對班級事件的掌控與教學認真程度，班上學生都感受得到，這與前面文獻〈班級經營理論策略〉篇內容所論述的「教師的愛與關懷，一定要讓學生知悉；教師的用心與認真，一定要讓學生體會到」不謀而合。

　　就課堂手機的使用行為，盼老師也以身作則為學生表率，盼老師說目前班上有帶手機到教室的學生約有一半，盼老師規定課堂上課不能玩弄手機（因為新款手機功能很多，很多學生帶手機到校，會在課堂中玩弄手機中的功能），課堂上課時盼老師會把手機直接放在後面教師桌上，接聽調成震動模式，離開教室才會將手機帶走，這樣手機響起不會干擾到學生學習活動。下課時，盼老師會查看手機有無來電，如果有人來電，盼老師才會回話給來電者。研究者問盼老師，手機直接放在桌上會不會被偷，盼老師說：「不會啦！學生哪敢。」盼老師說：「上課時間我不會接聽手機，因為我要求學生上課期間手機要關機，也不能把手機拿出來玩，否則我會把學生手機沒收。」（991117，盼）盼老師認為手機是科技社會的產物，教師或學校不應禁止學生帶手機到教室，盼老師說：「問題不是能不能帶手機來學校，而是導師或任教老師有沒有將手機使用規則詳細告訴學生，這是手機使用倫理的教育，讓學生明確知道教室中哪些情況是不能使用手機的，是非常必要的。」（991117，盼）盼老師所提及手機的倫理即是手

機使用的禮節，這種禮節學生也需要學習。對於手機使用的禮節，盼老師以他近年搭公車上下班經驗為例（這幾年盼老師不是搭公車上下班，就是騎腳踏車，很少騎機車或開車上下班），盼老師說，他常看到很多人在公車上接聽手機時，講話聲音很大，完全不在意公車上還有很多乘客，這種人就是缺乏手機使用倫理，盼老師所提及的手機倫理的教育其實也是品德教育的一環。

以身作則是盼老師班級經營的策略方法之一，一位能以身作則，為學生榜樣的教師，才能感化學生，發揮身教的啟迪功用。

2. 瞭解學生，發掘學生個性與優點

盼老師對班上學生個性與人格特質瞭解十分透徹，對於學生的一舉一動都能掌握。課堂中能做到「同時處理」與「全面掌控」，任教38年來，班上學生沒有發生意外事件或同儕霸凌情形，因為學生知道盼老師是位「觀察力敏銳、能深入洞悉班上所有情形」的老師。

> 「陳○○喜歡林○○是全班同學都知道的事，老師也三不五時會調侃他們。有一天，課後安親班的老師跟盼老師提到，她曾看見○○靠在○○的背上，盼老師知情之後，決定對全班加強性別觀念的建立。老師說：『現階段的你們，都是同學，要懂得禮節，面對異性要懂得保護自己，以及符合社會形象……。』老師事後告訴我：『這種事不能罵，要教！教他們懂分寸』。」（991230，習）

「這種事不能罵，要教！教他們懂分寸」，盼老師班級經營策略之一的「要教」、「要跟學生說理」、就是要跟學生講清楚、說明白，哪些事情不可以做；特別重要的是盼老師也明白告知學生「自我保護」的方法，盼老師處理的方法是十分得當的，也非常有智慧的。盼老師認為有些事情沒有跟學生講述清楚，學生可能不知道事件後果的嚴重性。訪談中盼老師以班上參加校慶運動會大隊接力為例加以補充。他說有一年運動會大隊接力會前賽，天氣很熱，那一屆班上參加大隊接力預賽的同學看到別班同學都把球鞋脫掉，說打赤腳跑得比較快，結果班上很多同學也跟著仿效，打

赤腳跑大隊接力，那時盼老師在跳遠場當裁判，沒有特別注意學生打赤腳跑步，由於學生沒有打赤腳在PU跑道跑步的經驗或相關訓練，比賽完後，很多同學的腳底都破皮，較嚴重的連腳底皮都掀開，連走路都有困難，當天下午，保健室護士忙得不可開交，還向體育組長告狀說，為什麼叫學生赤腳進行比賽。盼老師知道後，並沒有責罵學生，而是跟學生講，在酷熱的天氣下，不能打赤腳在PU跑道上快跑，重要的是同學沒有經過這樣的訓練。這次的事件，盼老師就作為一個案例教學，每年校慶運動會，都會跟學生講述，並規定學生參加徑賽同學不能打赤腳比賽。

如果跟學生講道理，也能達到預期目標，為什麼要改用責罵或處罰的方式呢？如果跟學生良性溝通，學生的不適當行為不會再犯，為何要採用大喊責備的警告方法呢？盼老師在班級經營中處處展現高度的智慧，盼老師之所以能感動說服學生，因為他知道學生、瞭解學生。

3. 講求策略，以多元方法規劃活動

盼老師教學有其方法，會根據學科屬性與事件安排不同的學習活動。處理事情果斷積極，能做好情緒管理與時間規劃，做事與教學講求效率與效能，對於數學科的教學能化繁為簡，讓學生能聽得懂、看得懂，會做題目。

> 「教學認真、有教無類——擔任體育班導師時，除了積極訓練排球專長項目，經常利用課餘時間加強因為練球占用的課堂；數學領域的教學深入淺出，學生們對於艱深的數學習題都能輕鬆而自信的解題；接受學校委託協助輔導縮短修業年限數學領域單科跳級的資優學生；同時對於體能佳但是學科能力跟不上的體育生，更是進行義務補救教學。」（991224，科任）

〈班級經營理論策略〉篇內容中提到「多聽一點學生意見、多想一點創意點子、多做一些師生溝通、則學生不當行為自然減少」，創意點子即是多元有效策略的應用。

4. 採用權變，適性教學及因材施教

盼老師也知悉沒有一個方法或管教策略可以適用於所有學生，因為學

生是個活生生的個體，學生間的資質、人格特質與個性等有很大的差異，身為教師最重要的不是把一個現有的模板套用於所有學生身上，而是要根據學生的個別差異選取適用的模板，適性教學因材施教才能有最佳的效益，班級經營也應採用權變方式。

　　實習教師的課堂觀察發現，盼老師對學生循循善誘的策略包括要求、鼓勵、激將等多種不同方法（991230，習）：

　　　「就循循善誘方面是——要求＋鼓勵＋激將：1. 測100公尺跑步時，首先要求每位孩子務必認眞跑、全力衝刺，接著針對原先不在乎的孩子給予刺激，促使進步。2. 偶爾提到畢業頒獎的殊榮，鼓勵孩子重視各領域，兼顧平時及月考成績。甚至當眾表揚數個學習上的楷模，具體道出他們的優點，以激勵其他孩子。3.「○○○最近退步得不像話，快輸給女生了！」有時會聽見老師使用諸如此類的激將口吻。4. 要求孩子造句的程度要提升，不能隨便；平時鼓勵多閱讀、多記些名言錦句；有時也會使用激將法：『有些人的造句只有三年級的程度，要再修改』。」

　　盼老師的管教或採取的策略方法會因事件或學生個性人格的差異，而採取不同的方法，盼老師通常採用三種方法：講理鼓勵法、嚴格要求法、反喻激將法，有時會統合其中二種或三種方法，如先採用講理鼓勵法，再採用嚴格要求法。研究者將之圖示如下：

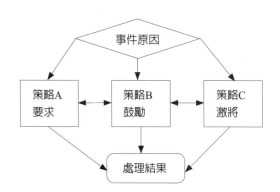

圖9-3　盼老師事件處理之多元脈絡圖

5.恩威並濟，展現有智慧合理的教育愛

盼老師對學生的愛並不是一種溺愛，當學生故意違反常規或一再犯錯，盼老師會迅速板起臉孔嚴格責罵或處罰學生，並不會放任學生不當行為一再出現，這是最基本的教育要求，當學生很明確知道老師「真的生氣了」、「這種行為真的不對」，學生的不當或偏差行為才會改正過來，這種嚴格是一種合理的要求與智慧愛的展現。盼老師從任教以來，學生對盼老師的評價是「我們老師很好但又很兇」，教師的好及認真與教師很兇之間是沒有矛盾的，賞罰分明、恩威並濟，關懷學生又不縱容學生、關心學生又不溺愛學生，是盼老師班級經營中常規管理的行為展現。

貳　班級經營於課堂實踐特色

從訪談資料與文件檔案資料詮釋盼老師的教職生涯與班級經營行為，可以發現盼老師的班級經營實踐有以下幾點特色：

一、佐證學歷不等於學力、建立自我品牌

盼老師從民國62年擔任教職至今，雖然沒有繼續進修學士學位／碩士論文，但是其教學的專業知能並不因學歷只有師專而受家長質疑；其實根據研究者在永明國小的教學經驗發現：家長關注的並不是教師哪一所學校畢業，教師的學歷是五專、學士或碩士，家長在意的是之前這位教師的風評，這包括教師對班級的投入程度、教學的方法、教師的情緒管理，學生的學習表現等。從盼老師身上，驗證了「學歷並不等於教師能力」這句話，家長的滿意、學生的認同、同仁的肯定，就是對盼老師班級經營與教學方法的肯定。此外，盼老師鼓勵學生發展自己的專長與優點，這種理念即是學生多元智能潛能的擴展。

「學習均衡發展不偏廢：1.掌握任何孩子可以參加比賽的機會

（像是作文比賽、閩南語朗讀、體育項目、創意運動會⋯⋯等），
並給予鼓勵、推薦。2. 鼓勵孩子至少學一種樂器、一個運動專長。
所以全班有一半以上的孩子練樂團；而且，每天30分鐘的「舒活時
間」，固定為全班打排球的快樂時光。」（991230，習）

　　盼老師專業知能及訊息的來源主要是靠閱讀雜誌，永明國小的圖書
館訂了許多雜誌（盼老師家裡也有訂了幾種），盼老師由於早期在花蓮師
專即席演講的經驗，對於閱讀雜誌的習慣從未間斷，盼老師除會看《師
友》、《張老師月刊》等教育輔導雜誌外，更喜愛閱讀時論性雜誌，每當
選舉前盼老師也會與少數教師在辦公室討論選舉時事，但在課堂教學中盼
老師絕對不會將「政治議題」扯入教學活動中，盼老師在訪談中明確的說
他在課堂內不會隨意講述到政治、宗教、政黨等內容，因為這些內容跟教
學活動無關。

　　　「雖然我喜愛看時論相關雜誌，但我在課堂教學中不會隨便講
　　政治，數學課就是要上數學、國語課就是要上國語，打排球時就指
　　導學生玩球。課堂中的補充內容或跟學生閒談的話題多數跟生活或
　　社會發生的事件有關。」（991117，盼）

　　盼老師所述的內容，反應的是盼老師遵守教學倫理法則，這些教學專
業知能並不是從正式進修學位時獲得，而是靠在職進修、自我充實及對教
改革新脈動的掌握而來。

二、建構學習型班級組織、符應時代脈動

　　盼老師在班級願景的型塑上，是希望學生能快樂上學、喜愛學習；當
學生能快樂上學、喜愛上學，其學習動機會由外在變為內化動機，盼老師
勉勵實習教師說：「學生輕鬆的時候──讓孩子快樂上學、喜歡上學最重
要」（991230，習）；早期定期考查時會以同一絕對參照標準分數來要求

學生，當學生未達到要求標準或粗心寫錯，盼老師會處罰學生（服務於永明國小前幾年還會採用體罰方式），後來盼老師從相關研習或在職進修得知，絕對不能因為學生學業成績不佳而處罰學生，體罰更是不行，不僅有違法令規定，更會嚴重傷害學生自尊，因而盼老師之後的處罰實施絕不用於學生考試成績上，這就是學習型組織中「思維模式的改善」。

盼老師鼓勵學生除重視課業外，更關注於學生品德行為；此外，盼老師更激勵學生依自己興趣與能力學習一項樂器，把握各種學習機會，這即是一種自我超越的行為。利用打排球與分組活動學習強調群體合作學習的重要，這是學習型班級組織中的「團隊學習」；不厭其煩跟學生講道理、說事件，培養學生自律行為，讓學生共同分擔學習之責：「自律方面——對自己負責：1. 對自己的學習負責，讀書、溫習功課是自己的事；2. 對自己的行為負責，自我要求。」（991230，習）這就是學習型班級組織中師生學習責任的分享，當學生知道學習與安全維護不全是教師的責任時，才會處處注意、時時用心。

盼老師任教的班級充滿活力與朝氣，尤其是每天舒活時間一到（早上10時到10:30），學生群體快樂的湧入禮堂；早自修時間一到，多數學生愉悅的拿著樂器到樂團教室吹奏教師教授的曲子；課堂鐘聲一響，全班專心聽盼老師的教學。盼老師的班級學習是豐富多元的，班級生態是朝氣蓬勃的，盼老師會將最近從雜誌或媒體看到的重要資訊或有價值性訊息融入於課堂學習中，與學生一同分享並討論，這就是典型學習型班級組織的特徵。

三、展現有效能教師特質、符應學者論點

在理論實務篇中有詳細論述有效能的教師的教學原則或有效教學行為：如馬廉德（Marland）認為有效能的教師課堂行為原則為補償原則、彈性策略運用原則、權力分享原則、定期檢查原則及情緒壓抑原則；康諾思（Conners）提出有效能的教師課堂行為原則為認知連結原則、知識整合原則、做結論原則、學生參與原則及平等對待原則；Emmer等人（1994）從六個向度來分析有效教學與無效教學的行為：傳達課程目標、

指出重要訊息、有系統地呈現、具體明確的表達、檢查學生瞭解程度、提供練習及回饋。J. Kounin（1970）從課程及進度管理，認為有效教學的教師不應犯「急動」（過於快速）、過度滯留及支離破碎。綜合學者觀點，有效能的教師教學是兼具效率與效能；有效能教師的常規管理是兼具合理與合法，處理事情果斷明確而有成效，不會傷及學生自尊又能有效矯正學生不當行為。

綜觀盼老師的班級經營，不論是教學或常規處理或活動規劃，多數是兼具效率與效能的，這與盼老師善用時間與教學經驗有關，最重要的是盼老師對班上每位學生的資質、個性、能力與興趣都能深入瞭解，正如實施問卷時，一位同學的回應：「我們老師很厲害，只要看到字就知道是誰寫的了。」這是學生發自內心的真心話，從此學生天真的話語中，不難看出盼老師對學生深入瞭解的程度。

四、型塑自己的教學風格、明確教學願景

盼老師一路走來，最為家長肯定的是多數學生編到盼老師班上後，學生的數學學習表現都有顯著進步。盼老師對數學的執著與用心是多數學生感受到，此外，盼老師由於具排球專長與指導排球隊的經驗，在近幾年早上舒活時間，都讓學生於禮堂「玩排球」，盼老師從基本動作教導起，循序漸進讓學生具備打排球的基本知能；之後，再以玩排球的方式讓學生分組對比，學生從不會排球，到六年級時多數學生都很喜愛打排球或舒活時間的來到。從學生回應中發現：「數學有進步」、「學會打排球」是學生會想再讓盼老師教的二大理由。由於盼老師有自己的堅持，因而對於回家作業從不打折，相對的，這對於低成就或學習低落的學生而言，學習壓力較大。誠如學生所言：

「因為回家功課有時候很多或難，常常要寫到很晚。」
（991201，S01）

「有時候功課很難，要寫到很晚，隔天精神不好；可是可以學

到很多別班學不到的東西。」（991201，S02）

「因為課業有點難，考試成績有些不理想。」（991201，S03）

除了少數同學覺得回家作業有點難外，多數學生還是肯定盼老師的作業份量。盼老師型塑自己的教學特色有二：在學科方面為數學科的教學深獲家長及學生滿意，在體育技能方面是讓學生學會如何打排球，學生由於編到盼老師班級後，對於打排球有極高的興趣。

「因為被盼老師教到後，原本對排球沒有興趣的我變得很喜愛排球，每天早天的舒活時間，禮堂都充滿我們班的歡樂聲。」（991201，S23）

「盼老師不只很會教數學，還很有耐心的的指導我們班打排球。」（991201，S24）

對於型塑自己的教學風格方面，學年主任也有深入的觀察：

「對於教學這個區塊，盼老師的經驗豐富，能配合學生的能力，調整自己的教學法。教師進修時間不落人後，不斷的充實與自省，總有新觀念、配合時代的新想法、新做法。或許e化教學、電子白板的運用還沒那麼先進，但總是能適當的運用許多的教學媒材融入教學活動之中。」（991208，學年）

五、管理臉孔像慈眉觀音、又像怒目金剛

每位教師都有自己的教學風格與班級領導型態，教師也有獨特的人格特質，此種人格特質會讓教師教導的班級建構與別班不同的班級文化，也

會型塑教師獨特的常規管理方式。盼老師平時為人剛直，將教職工作視為一種志業，而不是一項職業，對於學生作業沒有按時繳交、故意違反班級常規的同學（如上課時不專注、打掃時嬉鬧不用心掃地），盼老師會嚴厲責罵，誠如同學於簡易問卷開放題上所述的：

> 「因為老師上課的時候常常生氣，但下課會讓我們打排球。」
> （991201，S26）

> 「有的時候老師生氣非常的兇，有的時候老師人很好，還好老師不會隨便亂兇，被老師兇的同學許多是不守規矩的同學。」
> （991201，S25）

　　盼老師課堂常規中有其最基本的要求，這個要求從他至永明國小教學第一天起至目前為止都沒有改變，基本的常規要求就是「課堂上課要專心」，尤其是數學科，盼老師認為課堂學生學習專注度不夠，其學習效率與效能會事倍功半，相對的，學習效能若要有事半功倍之效，最基本的功夫就是課堂學習要用心。盼老師管理的臉孔有時像慈祥觀音、有時又像怒目金剛，這種臉孔是教師恩威並濟的一種策略，班級的常規要維持，教師必須要有一定的權威性，教師的生氣要讓學生明白知道，盼老師的兇並不是一種非理性的隨意責備學生，也非是情緒失控，而是身為教師權威性的一種展現。

> 「家長對盼老師的態度是採完全信任，因為在教學上沒有任何問題，一切做法的出發點都是為了學生著想，此外盼老師會找出每個小朋友的優點，並予以肯定。因此家長都比較放心。」（991208，學年）

　　就學校畢業旅行同學間爭執的處理，盼老師就展現高度的教師智慧：

　　「凌○○和柯○○因為畢業旅行的事搞得不太愉快，其中又有其他同學介入。盼老師溫和的說：『唉呀！沒有人吵這麼久的啦！其他同學也不要去害人家，讓她們自己解決。』後來又語帶威脅的說：『如果真的不爽就別去畢業旅行好了！』面對孩子的問題，有時候等待是對的，若大人一味的焦急或干預，也是於事無補；所以盼老師不斷的講、不斷的勸，為的就是好好跟他們說，不要給予太大壓力。」（991230，習）

六、雖未學會理論，卻能將學理論實際應用於班級情境中

㈠「普立馬克原則」的普遍應用

　　研究者詢問盼老師對於作業或早自修沒有完成的同學如何處理，盼老師說他會讓同學把作業或練習卷完成，才能上體育課或電腦課（民國75年永明國小就有電腦教室，當時是APPLE電腦，由家長會經費購買，課程內容為海龜繪圖及益智遊戲），如果當天沒有體育課或電腦課，必須利用下課時間補寫完，放學時盼老師會親自檢查，當然程度真的不行的同學會較有彈性。盼老師說學生早期學生很喜愛打躲避球及足壘球，現在學生則最喜愛打排球，若是作業或練習卷有能力完成卻沒有如期完成的同學，他會先要求他們將功課或練習卷補寫完，功課繳交到老師桌上，才能上他們喜愛的體育課與電腦課。盼老師採用的增強策略即為行為改變技術的「普立馬克原則」（Premark Principles），普立馬克原則又稱為條件契約論，乃是利用學生喜愛的高頻率行為作為增強活動，來促發學生較不喜愛的低頻率行為。

　　「瞭解每個孩子喜歡的事物，當表現不佳時，暫時免去其享有樂趣的權利，以達成老師的要求（只是手段而已，重點在於使之守規矩、完成作業等，而並非真的剝奪孩子自由），像是：老師知道黃○○喜歡上自然課，蘇○○喜歡上體育課，張○○喜歡打排

球，柯○○喜歡練打擊樂，蕭○○喜歡練小提琴等，要是作業未完成，可能就會被留下來寫作業，直到完成後才給予享樂的權利。」（991230，習）

(二)不會讓課堂「漣漪效應」產生

盼老師除重視學生課業外，更重視學生的品德行為與良好生活習慣的養成。盼老師對於班上每位同學的學習及行表態度都非常瞭解，因而對學生的一言一行、一舉一動等都能掌控，就是盼老師這種敏銳的觀察力與對班級的投入，加上其積極果斷的處理能力，學生的不當行為或違反常規的行為都能很快獲得改善。盼老師常以車子的螺絲來比喻學生的不當行為：

「車子的螺絲若是沒有鎖緊鬆脫，快速行駛的車子很容易發生意外，螺絲鬆了最簡單而有效的處理就是把它重新鎖緊。學生的生活規範也要教育，學生一有違犯規定要馬上處理，當然處理並不一定是責罵，告誡、說道理等都可以。」（991201，盼）

盼老師對於班上同學要遵守的重要規定，於開學時會先跟學生講清楚，並約法三章，若有同學明知故犯，盼老師會立即果斷處理，盼老師帶領的學生除之前介紹那位極端同學之外，班上學生的紀律與常規表現都很得宜，尤其是做事態度、能力與效率，行政人員若需要動員到學生人力協助時，第一個會想到的班級就是盼老師及其班上的同學。

(三)儘量避免「月暈效應」的出現

盼老師執著的教學理念不因學生屬性而有所不同或有偏見，盼老師帶領的班級有普通班、體育班、音樂班等，這三種班級學生的人格特質有極大的不同，但在盼老師教育理念的堅持與有效班級經營策略的應用，三個不同類型的學生之行為態度與學業表現均很突出，對此，永明國小的教務主任對盼老師做了下面評論：

「執著教學理念、鍥而不捨的精神：專精數學科目的盼老師，本著求精求實的教學理念，無論是教體育班、音樂班、普通班不同資質的學生，經年累月堅守本分，從早自修、下課時間、午間休息、放學回家作業，時刻鼓勵學生要能多問、多練習，任教數10年來，教學成效，始終亮眼傲人。」（991225，主任）

在公平對待每位學生方面，盼老師也算是位實踐者，賞罰分明，善用獎賞激勵學生的正向行為，也善用口語鼓勵讚美學生好的表現。實習教師於課堂觀察發現：「盼老師會適時增強學生行為，也會使用正面、肯定的言詞鼓勵孩子」（991230，習）。對於學生是否會有偏見，或根據學生中、低年級的輔導紀錄表對學生有不同的看法，盼老師說：

「我不會，我關心的學生編到我的班級後的行為表現與學習情形，至於以前的行為為何老師知道就好，因為學生是會改變的，也會長大的；我們要注意是學生編到新的班級後的學習態度與行為表現。」（991201，盼）

但盼老師不諱言的指出，若是同樣學生犯錯，對平常較為乖巧或學業表現較優的同學，有時處罰或責罵會較少或較輕，不過盼老師也提出教師要做到全班學生表面感覺教師的處罰是合理、公平的，這就是教師常規管理的藝術運用。

「有些學生犯錯，您稍微私下跟他講一下，他就知道行為錯了，對這樣的學生不能夠大聲斥責；但有少部分學生，錯誤或不當行為會較常出現，這類型的學生要嚴肅的告誡，有時還要當眾立即糾正。」（991201，盼）

㈣善用「期望效應」以激發正向行為

對於學生的學習，盼老師通常會以正向的鼓勵代替負向的責罰，他告訴實習教師要提高學生的學習動機就是要讓學生能快樂上學，當學生想到上學是一件快樂有趣的事，學生的學習動機自然就能提高。這方面，盼老師最常使用的是依據學生的專長，鼓勵學生參加校內各種競賽，並根據個人興趣學習一種樂器，「鼓勵孩子至少學一種樂器、一個運動專長。所以全班有一半以上的孩子練樂團；而且，每天30分鐘的「舒活時間」，固定為全班打排球的快樂時光」（991230，習）。在數學學習方面，盼老師會「不斷跟孩子強調，看到題目時，要把學過的「十八般武藝」都拿出來應用」；在國語表達能力訓練上，盼老師會「要求孩子發表自己的看法，無論對錯或好壞，只要每個人有獨特的見解，都給予肯定」（991230，習）。

對學生能力的肯定與期待，自然能促發學生潛能的發展；當學生對自我充滿信心會有更佳的學習表現。盼老師這種積極的期望，就是教育心理學理論的「比馬龍效應」，比馬龍效應是一種學生自我應驗的效應，也是一種教師期望效應。

㈤慎用「代幣制度」以增強持續表現

永明國小約從民國77年起輔導室規劃了榮譽卡制度，當學生行為表現優良或對外各項比賽得獎或學業表現進步等，教師或行政人員可以依據行為表現發給學生榮譽卡。榮譽卡分成二種一為小白鴿榮譽卡，一為大白鴿榮譽卡，十張小白鴿可以兌換一張大白鴿，白鴿榮譽卡的數目可作為期末輔導室頒發榮譽獎狀的依據；此外，學生累積十張大白鴿除有一張榮譽狀外，也可以和學校內的任何師長合影，合影照片會公告於川堂的布告欄。盼老師對於班上學生打掃認真、學業進步或有特殊表現的同學，也都會發給白鴿榮譽卡，白鴿榮譽卡對學生來講是一種榮譽的象徵或好行為表現的楷模。就行為改變技術的增強理論觀點而言，它就是代幣制度的運用。在班級增強中盼老師最常使用的次級增強物是社會性增強（如口頭讚美及

鼓勵），其次是活動性增強物（條件契約論的運用）及白鴿榮譽卡代幣制
度。

「早期學生最喜歡和校長合照，現在喜愛跟校長合照的學生
愈來愈少，尤其是高年級的學生，他們反而喜愛和老師合照。」
（991201，盼）

(六)班級經營活動符合皮德思教育三大規準

教育分析哲學家R. S. Peters論述教育活動時，認為具有三大規準：合
價值性的活動、合自願性的歷程、合認知性的意義。青春期學生的體力充
沛、有些學生衝動又莽撞，行事不知輕重，犯了錯才知後果的嚴重性，因
而盼老師會事先跟學生講道理，告知學生事情的嚴重性，讓學生明確知道
那些玩笑或事件不能做，就因為盼老師能讓學生「洞悉明瞭」，因而班級
衝突或意外事件甚少發生。以打排球為例，從動態球類活動中，解除學生
的壓力、發洩學生過剩的體力，這對於常規維持是有正面幫助的，班級的
學習活動均有其教育價值性存在；就參加樂團而言，盼老師是鼓勵學生自
願參加，對於學藝競賽也鼓勵學生依自己專長及能力報名參加，對於利用
假日動員學生到校幫忙，也是以學生自願為主，這是一種自願性的歷程。
實習教師課堂觀察發現，盼老師指派學生做事都有其背後的教育目的：

「吉○○原是一個害羞內向的孩子，從前有點自閉傾向，課
業表現不佳、缺乏信心；經過老師訓練，多給他機會上臺發言、派
他去各班送文書，而且除了數學領域在資源班外，其他時間都跟同
學們一起上課，有助於人際關係的發展；現在，他已經可以和他人
自然互動，也多些膽量、信心與歡笑了。學習成就比較低落的陳○
○、林○○，就讓他們去當『愛心兒童』，從服務他人之中獲得成
就感。」（991230，習）

在自願性歷程中，盼老師也會衡量學生的安全，以假日到校幫忙書籍整理或場地布置而言，盼老師除考量學生的自願性，更會考量到學校來回學校的安全，因以通常會以家長可接送的學生為優先考量，其次是住在學校附近的同學，盼老師說：

> 「通常我會以家長可以專車接送到校的學生為優先考慮的對象，因為班上有部分學生是越區就讀，讓學生假日自己來到學校比較不好，如果在路上發生意外或車禍，對家長很難交待，所以假日到校的學生我通常都希望家長可以協助接送，假日到校幫忙是協助教師，所以我都會徵求學生同意，絕對不會強迫學生。」（991201，盼）

盼老師對於紀律與處罰的界定也與皮德思論述的社會控制觀的觀點接近，皮德思認為紀律維持與處罰的實施不能混為一談，盼老師於課堂班級經營中堅持紀律的重要，這方面可以課堂常規秩序與回家作業的書寫情形得到驗證。盼老師於課堂教學中對於學生班規的遵守嚴格要求，對於學生的回家功課會逐一檢查，當然盼老師對於回家作業的書寫內容及完成度會根據學生資質及能力而採取權變策略，「指派作業方面─稍微落後、講解過許多次還是不懂的學生，就先抄解答，回家再參考練習；但程度真的不行的學生，要求他們寫會基本題（課本、習作）就好了。」（991230，習）。盼老師對於教育活動或學習安排認為有違反價值性本質者會極力爭取，如樂團教師為比賽傷及學生自尊事件或因學生不好教，而未加以輔導、進行適性教學，抹煞學生的興趣與專長發揮的機會。

盼老師認為「教師訂的合理原則要堅持、班級紀律不能打折、更不能妥協」，如果導師無法堅持基本的原則與紀律，學生的常規無法掌控，所以每當開學時（開學時段多數學生還浸淫在放假的生活中）盼老師會採用較為嚴格的方法來盯緊學生，學生有違反常規或出現散漫行為，盼老師就會個別一再告誡，講了又講、說了又說，目的就是在提醒並警告學生，如

果學生不當行為還是沒有更正，盼老師就會斥責或剝奪他們舒活時間或打排球的活動，盼老師自述道：「學生的常規也要教導，如果導師能不厭其煩的跟學生講道理，學生才會聽進老師的話，之後，學生有好的表現，導師也不能吝嗇給學生鼓勵。」（991201，盼）

🔘 七、關注學生的學習適應、理性堅持價值

學者論述道「有熱忱的好老師比學歷重要」，如果身為教師不能隨時隨地為學生著想，則可能會埋沒學生的天份或製造更多的學生問題。盼老師認為很多師生衝突，老師本身也有錯，他也認為「沒有問題學生，只有學生問題」，對於任何學生，不論其性別、社經地位與學業成就為何，教師都應一視同仁，尤其不能將比較難教或有偏差行為的學生想盡辦法轉到別班，讓別的教師傷腦筋，這不是身為教師應有的倫理行為。在課堂教學中，盼老師對所有學生會公平對待，對家庭經濟弱勢的學生更為關心。對此，盼老師說：「教育是一項良心的工作，教師不應對學生有偏見，如果每位教師都要教好學生，那不好教或難管教的學生誰要去教呢？」（991117，盼）盼老師提出不能對學生有偏見或不管學生，可從科任教師提供的事實事件再獲得證實：

> 「擇善固執、勇敢直言──擔任學年主任的期間，曾經因為體育班導師拋出一位不適任的體育生到普通班而召開編班會議。會議中盼老師勇敢發言：『不能因為學生不好教，而把學生趕出體育班團隊，而讓學年其他女老師承接燙手山芋。』最後盼老師接納這位學生，成為他班級輔導的學生，而且適應情況良好。」（991224，科任）

在之前班級經營策略理論中，介紹到控制理論及其策略，控制理論關注的學生現在的行為，此外，葛拉塞更認為「教師不應放棄任何學生」，這個理念也是教改所倡導的「把所有學生帶上來」。盼老師此種班級經營

的理念與第一章理論文獻之班級經營略篇所述的內容是一樣的，當學生的能力受到肯定、學生找到自我、受到教師的關注與重視，則學生的不當行為自然減少，這也是班級經營中的比馬龍效應（教師自我預期效應）。

八、有效運用班級的園地、分享實作作品

就班級情境來看，研究者第一次訪談後，在教室後面的布告欄看到最左邊有個「作品觀摩園地」、此園地張貼四張學生書寫的讀書心得，四張讀書心得還有護貝（學校有護貝機也有提供護貝紙），當時盼老師也在教室，研究者就針對讀書心得部分再訪談盼老師。盼老師說，教務處規定高年級學生每學期要撰寫10篇讀書心得，心得紙張大小是一張A4大小，學生看完任何一本書除書寫心得、看法外，也可以在心得中畫上插畫，盼老師每次會從學生作品中挑選四張優秀作品，四張作品分別是「文章形式優美、文章內容有深度、心得書寫字體工整、插畫畫得很好」四種不同類型，作品會張貼二週，等到下次書寫讀書心得時再挑選四張替換，之前張貼的作品因為有護貝，因而看起來很有意義，其價值好像是一張獎狀，有作品被張貼「作品觀摩園地」的學生都會有一種榮譽感，也是一種光榮。盼老師自述道：

> 「小小的護貝，可以賦予紙張作品的生命力，學生拿到後都會
> 仔細加以保存，這對於學生來講也是一種學習的肯定，只要學生的
> 作品被貼在後面，學生就會很高興，發還學生作品時，我都會利用
> 國語課時間，隨便發給學生五張小白鴿作為獎勵。」（991117，盼）

對於讀書心得與作文的撰寫盼老師均依照學校規定，每學期學生要書寫讀書心得10篇、5篇作文，這樣作業的批改對盼老師而言是十分輕易的，因為學生數很少，批改作業的時間相對減少很多（早期盼老師任教班級學生數一班約60位、後來約40至50位、再下降約35至40位，這幾年高年級每班學生數更減到25至30位）。盼老師除了會將較優的讀書心得張貼於

學生作品園地中，另外一個作品園地也會張貼學生優秀的美術作品（作品美術老師會告知盼老師）。盼老師的這種作法，其實就是將學生實作作品呈現出來，讓同學可以觀摩學習，其中張貼於作品園地的學生，並非都是學業成績較優的同學，盼老師說有許多是學業成績中等的學生，盼老師的此種班級經營策略其實是學生多元智慧潛能的開展。

　　盼老師班級的情境布置完全以教學為考量，盼老師說他任教班級學生座位安排是以教學需要來編排，因為盼老師課堂採用的是傳統講述法，所以學生座位是傳統直行式，如果科任教師在教學時要進行實驗，才會採用分組座位的編排。研究者二次訪談盼老師時，特別觀察教室內外的情境布置，除了教室後面布告欄的教室布置外，其餘沒有什麼美化或裝飾，唯一特別的地方是教室內外十分乾淨，垃圾桶也擦拭得很乾淨，不會讓人覺得有髒亂之感，這就是盼老師班級經營務實的地方，此種環境與盼老師負責打掃廁所或外掃區的要求一樣，盼老師期待的環境是「乾淨、不髒亂」，讓人覺得十分感舒適的生態環境。

　　對於學習環境的規劃與情境布置，盼老師有時會採用「互動主義」的論點與「學生班級經營模式」，之前班級推展「學習角」的情境規劃時（小班教學活動時積極推展班級學習角），盼老師班上的家長自願捐出布置學習角的桌椅、書櫃及書籍；此外，班上學生也仿效別班的學生，希望班級地板打蠟，盼老師尊重學生的意見，請人打蠟的費用由班上學生家長自願捐贈，當時除了任教的科任老師不用脫鞋外，班上所有學生及別班的同學要進到教室都要脫鞋（教室外的鞋櫃也是家長捐助的），對於這樣的學習環境，學生會藉群體力量彼此約束整潔的維護，此種管理模式即為低教學控制模式中的團體管理模式的實踐。盼老師自述道：「教室地板打蠟環境看起來比較清爽，但比較不方便，學生下課走出教室要穿鞋子、進到教室要再穿鞋子，有時候，學生沒有穿鞋子就直接跑到教室外面。班級中學習角的情境規劃，在推展小班教學活動時喊得很響亮，後來家長及學生覺得脫鞋子上課不方便，所以只推行一個學期。」（991201，盼）盼老師認為班級情境規劃除要重視乾淨、清爽外，不影響學習活動的順利進行也很重要。

九、強調傳統獎賞的策略、轉化學習動機

　　大部分教育學者同意如果外在動機如果使用得宜，對學生成就和行為表現上可帶來正向效果，這對於那些不願學習的學生，或者對學習活動缺少較大興趣者更為有效，其中使用口頭上獎勵較物質獎賞為佳；使用代幣增強較能持續促發學生學習的動機。個人中心班級經營認為內在動機在學習上更為重要，學生「因學習得來的獎賞」（rewards of learning）相對於「為了獎賞去學習」（learning for rewards）的成效更大，前者的動機也較強。多數學校老師堅信使用外在動機的方法可以加強學生學習和行為，如點數、物質宴饗、便服日、獎勵貼紙等等，甚至以加分來獎勵學習及好的行為，班級老師堅持「獎賞是有效的方法」。獎賞讓學生瞭解人生是如此：如果不做事，就不會有獎賞，學生會額外去做更多的事以得到獎賞。對於學習動機的觀點，教育學者多數認同下列二個論點：1.當學生是被內在動機啟發時，班級情境是最佳的學習環境；2.良好的教學可以促發學生內在的動機（Mader, 2009, pp.147-148）。

　　從教育心理學的觀點而言，學生對自己成敗的歸因信念受到教師給予回饋反應行為的影響，教師給學生反應回饋行為如訓誡、責罵、失望、生氣憤怒、安慰、鼓勵或讚美，動機的培養也要循序漸進。盼老師對於學生動機的促發，認為還是應以外在獎賞作為起始，以行為改變技術的增強來促發學生的外在動機，盼老師認為沒有獎賞、沒有增強，於班級經營實務中完全採用「學生中心班級經營」策略是不可行。但盼老師希望學生學習動機的轉變也是由外在動機轉變為內在動機，因而他的班級經營目標是「讓學生喜愛上學、快樂上學」，喜愛上學、快樂上學即是內在的學習動機，要讓學生有內在動機，班級氣氛要和諧，老師要營造一個讓學生喜愛學習的友善班級環境，這個學習環境是溫馨的、是和樂的、是有趣的、學習內容是豐富的、多元的，同學間的互動良好、師生關係和諧。盼老師自述道：「沒有獎勵與處罰，常規紀律一定無法維持，傳統的獎賞原則不能不用，如果都沒有獎賞，學生有許多好的表現不會繼續維持下去。」（991201，盼）

十、應用輔導知能於課堂、有效導正行為

在教訓輔三合一的輔導方案中，班級教師要負責初級預防與輔導工作，盼老師從教師研習中也熟知特殊教育回歸主流的理念，因而對於學生的班級輔導工作也兢兢業業的具體落實於課堂班級中，從上述情緒障礙學生的輔導、學生「露鳥事件」（是實習教師用語）的處理等都展現輔導專業知能，盼老師處理與輔導學生行為的正向效果，正如實習教師先前提到的「……，其中，還有提到性騷擾、違反社會善良風俗等觀念。盼老師以溫和的口吻，嚴謹的態度，完整而實際的處理整件事情，讓我佩服得五體投地！」（991230，習）

對於學生輔導的成效，現任永明國小的教務主任以其所見的具體實例說明：

「曾有同學年的班級個案學生，聰明絕頂卻又是該班老師的頭痛人物，幾經輔導處與導師及家長之間的協調輔導，仍造成該班女老師的教學困擾，後經家長提出轉班申請，並由編班委員會評估表決，商請盼老師幫忙接收輔導，該生經由盼老師恩威並施的教導一段時期後，目前情緒穩定且是位循規蹈矩有禮貌的優秀學生。」（991225，主任）

在筆者編著的《班級經營：理論與實務》一書中，筆者從宏觀角度將班級經營的內涵分為八個構面：教學活動經營、訓育工作經營、輔導活動經營、行政事務經營、情境規劃經營、人際關係經營、親師合作經營與意外事件處理經營。從班級經營內涵的八大構面來檢視分析盼老師教職生涯的班級經營的課堂行為，可以發現盼老師使用的策略與方法、理念與態度，即是八個經營構面內涵的具體行為展現，如課堂教學有巧思、有效能；班級常規管理與紀律維持有方法、有成效；學生行為輔導有技巧、有結果；級務處理有效率、有步驟；教室情境規劃有創意、有價值；人際關係良好、有口碑；親師合作密切、評論佳；學生意外事件防範好、有安全

感。

盼老師班級經營內涵行為的展現，其目標在於讓學生快樂上學、平安回家、充實學習，盼老師型塑的班級組織為「學習型班級組織」，鼓勵學生自我超越、群體合作學習（如分組排球比賽、大隊接力的團體合作、樂團的共同表演等），思維模式的改變、明確的班級願景等。為順利於課堂教室實踐八大項班級經營內容事項，盼老師採用了四項前置原則：「時間管理」、「情緒管理」、「知識管理」、「參與管理」」。就時間管理原則而言，盼老師是位善於利用時間，將時間有效運用者，因能善用時間，所以級務處理有效率、有效能；就情緒管理原則而言，盼老師會控制好自我情緒，不會於情緒失控狀態下處罰、責罵學生，所以不會出現非理性的管教行為，從無因紀律或常規管教事件，引發師生衝突或家長誤解；就知識管理原則而言，盼老師靠自我閱讀及進修研習充實專業知能（知識獲取），能將自己的教學經驗與新進教師分享（知識分享），將知識活用，快速且正確地運用於課堂教室中（知識運用）；就參與管理原則而言，某些班級活動或事件會與學生共同討論，讓學生參與學習，共同分擔學習之責。

盼老師掌握了四項前置原則後，統合運用教師的形式權威與實質權威，發揮教師的影響力，就教師五種權力（強制權、酬賞權、法職權、參照權、專家權）的類型來看，盼老師使用最多的教師權力，為法職權、專家權、酬賞權、參照權，最少使用的教師權力類型為強制權，盼老師適當運用教師權力，有效展現班級經營的行為，因為盼老師教師權威的運用有其正當性，符合「合理性」與「價值性」，所以班級學生、家長不會反抗或抵制，親師生關係和諧，班級氣氛良好。盼老師展現實踐班級經營八大內容事項的脈絡圖，研究將之統整如圖9-4所示。

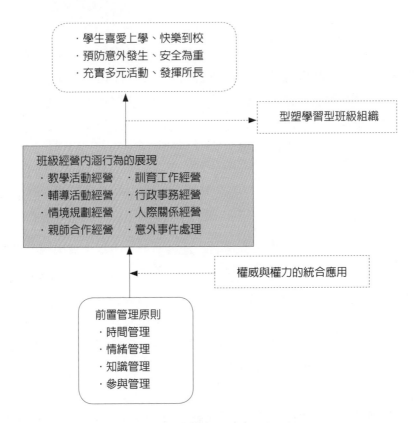

圖9-4　盼老師班級經營行為展現的脈絡圖

參　結語與省思

　　在第一節研究動機與目的中，研究者論述本研究的目的有：一為試圖發掘國小教師班級經營之生涯階梯；二為從教師教職生命中的敘說找出班級經營的具體策略；三為檢核研究者統整整理的班級經營理論策略於課堂班級的實踐情形。就研究目的一而言，根據訪談資料及文件檔案，從宏觀班級經營內涵（第一章理論策略篇）來看，個案盼老師38年教職生涯可分為五個生涯階梯：

摸索投入期（1年-5年）　衝刺開創期（6年-10年）　潛能展現期（11年-20年）　踏實穩健期（21年-30年）　經驗傳承期（31年- 　）

　　盼老師的教職生涯之班級經營若以二向度分類，可以就「變」與「不變」二個行為構面加以詮釋：一就「變」的向度而言，盼老師的班級經營與常規管理策略方法會隨社會脈動進行調整，對學生課業的要求標準也隨著自我專業知能的提升而改變，對體罰的實施隨著教改趨勢於課堂中自然消失，對教師專業發展則靠進修與閱讀雜誌而充實。盼老師在永明國小第一個10年（潛能展現期），盼老師對學生數學成績的要求標準是採用「標準參照」，當時盼老師心中期待的標準成績是90分（他希望班上數學定期考查成績平均要在90分以上），考試成績未達90分的學生會讓盼老師責罰或體罰，隨著社會脈動與學校生態的改變，盼老師對學生數學成績分數的要求改採「自我超越」為標準，盼老師也不會因學生數學定期考查成績不佳而責罰或體罰，頂多會跟學生說：「下次考試要細心些」或「還要再加油」，盼老師的這種轉變其實是之前理論策略篇所述及的學習型班級組織的特性。

　　就「不變」的向度而言，盼老師除了教育熱忱與教育愛不變外，採用「教師中心」班級經營的原則似乎也沒有改變；此外，就課堂教學未融入資訊科技的策略也未改變，30多年來盼老師的資訊科技素養與電腦網路使用技能進步不多，對於此項技能的學習，盼老師直覺的回答反應就是說「沒有興趣」。研究者再問盼老師：「為何沒有興趣？」，盼老師只說：「我覺得教的很好，不需要用到電腦網路」，資訊科技素養知能的不足，也許是盼老師班級經營尚待加強的一項技能。盼老師的資訊科技素養不足並非說盼老師對電腦網路的使用完全不會，只是說盼老師電腦科技的操作能力尚待加強，對於基本的上網與中文打字盼老師還是能應付，這二項技能在高雄市所有擔任導師者一定要學會，因為高雄市資訊教育中心很早就開發網路成績處理系統，小學校務行政全部網路化，不會使用網路，不會中文打字是無法完成學期成績的鍵入與計算，所有學生的輔導資料表與成績單的列印，都要透過上網完成，連學生轉學也要經由線上校務行政系統

完成。至於利用簡報應用軟體做成投影片或使用電子郵件接受信件或使用電子白板等能力，盼老師則有待學習。

對於二位小孩都已研究所畢業且有穩定工作，盼老師退休也可領月退休金，為什麼還沒有想到要退休問題，訪談中盼老師用很簡短的二句話回應：「我覺得教書很好」、「我覺得目前的工作很有意義」（991201，盼），這二句話簡單而通俗的話語，其中隱藏著很深的教育涵義，從這二句話語中可以看出盼老師是以教職工作為樂，以教職工作為志趣，因而可以從中發現生活與工作的意義，這是一種敬業、樂業、專業的教職行為展現。「我覺得教書很好」讓我們體認到盼老師以「教職工作為榮」的心態，這與當時他選讀師專的志趣是相符合，研究者推論一個很大的原因是盼老師跟實習教師所講的話：「將所有學生視為自己的小孩」、「在盼老師身上，我看見一位老師對於孩子、對於教育的熱情，其實滿令人感動的，而這正是盼老師還沒有想過要退休的理由，也是我從他身上學習到最珍貴的價值觀」（991230，習）。老師能將班上學生視為自己的小孩，更能發揮教育的愛與策略方法，來教育輔導他們，從盼老師身上，完全看不到常見的教師一個令家長不認同的現象：為準備退休而不太管教學生的情形；從盼老師身上也看不到一位資深教師倚老賣老或老氣橫秋的特質，盼老師之所以沒有考慮要退休的原因，可以用學年主任所描述的話語作為總結：「盼老師不因資深而有所懈怠、虛懷若谷能跟上時代的新思維、與學生互動不倦息，每天總是保持愉悅的心情來上學，放學後總是能歡喜的回家，這種教育愛：愛學生、愛授課、享受學校樂趣的心，或許是盼老師從未有退休念頭的重要原因吧！」（991208，學年）

當一位教師能享受教學的樂趣，每天歡喜回家，則這位教師在學校的活動或教學定是充實、多采多姿、豐富的。教育學者常說：「有怎樣的校長，就有怎樣的學校；有怎樣的教師，就有怎樣的學生。」試想一位感受教學充滿樂趣、每天帶著愉悅心情歡喜回家的教師，其班上學生在其長期薰陶之下，怎會對班上學習沒有興趣，怎會缺少學習動機呢？盼老師的這種敬業精神、全心投入教職工作的態度是研究者非常欽佩的一點。研究者訪談盼老師「如果工作可以重新選擇，您是否還會選擇教職」，盼老師斬

釘截鐵的回答：「會」，從盼老師自信的口吻與堅定的語氣當中，研究者不得不佩服盼老師是一位真正從教職工作中，發掘到工作的樂趣與生活的充實感之教育人員，盼老師說他原先也很希望二位孩子（都是男生）也能從事教職工作，但二個孩子告訴盼老師說，他們更喜愛其他的工作，對擔任教職的意願不高，盼老師當然尊重孩子的意見，沒有勉強二個小孩就讀師範校院或修讀教育學程。盼老師自述道：「如果讓我重新選擇工作，我還是會選擇擔任國小老師。」（991117，盼）

盼老師五個教職生涯最大的轉變可從下列三方面加以說明：

一、思維模式的改變

早期會因學生學業表現不佳而處罰甚至體罰學生，最常見的體罰方式是打手心或雙手拿起課本／考卷一段時間（時間久了，手會酸痛）、交互蹲跳、半蹲、罰跪、蛙跳、打臀部或責打身體其他部位，至第三個時期後段，處罰學生都是因為學生干擾教學活動或學習活動的進行，或要糾正學生不當行為或偏差行為，處罰、訓誡與「紀律」至此畫上等號，盼老師絕不會因為學生考試成績不佳或退步而處罰學生。

二、體罰行為的消失

管教學生所採用的方法合法、合理，早期盼老師會因學生紀律問題或學業表現因素而體罰學生，後來教育部推展友善校園、教師零體罰政策，嚴格禁止教師體罰後，盼老師也配合法令與時代脈動，型塑零體罰的班級，管教合法則化，從此以後不再體罰學生，也不會誤用處罰，將學生的成績分數與懲罰完全分離，盼老師的這個改變，正是教育分析哲學家社會控制觀的論點之一。

三、跟隨教改的脈動

跟隨社會脈動與教改變革，體認到教師能為與不能為的行為（如補習、體罰），從第二階生涯到第三階生涯後段有很大的轉變，班級經營的

一切策略方法均以法則性與教育價值性為優先考量因素，如成績要求從標準參照之齊一水準改調整為以學生自我超越為目標；從只重視學業表現調整為學生多元智能行為的展現；運用輔導知能於班級特殊學生的行為輔導與事件處理，符應特殊教育回歸主流的教改脈動等。

就管教法則性而言，早期盼老師常會於課堂中沒收同學帶來學校的玩具、漫畫等物品，沒收後甚至當著全班面前將物品砸壞，或將漫畫、課外書等撕毀，後來盼老師從進修研習中得知除了違禁品外，教師不能沒收學生的東西或物品，教師只有「暫時保管」的權利，加上學校宣導教育部頒發的輔導與管教注意事項後，盼老師就再沒有沒收學生的物品，這種轉變也是教師班級經營知能的成長。盼老師說：

> 「以前學生課堂上看課外書，我二話不說就沒收直接撕掉，撕掉後還叫學生自己拿到垃圾桶丟掉，有些學生被我砸壞的玩具還很貴，當時根本沒有想到這跟法也有關係。後來，我不會直接砸壞學生的東西，改以沒收一天或一個星期，之後，再還給學生。」（991201，盼）

> 「以前學生上數學課不專心，或跟同學講話不用心聽講，有的時候我就直接拿粉筆丟過去，沒有丟準時，還丟到旁邊的同學，現在，回想起來，實在不好。」（991201，盼）

盼老師訪談中所述及的「沒收一天或一個星期」的用語，其實是暫時保管學生物品，而非真正沒收學生物品；「實在不好」表示的是教師思維模式的轉變，此種轉變也表示盼教師的一種專業成長。

就目的二盼老師採用的班級經營具體策略而言，研究者歸納有四大要項：一為愛與榜樣、以身作則；二為賞罰分明、恩威並濟；三為創意巧思、講究方法；四為權變藝術，適性多元，這四者是班級經營「變」的部分。四大要項運用時，皆圍繞一個核心班級經營理念，核心理念是班級經

營「不變」的部分，不變的核心理念為盼老師的「教育熱忱與教育愛」，其中包括對教育的投入與對學生的關懷。盼老師關注的班級品質產出有三：一為學生的品德行為；二為學生的數學學習；三為學生多元智能的開展。就學生多元智能潛能的開展方面，盼老師鼓勵學生在國小畢業前學習一項音樂技能，鼓勵學生依自己興趣與專長，勇於參加校內外的學藝競賽，即使沒有得名也沒有關係，因為這也是一種學習經驗，此外，盼老師將自己教授排球隊或體育班（盼老師之前也曾擔任體育班導師）的經驗應用於普通班級學生上面，讓「打排球」成為班上同學課餘的最愛，而盼老師也善用學生喜愛打排球為誘因或增強物，促發學生的學習動機及改正不當行為；在學生學習園地中公告學生實作作品，以激勵寫作佳或美術作品優秀的同學，這是一種「有價值的活動」，更是促發學生更進步的一種有效策略。

　　從資訊科技融入課堂教學的素養方面，與一般教師相較之下，盼老師似乎不足（如電子白板、應用軟體的操作、電子郵件的使用知能等），但盼老師的數學與國語教學沒有因為未融入資訊科技，學生的學習效能就減低、學習動機就低落，這方面從盼老師對自我教學的肯定、同仁所見與學生的回應可以獲得證實。從盼老師身上，研究者省思一個問題：「如果採用傳統教師中心，配合講述法、問答法或問題解決法的教學，能讓學生課堂的學習也有正面效益、學生也有強烈的學習動機與參與意願，是否一定要再將資訊科技融入課堂教學活動中。」當然這個論點有些學者不會贊同，因為資訊科技融入課堂教學（相關策略與實際應用在理論策略篇第一章研究者有詳細介紹）是時代脈動，也是必然趨勢，就連研究者也是，但如果教師的教學是有效能且有效率的，教育行政單位是否一定要強迫教師將資訊科技融入課堂教學中（目前是鼓勵並未強迫），這是值得省思的問題。

　　從盼老師身上，可以發現有效能教師的另一個特質議題，從學生回應、研究者觀察回憶與實習教師的課堂觀察發現，其實盼老師是位要求嚴格、生氣時很「兇」的老師，但這樣的老師所領導的班級，為什麼多數學生不會懼怕老師，班級氣氛十分溫馨，學生也很喜愛教師，其中最大的原

因是盼老師的「生氣」、「兇」並不是一種情緒失控下的行為，盼老師的「兇」是針對少數講理不聽、事前告誡而未遵守的學生的兇，這種生氣是有原因的、是一種理性的兇，盼老師的生氣是讓學生知道其行為已經不對或已經違反班規，盼老師採用的方法其實跟倡導一致性溝通模式常規管理學者金納（Ginott）十分接近（參見理論策略篇文獻）。金納認為教師在傳遞適切訊息時要多使用理性的第一人稱「我－教師」，少用第二人稱「你－學生」，使用肢體語言明確而適當表達老師的憤怒，金納認為憤怒是一種內心真摯感受的呈現，老師也應合理及適切的表達其憤怒，讓學生知道其行為已讓老師生氣了，這樣對不當行為的矯正才有正面而功效。從盼老師身上可以明確看到：一位有效能的教師並不是低聲下氣討好學生，任學生為所欲為，也不是放任學生不管。盼老師的「兇」是兇得合理、兇得讓學生心服口服。

盼老師處理學生行為問題是對事不對人，展現的是位積極果斷型的教師類型，凡事為學生好的，他一定不會敷衍塞責或是放任不管，如果學生出現不當行為，教師不問、不管、不理，則班級的「漣漪效應」就會產生。盼老師是位勇於任事、勇於承擔責任、勇於面對學生行為問題的教師；重要的是能展現教師的權威、運用有效的策略，有效處理班級事件，讓學生知錯能改、心服口服，勇於承擔犯錯責任而不會怨恨老師。盼老師對學生常規管理，可從學年主任於100年元旦MAIL給研究者的最近一件事例再得到佐證：

「吳老師，下面的事情是元旦前發生關於盼老師的班級學生，及盼老師對事件處理的流程，可能對您的質性研究有點幫助。」（1000101，學年）

「嚴禁走廊奔跑，學務處已三令五申宣導，不過，現在的學生似乎是沒在怕。（目中無人，難怪霸凌的案件愈來愈多）今天中午，他班上的二位小朋友（一個已經170cm）在走廊上快速奔跑。我

蹲在地板處理走廊地板的瀝青，170cm就從我身旁擦身而過，後面追的那一位還直接從我頭上躍過（不然他就直接撞到我了）。這二位學生被我大聲斥責，並在此時（整潔活動時間）訓誡、罰站。此時，170cm的學生就說要先回去告知盼老師此事，再接受處罰。而學生回來轉告知盼老師要他們先回去工作，做完再來接受訓誡。我要二位學生就先回去工作，做完再來找我。而此時盼老師過來告訴我：公共區域的人手不夠，很多人病假，需要這二位學生支援，做完了就來。我回說：『OK！沒問題』，主要是給他們一個教訓，再教育！盼老師也說：每天告知學生嚴禁在走廊上奔跑，但總有些好玩的學生常常陽奉陰違，老師面前不跑，到其他地方跑，學校還有二位女老師懷孕，撞到了還得了；這一次一定給他們得到一個嚴重的教訓。」（1000101，學年）

「中午午休，二位小朋友恭敬的跑來找我，我看他們不壞，（後來得知，這二位還是要拍榮譽榜的呢，可以和師長合照的同學），應該是愛玩，但玩過頭了，不知自制。好好講理後，我就讓他們回去（我的原則是：小錯，在哪？犯錯，就地解決，不延伸，只要記取教訓，下次還是循規蹈矩的好學生）。不久，學生又跑回來道歉，我說：『事情已經可以告一段落，目的就是記取教訓，以後不要再犯』，看來盼老師也回去再告誡一番。到了下一節課，盼老師打電話告知：事情他有積極處理，而且還有其他人幫忙協助處理這件事（盼老師講的可能是同學幫忙打掃）。而其他人也偶有犯錯，為了大家的安全著想，會再訓誡告知學生禁止在走廊上奔跑。我到了辦公室喝水，就看見盼老師正在影印資料，而身旁不就是那位170cm的同學嗎？盼老師說：『這二位本來都是要拍榮譽榜的學生，平時表現十分良好，今日發生的事，剛好是一個警惕；距離拍照前還有一個星期，這個星期算是觀察期，規定會更為嚴格；表現好，才能將功贖罪，表現平平，就取消榮譽照的資格。』賞罰分

明、對事不對人，讓學生知道錯在哪裡並能檢討改過，對一個高年級孩子的『道德發展』而言是一個重要的階段。而這一部分，盼老師做的很好！」（1000101，學年）

　　就目的三檢核研究者編著的班級經營理論教材於課堂班級的實踐情形方面，從班級經營內涵來看，八大班級經營的事項：教學活動經營、訓育工作經營、輔導活動經營、行政事務經營、情境規劃經營、人際關係經營、親師合作經營、意外事件處理經營等理論與實務均有不同程度的落實於盼老師帶領的班級。班級經營八大內涵策略應用與成效，從盼老師經營的班級可以見證其實踐的情形。盼老師雖然沒有繼續進修正式學士以上學位，但靠自我充實也習得許多新智能與新觀念，盼老師班級經營的方法與策略，與前幾章研究者整理撰述的理論策略應用篇十分契合。研究者編著的班級經營理論教材所介紹的內容多數與盼老師班級經營的行為接近，雖然盼老師可能不知道其採用班級經營的理論基礎或學理正式名稱，但盼老師卻真正有將其轉化應用於個人任教的班級之中。就盼老師的教育理念與班級經營的目標可以下列話語說明：

　　「每位教師都希望教到好學生，盼老師除希望教到好學生外，更期望把所有學生教好；每位教師都不希望教到壞學生，盼老師除希望不要教到壞學生外，更期望不要把學生教壞。」

　　盼老師班級經營的策略方法可以總結下列四句話：

　　「用望遠鏡眺望教育的願景、用顯微鏡正視惡習的危害、用放大鏡欣賞學生的優點、用變焦鏡調整帶班的方式。」上面四句話，是研究者至中小學講述班級經營實務策略時，常與教師分享的四句話，這四句話套用於盼老師的班級經營上研究者覺得十分合適。

　　亨利‧亞當斯說「教師的影響力無窮無盡，教師本身也不知道這影響力遠至何處」，對於教師的影響力，盼老師則有其獨特而有意義的說明：「教師任教過的學生，當學生畢業後，老師不一定會記住每位學生，但學生定會記住教師；教師對學生說過的每一句話，不一定會全部記得，但

學生對教師講過的話會永遠記得；教師對學生的不當管教行為，教師會隨時間而忘記，但學生對教師的不當管教與言語傷害一輩子都很難忘懷。」（991201，盼）盼老師認為教師對學生使用的語言、所講的每一句話、對學生的管教態度等都要謹言慎行，班級經營中要激發學生的動機與自信、自尊需要時間的配合，但可能因教師一句話、一個舉動在很短時間內傷害學生的自尊與自信、甚至打擊學生學習的動機，盼老師對學生言語的表達是十分重視，所以盼老師說他絕對不會跟學生說：「你頭殼壞掉了」、「你是白癡啊」、「你腦筋有問題，講都講不聽」等會嚴重傷害學生的言詞，盼老師雖然嚴格、也會大聲責罵訓誡學生，但對教師口語的表達是不會違背教學倫理行為的，對於盼老師的語言表達，研究者以「師言謹慎兼樸重、口語順理迎雙贏、句句中肯展師情、話守倫常可勒銘」作為總結。

　　整個論文的完成，讓個人思索以下問題：如何完整而有系統的鋪陳呈現研究所蒐集的資料。對於質性研究而言，如何呈現文本內容及資料統整歸納與研究者個人之前的寫作風格有很密切關係，研究者在從事此篇研究之前，也編著教育行動研究的書籍，也評論與指導研究生從事教育行動研究，但研究者的專長與研究領域則多集中於量化研究方面，量化研究是以數字為核心，偏向於理性的解釋；質性研究則以文字為骨幹，偏向於感性的詮釋與中肯的論述。學者Clandimin與Connelly（2000）指出：從研究方法的取向分析來看，敘說探究從田野文件進入研究文本時，通常要考量到下列幾點：一為理論基礎與相關論點；二為研究者與個案在田野情境中的互動關係及資料文件類型；三為如何進行資料的分析與詮釋，進而能深入客觀的掌握敘說故事的意義及其社會性的價值。研究者在撰寫本篇研究時，是從班級經營宏觀的層面來分析論述個案教師的班級經營行為與策略，對於較為微觀的內容則採融入式的方式呈現。

　　就研究者而言，整篇研究的完成對個人而言是項突破，研究的心路歷程可以從下列二個部分加以說明：

一、尋覓探索、定錨啟航

長期從事量化的個人，除了至各大專院校講述量化研究的相關議題外，也編著許多有關量化研究的研究生用書，這些量化研究書籍除了在臺灣以繁體字出版外，也有數本在大陸以簡體字出版。量化研究雖可獲取大量資料，但唯一的限制是無法深層瞭解現象背後的社會脈絡，對於教室課堂生態背後隱含的意義單從量化研究很難瞭解，為了深入探究研究者歸納統整第一部分班級經營理論與策略內容，於課堂教室的實踐程度為何，研究者改採質性研究方法，採用訪談、回憶觀察、文件檔案等方法進行研究主題的探究。之所以採用質性研究的方法，其原因有二：一為有關班級經營的理論與實務資料個人已蒐集整理十分豐富，為了探究研究者編輯歸納的班級經營理論策略篇內容具體落實於目前中小學班級生態程度為何，因而採用更貼近於班級生態的研究取向；二為教師課堂班級經營的實際行為單純採用量化研究之問卷調查無法進一步探究其深層的意義，自陳量表只是教師表面感受的勾選，無法完全回答研究者所要解答的問題。

在確定研究取向後，研究者基於研究目的、研究場域及研究可行性，以個人曾服務永明國小的同仁——盼老師為研究個案，在獲得盼老師的同意後，從不同的面向來蒐集相關資料，蒐集的資訊包括正式訪談的資料、電話訪談的資料、目前任職於永明國小對盼老師有深入瞭解之同事的觀察文件、實習教師課堂近距離所見的省思文件、盼老師班上學生回應的感受等。本研究所蒐集的資料來源是多元的，經過資料交互比對驗證，發現歸納的事件或結果有很高的可靠性，加上研究者以中肯的態度來論述詮釋資料，遵守研究倫理，整篇論文才得以順利完成，並以專書形式出版。

二、心靈饗宴、收獲滿載

在整體研究過程中，個人有一種豐收的喜悅，最大的收獲是從盼老師的身上，個人看到教育的光明面，也看到中小學教育的願景。盼老師在班級經營中「能有所權變，也能有所不變；能有所堅持，也能有所彈性；能保留傳統，也能有所創新」。此外，從整個資料的論述詮釋中，個人也

見證到之前第一部分論述之理論策略內容在國小的具體實踐情形，雖然質性研究無法跟量化研究進行推論，但研究者相信盼老師的班級經營策略與對教育的用心，已經深深影響到永明國小的許多資淺教師，被盼老師教過的學生也可能會懷念國小豐富多元的學習生活；從研究歷程中也發現個案盼老師成長的地方，如對紀律、處罰與體罰的區別使用；對沒收與暫時保管理念的釐清；對學生成績要求標準的正確認知；對特殊學生輔導知能的增進；對教師能為與不能為行為的體認與篤行；一方面對班級經營中「不變」的堅持，一方面對「變」之策略方法，則隨時代社會脈動與教改趨勢而調整。

　　在研究進行的尾聲，教育界剛好發生桃園縣○○國中校園霸凌事件，事件之大也驚動教育部長親臨○○國中視察安撫，也讓立法委員質詢變為校園霸凌的批判，報章雜誌及政論節目也對校園霸凌及反霸凌的議題提出許多看法及見解。研究者特別利用電話訪談，就○○國中校園霸凌事件訪問盼老師，盼老師說：○○國中校園霸凌事件已經很嚴重，處理校園霸凌不能只有防堵而沒有宣洩，盼老師所指的防堵是指不能只靠以暴制暴，若是廢除零體罰，教育改革又走回頭路；盼老師所指的宣洩是指除了一般教育輔導方法，老師要應用自己專長，安排多元活動，導引學生學習，讓少數有暴戾之氣的學生有宣洩管道，這個宣洩管道是一種「出口」，有出口學生的壓力就不會那麼大，旺盛的體力有了出口，就比較不會出現不當或偏差行為。盼老師口中的「出口」就是他安排的「打排球活動」，當學生學習不佳或心情不好時，都可以藉由快樂玩（打）排球來宣洩心中的壓力與不悅，再次從玩排球中獲得樂趣，擔任二屆音樂班導師（班上學生多數是女生），盼老師也是將打排球活動作為班級舒活時間的主要活動。盼老師心中的「出口」就是安排多元有趣的學習活動，來舒緩、消弭學生的緊張、壓力與體力。盼老師說：

　　　　「讓學生的體力與壓力有適當的出口是很重要的，這跟洪水一樣，沒有出口洪水就無法宣洩，學生直接到辦公室嗆老師是很嚴

重的，事件的處理需要學校行政團隊共同配合，輔導室、學務處、導師等人都需要積極介入處理，事件鬧到那麼大，實在很不好。」（991224，電訪）

盼老師也贊成教育部的零體罰政策，但盼老師更希望身為教師者不要把學生成績分數當作學習的唯一，如果教師能深入瞭解學生，因勢利導、適性教學，安排多元學習活動及各種「出口」，讓學生找回學習的興趣，則可大幅減少學生不當行為。

在研究的尾聲，研究者以「教師成長之歌」作為盼老師教職生涯於課堂教室之班級經營策略實踐的說明，雖然內容無法百分之百完全詮釋，但從「教師成長之歌」的內容可以檢視值得教師效法或作為教師個人省思的地方。

教師成長之歌

教育多元趨勢化，身為教師職責重。
倫理品德成楷模，認真敬業展熱忱。
教學設計融創意，策略運思懂權變。
班級經營善管理，輔導訓育也切實。
行政事務不馬虎，學生安全極重視。
問題孩童未放棄，管教學生有一套。
親師合作同仁褒，帶好學生為目標。
愛與榜樣為理念，教學效能已展現。
數學排球展長才，學生喜愛樂趣多。
聲音宏亮體能好，紀律嚴格不死板。
師生互動氣氛佳，人際關係口碑好。
實務經驗靠累積，專業智能朝全面。
只有師專學歷畢，進修研習不間斷。
自我要求期盼高，終身學習迎時代。

　　活動多元價值化，規劃安排效率佳。

　　教育方針非萬能，實踐篤行更重要。

　　自我充實顯長才，秉善良知兼服務。

　　甘願盡心又盡力，教育工作有意義。

　　服務教職四十載，期盼經驗傳承來。

【附錄一：對盼老師預定訪談的內容】

1. 為何走向教職一途？

2. 剛開始擔任教師時為自己建構的生涯規劃願景是什麼？

3. 在不同學校服務時，學生的學習態度與表現為何不同？

4. 就我所知，您教學一直受到家長及學生高度肯定，您自己認為最大的原因在哪裡？

5. 您早自修訓練球隊，班級的常規管理也經營得很好，您是否有特別的方法或策略？

6. 您對學生有時很嚴格，但為何學生跟您的感情又會那麼好？

7. 就我所知，您班上學生的學習表現與常規表現一直在同學年中表現得很好，您採用的是何種方法或有特別策略？

8. 在教育部零體罰之前，您也體罰過學生，但學生與學生家長不但不會告您，反而讚賞您，為什麼？

9. 請您回憶看看，您教職生涯中，管教學生的態度與方法是否有所轉變？

10. 請您回憶看看，您教職生涯中，班級經營的策略是否有所轉變？

11. 請您回想看看，在管教學生或班級經營中遇到最棘手的事件，可否請您列舉幾件？

12. 請您回想看看至目前為止，在教學生涯與班級經營中讓人印象最深刻的事件是什麼，可否請您列舉幾件？

13. 您認為目前班級經營或管教學生中最令人困擾的事情是什麼？

14. 您認為近幾年的學生行為表現與之前學生的行為表現或常規表現有無差別？為什麼？

15. 如果您要從任教職至今，把您班級經營或常規管理的分成幾個不個階段或管教學生有不同方法，您會畫分成幾個階段，每個階段可否給一個名稱。

16. 您給新任的教師有何建議？

17. 如果工作可以從新選擇，您是否還會選擇教職，為什麼？

【附錄二：簡易班級經營效能量表】

一、班級常規構面

1. 我能設計完善的獎懲制度，並讓學生瞭解原因。

2. 我班上的學生都能確實遵守班規。

3. 我班上學生的秩序良好，受到科任教師的肯定。

4. 我能有效處理學生違規問題。

二、教學管理構面

5. 我能確實掌控教學進度，讓學生可循序漸進的學習。

6. 我能使教學流程順暢，不受其他事物的干擾。

7. 我的教學方法，能有效的提升學生學習表現。

8. 我能運用不同的評量方式來評量學生的學習成效。

三、學習環境構面

9. 我會與班上學生將教室空間布置舒適，以利學習。

10. 我能規劃適切的座位，方便教學實施。

11. 我能指導班上學生，將教室內外的環境保持乾淨清潔。

12. 我能在班上布置與教學有關的資訊及作品，使學生吸取新知，相互觀摩學習。

四、班級氣氛構面

13. 我會使用各種不同的方法及活動，來提升學生的學習氣氛。

14. 我會關心學生的生活情形及學習態度，讓學生覺得受重視。

15. 班上學生或家長對我的班級經營提出不錯的意見，我會欣然採納與改進。

16. 班上學生能在良好的學習氣氛中參與各種學習活動。

五、師生互動構面

17. 我能傾聽班上學生的說話內容，並適時給予回饋。

18. 我會主動瞭解每位學生的生活情形及學習態度。

19. 我會竭盡所能為學生解決問題。

20. 我能依學生的個別差異，而有不同的正向期望與要求。

六、親師溝通構面

21. 家長會積極參與親師座談會或班上的活動。

22. 家長能配合我在班級經營上所提出的要求。

23. 家長對我班級經營的方式，能支持與信任。

24. 家長很滿意我的班級經營方式。

（方惠麗，2009）

參考書目

方惠麗（2009）。高雄市國小級任教師知識管理能力與班級經營效之相關研究。國立高雄師範大學教育學系碩士論士（未出版）。

吳明隆（2009）。班級經營─理論與實務（第二版）。臺北：五南。

張春興（1994）。教育心理學─三化取向的理論與實踐。臺北：東華。

張慶勳（2006）。校本文化領導的理念與實踐。高雄：復文。

Brocato, K. (2009). Studio based learning: proposing, critiquing, iterating our way to person-centeredness for better classroom management. *Theory Into Practice, 48*:138-146.

Brophy, J. (2007). *Classroom management special interest group meeting*. Chicago, IL: American Educational Research Association National Conference.

Cassidy, K. (2001). Enhancing your experience program with narrative theory. *The Journal of Experiential Education, 24*(1), 22-26.

Clandimin, D. J., & Connelly, M. F. (2000). *Narrative inquiry: Experience and story in qualitative research*. San Francisco: Jossey-Bass.

Good, T., & Brophy, J. (2008). *Looking in classrooms* (10th ed.). Boston: Allyn & Bacon.

Mader, C. E. (2009).I will never teach the old way again: Classroom management and external incentives. *Theory Into Practice, 48*:147-155.

Sutton, R. E. , Mudrey-Camino, R. , & Knigbt, C. C. (2009). Teachers' emotion regulation and classroom management. *Theory Into Practice, 48*, 130-137.

Walker, J. M. T. (2009). Authoritative classroom management: how control and nurturance work together. *Theory Into Practice, 48*:122-129.

10

班級經營實踐困境之研究

本章旨在根據半結構調查問卷，探究教師對研究者建構之班級經營八大構面的看法與班級經營困境，作為中小學教師班級經營實踐的參考。

「家長將小孩編入班級，是要讓教師教育的，不是要給教師責罵的；是要讓教師合理管教輔導的，不是要給教師體罰傷害的。」

第一節 研究動機與目的

班級經營的良窳與班級教學效能的提升與否息息相關。依學者弗洛恩（Froyen, 1993）的看法，班級經營的內涵包括：內容經營（content management）：以教學為主體、行為管理（conduct management）：以學生問題行為為焦點，及情境管理（context management）：重視團體動力學的應用，關係的建立，並以學生的心理福祉為優先，營造人性化的班級情境。

Haydn（2007）認為課堂教室的工作氛圍是一個連續體，連續體的一端是教師少用控制方法，課堂氛圍很好，多數學生的學習不會受到少數不良學生行為的影響；相對的，連續體的另一端是教師要完全採用控制方法，多數學生的學習才不會受到影響。Haydn研究發現有效管理學生行為才能提升學生的學習成效，而管理教室、學生行為與學生學習活動是極為複雜的事情，最重要的影響因素是教師要創造專業而有利學生學習的環境，此種方法就是教師班級經營策略的有效運用（p.15）。

　　班級經營涵蓋的範圍雖廣，但主要包含教學、行為及情境三項，因而班級經營的主要目的即在營造適宜的學習情境，使學生表現適當行為、專注於學習活動，以提升教學效能，達成教學目標。許多報告指出，教師於教學歷程中，班級的「秩序」（order）與「掌控」（control）是他們最感困擾與頭痛之事（Pollard, 1980; Yinger, 1977），對初任教師而言，這些問題也是最令其困擾之事（Veenman, 1984）。近年來，由於政治解嚴及社會的快速變遷，經濟更富裕、政治更民主、社會更開放、文化更多元、科技更發達，思想更自由等導致整個社會體制改變，間接也使得學校教育受到衝擊。

　　民國84年教育宣示「校園零體罰」政策，造成教師管教權退縮，加上教師管教問題或體罰引發學生及家長抗議，電視媒體過度誇大渲染的寒蟬效應，使得中小學教師動輒得咎。最近幾年常發生的一種現象，就是「爆料文化」，課堂教室只要教師出現負面的言語或管教稍為不當，或踰越教師輔導與管教學生注意事項中規定之事，學生不僅會錄音還會錄影，進而向電視媒體或民代爆料，之後的結果，許多當事者好像被當成犯人審判一樣，此種爆料文化持續擴大中，因而校園中很多教師寧願不管，將「校園零體罰」政策轉變為「校園零管教」行為以保護自己。學生管不動、教師無法管教學生，是中小學校園生態中常見的教師心聲，正因為學生管不動，造成校園霸凌事件層出不窮，正因為以上因素，許多中小學教師自覺現代教師難為，在班級經營上採取消極作法，只負責將教學進度趕快，對班級紀律維持或學生常規管教放任不管。

可見新世代的社會是一個開放自由的社會、是一個民主多元的社會，也是一個資訊科技的社會，在資訊社會的洪流中，學習型態、學習情境、學習內容及學習方式均產生了實質的改變，由於社會的變遷及校園生態的改變，教師角色的扮演更顯困難，教師在班級經營中的角色，決非單一角色所能勝任，多元的角色扮演已是時勢所趨，校園管教權的退縮、懲戒權的失守，讓教師覺得好像失去班級經營的法寶。加上新世紀教育情境的多變與複雜性，因而教師角色必須重新調整與轉換，教師的思維模式可能也需要改變，才能因應社會脈動。

本研究之所以採用半結構問卷調查（問卷題項如附錄一，半結構調查問卷原有十一題，研究者只呈現與本章相關內容的題項）的原因為二：一為從開放式的題項中，研究者可以更深入探究想要瞭解的事件，從教師實際的書寫內容較能反應實際班級的生態與教師內心的看法；二為從開放式的題項回應內容更可以瞭解教師班級經營的實際困境、社會變動與教改趨勢之班級經營的理念、態度與行為實踐情形。在之前近10年博碩士論文的後設分析研究中，對於從事教師班級經營困境或班級經營困難研究的論文很少，這些論文都以「初任教師」作為探討的對象，從教師班級經營實踐的生涯發展而言，初任教師因為經驗不足，初任教職時總會遇到許多問題，這部分在相關文獻或實徵研究中已獲證實。本研究教師班級經營實踐困境的探究，探究的對象並不是新手或初任教師，而是有一段任教年資或經驗的教師，多數服務年資均已超過10年、20年，這些教師整個班級經營實踐生涯所感受或實際的經驗，較能切實反映社會脈動的情形，這是本研究與之前相關研究最大不同之處。

本研究主要於探討教師班級經營實踐困境的行為，研究主要的研究目的有以下幾點：

一、瞭解教師對理論策略篇之研究者建構的班級經營內涵的適切性看法為何？

二、瞭解教師班級經營的主要困境為何？

三、社會脈動與教改趨勢的變動下，教師班級經營的理念與態度為何？

四、零體罰教育政策的推動對教師班級經營的策略與做法影響程度為
　　何？

　　本研究乃是前一章教職生命史班級經營實踐情形的延伸，為進一步
瞭解教師對目前班級經營的看法與感受為何？研究者進一步採用半結構式
的問卷調查法進行開放式資料蒐集。樣本的選取方面採用二階段的取樣方
法，第一階段採用隨機取樣，隨機抽取高雄縣市8所小學，之後再親自打
電話請標的學校校長協助問卷電子檔郵寄，每校選取二位老師作答。第二
階段的取樣採用立意取樣方法，各校校長選取任教年資超過5年以上的教
師作為填答對象，使受試者的樣本能平均分配於高、中、低三個年級，研
究者並進一步請校長在選取教師樣本時不要集中於同一年級。考量教師填
答的意願與半結構問卷屬性，在郵寄電子檔給教師前時，研究者特別提醒
校長要以私下請託方式幫忙，若是教師認為很忙或無法配合，校長不要勉
強教師填答，因為資料的書寫可能要花二至三個小時時間。半結構問卷資
料電子檔回收時間約1個月（民國99年10月2日至11月2日），為了資料整
理的方便，超過11月2日以後陸續寄回的電子檔回應內容，不納入此次分
析之中。研究回收的電子檔資料共有16位（問卷回數率100%），其中一
位教師是以手寫方式回答，將書寫內容直接掃瞄成PDF檔案，由於資料的
轉換與整理較為不易，所以此份回收問卷不納入分析之中。15位填答者的
基本資料及代碼如表10-1。從表13-1可以發現，15位教師的服務年資介於5
年至28年，包含三個不同服務年資階段的樣本（10年以內、11至20年、21
年以上）。其中男老師有2位、女老師有13位。

表10-1　填答者基本資料及代碼一覽表

教師代碼	服務年資	性　別
T1	22	女
T2	5	女
T3	10	女
T4	14	女
T5	11	女
T6	21	女

（下表續）

教師代碼	服務年資	性　別
T7	24	女
T8	28	女
T9	21	女
T10	6	男
T11	20	女
T12	8	男
T13	10	女
T14	14	女
T15		女

　　為了減少教師填答的防衛心理，讓教師能將內心的看法與真實態度反應出來，基本資料變項中只有服務年資與性別二項，並未於半結構問卷中呈現學校名稱或填答者有關隱私資料，如此可提高教師填答的意願與可靠度；其次是資料內容的填答由教師利用課餘、假日等時段書寫，不會干擾到教師正常教學活動的進行及學校行政工作正常運作，最後是讓填答教師有充分時間作答及書寫內容（約有一個月時間），教師不致於在匆忙狀態下倉促完成；教師填答完的電子檔直接郵寄到研究者信箱，沒有再透過校長轉寄等，這些因素的配合與考量下，回收資料的內容有很高正確度與效度。

　　就研究程序與結果發表的倫理而言，本研究填答資料者均是校長私下親託，因而教師配合意願很高，加上作答時是未具名及標示學校名稱，因而對受試教師來講不會造成壓力或防衛心理；此外，教師填答的時間有一個月，這對平時忙碌及工作量繁重的教師而言，不會有時間不足的感覺，因而受訪教師填答內容多數都十分完整而充實，雖有少數一、二位作答內容比較簡短，但其填寫的內容也十分具體明確，每位教師在所有題項都有回答。就學術發表的倫理而言，研究者未將抽取的8所學校呈現出來，就是對學校或受訪教師的一種保密行為，對於受訪教師所回應及實踐程度，研究者均以代號表示，因而不會對受訪教師造成困擾。15位受訪者所填寫的內容皆沒有攻擊或詆毀他人或教育行政機關的用語，而是於班級經營中實踐行為經驗感受的回應或實際遭遇到的情形，因而研究者未將受試者回

應的內容作任何增刪工作，而是完整的呈現受訪者所填寫的內容，研究者只作少部分錯別字的檢核工作。

第二節　班級經營實踐的內涵與困境

Jones與Jones（2007）認為班級經營需要藉由教師利用有效策略建立正向良好的師生關係與同儕關係，進而營造一個和諧溫馨的班級氣氛，以贏得社區人士的認同、學生家長或監護人的肯定，用組織或團體管理方法培養學生正向的行為標準。Jones二人提出教師完整班級經營技巧包括：建立完備的班級經營理論、創造學生安全的學習環境、提升學生學習動機與增加學生成功機會、幫助學生評估與矯正不當行為。從四大向度引伸班級經營的內涵：建立正向的師生關係、營造正向的同儕關係、與父母合作、發展教室行為規準、增進學生的學習動機、回應違反規則與程序的學生為、使用問解決消除行為問題等。Jones二人所提的班級經營內涵其實已融入於研究者理論策略所論述的班級經營八大內容構面範圍內。

Cangelosi（2008）在其編著之《班級經營策略》一書，對於班級經營的策略內涵關注於學生常規紀律的議題，內容包括激勵學生合作學習的藝術策略、培養學生合作學習與預防常規紀律問題、於學習活動歷程中促進學生的動機、遭遇違規行為或不專注行為的問題解決、型塑教師自己班級經營策略。與研究者建構的班級經營內涵相較之下，Cangelosi所論述的班級經營偏向於「學務活動經營／訓育活動經營」、「輔導活動經營」、「教學活動經營」三個構面。就型塑教師自己班級經營策略的內涵而言，Cangelosi認為教學藝術是極為複雜的工作，尤其是對新手教師來講，教學是一種挑戰，對許多新手教師的教學進程，教學精進是一種經驗的累積。每位教師都要培養教學策略、技巧，持續應用班級經營相關理論與處理策略，如此，才能協助教學活動的順利進行，培養學生合作學習知能，促發學生的成長（p.385）。

Hardin（2008, p.7）於其所編著之《有效班級經營：今日的模式與策

略》一書中從四個向度論述有效班級經營的內容：一為班級經營視為一項
常規管理、二為班級經營視為一個系統、三為班級經營視為一種教學、四
為發展個人系統。就常規管理而言，包括教師要負起維持班級掌控之責、
教學前的常規、不適當行為出現時，一致性與必然的處理結果；就系統化
觀點而言，管理與教學一體二面的、教師要致力於學習社群的建構、具備
規劃的知能；就教學化觀點而言，集中於後社會技巧（prosocial skills）的
應用、學生正向習慣的培養與習慣調整、課堂教學問題的解決與同儕衝突
的處理、協助學生發展倫理判斷力與決定力。發展個人系統包含教師建立
自己型塑自己帶班的風格與對高風險學生的輔導管教等。Hardin（2008）
於書中所論述的內容，主要包括學生常規管理、班級組織與團體社群、
教學效能與課堂問題處理，學生行為問題的輔導等。根據這四大構面，
Hardin提出了18個明確的班級經營檢核指標題項，作為教師班級經營的參
考（pp. 282-283）。

表10-2　班級經營三向度檢核指標題項一覽表

	個人同意分數				
	強烈同意	大部分同意	一半同意	少部分同意	強烈不同意
	5	4	3	2	1
1. 有效的班級經營包含不適當行為與社會技巧的教學。	5	4	3	2	1
2. 教師對於有關班級經營的所有決定要能控制並負起責任。	5	4	3	2	1
3. 規劃規則、教學、班級設計是有效班級經營的基本。	5	4	3	2	1
4. 教師必須教育學生道德與個人責任心。	5	4	3	2	1
5. 教學程序前必須有良好的常規紀律。	5	4	3	2	1
6. 就所有學生而言，不適當行為的處理結果與一致性必須相同。	5	4	3	2	1
7. 教師必須確保學生的權利、尊嚴與期望感。	5	4	3	2	1
8. 學生選擇不當行為時，必須勇於面對他們所作的決定。	5	4	3	2	1
9. 教師必須告知學生哪些為不適當行為。	5	4	3	2	1
10. 有效的班級經營可以提供足夠的控制，以讓所有學生都能學習。	5	4	3	2	1

11. 班級經營與教學是相互影響不可分離的教師工作。 5　4　3　2　1

12. 有效的班級經營並不是關注於特別短暫的行為，而是藉由學生學 5　4　3　2　1
習程序，幫助學生發展正向互動關係。

13. 教師必須發展規則，並且對規則加以明確定義。 5　4　3　2　1

14. 教師應該教授規則與班級程序，而非假定所有學生都事先瞭解規 5　4　3　2　1
則與要遵守的程序。

15. 教師要幫助學生作出合倫理的判斷與決定。 5　4　3　2　1

16. 學生必須共同分擔班級經營成效的責任。 5　4　3　2　1

17. 規則與常規建立是要師生共同努力完成的。 5　4　3　2　1

18. 行為後果必須考量到學生的動機、違規行為的型態與學生的個別 5　4　3　2　1
差異。

在上述檢核指標題項中，題項2、5、6、8、10、13等六個測量題項屬於「常規紀律」構面的觀察題項；題項3、9、11、14、17、18等六個測量題項屬於「系統化」構面的觀察題項；題項1、4、7、12、15、16等六個測量題項屬於「教學」構面的觀察題項。

研究者從班級經營的實務面出發，建構中小學教師班級經營內涵的八大構面，八大構面是從宏觀角度來看，八大構面是教學活動經營、訓育工作經營、輔導活動經營、行政事務經營、情境規劃經營、人際關係經營、親師合作經營、意外事件處理等。本章研究內容的前部分，即在於探究教師對於班級經營八大構面內涵的看法，與八大構面實踐的困難度情況。

影響教師班級決策的因素有學校人員的行為與教職員工與學生間互動的校園氣氛、師生對校園整體環境的感受、已有之校園常規紀律處理的情況、教師個人的投入、行為問題學生之父母的配合態度與學校行政人員的作法等。若是校園中學校人員與學生間關係疏離、師生對校園環境無法感受安全與舒適、學校中欠缺具體的常規管理計畫與明確規則、家長無法配合處理學生問題，對學校的校務發展冷漠毫不關心、行政人員對於教師正向的班級經營策略或常規計畫無法支持、校長不是位果斷決定者等因素，都會影響教師班級經營的決定（Hardin, 2008, pp.280-281）。

Jones與Jones（2007）認為影響教師班級經營決策的因素有四：學校背景、教師個人紀錄、教師對於學校教育目標所持的信念、學生的文化背

景。就班級經營的實踐面而言，這四個因素其實都與學校組織文化與行政人員的態度有密切關係。若是校長與行政人員關注於友善校園環境的型塑，讓全校師生感受到校園是個大家庭，有安全感、溫馨且和諧，組織物理環境與社會物理環境讓教師覺得滿意與認同，學校組織氣氛良好，行政人員充分讓教師發揮所長、賦權給教師，能作為教師的後盾，則教師班級經營的決策是果斷、明確與負責任，相對的，教師可能是消極的、逃避的、不管事的。

Tauber（2007）認為教師採取的班級經營策略受到教師哲學理念與常規模式的影響，有些教師可能偏向於行為主義的哲學信念，有些教師則傾向於人本主義的哲學信念，基於教師個人理念不同與班級的生態差異，教師可採取三種模式策略：介入主義者策略、互動主義者策略、非介入主義者策略，三種策略的差異在於教師與學生的權力掌握程度的不同。教師班級經營的決定與採用策略要因班級生態、學生個性與目標需求而異，三種常規管理的策略應用各有其優劣與時機，唯有教師靈活運用，才能達到教師預期的目標。教師權力運用時多使用專家權、參照權，少使用強制權，法職權與酬賞權則彈性運用，教師班級經營策略運用架構的連續體為控制－管理－影響，「控制」偏向於行為主義者信念應用、「影響」偏向於人本主義信念應用，「管理」則是介於控制手段與影響方法內的中性策略。

Tauber（2007）提出的常規管理模式架構圖可以統整如下圖表示：

　　Tauber（2007）書中所提的論點偏向於學生違規或不當行為的處理，這些學者的主要觀點與應用方法，在第一部分研究者論述的理論策略篇多有論及，其中沒有提到為T. Gordon所提的教師效能訓練內涵。Gordon提出教師效能訓練的矩形圖，其認為要學生不會阻礙教師所提的要求，必須先讓學生「可以接受」（認同教師），若是學生不接受或認同教師觀點，則不會表現遵守教師所定的規則。此外，Gordon也提出班級經營中十二個溝通的絆腳石（pp.228-230）：指使與命令（如你必須或你一定要、如果你知道什麼對你是最好的，你就會……）、提醒與威脅（如你最好或若是你不……，就會……）、說教與反覆灌輸（你應該、你當然應該、一位學生應該……）、忠告與提供解決方法（如讓我建議你，你為什麼不……、我會做的事是……）、訓斥與強辯（如事實是……、是的，但是、你難道不明白）、武斷與批評（你是否已經失去理智了？你很無聊才會……）、不當讚美、同意與我也是如此（如你是絕對的、相同的事件也發生在我身上）、嘲諷與羞辱（如那是一種愚蠢的態度、你只是在說傻話）、分析與診斷（如我知道你為什麼懊惱、你的問題是）、同情與安慰（如不用擔心，我知道你的感覺、你明天會感覺好過一些）、過度探究質問與質疑（如誰、是什麼、何時、為什麼）、退縮不前與故作幽默（我們以後再談論、這樣說來，你有沒有聽說那個有關）等。

　　Tauber（2007）也於書中簡要介紹其餘學者對於常規紀律的看法，Tauber所介紹的內容多數在研究者編著之《班級經營：理論與實務》一書中有提及。Tauber（2007, pp.347-349）補充介紹的學者如L. Alber提倡的合作式常規管理法、R. Curwin與A. Mendler提倡的有尊嚴式常規管理法、F. Gathercoal提倡的智慧型常規管理法、H. G. Ginott提倡的溝通式常規管理法、H. Grossman提倡的多元文化常規管理法、M. Hunter提倡的促發教學法（預防性常規管理法）、S. Koenig提倡的靈巧常規管理法、J. S. Kounin倡導的同時監控常規管理法、R. Lewin倡導的學生不當行為負責法、J. Nelsen倡導的正向的常規管理法、J. Riak提倡的體罰管教法、W. A. Rogers提倡的果斷常規管理法、H. K. Wong倡導的開學第一天的班級經營等。以上每位學者所提的方法均有其適用時機與限制，因為很少有一種常規管理

的理論模型適用於所有班級或應用於每位學生身上都是有效的。班級經營是一種科學方法與藝術策略的結合，它與行政組織學上之領導一樣皆屬於一種權變策略，唯有教師統合應用各種常規模式，因應班級生態屬性與學生人格特質，型塑自己常規管理的風格，才能有效帶領班級學生（吳明隆，2010）

學者Darch與Kameenui（2004）合著之《教學的班級經營》一書，全書內容多偏向於課堂教學之常規管理與處理技巧，從課堂教學歷程中介紹班級經營的重要與相關架構。書籍內容十大章節為：班級經營與教學內涵、瞭解學生行為：從理論觀點變為有效實務、課堂教學之班級經營的概念性架構、課堂教學上之班級經營的暫時性架構、課堂教學班級經營的評量、使用增強激發學生動機、班級中社會技巧的教學、處罰：只是工具策略的調整、掌控學生問題：策略與實例、廣泛校園紀律與教學上的班級經營：系統化的觀點。就學習者與教師而言，Darch二人認為各有三個原則要掌握：就學習者而言：原則1為必須以尊敬的態度來對待學習者、原則2為每位學習者在學習上都有特別的潛能、原則3學習者的行為或表現應該是有目的的、有策略的與有智慧的。就教師而言：原則1為教師對於學生何時學習、如何學習、學習什麼及為何學習要有個別差異的考量；原則2為教學要盡可能創造學生有成功學習的機會；原則3為有效教學是增加學生學習技巧，學生知道要學什麼，知悉哪些事情可以做與哪些事情不能做（p.10）。

就課堂教學班級經營的概念性架構而言，Darch與Kameenui從六個教學工作任務來論述教師教學前、中、後班級經營的重要性，六個教學工作任務構面是工作歷史、工作反應形式、工作型態、工作複雜性、工作時間管理、工作的差異性，教師因為教學工作任務有多元性，因而要使教學有效必須做好班級經營（p.52）。暫時性架構為教學前、教學中、教學後使用的班級經營策略不同，教學前著重班級經營的設計、教學中著重班級經營的傳遞、教學後著重班級經營的評估（p.73）。對於班級經營評量的檢核，書中也提出了相關具體檢核表，教學前評量的構面如班級組織、學生行為管理、教學設計安排；教學期間評量的構面如班級組織的實踐、學生

行為管理的實踐、教學設計的實踐；教學後評的構面如：班級組織評量、行為管理評量、教學設計評量等（pp.112-121）。對於學生行為問題，書中也提出處理模型圖，包括採用中性的教學工作、引入前改正策略、修正增強程序、修正工作構面、調整班級的運作與結構、行為問題的評量等（p.199）。對於處理學生問題行為，引入前改正策略的具體作法有六點（pp.203-204）：

1. 探究引起學生行為問題的前因脈絡（生態探討）。

2. 教師與學生溝通期待學生表現的行為。

3. 調整學習內容與改變教師教學方式、學生回應型態等。

4. 提供學生出現期望行為時的獎勵。

5. 強烈增強學生期望行為（正向行為）。

6. 繼續促發學生的期望行為（正向行為）

Darch與Kameenui所論述的六個學生行為矯正具體策略，其實是「行為改變技術」的理念與應用。

學者Hardin（2008, pp.284-285）認為教師發展個人的班級經營計畫要考量的因素有以下幾項：

1. 交待教師個人班級經營的哲學信念。教師建構個人的哲學信念要考量到以下事項：

(1) 教師如何看待學生？教師若是以「人性本惡」立場出發，會要求學生「學習」適當行為；教師如果以「人性本善」立場出發，會想要學生「展現」適當行為。

(2) 預備給學生的最大自由限制為何？

(3) 班級經營理念是採用「教師中心」，或是「學生中心」。

(4) 班級準備讓學生達到的目標程度為何？

2. 教師個人人格特質對班級經營的影響程度為何？評估教師自我人格特質對班級經營計畫要考量到以下幾個向度：

(1) 教師對學生噪音的容忍度為何？

(2) 教師對學生於課堂中活動的容忍度程度為何？

(3) 校園中任何地方學生可以說的玩笑內容與幽默話語的界限為何？

(4) 計畫是否符合學生組織與班級結構？

3. 教師個人的教學型態是哪一種？教師使用的教學策略是什麼？教師教學型態如何影響班級經營計畫？

4. 課堂教室給人的感覺為何？描繪教室要如何設計布置？教師採用此種設計布置的緣由為何？教師的視覺掃瞄、學生不注意行為的監控、可存取性等因素是否均有納入？

5. 課堂中如何預防學生行為問題？

6. 教室規則為何？班規如何發展產生，是教師自訂或由師生共同討論訂定？教師和學生如何一起承擔班規？教師和學生家長如何共同承擔教室規則？

7. 課堂中教師如何矯正學生行為問題？學生不適當行為的後果是什麼？

8. 教師如何於教室中使用酬賞與增強原則？教師的獎賞內容是什麼？個別學生與群體的獎賞有無差別？教師個人有關酬賞物使用的信念為何？

9. 明確描述教師個人於課堂教室中要使用的班級經營的程序，如「何時」開始實施？「何地」適用？「何人」適用等。

學者Jones與Jones二人對於班級經營的假定與信念提出以下的看法（蘇秀枝等譯，2011；Jones & Jones, 2007）：

1. 創造一個讓所有學生都覺得安心舒適的課堂環境，可以增加學生的學習效果與社會技巧，「班級經營」是第一個也是最重要的變因。師生共同創造友善學習環境時，學生會有更好、更多的選擇，學生的學習環境可以獲得改善。

2. 班級經營與有效率的教學方式二者是一體二面的關係。當學生積極地參與班級各種活動，展現較多負責任的行為時，他們的學習狀態也會隨著正向改變，建構更有意義的知能。

3. 班級經營應該加強學生對自我學習的自主權、責任感與效率。

4. 班級經營可幫助學生發展新的行為技巧，進而可以更有效的協助同學，發揮學生社群的功能。

5. 教師的積極投入、營造良好師生關係、有教育願景與信念，才能展現有效率的班級經營。

6. 有效率的班級經營需要教師周詳的計畫與專業成長的配合。只有教師整合自身的專業能力，才能因應學生需求、有效處理學生問題。

Jones二人對於班級經營的基本假定（basic assumptions），其實是班級經營的功能或班級經營目標，其所提的觀點與研究者於理論策略篇所論述的班級經營的功能均有提及（吳明隆，2010）。從宏觀角度來看，班級經營的功能可統整為以下幾點：1. 建構優質的學習環境，使學生樂於學習；2. 提高學生學習的效果，使學習更有效率；3. 促進團體規範的形成，使學生靜動得宜；4. 達成全人教育的目標，使學生均衡發展；5. 增進親師生情感交流，使學生樂群善群；6. 提升學校行校的效益，使學生更有動力；7. 促發教師教學的效能，使學習目標達成。

貳　新世紀社會變革的教育困境

新世紀的社會變遷結果是政治更民主、經濟更富裕、社會更開放、文化更多元、思想更自由、科技更發達。就社會變遷的觀點而言，人是社會變遷的發動者，也是變遷的受益者，在變遷的過程中，人不但要適應社會，也要開創社會導引社會；而社會進步、個人成長則有賴教育，故教育具有媒介及催化的功能。社會快速變遷結果，對工商企業、社會家庭等均造成重要影響，如社會風氣敗壞、個人自我意識抬頭、親職教育失調、價值認同的混淆、新住民家庭增多及家長權力膨脹等，對教師班級經營與教學活動造成很大的困擾，新時代社會變遷所引發的教育困境主要下列幾個方面：1. 社會風氣敗壞、人際關係疏離；2. 自我意識抬頭、破碎家庭驟增；3. 親職教育失調、學生問題嚴重；4. 家長權力膨脹、班級管理困難；5. 社會結構改構、角色轉換不易；6. 異國婚姻增多、調適融入不易；7. 價

值認同混淆、叛逆行為增多；8.傳播媒體誤導、資訊轉化錯誤；9.次文化的導引、建構另類取向（吳明隆，2010）。

Haydn（2007, pp.114-116）從學生會感受教師對其學習有正向影響的三大構面，列舉出教師教學與常規管理的應展現的具體行為，這些行為是經由學生評定勾選而得，三大構面包括教師的專業特質、教育學特質（教學技巧）與人格特質。Haydn認為當學生的學習態度受到教師影響而產生正向改變時，學生的不當行為自然就會減少：

㈠學生感受到教師對其學習態度有正向影響的專業行為有以下幾項

1. 迅速地批改作業並發還給學生。
2. 總是能準時上課。
3. 不會派太多的回家功課。
4. 課程教學總是準備充分。
5. 課程很少缺席。
6. 經常使用學校酬賞系統。
7. 對學生的問題總能積極面對。
8. 穿著得體。
9. 盡力做好老師該做的事。
10. 回家功課的安排能定量。

㈡學生感受到教師對其學習態度有正向影響的教育專業知能（教學技巧）有以下幾項

1. 對課程內容瞭解很多。
2. 對事件解釋非常清楚。
3. 使活動變得有趣。
4. 對於干擾學習的學生能立即讓其安靜下來。
5. 沒有規定太多書寫的作業。
6. 對於課程活動安排有很好的點子。
7. 安排的回家功課多元能吸引學生。

8. 掌控班級的能力很好。

9. 對於學生功課有具體的評論。

10.安排的課程活動有挑戰性，但卻是學生能力所及的。

11.能使用視聽媒體輔助教學。

12.經營規劃群體活動和討論。

13.規劃的主題內容都是重要有價值性的。

14.有時能配合使用電腦輔助教學。

15.能有效使用多種的教學方法。

㈢學生感受到教師對其學習態度有正向影響的個人特質有以下幾項

1. 講話音量大小適中。

2. 教師是友善的。

3. 熱心。

4. 具有幽默感。

5. 當學生工作活動時允許學生講話談論。

6. 使用讚美與鼓勵。

7. 依據學生期望安排座位。

8. 以禮貌性態度與學生對話。

9. 適時讓學生放鬆。

10.有時會嚴格要求。

11.會跟學生打招呼或點頭。

12.課堂中有時會談論到一般事件。

　　《學校訂定教師輔導與管教學生辦法注意事項》第1條明訂規範目的為協助學校依《教師法》第17條規定，訂定教師輔導與管教學生辦法，並落實教育基本法規定，積極維護學生之學習權、受教育權、身體自主權及人格發展權，且維護校園安全與教學秩序。再依行政程序法第3條條文指出：學校或其他教育機構為達成教育目的之內部程序不適用行政程序法，教師可依其專業自主權，依據其專業知識對學生加以輔導管教。依《學校訂定教師輔導與管教學生辦法注意事項》第4條對管教、處罰、體罰的

定義如下：1. 管教：指教師基於第10點之目的，對學生須強化或導正之行為，所實施之各種有利或不利之集體或個別處置。2. 處罰：指教師於教育過程中，為減少學生不當或違規行為，對學生所實施之各種不利處置，包括合法妥當以及違法或不當之處置；違法之處罰包括體罰、誹謗、公然侮辱、恐嚇及身心虐待等。3. 體罰：指教師於教育過程中，基於處罰之目的，親自、責令學生自己或第三者對學生身體施加強制力，或責令學生採取特定身體動作，使學生身體客觀上受到痛苦或身心受到侵害之行為。《學校訂定教師輔導與管教學生辦法注意事項》中第10條明訂教師輔導與管教學生之目的均與學生行為導正、安全與教學秩序維護有關，教師「絕不能因為學生考試成績高低而處罰或體罰學生」，因為學生成績高低與學生品德行為或干擾教學活動或學生安全維護沒有必然相關存在。

　　《學校訂定教師輔導與管教學生辦法注意事項》第14條規範訂定教師輔導與管教學生時，必須先瞭解學生行為之原因，針對其原因選擇解決問題之方法，並視狀況調整或變更。教師輔導與管教學生之基本考量如下：1. 尊重學生之學習權、受教育權、身體自主權及人格發展權。2. 輔導與管教方式應考量學生身心發展之個別差異。3. 啟發學生自我察覺、自我省思及自制能力。4. 對學生所表現之良好行為與逐漸減少之不良行為，應多予讚賞、鼓勵及表揚。5. 應教導學生，未受鼓勵或受到批評指責時之正向思考及因應方法，以培養學生承受挫折之能力及堅毅性格。6. 不得因個人或少數人之錯誤而處罰全班學生。7. 對學生受教育權之合理限制應依相關法令為之，且不應完全剝奪學生之受教育權。8. 不得以對學生財產權之侵害（如罰錢等）作為輔導與管教之手段。但要求學生依法賠償對公物或他人物品之損害者，不在此限。可見管教處罰學生只是一種消極策略，若是採用行為改變技術可以逐次減低學生不當或違規行為，教師應採用正向管教手段，如代幣增強法、行為相對立行為原則法、條件契約法、認知行為改變法等，不論教師是管教、處罰學生，所採取的方法必須合理、適切，最重要的是不能逾越法令規定的界限。

第三節 資料分析與討論

本節分別就受試者於開放題項的回應結果逐一解析：

壹 對於班級經營八大內涵與目標的看法與論點

從教師的回應與書寫內容，研究者從下列幾個面向來討論：

一、班級經營的內涵面

多數受訪者認為班級經營的八大內涵，其含括的面向大致已足夠，但仍希望朝更精緻化去界定某些構面用語。

「整個班級經營如果將其化約成最簡，就是一個全人教育！教導學生如何成為一個人，當有這個目標，才有其他的子目標。」（T10）

「中間的目的或目標中有關『全人教育目標、關鍵能力培養』，除了牽涉到每個階段的教育政策所強調的能力會有所變動，每位老師的主觀認定也很重要。」（T7）

「目標太大，且過於崇高不切實際，老師是人不是神。」（T13）

「我覺得此八大內涵之涵蓋的面已經很足夠，但要達到中間的目標似乎很難！」（T12）

「良善班級氣氛、關鍵能力培養是較切合實際的班級經營目標。」（T3）

「良善班級氣氛建議改為『溫馨班級氣氛』。」（T6）

「很好，大部分都已經包含進去了。如果能再添加活動安排和比賽指導會更好。」

「上表所列的班級經營八大內涵，涵蓋的面向是足夠的。」（T6）

　　綜合上述，受訪者之一認為全人教育是班級經營目標的核心精神所在，其餘則為子目標。又班級經營目標並非固定不變，會受到不同的教育政策影響，也和導師的主觀認定有關，就教育現場情境而言，受試者的見解與看法是合理的。例如班級生活公約的擬定，可透過班級成員的集思廣益與相互討論，然後列出最重要的項目，所以各個班級的生活公約不盡相同，但核心精神都在維護班級的正常運作與學生正向品格行為的養成。又如學校願景的建構，甲校可能是創新、主動、快樂、人文，而乙校則為博學、愛群、多能、創新、卓越，雖然內涵不盡相同，但培育優質學生的精神則是一致的、達到友善班級的目標是相同的。班級經營的目標如能以班級為本位，更能凝聚親師生的情誼，並建立共同奮鬥的目標。至於本研究所揭示的目標可作為參考指標，實務工作者可視班級的需求參酌採用。研究架構圖所顯示的為班級經營的八大向度，八大向度可以提供教師實務上的參考，如教師T10所指出的：

「整個班級經營如果將其化約成最簡，就是一個全人教育！教導學生如何成為一個人，當有這個目標，才有其他的子目標，若學生達成全人，其他面向當然皆備。班級經營的面向有多、有少。少的話可以強調重點，細的話可以檢視較仔細，只是分類方法的不同，個人認為可以協助教師從不同角度來觀察班級經營都是一種方法上的進步。」（T10）

教師對於「全人教育目標」的達成似有疑慮，其實全人教育就是傳統德、智、體、群、美五育的均衡發展，從多元智能的觀點來看，就是學生多元智能的啟發。至於有受訪者認為目標過於崇高不切實際，要達到似乎很難，這可能與中小學教師工作負荷有關，某些教師可能認為目前教學工作負荷量較大，沒有多餘時間再從事教學創新事宜。其實研究者所建構的四個目標並非是遙不可及，營造良好的班級文化與班級氣氛本來就是一位教師帶班的目標，因應學生個別差異，因材施教，培養學生帶得走的能力與開展學生潛能是教育行政機關擬定的教改目標。目標的呈現是班級經營者的努力方向，而非要求達到的標準，班級經營沒有目標，身為領導者的教師如何帶領班上學生向前邁進，即使經營歷程中有所挫折與阻礙，教師要達成目標的決心絕不能動搖，否得班級經營將陷於困境，甚至陷入分崩離析的地步。司馬遷曾讚美孔子說：「高山仰止，景行行之，雖不能至，心嚮往之」，可以用來說明目標具有指引人生方向的作用。受訪者認為以「溫馨班級氣氛」取代「良善班級氣氛」，頗能以友善校園相呼應，讓班級有家的感覺，師生間的相處如同家人般，彼此相互關照與提攜，當可使中輟、霸凌的現象降至最低。

　　「中間良善的班級氣氛、學生關鍵能力的培養及全人教育目標等的目的實在太恰當了。在現今少子化的情況下，所見幾乎是一群自私自利、唯我獨尊的小霸王或驕驕女，在此情形下，更顯得這些目標是多麼迫切需要學生去養成，因為它們的養成遠甚於知識的追求。」（T1）

　　「良善班級氣氛、關鍵能力培養是較切合實際的班級經營目標。」（T3）

　　就八大內涵方面的內容來看：

二、班級經營八大內涵補強之處

「八大內涵很好，但似乎少了一點什麼？原來教師少了精神上的寄託，尤其是屬於心靈上的導師，更不可或缺。」（T1）

「若能將其後所列之檢核項目條列，不失為導師自評自身專業成長依據。」（T2）

「意外事件歸類成一大內涵，讓老師頗感壓力，因為教學現場出乎意料的情況太多。如果構面能轉化成具體檢核項目，對教育現場的老師有很大的幫助。」（T3）

「內涵偏向行政部分，品格教育是目前的趨勢。」（T4）

「訓育工作經營」一詞似乎不夠先進，可改為『學務活動經營』，而『行政事務經營』似乎和『訓育工作經營』重疊。」（T5）

「個人認為應有輕重之分，建議：教學活動、輔導活動、親師合作和訓育工作經營的圓應較大。」（T6）

「老師更應隨潮流所需，突破舊有的經營模式，添加符合社會趨勢所該面臨的專業經營技巧，才能順應教師專業態度，贏得親師生三方面的勝利。」（T11）

綜合上述意見，研究可從下列面向來討論：

㈠涵蓋面是否周延

T1認為教師少了精神上的寄託，當是著眼於融洽溫馨的師生情誼，雖然八大內涵列有「人際關係經營」，但其涵蓋面較廣，除了師生關係外尚有親師關係、同儕關係，師生情誼易被「稀釋」。T4認為內容偏向行政部分，就實務而言，班級的正常運作有賴班級行政事務的良好規劃與有效推動。至於品格教育宜採融入式為宜，亦即教學活動、訓育工作、情境規劃、親師合作等，在在皆與「品格教育」相關，亦即品格教育不宜單獨列為一項。閱讀活動亦然，可透過合作來倡導，情境規劃來安排（如班級書庫），教學活動來落實。班級經營內涵架構圖所探究的是從宏觀角度來檢核班級經營八大構面，至於八大構面的實務面或實踐策略可能因教師帶班方式、學生屬性、學校所處的情境而有差異，此實務面之班級經營的做法會因教師個人而異，這個做法與班級經營策略方法是教師專業行為的展現。此種理念，正如教師T7所指出的：

> 「強調教師專業是各國在教育發展上的趨勢，而班級經營是判定一位教師是否為『專業』的重要指標之一，而所謂的『專業』除了以特定的知識為基礎外，還需將所擁有豐富的知識與能力，對每天面對各式各樣的學生進行傳達之外，更急需在繁瑣複雜的課程與教學實務問題中，做出有效的專業決定與專業判斷。而這八大內涵所涵蓋的精神是為主要內容，也大致是符合含括的面向。但在這八大內涵中，即使是一位任教多年的『專業』的老師，我想也無法面面兼具，因為有部分的內涵不是自己努力教學，充實專業知識就可以達成的，其中所牽涉的外控因素太多，如果能自評或透過學生、家長、同儕之間的互評等機制，八項總合能達到近七成，我覺得就算很不錯。我還提出一點，上層教育政策的規劃，也是會影響一位老師的班級經營的方向、課程設計與教學內容。」（T7）

㈡納入教師影響的變因

班級經營的良窳或教師班級經營是否經得起他人檢視的關鍵點之一是「教師個人」因素，教師個人變因包含教師的人格特質、教師的積極態度與教師的投入程度。教師的影響如：

「班級經營八大內涵幾乎已涵蓋實務經營中所有面向，值得作為省思時的檢核層面，若能將其後所列之檢核項目條列，不失為導師自評自身專業成長依據。唯導師角色較為多元，也是班級內孩子最常接觸也接觸得最久的重要他人，因此，班級經營目的之達成，『導師人格特質』也是重要內涵。」（T2）

「至於八個面向已經非常足夠，因面向若太多，不容易在短時間內掌握，但所含括的內容若能增加『教師積極態度』似乎更好。」（T5）

「目標是否可以達成，個人認為與教師對學生的投入與用心程度有很大關係。」（T14）

就班級經營的相關研究來看，班級教師是影響班級效能的重要變因，其中除了教師的態度與用心與否外，有效方法的運用也很重要。教師是班級經營的領導人，教師的人格特質與教師對班級的投入程度當然會影響班級經營的效能，許多師生衝突事件皆導因於「教師情緒管理失控所造成的」，因而教師如何於工作壓力大之餘，調整自我，做好情緒管理是非常重要的。至於教師T2所提及的將八大構面的內容轉換為具體的條列指標，以作為教師自評或專業成長的檢核，有關八大構面內涵的具體測量指標研究者已建構完成，此部分可作為未來相關班級經營議題的探究。班級經營八大構面48個測量指標內容如下：

表10-3　班級經營八大構面實踐程度檢核題項一覽表

	教師實踐符合程度				
	非常符合	大部分符合	一半符合	少部分符合	非常不符合
一、教學活動的經營					
1.能依課程綱要與學校特色編排與設計適切的課程內容	☐	☐	☐	☐	☐
2.能依課程需求使用適切的教具與教學媒材	☐	☐	☐	☐	☐
3.能依學生學習特性與教材性質選擇適切的教學方法	☐	☐	☐	☐	☐
4.能依學生學習表現適切調整教學內容與提供適時的回饋建議	☐	☐	☐	☐	☐
5.能依實際需要選擇適切的評量方式與提供適切的補救教學	☐	☐	☐	☐	☐
6.能依課程內容與學生特質編排適切的習作與提供適切的指導	☐	☐	☐	☐	☐
二、訓育工作的經營（學務活動的經營）					
7.能指導學生共同建立有助於學習的班級常規	☐	☐	☐	☐	☐
8.能公開訂定合理的班級自治公約並公平執行	☐	☐	☐	☐	☐
9.能適時養成學生基本禮貌與生活規範	☐	☐	☐	☐	☐
10.能指導學生參與班級與學校自治活動的推展	☐	☐	☐	☐	☐
11.能輔導學生品德發展並公平執行獎懲	☐	☐	☐	☐	☐
12.能激發學生發展各項才能並積極參與課外活動與社會服務	☐	☐	☐	☐	☐
三、輔導活動的經營					
13.能具備並確實應用輔導基本知能推展班級輔導	☐	☐	☐	☐	☐
14.能熟知學生身心狀況與家庭情境有效展現輔導經營	☐	☐	☐	☐	☐
15.能依學生不同學習條件個別給予學生期望	☐	☐	☐	☐	☐
16.能覺察並善用輔導策略有效輔導學生偏差行為	☐	☐	☐	☐	☐
17.能覺知班級輔導角色發揮一級輔導與治療功能	☐	☐	☐	☐	☐
18.能建立並善用輔導資源協助班級輔導經營	☐	☐	☐	☐	☐
四、情境規劃的經營					
19.能依學生與教學需求安排適宜之教學情境	☐	☐	☐	☐	☐
20.能依教室空間規劃光線來源與照明設備	☐	☐	☐	☐	☐
21.能營造安全且有助於學習的情境	☐	☐	☐	☐	☐
22.能營造積極、正向、和諧之班級氛圍	☐	☐	☐	☐	☐
23.能依實際需要機動調整學習情境	☐	☐	☐	☐	☐
24.能適宜應用教室設備或校園空間進行教學	☐	☐	☐	☐	☐

五、行政事務的經營

25.能熟捻班級經營技巧進行級務處理 ☐ ☐ ☐ ☐ ☐

26.能配合學校行事妥適安排班級活動 ☐ ☐ ☐ ☐ ☐

27.能指導學生參加校內外各項競賽活動 ☐ ☐ ☐ ☐ ☐

28.能鼓勵並適性安排學生從事公眾服務工作 ☐ ☐ ☐ ☐ ☐

29.能招募家長協助班級經費之管理與運用 ☐ ☐ ☐ ☐ ☐

30.能籌組班級家長會協助班級事務之運作 ☐ ☐ ☐ ☐ ☐

六、人際關係的經營

31.能建立班級良好的師生關係 ☐ ☐ ☐ ☐ ☐

32.能營造班級學生和諧的同儕關係 ☐ ☐ ☐ ☐ ☐

33.能建立良善的班級親師關係 ☐ ☐ ☐ ☐ ☐

34.能營造良好互動的班級氣氛 ☐ ☐ ☐ ☐ ☐

35.能建立激發班級榮譽感與凝聚力 ☐ ☐ ☐ ☐ ☐

36.能建立班級良好的溝通方式 ☐ ☐ ☐ ☐ ☐

七、親師合作的經營

37.能與家長建立多樣化的溝通管道 ☐ ☐ ☐ ☐ ☐

38.能適時向家長傳達班級訊息與回饋 ☐ ☐ ☐ ☐ ☐

39.能積極建立班級親師合作互動機制 ☐ ☐ ☐ ☐ ☐

40.能建立和諧緊密的親師聯絡網 ☐ ☐ ☐ ☐ ☐

41.能建立班級家長人力資源庫 ☐ ☐ ☐ ☐ ☐

42.能善用家長資源協助班級活動 ☐ ☐ ☐ ☐ ☐

八、意外事件的處理

43.能具備意外傷害處理之基本知識與技能 ☐ ☐ ☐ ☐ ☐

44.能熟悉保護兒童的相關法令以周全有效的保護兒童 ☐ ☐ ☐ ☐ ☐

45.能隨時查報教學相關設備以消除危險因子 ☐ ☐ ☐ ☐ ☐

46.能熟悉意外事件處理流程以迅速反映危安狀況 ☐ ☐ ☐ ☐ ☐

47.能把握適切的處理時機以減輕意外傷害之危害 ☐ ☐ ☐ ☐ ☐

48.能善用校內外專業資源以協助善後的處理 ☐ ☐ ☐ ☐ ☐

㈢名詞界定是否精準

　　就學校運作而言，約略分為行政與教學兩大系統。教訓總輔四處室是大眾所熟悉的行政單位，現今訓導處多數改為學務處，而訓育組為學務處所轄的一個組。訓育工作涵蓋面不若學務工作來的廣，學務工作又非行政工作的全貌，將訓育工作併入行政事務是可被考慮的方向。至於意外事件

的處理可改為日常事件處理，著重於事件的預防而非事後的處理。班級經營中預防重於處理，輔導優於懲罰，日常事件處理本就是行政級務處理的一部分，這是教師應有的義務與必須擔負的職責。至於受試者認為將意外事件經營單獨列成一個構面，對教師而言，其壓力可能較大，其實班級經營的目的就是讓學生能安全快樂的回家，教師只要盡力即可。

「意外事件歸類成一大內涵，讓老師頗感壓力，因為教學現場出乎意料的情況太多。例如：最近課堂上，一名男學生經由老師同意外出教室上廁所，約三分鐘後未進教室，派班長前往察看，發現孩子被損毀的水龍頭割傷，流血不止，先送往保健室後由訓導人員送至鄰近醫院縫合。此事件家長有感校方處理得宜，故無太大異議。個人心想，如遇不講理之家長，質疑老師為何允許孩子上廁所？因為人有三急嘛！為何校園如此不安全？水龍頭壞了沒修理？因為已報修，貼上字條「請勿使用」提醒，孩子調皮刻意扳動導致意外。為何沒有立刻送醫院？因為先由專業的護士評估受傷情形。這些解釋的話，如果沒有機會說，如果家長毫無理性不願聽取，有可能又是一樁校園問題。」（T3）

㈣內涵比重是否等值

教師T6認為教學活動、輔導活動、親師合作合訓育工作的圓應較大，亦即八大內涵有輕重之分。就現實面觀察，行政事務的內涵並不比上述內涵來的少，各內涵的比重也會受到教師個人主觀的認定及班級不同的生態所影響，研究者所規劃的班級經營八大內涵主要是從宏觀的角度來探討，至於各構面內涵的具體實施策略與方法可參閱第一篇〈班級經營理論策略篇〉。教師T14也認為八大構面的實踐程度無法均衡發展，八大內涵的八個圓不要等同大小，這個論點是「班本文化建構」的理念。

「只是個人認為應有輕重之分，建議：教學活動、輔導活動、親師合作和訓育工作經營的圓應較大，表示這是班級經營中較主要的內涵，其他四個的圓應較小。」（T6）

「八個構面的經營可能無法全面兼顧，有些教師可能較專長在學生常規紀律的維持、有些教師較專長於補救教學、有些教師的親師合作可能做得較好，有些教師的教學很有特色。」（T14）

㈤內涵是否符應社會潮流

教育議題常隨著社會變遷而推陳出新，現今較受關注的有零體罰、正向管教、霸凌、閱讀活動、品德教育、生活教育等，但班級教師要能與時俱進，掌握社會脈動，發展出相對應的策略。學校規模有大小之分，所在地有城鄉之別，班級屬性各有不同更屬常見。展出符合班級本位的經營內容，是班級經營刻不容緩的要務與導師的神聖使命，班級經營的實踐與以校本文化理念與實踐情形類似，教師要營造的是屬於教師風格的正向帶班文化。

「中間的目的或目標中有關『全人教育目標、關鍵能力培養』，除了牽涉到每個階段的教育政策所強調的能力會有所變動，每位老師的主觀認定也很重要，例如有的老師認為品德教育中的道德判斷及實踐能力是主要的關鍵能力，但有些老師則會認為資料蒐尋、電腦運用、探索統整的能力會是未來學生的關鍵能力，這兩種的認定標準就會牽涉到未來在實施班級經營的教學方向及課程設計。」（T7）

「有關關鍵能力的培養過於籠統無法瞭解是何種能力，且小學教導學生如何處理日常生活自理的能力、自我閱讀、自我學習的能

力、如何與他人相處或生活禮儀方面等等，所有的教學大都只有概略學習，無法進行專業學習。」（T14）

「就關鍵能力的培養，我會要求班上學生有正向的品德行為，除了重視課內知識的習得外，也重視學生閱讀能力的培養。」（T9）

「班級經營的目標之一，個人因為是教高年級，非常重視學生間的自我學習、時間安配與是否有霸凌行為。」（T6）

研究者論述之班級經營的八大構面內涵，根據開放式題項的回應，研究者將之修改如下，其中修改的地方有二，一為將「訓育工作經營」改為「學務活動經營」；二為目的之一的「良善班級經營」改為「溫馨班級經營」，至於受試者認為「意外事件處理經營」改為「日常事件經營」，則不予修改，因為意外事件經營的內涵並不是只關注於學生事後意外事件的處理，教師更應重視的是預防校園內意外事件的發生，以「意外事件」一詞，可能對某些教師有些壓功，但有教師有適當的壓力與警覺性才能避免學生意外事件的發生，如何型塑一個安全、溫馨、活潑的班級情境，是需要教師的創意與用心投入的，這與目前教改脈動所推動的友善校園、友善班級的理念是相同的。

「面對當今教育大環境的改變，再加上少子化的衝擊，班級導師面對班級經營一定要精神集中、心情放鬆，所列的八大內涵其含括的面向大致已包含現今班級經營所須面臨的課題，而對於班級經營的目的或目標，以我個人在低年級任教多年，我都會加強小朋友人文素養的培育，尤其我們所處的學校屬於鄉間、小型的學校，次文化刺激不多，我希望能培養孩童從小能由多面向去關懷身旁的人、事、物，對於奠立良好的品德教育也有很好的成效。」（T9）

　　根據受訪者的意見與論述觀點，配合研究問題，研究者修改的班級經營內涵架圖如10-1所示：

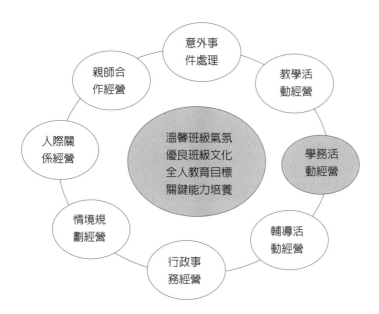

圖10-1　修改後的班級經營內涵架構圖

　　教師認為班級經營的八大內涵已包括現有教師班級經營的現況，但如何轉化實踐則是一門學問，少子化產生的社會變革、價值觀的改變、學生與家長自主性的提升，都對教師的班級經營產生了很大的挑戰，老師也應隨潮流所需，突破舊有的經營思維與方法策略，添加符合社會趨勢所該面臨的專業經營技巧與巧思，才能展現教師專業行為，贏得親師生三方面的勝利。此部分的論點教師T11及教師T14有以下看法：

　　　「八大內涵包含了所有班級經營的精神；而且只要是身為教育
　　工作者，幾乎脫離不了這些工作內容；所以只要是一日以教育人自
　　居，就要徹底將此內涵發揮至淋漓盡致，方能達到教育目標。但長
　　時間在教育崗位上，也發現雖說班級經營是一門重要學問，但不可

否認，因在社會經濟結構劇烈變遷，少子化形成及社會價值觀等的改變；親師之間產生了巨大的轉變，家長不再似從前的冷漠或盲目服從，轉而積極參與班級各項活動；而學生對老師『敬而遠之』的尊敬之心，也轉而似朋友或家人的隨和相處。」（T11）

「所以班級經營不再只是威嚴掌控而已，更無法以物質誘惑單純得到認同；必須多管齊下，不論是在親師方面，或師生上，都極須有所變更；而老師更應隨潮流所需，突破舊有的經營模式，添加符合社會趨勢所該面臨的專業經營技巧，才能順應教師專業態度，贏得親師生三方面的勝利，也才能推動各項領域教學。」（T14）

貳 對於班級經營八大構面之內涵，教師較無法得心應手的向度問題

對受訪導師而言，班級經營八大構面較無法得心應手的項目，八大類中就占了七大類，只有「情境規劃經營」未被選中，情境規劃的內涵偏重靜態，也較無爭議。從14位受訪者填答的內容來看，教師感受到無法得心應手的班級經營構面前四項依序是親師合作經營（9位）、輔導活動經營（8位）、行政事務經營（3位）、訓育工作經營（3位）。其中的「親師合作經營」與「輔導活動經營」二項是教師較無法得心應手的班級經營行為。

一、親師合作經營方面

綜合受訪者所述意見，研究將之歸納為三個方面來探究：

(一)來自教師本身的因素

教師以自身年輕未婚、資歷淺以致在家長面前有矮了半截的感覺，讓

親師溝通效果大打折扣，如教師T2與教師T14所述：「由於年資尚淺又未婚，和家長溝通時有種自己『不是老師而是晚輩』的感覺，常常害怕自己的溝通不具說服力，無法爭取家長信任，遑論合作。」（T2）「部分家長的學歷是碩博士以上，自己只有大學畢業，學歷上覺得就矮了一截。」（T14）此部分教師首先要建立自己的專業自信，也可向資深的教師請教親師溝通小撇步，以初生之犢不畏虎的精神逐步建立起自信，如果教師的專業知能能贏得家長的肯定，教師年齡應不是親師溝通的問題，許多家長反而喜愛小孩被年輕的老師教，因為家長認為年輕教師有較新的知能，更瞭解新生代學生的想法，也較有創新的理念與作法。學歷不等於專業知能，教師擁有的是教育專業知能，以專業知能誠懇的與家長溝通，只要教師的做法合理、活動安排有價值性，相信可以說服家長的。

(二)來自家庭結構的因素

隔代教養的管教問題是祖父母沈重的負荷，老師的一大挑戰。本著「人在公門好修行」的情懷，教師可整合並善用校內外資源，如愛心媽媽、社區志工、退休教師的協助，對弱勢家庭的孩子多一分關照，讓這樣的孩子感受到溫暖，在引導其向上提升的動力。家庭結構的因素包含單親家庭、隔代教養家庭及文化弱勢族群的學童，這些學童由於家庭教育的功能無法發揮，造成教師管教的無力感。

「因服務學校處於較鄉下的學區，現今面對較多外配子女及隔代教養的問題，因此在許多班級活動的推行上家長參與的意願低落，再加上溝通常無雙向回應，因此在學生的課業或行為偏差導正方面遇到許多的困難及無力感。」（T9）

「因社區家長大部分是雙薪家庭，孩子大部分交由爺爺奶奶照顧，在隔代教養之下，產生的問題更多；例如爺奶年紀大，無力管教，又加上父母因工作在外或晚回家，學童更有恃無恐的在外遊

蕩；老師想找家中長者溝通，所得到的回應並不好，所以常有力不從心的感慨。其次現今家長知識雖提高，對學校的要求也日愈增多，又加上少子化的因素，對孩子有些溺愛，又過份順從孩子的言語，所以常使得老師有種有理說不清的無力感，在班級經營及輔導上更加困難重重，所以有時會有想放棄的念頭。」（T11）

(三)來自家長本身的因素

在現今社會，家長對教師的教學方式及管教方法會有自己的想法，應屬自然現象。教師本身應體認，親師溝通在國中小階段益形重要且密切。「親師共成長」有其必要性，亦即教師要不斷進修，精進自己的教學能力，家長也要學習為人父母之道，方能有效幫助孩子成長，親師本著共同為孩子好的理念下，分進合擊，相互配合，共謀孩子最大的福祉。如果家長過度干涉教師的班級經營或溺愛子女，反而會對教師有綁手綁腳的感覺。

「因為現在的家長生的少，加上人權意識抬頭，很多家長對老師的教學方式及管教方法都會有自己的想法，有些是正向的建議與幫助，會給老師很大的助益；但有些則是對老師過多的要求但自己卻又不配合，一旦發生事情了，有時會將責任歸咎於老師或學校，所以很多學校老師在新接一個班級時，有時不是擔心所接班級學生的素質好或低落，反而是關心該班家長對老師教學的干涉是偏正向、負向或完全不配合等情形。」（T7）

「親師合作經營面向較無法得心應手，理由有二：1.家長們工作非常忙碌，除非家長主動表示願意提供專業能力，否則擔心給家長們製造困擾。2.大部分的工作都可在教室內完成，所以需要親師合作的時間或機會不多。直升機家長越來越多，美其名是溝通，其實已

有干涉之虞。若家長能信任老師的帶領，積極鼓勵孩子向善向上，則問題將獲得解決。」（T5）

㈣傳播媒體報導的後續效應

報紙或電視對於中小學教育的報導資訊，對教師而言內容都是負面的，不是教師管教過當，就是教師方法不對；此外，常有家長及人本教育團體出面提告教師的事件，這種寒蟬效應造成教師有明哲保身的做法，此種結果教師T1、教師T5、教師T14均有提及：

「1.少子化，造成孩子是父母的寶，是學校的寶，是國家的寶。2.政府對學生受教權益、身心權益的重視及人權政策的推展有關。能管就管，不能管的就晾在一旁，少碰為妙，免得挨告，別與退休金過不去，明哲保身要緊。多元化的社會，班級生態也變得多元、多變、注重人本教育，也衝擊老師要以專業迎接挑戰。要花更多時間瞭解學生、家長。」（T1）

「媒體或所謂人本教育團體，對師生衝突間不公正的報導與批評，影響老師的管教意願。普遍上老師都不太願意管教太過麻煩的學生，大部分採取放任態度。」（T5）

「每次電視媒體報導的師生衝突事件，到後來多數是教師戴了口罩，全身包得緊緊的向學生及家長對不起，媒體雜誌很少就學生的行為部分加以分析。」（T14）

二、輔導活動經營

綜合受訪者意見，可從下列三個小點來討論：

㈠教師的工作量大，時間有限，無暇他顧

由於課程密集、備課、批改作業占了大部分的時間，且與學生個別晤談通常花很多時間，導師常要利用早自修、午休、放學後的時間對學生進行個別輔導。如果學生的問題較為棘手，則學生輔導常比教學耗掉導師更多的精力，也讓老師的心情大受影響，本來這些時段，教師是可以休息或批改作業或從事其他活動的，但因為要輔導一、二位學生，需要花費大半精力與時間。

「輔導是一門較專業的學問，不是只修幾個學分就能勝任，學生問題比以前複雜，加上老師課程太密集，準備課程，批改作業占去大部分的時間，老師以一對多，已無多餘心力和時間。」（T8）

「輔導活動的經營，這一區塊大概是我較需花更多時間去經營的，因為要減少學生的不當、偏差行為及學生不當行為的處理，均需要耗費相當的精力與時間，畢竟學生惡習一旦養成，要改非一朝一夕，有時學期間改得還不錯，一放假後回到學校就破功了，還要重新雕塑，挺累人。」（T1）

「教師每天要批改的作業很多，除了作業批改外，還要教學、處理學生間的爭執等大小事情，實在沒有多餘的時間來從事學生行為輔導的工作。」（T14）

教師認為時間不夠是輔導活動經營較無法落實的一點，對此，教師T10、教師T1有以下的看法：「班級經營在實務上可以分為三種情況，一種是沒有遇到障礙；一種是遇到障礙但是克服了；一種是遇到障礙而過不了。個人認為在班級經營上最大的困難是『時間』不夠，因為時間不夠，在每一個面向都是想法多但是可以落實的少，所以要應機而變，就像班規一樣，開學的時候只有五條，然後隨著學生違規的種類，班規也會變多。

取其重而略其輕，只有品德最重要。教導學生身口意三方需淨，而學生最常看到的是言教，所以本人在口頭教導時特別注重，不口出惡言，而且自己也要反省自己的行為給學生看。班級經營每一個面向都很好，但礙於生命有限，只能擇其要點實施。」（T10）「輔導活動的經營，這一區塊大概是我較需花更多時間去經營的，因為要減少學生的不當、偏差行為及學生不當行為的處理，均需要耗費相當的精力與時間。」（T1）

(二)教師的輔導學養與經驗不足，成效不彰

多數教師在大學時雖修過相關輔導學分，任教時也參與輔導知能進修研習，然而學生輔導方面要能得心應手，實際的體驗及經驗的累積均非常重要，受訪者認為輔導活動經營較無法落實的原因之一是自覺個人的輔導專業知能不足，無法從事學生不當行為的專職輔導事宜。

「對我而言，教學活動、輔導活動、親師合作和訓育工作隨著時代與社會、家庭價值的變遷和新興教育議題的不斷出現，困難度似乎逐年增加，只是盡了力其實都能獲得適度回饋，至於其他四項，對一個級任老師來說，在以學生為主體的考量下，只能量力而為。」（T6）

細讀八大內涵相關敘述後，深覺自己每一內涵都仍有努力空間，其中對於『輔導活動經營』及『親師合作經驗』尤其感到戒慎恐懼。就輔導專業層面來說，我僅在大學時候修習相關輔導學分，或於任教後參與數場研習，但多為紙上談兵。現場面對孩子的問題時，難免覺得心虛，又深怕自己專業不夠而無法給孩子們最好的教導。」（T2）

㈢學生的行為問題日益複雜化，輔導不易

由於社會變遷，新興的教育議題推陳出新，學生的偏差問題有時牽涉到家庭因素，甚至幫派組織，有時在社工人員與專業輔導人員全力輔導下，仍難以改正學生的偏差行為，對一般教師而言，更是困難重重，因此加以轉介有時是必要的。

> 「輔導活動經營較無法得心應手。由於社會變動大，學生的問題『推陳出新』，常令人措手不及。例如：兩性問題的輔導一直有所不足。」（T3）

> 「有些學生的行為問題很嚴重，家庭教育失去功能，學生也不怕老師，老師跟他講什麼，學生根本是有聽沒有進，這樣的學生老師怎樣輔導。」（T14）

至於繁複的行政工作、學生的難以管教、對過動且情障孩童的無力感、對某些學生的特別偏愛或厭惡、讓人提心吊膽的意外事件，都牽動著教師的心。對導師而言，尋求支持協助與紓壓之道，是保持身心健康的不二法門，學校的行政單位與教師會、家長會等團體也作為導師的後盾，對導師的辛勞能多給予支持並辦理研習、聚會、聯誼等活動。就行政事務經營而言，有些工作是政策性的活動配合，教育行政機關的一份公文，就讓教師累得人仰馬翻；此外，某些處室工作的活動重疊性過多，增加教師班級經營行政事務處理的困擾。對此，三位教師有以下感受：

> 「行政事務經營方面：因國小為包班制，又加上有課程進度的問題，所以在行政業務上常有無力及厭煩感；尤其是各項成果報表，只要上級一紙公文，常忙得人仰馬翻，同時也影響了教學品質，這時常有負面情緒產生；所以行政事務經營蠻困擾的。」（T11）

「導師除了面對繁瑣的班務，緊湊的課業教授之外，還需要花很多心力在學校行政工作或各項配合政令的活動上，有時連下課暫緩休息時間都沒有，因此不是高智商低成就學生的學習輔導問題，而是中智商低成就學生的學習輔導，除了彈性時間外，實在無法有多餘的時間去提升這群較多數學生的學習，實在常有力不從心之感。」（T9）

「行政工作的配合較多繁複的紙上作業，且有重疊部分，增加老師許多負擔，應該先整合推動的工作。」（T4）

至於學生行為的管教問題，只有三位教師提及是較無法得心應手的構面，教師所述的理由包括：擔心管教過當、情緒失控；學生自我意識強烈、家長無法有效配合；特殊學生管教輔導不容易：

「學生的管教，綁手綁腳，擔心老師言語情緒會失當，運用各種輔導策略、深思熟慮、獎勵善誘……，再三思量，最後只能寫聯絡簿，通知家長代為管教。其實成效有限且效果不彰。尤其面對過動且情障的孩童更是無力，不但影響其他學生受教權，且必須接受認同老師的雙重標準，真的很委屈。」（T13）

「目前的社會多元又少子化，單親家庭或隔代教養多，學生比以前難管教，自主性較強，家長較不配合，社會對老師的尊重度降低，對老師的要求反而提高。」（T8）

「人際關係的經營，因為人有自我的想法、主觀的意識及偏見，老師也容易對某些學生特別偏愛或厭惡，這對學生來說很不公平，卻也很難避免，所以我時時提醒自己對待學生要一視同仁，不要受到外在影響，不管聰明上智或平庸愚劣，要讓他們都能得到關

懷。除此之外，學生與學生之間的人際關係也讓我感到棘手，尤其遇到被排斥的學生，要讓大家願意接納他、喜歡他並不容易。」（T12）

　　T12教師特別提及到師生間人際關係經營及學生同儕間人際關係的議題，班級中總有少數學生被排擠、被孤立，這些學生也是霸凌的受害者。從霸凌行為類型來說，其型態可分為肢體霸凌、言語霸凌、性霸凌、反擊霸凌、關係霸凌與網路霸凌，班上霸凌者常會透過慫恿、威脅、利誘等手段說服同學排擠、孤立同學。關係霸凌的受害者會被班上同學孤立，伴隨人際疏離感、無助及沮喪，此種情形，教師若是未加以察覺並採取適當輔導策略，常會使被霸凌的受害者身心受到傷害。

　　綜合以上所述，從教師個人心態上、教學策略及方法上、學生管教及輔導上、親師溝通方面上，可以看出教師生涯發展的轉變歷程。一般教師要從生手教師到精熟教師，往往要經過「探索期」、「混亂期」、「適應期」、「精進期」、「停滯期」等不同的階段，有的老師混亂期、停滯期等待的時間太長，顯然非學生之福。近年來所提倡的教師專業評鑑、教師專業社群等其著眼都在齊一教師教學及帶班品質。學校亦可辦理「領航教師」制度，由教學績效良好的教師帶領新手教師按部就班傳授教學及帶班秘笈，並作為新手教師的提攜者、帶領者、支持者。減少新手教師的摸索時間，讓老、中、青教師都能維持高品質的教學效能，年輕者有熱忱，年長者有經驗，學校排課時如能搭配得宜，學生從老師那兒得到的不僅是知識，還有人生的經驗和智慧。

參　教師難為或學生很難管教原因的探究

　　在回應的14位教師中，只有一位教師不覺得學生難以管教，教師認為學生難於管教的根源不在於學生本身，而是在於家長錯誤或偏差的價值觀導致：「我並不覺得國小的學生難管教，畢竟他們都只是個孩子，多溝通

瞭解就好了。但難的地方卻是家長的成見，家長灌輸給孩子錯誤的觀念，與培養出來的放任、不尊重長者的想法很難教。」（T5）教師T5認為學生的問題不在於學童本身，而在於學童家長，如果教師能和學童多溝通，以理說明學童，則學生的問題多數可以解決。

　　學生的管教是教師的天職，把學生教「會」是教學上的目標，把學生教「好」才是教育上的目的。綜合受訪者的意見，多數普遍認為現在的學生很難管教，但有教師認為只要教師善用溝通與講理，學生還是很好管教的。至於學生很難管教的原因，受訪者認為是多方面的，包含教師自身遇到的困難、家長的配合度欠佳及學生本身的因素。教師處理學生問題，若是家長無法配合認同，或是家長故意挑剔，則無論教師採用何種有效方法，家長還是無法肯定，如此，學生的問題終究無法處理。

　　　「因為少子化或隔代教養的問題，都會造成家長對於孩子寵愛有加，再加上價值觀上的偏差和物質生活豐裕，因此在管教上不能有體罰，不能有語言暴力，若是正向引導，給獎勵品，家長孩子竟會嫌棄寒酸，若以剝奪他喜愛物品，家長孩子會認為老師已侵犯他的人權，所以在實際管教學生上，真的是有龐大的無力感，主要原因來自家長，還有學生因家庭教育所延伸到學校的言行舉止。」（T9）

　　綜合教師所填的意見，研究者將之統整為三大因素：

一、學生個別差異大，教師能力時間有限

　　就教師遇到的困難來說，是班級學生間的個別差異很大，教師無法兼顧；此外，教師的教學負荷與工作量也很重，沒有足夠時間來深入處理學生問題，是教師難為的一個原因，教師認為管教處理學生問題也很耗費時間，而且狀況發生要立即馬上就要處理，所耗的時間又和問題的複雜性有關，除了時間以外，精神上的負擔亦應考慮在內。教師面臨的另一個困

難處，在於深度管教需建立在學生整體的背景脈絡上，不只是口頭勸勸而已，教師要根據事件的前因後果加以判別，因應學生的個別差異與人格特質，採取相對應的因應策略，如教師T2及教師T14所言：

> 「教師難為是難在只有自己一個人，無法給班上30個孩子每個人滿滿的愛，有時候會議多、研習多、課多、批閱多，很想跟孩子好好聊聊，但有時候可能必須犧牲午休或是放學，但不得不承認一整天十小時的工時確實耗損心力，所以難為之處在此，其他因素我認為都可克服。學生難管在於，每個學生都有他的背景、脈絡，要花時間心力去瞭解、同理，再協助其思考策略，但每天都得面對面相處，每天都會有大大小小的狀況，有時候難管的地方在於我們還未瞭解學生，就得對他說大道理，但他不見得能夠接受。再加上初接班級要建立關係就得花上一段時間，有點做中學但有時卻力不從心之感，這才是學生難管教的主因。」（T2）

> 「班上學生個別的人格特質或個別差異極大，學生問題的來源不一，教師處理時必須針對事件的來龍去脈深入瞭解，有時還需要查證，不是用訓誡方法就可處理好學生問題，要讓學生心服口服的接受，又要學生的行為能確實改進，是需要時間與智慧的。」（T14）

> 「學生問題的處理不是短時間內可以收到成效的，尤其是目前教師工作量很繁重，要有效處理學生行為問題是需要花費許多時間與精力的。」（T8）

二、家長無法積極配合、過度介入干涉

多數教師認為教師難為的因素在於家長。家長的因素包括家長與教師

認知有差距，無法認同教師班級經營的方法或策略，對教師態度不友善，無法與教師進行有效溝通，此外少子化的社會環境，孩子個個都是寶，家長過度保護、過度寵溺，造成部分學生的自我意識強烈，價值觀偏差，形成教師管教的困難，此現象如教師T4、教師T12、教師T14所言：「現在的學生很難管教的前提是家長干涉太多，加入太多家長的想法，幾乎是因為過度寵溺，不願老師過於關心，造成孩子的負擔，家長的理念與教師有差異時，容易對老師產生誤解，並與老師為敵的作法。反倒單純學生本身的問題較容易解決，因為學生是可以教導的，只要沒有家長的過多阻力，老師只要和學生的互動良好，學生大多會配合老師的管教。」（T4）「少子化的現象，每個孩子都是寶，不能打不能罵，生活自理能力一屆不如一屆，好好說也說不動，感覺很無力。尤其是家長對老師及學校頻頻有意見，讓老師少了教學自主權，綁手綁腳，無法好好發揮經營。」（T12）「教師難為，是因為大環境對於教師得要求愈來愈高，社會大眾覺得學生到校所發生的任何問題，學生的學習、安全、日常規矩等，都是教師應該負責的，家長大部分把管教的問題都推給學校，有些家長根本不管孩子，但孩子在校發生問題，就責怪學校和老師。而學生看到家長責罵老師或在家裡罵老師，在學校也會比較不服老師的管教，形成不良的惡性循環。」（T14）

家長因素中部分教師認為除了家長的溺愛外，家長對教師的教學或管教方法不認同，對教師不友善、不支持配合教師班級經營的策略，造成教師對學生講的話是「言者諄諄、聽者藐藐」的現象，當家長無法認同配合教師時，其小孩怎會尊敬信服教師呢？對此，教師T1與教師T3有以下說明：

「就如第一題所說的話，一個人的心態與惡習很難改，曾經有一位家長在學生聯絡簿上寫道：請問什麼是好習慣？差點就讓我暈倒了。所以這種不好的習慣或心態一旦建立，試想她會認同老師所講的話嗎？自然而然學生的行為舉止及課業上就較需要加強與矯

正，這是較頭疼的地方與感受。」（T1）

「教師難為是現實環境對待老師不友善所感。學生難管教是家長不夠支持配合。」（T3）

　　由於社會的變遷，親師關係面臨新的挑戰和考驗。家長可以是老師的助力，也有可能是教師教學上的阻力。家長如果有自己的想法或教育理念，可以作為教師的參考，讓教師考慮的面向更為周到，本是美事一樁。如果家長過於主觀或帶有偏見，對孩子過度保護、疏於關照、甚或溺愛，與教師溝通時缺乏誠意與雙向互動，則親師關係會陷入緊張；此外，媒體長期對於校園事件的負面報導，也造成部分家長對教師認知的錯誤，此部分如教師T8所言的：「當然有。社會功利，家庭功能失調，問題家庭多，家長不講理，社會期待改變，對老師要求多，學生比以前接受更多的電視聲光刺激和資訊，容易受到影響，零體罰政策沒有配套措施，媒體過度渲染老師的錯誤，學生對老師有恃無恐。」（T8）

　　《國民教育階段家長參與學校教育事務辦法》第4條規定家長為維護子女之學習權益及協助其正常成長，負有下列責任：1. 注重並維護子女之身心及人格發展。2. 輔導及管教子女，發揮親職教育功能。3. 配合學校教學活動，督導並協助子女學習。4. 與教師及學校保持良好互動，增進親師合作。5. 積極參與教育講習及活動。6. 積極參與學校所設家長會。7. 其他有關維護子女學習權益及親職教育之事項。家長參與教育事務，是家長的權利也是家長應盡的義務。中小學家長參與班級事務的型態通常有四種：

1. 放任式完全不管型

　　此類家庭通常為低社經地位家庭或弱勢族群家庭，因為生活經濟的因素或工作生活習慣的不同，無暇也無力指導或監督子女的教育，從人本主義心理學家馬斯洛（A. H. Maslow）的需求層次論的發展觀點而言：生理需求、安全需求、愛與隸屬需求、自尊需求（以上四個為基本需求）、知的需求、美的需求、自我實現的需求基本需求（以上三個為成長需求）七

個需求前後有順序關係，較低層次需求無法滿足，自然無法追求較高層次的需求。此種家庭的家庭結構有些是單親家庭（無暇照顧指導子女），有些是雙親家庭（父母親均為上班族，工作忙碌到很少與子女相處），有些是隔代教養家庭（祖父母較溺愛孫子女，欠缺教養權威），放任式完全不管型的學生，其家庭教育功能完全無法發揮。

2. 盲目式誤用擴權型

此種家長沒有教育專業背景，自以為是，而一味介入班級事務運作及教師教學或班級事務處理，造成教師不必要的困擾，如未深入探究或瞭解原因，即任意批評老師的功課太多、班級課堂考試評量試題太難，教師的管教過度嚴格或太寬鬆、教師的教法不當等，或只聽從子女的片面之詞未加以求證，即批評教師，遇有同學間衝突即到校隨便責備其他同學，引發更嚴重的衝突事件。如甲同學在學校先打乙同學，反被乙同學抓傷，甲同學回家後告知父親受傷導因於班上乙同學出手打他，甲同學父親不分青紅皂白，也沒有確認瞭解其子女受傷的原委，隔天一大早到其子女就讀班級，看到乙同學進教室後就甩他一巴掌，然後怒氣沖天的說：「你為什麼欺負○○○！」此種家長就是盲目式誤用擴權型的家長，沒有將事情的緣由或來龍去脈弄清楚，就盲目衝動行事，也由於此種家長的盲目，由原先同學間問題延伸至家長間的衝突事件。

3. 專業式過度膨脹型

高學歷而具有部分教育專業的家長，自以為是，要教師跟著其想法與做法亦步亦趨，總覺得自己比老師還行，若教師的觀點與其不同，便認為教師的思想落伍，不合時宜。此類型態的家長通常是高學歷或高社經地位者，由於其學歷較高或家庭社經地位較高，因而總認為其想法才是對的。如有某位在大學擔任教授的學者，看到子女定期考查的試卷後，就氣沖沖的跑到學校辦公室，當著主任及許多教室面前，指責說：「您們學校教師的應該要再在職進修，怎會出這種題目試卷呢？」或「您們學校老師的專業知能很差，怎會出這種題目考學生。」或覺得班級教師某位教師的教學不適當，就直接衝進校長室對著校長說：「您們學校○年○班○教師的教法錯誤。」

4. 錯誤式價值引導型

此類家長教育的價值觀與學校教育或教師教導的剛好相反，常會將子女的「好」歸於自己家教得體，子女的「不好」歸之於教師教法不當、管理失誤，嚴重干擾教師教學與班級經營。此類型態也有部分家長是以非理性或非教育式的話語與子女溝通，不僅沒有與教師積極配合，反而打壓教師，影響子女對教師的尊重與認同，如家長當著子女的面，嚴厲的批判其教師：「你（妳）們老師，怎麼教的？」「明天跟你（妳）們老師講：『爸爸說不要讓我當小老師，因為這樣我就沒有時間午休了！』」「老師，我媽媽說放學後不讓我參加班級球類比賽，媽媽說這些活動與基測沒有關係。」等等，此種似是而非的言論與觀念，嚴重誤導學生的價值觀與人格成長，形成教師班級經營的另一困境。

三、學生價值觀的偏差、法律知能不足

教師回應教師難為的第三個因素是學生的價值觀的偏差、自我意識抬頭導致，導致此種結果的第一個重大原因是電視與報紙媒體的影響；第二個原因為負向的學生次文化導致（學生次文化也有正向功能，此處所指的是負向作用的次文化），「我喜歡，有什麼不可以」，有樣學樣，因而部分學生會威脅教師說：「你不能對我怎樣，否則我叫我爸告你」；此外，學生避重就輕，不願意承認錯誤或向同學道歉，同學間的問題都是別人的錯，從來不反求諸己，自己做錯事情並不覺得自己有錯，喜愛什麼就做什麼，從來不考慮事件的後果，因而欺壓、霸凌同學也不覺得自己有錯誤。從心理學的觀點而言，認知信念影響個人的行為，若是學生偏差的價值觀無法導致，法律素養無法提升，則教師難為的問題會成為校園的常態。

　　「教師難為因為教師想教。學生難管教因為教師動輒得咎。英國今年被學生攻擊住院的教師比去年（2009）多兩倍。師權大則教師教導多，師權小則教師教導小。此乃不變之道理。『不在其位，不謀其政』重點不在位，位是虛位；重點在權，無權勿多擾。本校小

學二年級的學生就會對導師說，妳不能動我，我會去告妳，妳沒有資格管我。這樣老師聽了是該如何處理？」（T10）

「孩子們相當聰明，會避重就輕，只說對自己有利的事，錯誤的行為不承認，也不願意承認錯誤或道歉，都說別人針對他，情緒失控踢桌子、椅子，甚至打人！長期下來沒有小朋友願意和他玩，結果他又生氣大家不理他……等，通知家長，家長認為他的孩子需要鼓勵缺乏自信，孩子錯誤的行為是需要時間來糾正，希望老師多給他一些時間。如此反覆，只能善勸鼓勵但又對其他孩子不公，真的很難為！」（T13）

學生的自主性提高，自我意識強，是教師要體認的事實面。現在的學生接觸資訊的管道非常暢通方便，瞭解政府大力提倡正向管教，貫徹零體罰，學生無法領會教師教導的苦心，又要「咬定」老師沒有資格管他，徒讓管教陷入困境。教師難為或學生很難管教，是使教師成長的動力。為了把學生教好，教師要具備更多的教學法寶，去學習更好的帶班技巧，在實務中鍛鍊自己的帶班能力，從自己的成長開始，進而培養良好的師生關係、建立互惠的親師同盟。教師在教學或帶班方面，都要有自信成為「無敵鐵金剛」，方能造福學生成就自己。

「『教師難為』、『學生很難管教』這些話的確是真的，只是這是大環境（社會、家庭價值的變遷）使然，但既然要做這份工作，我想，就沒有停留在這種感覺的權利，就要用專業去面對這些事。」（T6）

「真的有如此的感受；因少子化的關係，家長對孩子的疼愛又甚於前，而且因社會價值觀的改變，老師的地位不再似從前般的崇高；又加上電腦科技及大眾傳播的快速，學生接受的資訊遠遠超

越從前，但家長因忙碌或疏忽，常無法將正確的是非觀念傳遞給孩子，只任由孩子盲目的摸索，而遺忘了輔導者的重要性。如此之下必產生諸多問題，例如：孩子在許多公眾人物的帶領下，只知一味追求物質，而忘了品德及心靈享受的重要，對許多事都似懂非懂，甚至只知模仿，而欠缺省思及創造能力；其次是工業社會講求快速，所以孩子的專注力不夠集中，做事草率，聽話程度不夠，也影響了人際關係。所以現今的孩子更不容易找到自己的人生目標，掌握不了自我的行為，常有人云亦云的現象，但又欠缺虛懷若谷的態度，過分以自我為中心，而忘了周遭的人事物，所以並不容易塑造及灌輸該學習的目標。」（T11）

肆 從教學實務經驗解析班級經營的困境或管教學生的困境來源

不同的教師對目前班級經營的困境有不同的體會，綜合受訪教師的意見，約略可分為環境的因素和人的因素，以及彼此之間的交互作用。教師認為班級經營的困境與家長、媒體有很大的關係，如教師T12所言：「就我而言，我覺得目前教師班級經營的困境最主要是在於遇到管教不聽的孩子時老師沒有比較具體的因應措施，賞罰制度不明，現階段不能體罰孩子，即使老師想出其他的方式來警惕孩子，有些家長似乎也會認為老師在找孩子的麻煩，得不到家長的認同，老師的無力感會越來越重。會造成這樣的困境最大的原因，我想還是家長太過於寵溺孩子，捨不得孩子受任何的委屈，殊不知從逆境中長大的孩子才會更加的茁壯、更禁得起社會的考驗；再加上媒體負面的報導，使得許多的家長認為只要孩子受到委屈就一定是老師的錯，這樣的教育如何會成功呢？」（T12）此外零體罰政策，造成許多學生有恃無恐，根本不怕老師：「孩子知道你老師心中的顧慮，所以有恃無恐，行為乖張，社會媒體要占很大的責任。」（T13）

一、從環境因素的向度而言

就環境因素的內涵來看，教師論述的意見有：

「物理環境（教室）資源匱乏。」（T2）

「社會大環境因素的改變，如外在環境、少子化等。」（T1）

「班級人數太多，政府對教育投資經費分配不均。」（T8）

「課程安排太緊湊，老師沒有多餘的時間輔導學生；學生的課程太多，沒時間培養興趣和技能。」（T8）

「目前班級經營的困境有幾項：學習時間不足、學校活動過多、班上特殊學生的管教無法得到幫助、親師無法合作經營、學校行政業務過多。」

綜合上述教師陳述意見，從外在環境、內在環境、教育經費、班級人數、課程安排、行政業務工作等，都與班級經營的困境有關。社會大環境的改變是不可逆的，教師要發展出對應的班級經營策略，建立班級經營的新模式，進而樹立班級經營的新典範，絕不能坐困愁城，無計可施。至於教育經費的挹注，班級人數的減少，可透過教師會積極發聲，尋求最佳解決之道。至於教師的課程太緊湊，學生的課程太密集，易形成「忙盲茫」的困境，亦即教師忙著上課，學生忙於課業，造成「課程多（國中小補習相當普遍）、測驗多（各科目向坊間訂測驗卷）、煩惱多」的三多現象，以及「運動少、活動少、睡眠少」的三少現象。

二、從人的因素變項而言：可從教師、學生、家長三方面來討論

(一)老師自身方面

「在碰到孩子試探老師時，經驗不足而慌張。」（T5）

「採傳統的管教方式進行班級經營，消極的副作用大。」（T5）

「缺乏心力在教學研發與輔導經營。」（T5）

「雜務過多時，老師的情緒管理不佳，容易造成班級氣氛低迷。」（T9）

「面對價值觀的偏差，『尊師重道』似乎已成美好傳說，家長、學生對老師的不尊重。」（T9）

「家長認為老師是在找孩子麻煩，得不到家長的認同。」（T12）

困境是存在的事實，困境的突破有助於問題的解決，放任、極權、消極皆非新時代教師應有的作為，教師應學習好的「時間管理」與「情緒管理」，以確保教師本身的身心靈健康。教師專業知能的提升要靠教師不斷的在職進修，培養閱讀習慣，從閱讀中習取新知，不僅是新時代學生應有的行為，也是新時代教師應有的習慣，教師除利用課餘時間參加相關專業知能的研習外，更應從多種不同來源吸取新知能，如此，才能因應新時代教學所需。教師管教的過與不及都是不適切的方法，管教過度可能誤用懲罰權，對學生造成傷害；相對的，放任學生為所欲為而不加以管教，則

有失教師職責。此要義，如教師T5所描述的：「困境有兩面：放任與極權，放任的老師，在碰到孩子試探老師時，因經驗不足而慌張；極權的老師，則是仍採傳統的管教方式進行班級經營，消極的副作用大。此外，學校內外加的活動太多，影響課業進行，或老師常得做些行政業務，所以缺乏心力在教學研發與輔導經營上面。」（T5）

「老師的獎勵制度，易流於被學生比較，而不被重視；老師易因情緒掌控不佳，而造成不當管教；老師責罵時，沒有顧及孩子的自尊，常易造成班上緊張氣氛；一開始時，老師並沒將遊戲規則說清楚，任由學生發展，但一旦情況無法掌握時，只知責罰而且又沒深入探究原因，常因此而產生劍拔弩張的局面。」（T11）

「《論語・述而》：子曰：『不憤不啓，不悱不發，舉一隅不以三隅反，則不復也。』孔子的壽命有限，他勸學生也是有次數限制，也無法一勸再勸、永無止境，現在的學生，導師帶了兩年就畢業，所有的管教都有時間的限制，時間是最大的困境來源。」（T10）

(二)個體學生方面

學生個體方面的因素有以下部分：

「學生自我控制、管理的能力不夠；受教態度不好，神情與眼神皆不友善。」（T1）

「自私自利觀念很重，很少會想到如何幫助別人，或為團體做事，皆需老師出口請託或誘以利益，學生才會去做。」（T1）

「說謊行為很普遍，除非當場看見或有證據，才不易狡辯。」（T1）

「缺乏自主性、目標性的學習動力。孩子似乎都在電視與電腦的虛擬世界中，養成了『應付』的性質。」（T6）

「孩子在被過度安排學習的情況下，失去對學習的原動力。」（T6）

「孩子知道老師心中的顧慮，有恃無恐，行為乖張。」（T13）

「學生資質參差不齊，好壞相差太懸殊，兩極化。有的家庭極度弱勢（犯罪家庭，隔代教養），學生行為表現及學習活動也呈嚴重雙峰現象。」（T8）

　　學生的管教是一個嚴肅的課題，面對少子化現象，每個孩子都是寶，可別成了每個孩子都是社會的負擔。教養孩子不只是家長或學校的責任，而且也是整個社會國家的責任。給予孩子適性的成長空間，允許孩子有犯錯的權利，擬定合理可行的管教配套，都是教育主管機關與教師要共同面對與解決的。教師要體認一個事實：個別學生間的人格特質、資質能力、行為表現與學習活動本就有個別差異存在，教師的教學與管教輔導要因應學生的屬性而採取最佳的方法，這就是教育心理學上的因材施教，教師不應只重視智育，更重要的是要強調品格教育，讓學生能知福、惜福，說好話、存好心、做好事；班級經營實踐中的具體目標是：「學生對人能感激、對物能珍惜、對事能盡力、對時能善用。」促發學生的內在動機與學習動力，讓學生找到自我、有信心。對此，教師T6有以下描述：「最大的困境應該是學生普遍欠缺自主性、目標性的學習動力。造成的原因很相同，孩子似乎都在電視與電腦的虛擬世界中，養成了『應付』的習性；然而，仔細探究原因會發現，經濟優渥、過於寵溺的家庭會造成，因為孩子在被過度安排學習的情況下，已失去對學習的原動力，而電腦遊戲是家長普遍給予的犒賞品；家庭紛亂、無力管教的家庭中的孩子則是直接在電

腦世界找存在的價值。」（T6）教師T9認為教師面對學生價值觀偏差，有時會採取明哲保身的消極不管事做法：「面對價值觀的偏差『尊師重道』似乎已成美好傳說，家長、學生對老師的不尊重，會令老師在管教上有『明哲保身』的消極態度。」（T9）教師T10認為若能導引自動自發學習，啟發學生的自知之明，讓學生懂事，則教師的班級經營自能收到很好效益：

「最重要的根本在學生，最主要在學生本身的誠敬心夠不夠。佛說世間有四種馬，第一種馬看到鞭影就會奮力跑；第二種馬是被鞭尾輕輕拂到便認真跑；第三種馬一定要被鞭子打到才會跑；第四種馬則是被鞭子打到皮開肉綻方知跑。有學生說想當第五種馬。所以班級經營和管教學生的方法有萬門，萬門歸一就是看學生自己的根性，法無定法。當然教師自己幻想教的學生皆生而知之、皆出世聖人。教的學生都像顏回也不錯。但世間有幾多學子如顏回日日省吾身？」（T10）

(三)學生家長方面

多數受訪者認為家長方面的因素是導致班級經營困境的主要緣由：

「家長所帶給的制約習慣不好，家長的配合度不夠積極、家庭聯絡簿的功能無法發揮功能。」（T1）

「家長動不動體罰，與老師的鼓勵方式背道而馳，不希望學校老師體罰，卻容許安親班老師體罰。家長思想偏差，行為不當，如吸毒、抽菸、闖紅燈、亂丟垃圾、口出髒話，家庭教育的功能無法正常發揮。家庭與學校管教方式不一致，家長動不動體罰，與老師的鼓勵方式背道而馳。不希望學校老師體罰，卻容許安親班老師體

罰。」（T8）

「因少子化，家長寵愛造成孩子較無容忍接納他人之心。家長教育程度提高，會自認他的方法比老師的專業更適合他的孩子，進而干預教學或管教。家長干預教學或管教，家長教育程度提高，會自認他的方法比老師的專業更適合他的孩子。家長若有意見又不和老師正面溝通，取得共識，直接向主管申訴，常令老師被誤解，自然有不被尊重之感。」（T9）

「父母過分寵愛，養成孩子高傲態度；親師溝通時，家長配合度不高；老師抱著明哲保身的態度，遇有溝通不良的家長，便選擇對孩子不聞不問。遇有問題，欲與家長面對面溝通時，常無法得到善意回應；家長似乎有忌諱，深怕孩子被貼標籤。」（T11）

「父母過分寵愛，養成孩子高傲態度。親師溝通時，家長配合度不高。」（T11）

「家長太過寵溺孩子，老師管教得不到家長的認同。」（T12）

綜合教師所述的理由可以發現：受訪教師認為目前教師班級經營困境的最大因素來源為「家長」或「家庭因素」，就家長因素內涵來看，其原因有三：一為家長無法與教師有效配合，只相信小孩的片面之詞，不相信教師班級經營的策略或方法；二為認為自己的專業知能比教師還好，自己的方法才是對的，無法認同配合教師，並過度干預教師的班級經營或對學生的管教輔導；三為遇到問題不與教師溝通，探求問題根源，並共同尋求問題的解決方法，而直接向教育行政機關或媒體投訴，將事情擴大渲染，並宣稱是教師的不是；四為家長的不良行為，無法提供良好的言教或身教，導致小孩習得惡習或被制約成不良行為，造成教師管教輔導的困難或

無力感。

　　班級經營實踐中，許多教師會因家長很難相處或很難溝通，有時會選擇消極的明哲保身做法，此部分，教師T4有深入描述：「班級經營的困境是在於家長的部分，有些是過度寵溺，有些是不聞不問，關愛多與不及都會造成學生的錯誤概念，大多數老師都因為害怕被家長一狀告到教育局，寧可忽略孩子的偏差行為，但這只是消極的作法，但如果太過放任家長進入干涉老師教學，久了，老師會因為常受挫而放棄教導學生，均以息事寧人作法，對學生不是一件好事。因此行政或教育單位長官對於處理家長和老師間的衝突要非常公正，並保護老師的權益，讓老師感覺是可以合理管教學生，不是被雞蛋裡挑骨頭的方式檢視，再次找回教學的熱誠。」（T4）當教師失去教育愛與熱忱時，並不是學生之福，而是學生與教育之禍，教師T14也有這樣的想法：「遇到無法溝通的家長，或動不動就威脅老師的家長，對於他們的子女在班級的學習，教師就不要再自討苦吃，家長都不希望老師管了，為何老師還要『雞婆』呢？」（T14）

　　對於家長因素導致的親師溝通問題，家庭教育沒有發揮正向功能反而處處牽制教師班級經營的順向進行，對此，教師T7有深刻的解析：

　　　「小孩與家長皆常常分不清自己應付出的權利與義務是什麼，而過度干擾教師專業的教學。社會大環境因素的改變，如外在環境（少子化、獨生子、國外教育方式引進、媒體的鼓吹、學生接受外在因素的改變）及內在環境（國家教育政策、老師的培育方式）等。在我的教學經驗中將這兩題的原因合併回答──當今社會裡生得少，小孩都是每個家庭的寶，但出了社會，現實的社會是不會把他們視為寶的。我覺得許多的父母對『教養的觀念』常因媒體的鼓吹或教育程度的增加是會增長許多，但我觀察大都是說的多、做得少，且要求別人多於自己以身作則，而孩子在大環境要求『權利、抗爭』的風氣下，也或多或少有樣學樣，養成了一種『說多於做』

的表面行動；因此對於老師的教學方式或是如何管教學生這個問題變得十分關注；往好的方面思考是會增加老師不斷創新教學或研究式和班級的管教辦法，但較讓老師傷腦筋的是有些家長對老師的班級經營或教學方式，會加入自己過多的意見而干擾運作；而學生則是因家長聽了一些『專家』的意見，明明半桶水，還大言不慚，大放厥詞，對老師不信任，甚至給孩子也塞了一大堆的知識，但學生通常是一知半解囫圇吞棗；加上資訊媒體的流通，如果老師仍停留在傳統的教學方式或管教態度，更會造成家長一種『給老師教不如自己教』感覺。」（T7）

「有些家長在家中當著小孩面前批評老師，此種小孩到了學校怎會聽從老師的告誡，此類型的家長不僅沒有提供教育正向的功能，反而還是教師班級經營的阻力。」（T14）

三、外在政策的因素導致

外在政策的主要影響因素為教育部實施零體罰政策的配套措施不足，其次是學校行政單位的支援力不足。教育行政機關或學校行政單位要作為親師生衝突的有力後盾，其前提是教師必須依法行事、做法合理，如果教師的管教處罰手段違反相關法令規定，甚至體罰學生，則教師有錯在先，學校行政單位支持的合理性有待商榷。

「管教學生困境有二：一為行政系統失能無法做為導師後盾，二為自身教育法規概念過於薄弱。」（T2）

「學校、家長的要求有時是增進班級經營的動力而有時反成干擾。管教學生由於零體罰的政策，使得老師規範學生時動輒得咎。」（T3）

Jones與Jones（2007, pp.184-185）認為有教學經驗的教師都曾遭遇過憤怒與喜愛挑剔的家長，許多教師自陳班級經營中除班級常規處理外，教師最不想遇到的事件是親師衝突。班級經營的實踐過程中，遇到憤怒或愛挑剔的家長是無法避免的，教師不應消極逃避而應積極面對，對此，Jones二人提出以下有效而專業的策略供教師參考：

1. 選擇安全的會談環境

選擇一個安全又可得到協助的環境與學生家長或學生監護人見面，必要時可商請學校主任或諮商輔導教師同行。

2. 展現中肯的溝通接納

以誠懇和悅的臉色迎接家長的到訪，讓學生家長覺得教師是中肯的、溫和的。

3. 掌握主動傾聽的技巧

以主動傾聽的方式先傾聽家長的意見，讓家長的情緒或不滿有宣洩之處，之後教師採用同理心的話語來減低家長的敵意，如「我可以看得出您非常在意這件事」、「您的感受我可以理解」等。

4. 善用肢體語言消除鴻溝

以肢體語言專注於家長，讓家長覺得教師很注意傾聽他的看法，如此，可讓家長感覺到被接納，逐漸降低負面情緒與緊張態度。

5. 呈現教師的輔導專業

教師要展現冷靜、平穩與專業的態度，不要將事情小題大作，或將事件視為很嚴重而手忙腳亂，讓家長覺得教師可能無法協助事件的處理。

6. 協商事件處理的目標

以委婉的語氣詢問家長事件達成或解決的目標程度，如：「我也很重視您的感受，您希望我們今天會談要達成的共識是什麼？」教師要展現協助事件處理者及果斷者的角色，不要呼應家長共同發牢騷或抱怨。

7. 商談後續溝通的時間

若是教師與家長在會談時間無法達成共識，或提出有效的事件處理策略，則教師要明確告知家長下次可以會談的時間，訂定時間要先徵求家長意見，以表示家長的尊重。

8. 完整陳述事件的始末

教師與家長會談時，要將衝突事件或學生問題具體、明確的陳述出來，教師要誠實的把事件的來龍去脈與嚴重性讓家長知悉，教師不能輕描淡寫或避重就輕。

9. 以具體數據作為參考

以特定的數據資料來說家長。如家長氣憤的表示，小孩在去年班級的學業成就很好，但編到新班級後學業成就一落千丈（暗示或怪罪老師不會教），教師可事先查閱學生之前的學業成績表示與相關紀錄來作為回應資訊。

10.表現教師的熱忱與用心

教師要告知家長後續可能採取的策略與問題處理方法，讓家長知道教師有心要將問題事件處理好，這樣，希望挑剔的家長便會較無藉口挑起事端，若是家長對教師後續作為有疑慮，教師應於下次會談時提出更具體的可能方案，最佳方案是三贏策略：家長滿意、學生認同、教師同意。

11.透過家長明確讓學生知悉老師會積極處理

在會談期間，教師可詢問家長學生是否知悉事件的嚴重性或影響程度，因為學生是主要當事者，唯有學生誠實完整的將事件或問題告知家長，才能讓學生共同分擔應負的責任；此外，老師展現果斷積極的關注，會讓家長及當事者知道老師是很重視這件事件的。

伍 教育部零體罰的政策對教師班級經營理念與做法的影響

綜合教師回應情形，研究者將之整理成如下表：

教師代碼	影響程度	內容說明
T1	很大影響	因為有些學生真的很需要動手去修理他，因為他只有怕打。
T2	沒有影響	任教以來從未體罰，自身求學階段也未接受過任何老師的體罰，支持零體罰，不影響自己的管教方式。

（下表續）

教師代碼	影響程度	內容說明
T3	有影響	零體罰令學生有領得免死金牌般的特權，對於教師的任何形式管教都不放在眼裡。
T4	沒有影響	我的作法會傾向與孩子的互動由「嚴厲」到「親密」，尋求家長的協助，讓班級經營較為順暢，如果家長無法配合，大多會尊重家長的意見，再慢慢用相關的文章分享，讓家長的觀念建立好之後，透過瞭解孩子的成長，接納老師的管教方式。
T5	影響不大	零體罰的政策是好事，但是老師們的問題在遇到難以管教的學生該如何改善。
T6	沒有影響	因為我喜歡以「鼓勵」和「目標」來引導班上的孩子，孩子當然仍會犯錯，但明確的訓誡與對話是比體罰來得有效。
T7	多少有影響	因為對體罰的負面影響（例如：孩子較容易展現出暴力及攻擊的行為傾向、師生關係緊張、孩子會產生恐懼、失去自信等）都有研究報告指出，體罰還是負面多於正面的影響。
T8	有影響	會多用其他方法。在沒有其他配套措施之下，老師雖然有教導權卻無管教權以致產生無力感，要先求自保，做法上以不觸犯法律為主。
T9	有影響	教育部「零體罰」的政策與其說是保護受教的學童，其實也是保護老師。
T10	對經營理念沒有影響對作法有影響	老師盡力又守法自然無愧於心，其他結果就順其自然。
T11	有影響	如今的教育理念不再以責罵為主，起而代之的是不厭其煩的勸告；甚至老師以身作則，將正確的人生態度，在日常生活中潛移默化影響學生。
T12	沒有影響	因為我本身就不會體罰學生，體罰往往只會更加深學生的問題。
T13	有影響	愛的教育，不是萬能藥劑，也不是全然無用，愛只給合適的孩子
T14	有影響	盡量對學生採取愛的教育，讓學生能有同理心、能以對方的的角度來看待事情。對於學生實施社會化行為訓練，以演出、澄清的方式和再次還原事件現場等方式，來進行學生社會行為技巧之教授。

　　在14位受訪者中，有4位回答沒有影響，有9位回答有影響，還有1位是對經營理念沒有影響，但對做法有影響。回答沒有影響的老師，在零體罰政策實施前即已實施正向管教，這4位教師從未體罰過學生，所以教育部的零體罰政策對其班級經營的理念與做法並無影響。

　　　「沒有影響。任教以來從未體罰，自身求學階段也未接受過任

何老師的體罰，支持零體罰，不影響自己的管教方式。」（T2）

「其實老師幾乎是沒有體罰的，體罰的案例畢竟是少數，但『零體罰』的口號反而被家長和學生大肆做文章，認為只要責罵也是一種體罰，讓零體罰的界限不明，也讓老師無所適從。其實善於班級經營的老師都知道用『體罰』是無法拉近與孩子間的距離，老師自然會修正作法，我的作法會傾向與孩子的互動由『嚴屬』到『親密』，尋求家長的協助，讓班級經營較為順暢，如果家長無法配合，大多會尊重家長的意見，再慢慢用相關的文章分享，讓家長的觀念建立好之後，透過瞭解孩子的成長，接納老師的管教方式。」（T4）

「無影響，因為我本身就不會體罰學生，體罰往往只會更加深學生的問題。學生有好表現我會適時獎勵及鼓勵，出現偏差行為時會說道理、講故事、舉例給他們聽，平常對比較有問題的學生多給予關心，取得學生的信任及認同，多給予正向鼓勵，往往這些孩子就會漸漸改善其偏差行為，不需給予體罰也能達到最終目的，以鼓勵代替體罰、以愛心代替苛責。」（T12）

「零體罰的政策對我的班級經營並無影響，因為我喜歡以『鼓勵』和『目標』來引導班上的孩子，孩子當然仍會犯錯，但明確的訓誡與對話是比體罰來得有效，因為「體罰」所製造的痛苦與畏懼是短暫的，只是往往會面對在家經常被體罰的孩子，那是學校教育的難為之處。」（T6）

從以上幾位教師所述的內容來看，這幾位教師從任教職開始就沒有採用體罰的方式，雖然班級經營中沒有採用體罰，但也有使用懲罰或口頭勸說等合理的管教方式，對於學生的輔導管教或違規行為的處理多以鼓勵

代替體罰、以愛心代替苛責、以說理代替訓誡，以各種正向管教方式取代負向的責罰。就教師T10而言，零體罰的教育政策對其班級經營理念並無影響，但對做法或班級經營策略則有影響，此影響即是依法行事，依法管教，在法的前提下，就不會對學生的身心造成傷害。教師T10認為「對於班級經營理念無影響，做法有影響。如前所言，不論做什麼都要按照法律、遵守規定。老師盡力又守法自然無愧於心，其他結果就順其自然。」（T10）

對體罰造成的副作用與反效果有深刻的體認與明確的立場，如「體罰」所製造的痛苦與畏懼是短暫的（T6），老師盡力又守法自然無愧於心（T10）。回答有影響的老師，可從兩方面來看，即朝積極的因應方式發展與消極的無奈感覺接受。

就積極的因應方式來看，教師T8認為「會多用其他方式」，教師T9提出「讓老師展現所謂的專業，如何不用打罵的方式來經營好一個班級，回歸教育的最初，以愛孩子為出發，接納每位孩子的差異性，瞭解他們，不以罵為溝通語言。」教師T11主張「零體罰的政策，更能激發自我找尋更適當的經營方式，隨時進修補充新的專業技能。」三位老師的意見，道出了實施正向管教策略與追尋正向管教知能是教師教職生涯應追求的志業，而這也是教師值得尊敬之處，也唯有實施正向管教，『尊師重道』才能成為社會的核心價值。

「有影響，會多用其他方法。在沒有其他配套措施之下，老師雖然有教導權卻無管教權以致產生無力感，要先求自保，做法上以不觸犯法律為主。」（T8）

「有，體罰式的教法，已被現今的班級經營排除在外，教育部『零體罰』的政策與其說是保護受教的學童，其實也是保護老師；另一方面也讓老師展現所謂的『專業』，如何不用打罵方式來經營『好』的一個班級。回到福祿貝爾的理念『教育之道別無他法，唯

有愛與示範』，回歸教育的最初，以愛孩子爲出發，接納每位孩子的差異性，瞭解他們，不以『罵』爲溝通語言。老師以身作則，將正確的價值觀直接示範給學童看。潛移默化之中改善其生活態度。所以『零體罰』也是成就老師的現代教學任務。」（T9）

「有。如今的教育理念不再以責罵爲主，起而代之的是不厭其煩的勸告；甚至老師以身作則，將正確的人生態度，在日常生活中潛移默化影響學生；不再以教書爲目的，而是放慢腳步去觀察每位學生的人格特質；更不再以打罵方式來達到自我所設定的齊一標準；而是放開心胸廣納接受孩子的個別差異。零體罰的政策，更能激發自我找尋更適當的經營方式，隨時進修補充新的專業技能；期望能達到師生教學相長的眞正目標。」（T11）

就消極的無奈接受來看，教師T1道出「疾言厲聲的喝斥也要拿捏得好，否則又得準備接受家長的投訴了」，教師T3認為「教育部喊出零體罰政策，又無任何配套，令管教學生的部分常感窒礙難行」，教師T8指出「老師雖然有教導權卻無管教權以致產生無力感」，三位老師的意見基本上也反映了基層教師的心聲，面對「三不二沒有（不反省、不改過、不上進，沒有羞恥心、沒有榮譽感）」的學生教師如何自處？讓老師從無力感到賦權增能，讓正向管教得以轉化爲細緻的操作手冊，讓教師不再擔心被檢舉、被投訴，在在考驗著每一個教育工作者的智慧。

「當然有很大的影響。因爲有些學生眞的很需要動手去修理他，因爲他只有怕打，而在家中當然被父母打得很兇，但在學校，老師卻拿他沒皮條，好言相勸當然試了N遍，疾言厲聲的喝斥也要拿捏的好，否則又得準備接受家長的投訴了。」（T1）

「零體罰對於老師管教十分綁手綁腳。管教方式當然不只體

罰，零體罰令學生有領得免死金牌般的特權，對於教師的任何形式管教都不放在眼裡，教育部喊出『零體罰』的政策，又無任何配套，令管教學生的部分常感窒礙難行。」（T3）

教育部零體罰的政策推出後，教師對自己的班級經營理念與做法是否有所調整部分，教師的回應情形雖未有一致共識，但多數教師都還是肯定教育部「零體罰」政策，在管教學生的方法上多偏向於「正向管教」策略的運用，多數教師也明確指出「體罰弊多於利」，但教師同時反應一個教師共同關注的議題：「遇到難以管教的學生」或「行為特別惡劣的學生」要如何因應？這些學生循正常教育輔導方法，其不當行為或偏差態度都無法改變，甚至變本加厲，教師是否明哲保身或任其自然發展，睜一隻眼、閉一隻眼，任由事件擴大，演變成校園霸凌事件，此時，如果家庭教育功能又不彰，或家長放任不管，則教師要如何因應，這是教育行政機關不得不重視的問題。對此教師T7的有以下深入的論述：

「我初任教職時班級生態其實和現在的班級生態是有很大的不同，也會影響到老師對班級經營的方向與設計。記得在初任教職時，那時我剛從鄉下小學任教二年後轉任到都市小學任教三年級的導師，而這所任職的學校非常強調『考試、補習、成績』領導一切，很多老師的班級經營以『嚴厲管教』為主，不管是課業成績或整潔秩序等班級活動都要比賽，而且會將各班的成績進行公布，因此就發現全校老師（一至六年級）幾乎都在放學後再進行補習活動（有收費，一個月約1,000元左右），而我對這樣的學習生態並不認同，所以第一個月我並沒有補習，但馬上就有家長告訴我：『老師你放學後不補習，你班上學生的考試成績會趕不上別班的學生，會有家長認為你不認真！』雖然我不贊同，但在幾乎三分之一家長的要求下，還是進行課後補習，那時的班級經營就較以課業成績的學習占據較多的時間，對學生的管理較偏向嚴格為主；但現在的班

級生態就較偏向以創新、思索等較開放性的學習，並配合以較正向管理、鼓勵及積點等方法取代。當然教育部的零體罰政策其實也或多或少會影響到我在進行班級經營時的作法，因為對體罰的負面影響（例如：孩子較容易展現出暴力及攻擊的行為傾向、師生關係緊張、孩子會產生恐懼、失去自信等）都有研究報告指出，體罰還是負面多於正面的影響；但我認為有些家長或小孩有時會因媒體的負面報導而產生對老師的管教方法，尤其是『處罰』的認定標準不一，產生『處罰＝體罰』這樣的界線不明，會對老師進行班級經營及管教時，給予不信任或干預，因此教育部如要實施『零體罰』，我想會引發諸多爭議與討論，爭議不只關乎『體罰』，而是挑戰整體社會價值觀與傳統教養教育文化，因為零體罰光靠校園與教師的改變，仍不足以竟全功，家長的角色與配合態度，更是舉足輕重的關鍵。」（T7）

從教師T7表達的論點也可以看出，教師T7認為學生不當行為或違規行為的輔導、管教、處理，除了靠教師與學校教育外，學生家長的角色與配合態度，也是一個很重要的關鍵因素。

對於無法管教或經教師訓誡都無效的學生，或是嚴重干擾教學活動進行的學生，教育行政機關也應適當的處理機制，否則多數學生的學習活動如何進行，如某校園發生學生完全不怕教師，跑到辦公室直接嗆老師，或是有嚴重霸凌行為或不當行為的學生，教師屢勸不聽，教師要如何因應與處理，這些學生如果不處理班級常規如何維持，其他學生的學習活動如何正常進行？

「零體罰的政策是好事，但是老師們的問題在遇到難以管教的學生該如何改善。至於對我而言，本來我就採零體罰方式管教，所以影響不大。」（T5）

「有。愛的教育，不是萬能藥劑，也不是全然無用，愛只給合適的孩子，有些孩子平時家長就愛得過多，孩子會成習慣，變成溺愛，轉變成社會的另一種禍害。對於品行難以管教輔導的學生，行政單位也應有相對的因應策略或有效方法來幫助老師。」（T13）

「正向管教對某些學生來說，有時是完全得不到功效的，對於這些『異常』的學生，教師要如何處理？視而不見或放任不管？這是教育行政機關要考量的。」（T14）

第四節　研究結論與建議

本節根據上述蒐集資料論述歸納的結果，統整為以下結論，並根據結論提供數點具體建議，以作為教師班級經營實踐或學校行政單位的參考。教育的生態是多元的、複雜的、動態的，班級經營實踐的落實除靠教師專業知能與巧思外，外在環境的配合也是一個很重要因素，因為學生並不是整天待在教室，學生接觸的社會是個開放的情境，家庭、同儕、朋友等都會影響學生的學習與行為表現，其中尤以家庭的影響最大，此論點在研究發現中進一步得到教師的認同。

壹　研究結論

根據研究目的與資料統整分析結果，可歸納為以下幾點結論：

一、班級經營的八大構面內涵教師持認同態度，但教師也認為八大構面實踐行為無法齊一等量展現

根據教師的回應意見發現，研究者建構的班級經營八大構面，全部教師多持認同的看法，只是教師認為可持更精緻化的用語去界定構面語句。

在八個構面的實踐程度，受訪教師認為無法均衡等值發展，構面的實踐落實情形會依教師專長、班級屬性、學生個別差異而有不同。受訪教師也認為教師的人格特質、情緒管理與投入程度、外在教育政策的變動會影響構面的實踐程度，如品格教育、零體罰、正向管教、霸凌、閱讀活動等。對於班級內涵架構圖建構的四個目標：溫馨班級氣氛、優良班級文化、全人教育目標、關鍵能力培養，教師對於「溫馨班級氣氛、優良班級文化」的型塑目標非常肯定，但對於全人教育目標的達成，則似乎有畏懼或無法達成之感，其實這可能是受訪教師對「全人教育」一詞的誤解，從多元智能的觀點而言，全人教育就是學生多元智能行為的開展，帶好每位學生，而不是只重視紙筆考試的智育成績，每位學生均能展現自己的專長，培養正向的品德行為，有強烈的學習動機，就是班級學生全人教育的開展。

　　班級經營八大內涵可以作為教師班級經營效能評估的參照指標，教師亦可視實際需求發展出班級本位的經營內涵。班級經營的目標是班級經營的核心價值，目標的內容要與班級屬性相呼應。研究者根據受訪者的意見，將八個構面的班級經營實踐程度圖示如下：

圖10-2　班本文化理念的實踐圖

　　從圖10-2班本文化理念的實踐圖可以看出：實踐程度八大構面的長短不同，表示班級經營八大內涵的實踐情形因班級而異，對教師而言，八大構面的實踐行為並非是等量齊一的發展，以校本文化的理念而言，這是一種教師「班本文化理念」的實踐。八個構面圖匯集在下面的長方形物件內，表示八大構面實踐內涵部分是重疊的，因為班級經營是全面的、一體

的，學生的學習、常規、表現等行為間是有共變關係存在的。

　　班級經營八大構面的重疊性與「班本文化理念」班級經營的實踐行為展圖示若以圓形表示，如圖10-3所示。從圖10-3可以發現：八個班級經營構面內涵實踐的圓形大小不一，圓形愈大表示班級經營構面實踐行為展現愈多，相對的，圓形愈小表示班級經營構面實踐行為展現愈小；構面的圓形圖間均有重疊，表示班級經營構面實踐行為展間有共變現象，所謂共變現象指的是某個班級經營構面實踐有良好的效率或效能，則其餘某些構面行為的實踐也有不同程度的行為展現。

圖10-3　班本文化理念的實踐行為共變圖

二、班級經營的八大構面行為的實踐，「親師合作經營」與「輔導活動經營」是教師較無法得心應手的二個部分

　　從教師回應的內容可以發現，目前教師於班級經營八大構面中最無法得心應手的前二項是「親師合作經營」（14位受試者有9位有提到此項，百分比為64.3%），其次是「輔導活動經營」（14位受試者有8位有提到此項，百分比為57.1%），在14位受試者中有一半以上的教師認為這二個構面是班級經營實踐較無法落實的向度。就「親師合作經營」而言，受訪教師認為較無法實踐落實的原因有教師本身經驗缺乏、專業知能不足、家庭結構因素、家長本身因素與媒體不公平報導的後續效應等；就「輔導活動經營」而言，受訪教師認為較無法實踐落實的原因是教師工作量大，時間

有限，無暇兼顧；教師本身的專業知能不足，所學理論與實務間有落差；學生問題愈來愈複雜，不當行為處理很棘手等。此外，學校行政事務的多元化與重疊化，造成教師工作量大增，要落實輔導活動有其實務上的困難。

三、教師認為新時代教師難為的原因首為教師工作量大、時間不足，次為家長二極化態度，最後為學生價值觀的偏差

在回應的14位教師中，有13位教師都覺得學生難以管教或現在教師難為（百分比為92.9%），即約有九成的教師認為新時代教師難為或學生難以管教，其原因包含教師自身遇到的困難、家長配合度欠佳及學生本身的因素。教師遇到的困難有長時間的工作壓力、精神上的負擔與工作量大、深度管教難以著力。家長配合度方面有不積極配合、想法太主觀、對孩子溺愛、自我意識強烈等，其中又以「放任不管」與「干涉介入」的二極化的家長態度為最主要因素。學生本身的因素為以零體罰作為護身符、缺乏省思和利他的特質。教師認為學生難於管教的根源不在於教師本身不積極用心於班級事務，而是以下三個因素：家長無法積極配合、過度介入干涉；學生個別差異大，教師能力時間有限；學生價值觀的偏差、法律知能不足。

受訪教師一致認為現在學生難以管教的原因主要是家長或家庭因素導致，其中包括少子化影響，家長過度寵愛小孩；因各種因素，放任小孩不管，家庭教育功能無法發揮；家長自恃甚高，自以為是，教育專業凌駕教師，不認同教師班級經營的策略方法，甚至與教師唱反調、不積極與教師配合；家長無法以身作則，言教、身教功能無法展現；家長過度介入或干涉教師的班級經營等。就學生個體而言，因受到家長及傳播媒體影響，價值觀偏差，欠缺法律素養，受到負向次文化影響而表現更多的違規行為；此外，學生間的個別差異大，教師的工作量大、作業批改與行政事務占據許多時間，影響教師情緒管理與輔導管教。就親師合作經營的構面而言，家長兩極端的態度：「放任不管、過度干涉」，造成教師與家長之間有

「溝」沒有「通」，問題有講但解決策略沒有得到共識。

　　班級生態是多元的，學生間的異質性很大，相對應的是學生家長的人格特質與個性間的差異也很大，對於很難應付的家長，Olsen與Fuller（2003, p.130）提出以下能為與不能為的具體策略供教師參考：

表10-4　因應攻擊性溝通之技巧

可做之事	不能做之事
1.傾聽──不要打斷。	1.生氣。
2.寫下記錄家長所說的重點。	2.防衛或出現防衛行為。
3.當家長減緩抱怨程度時，詢問家長是否還有其他困擾的事件。	3.承諾教師做不到的事情。
4.耗損家長抱怨的所有事件。	4.將教師問題歸咎於別人。
5.當家長會談所抱怨的內容太廣泛時，要求提供更詳細將事件描述。	5.提高音量。
6.請家長過目抱怨清單事件。	6.淡化或將問題簡單化。
7.詢問家長對特定問題解決的建議，並將建議事項記錄下來。	
8.當家長大吼大叫時，教師反而要輕聲細語。	

四、教師論述新時代教師班級經營的困境與學生難以管教的因素大同小異，包含家庭、學生、媒體三大緣由

　　本研究以二個不同的方向（二個不同題項）讓受訪教師論述學生難以管教或教師難為的原因，與新時代教師班級經營困境的緣由，受訪教師回應的二個題項內容的看法或感受大同小異。教師論述新時代教師班級經營的困境，就環境的因素而言，包含教育經費分配不均、班級人數太多、課程安排太緊湊、教學與行政事務處理的工作繁重等。就人的因素而言，教師方面有情緒管理困難、時間不足；學生方面為受教態度不佳、缺乏學習的動力、價值信念偏差；家長者方面為對孩子寵愛、配合度不夠、對教師不信任。研究發現的教師班級經營困境的原因與教師難為或學生難以管教的原因大致相同，二個題項的內容可相互輔證，表示教師間的看法大同

小異，教師的感受書寫的可靠度與一致性很高。就媒體的效應而言，最近幾年報章雜誌的報導造成教師管教的寒蟬效應，導致部分學生的價值觀偏差：「老師，你敢動我，我爸爸跟媽媽會告你。」「老師，你再大聲罵責我，我就向媒體投訴。」此種情形與個案學生，教師認為愈來愈多，此部分教育行政機關或學校行政單位應多宣傳教師正向管教或具有愛心教師的優良事蹟，導正部分社會大眾或學生對教師的負面印象。

身為教育者，必須創造一個合作且受人尊敬的環境，在班級經營的實踐過程，就少數學生而言，不論教師付出多少努力，也無法達到教師心中的期望目標，之所以如此，因為這些學生家長都是易怒父母或習慣性挑剔者。易怒家長通常是位不快樂的人，但常會將麻煩之事帶到教室中。教師如果碰到的是易怒的父母，較佳的因應對策是收斂教師的驕氣及防衛心，並且在會談時表現專注傾聽的行為，教師不要為解釋事件而打斷其說話，教師只要將重要事件記錄下來，平靜地將記錄事件給家長看，並保證會持續著手處理家長所提及的學生問題。至於喜愛挑剔或抱怨的家長，教師可從這些家長身上獲取其他訊息，但此類家長會不斷找教師麻煩，碰到此類型的家長，教師可以採取的具體策略是邀請他們直接進入教室觀察師生互動及教師教學情形，進一步的話可讓其成為課堂一員的參與者，當家長從自身經驗中發現教室生態是極為複雜又困難之事時，他們可能會改變原先認知，從教師的敵友變為盟友（Olsen & Fuller, 2003, p.129）。

五、零體罰教育政策影響下，對教師採取的管教策略或手段有正向影響，但對教師理念有正反二面的影響作用

零體罰的教育政策鼓勵教師採用正向管教的策略或方法來輔導管教學生，嚴禁教師採用「體罰」的方式，對此，受訪教師一致認為，教育部的零體罰政策對教師本身日後採取的管教輔導方法的確有正向的鞭策作用，零體罰的政策不僅在保護學生，也在保護教師，零體罰政策下的班級經營實踐行為是展現教師「專業」的最佳時機。自從教育部零體罰政策頒訂實施後，受訪教師不會再採用體罰方式來管教學生（之前有採用體罰者），

而改用正向管教與輔導策略方法來矯正或改善學生的不當行為。但教師也堅信，愛的教育不是萬能丹，對於行為極度惡劣或不當行為嚴重的學生，愛的教育與正向管教的效益是有其限制與不足的地方，對於這樣的學生，部分教師會改採取「明哲保身」或「放任不管」的方法，而不會一味的像傳統一樣要求改正學生的不當行為，以免因情緒不佳而導致不當或過度管教情形。零體罰政策造成班級生態轉變，也造成教師班級經營時會思索採用更為靈活而有創意的作法或策略，如教師T11、教師T1、教師T3：

　　「說句老實話，剛開始教學時，班級經營只有一種方式，就是一條鞭法，老師說的話誰敢不從，就是竹筍炒肉絲，所有的溝通都是權威式；但如今不是，會採用不同方式，如獎勵、談話溝通等方式；遇到行為偏差較嚴重的學生則採用剝奪喜愛課程或物品，來達到輔導及經營目標。整體而言，教學及自我情緒管理上，都有明顯的改變；更會利用網路蒐尋有關品德及心靈短文，提供孩子閱讀，希望能於潛移默化中達到全人教育目標；而自我在蒐尋的過程中，接收新知識的陶冶，更能以不同角度去接納每位孩子的行為表現，不再只以成人眼光要求每位學生的表現；胸襟變大了，赤子之心更能回到最初的教學目標。」（T11）

　　「差別很大。剛開始在教學上常動不動修理學生、大聲喝斥學生偏差的行為，較不會用時間去講道理或分析事情的嚴重性給學生；現在較常會用時間、用耐心去對學生講道理去幫助學生做判斷，所以在心態上改變很多，在教學上也會喜歡多運用多媒體科技的產品，吸引學生的注意力及喜歡，這在以前幾乎是不敢去嘗試的東西，但現在會去做教學上的改變與嘗試。」（T1）

　　「隨著年資增加，亦汲取了多位教育先進的經驗，班級經營是越來越上手，另一方面自己也比較不如初任時的固執，疲累感減輕

不少，不過還是很累。就前一班和目前班級比較而論，經營策略轉變臚列如下：包容取代責難，經常微笑並常對學生說『我愛你』；鼓勵多於懲罰：善用五育卡記優點，並針對好的表現多多給予讚美，較少記缺，且絕對不體罰；重視性別和霸凌議題；強調學生事件脈絡，替須協助的孩子透過正式管道爭取相關權益及福利。」（T2）

　　「出任教職時，熱情洋溢、血氣方剛，胸懷大志想『拯救所有的孩子』；時至今日，熱情洋溢轉為內斂沈著，血氣方剛化作心平氣和，一心努力『帶好每一個孩子』。」（T3）

六、新時代教師班級經營的實踐行為展現程度，個人的影響變因為時間管理、人格特質與投入程度；事項內涵能與教改政策或社會脈動相契合

　　研究發現新時代教師班級經營的實踐行為影響因素中，若是從教師個人來探究主要為時間管理、人格特質與教師投入程度。就時間管理而言，多數教師認為目前教師的教學與行政事務處理工作繁重，精力有限與時間限制下，造成沒有多餘時間進行思索及運用巧思，來處理親師溝通或學生輔導管教問題；就教師人格特質而言，教師如果情緒無法調整，壓力無法轉換調適，處理班級事件或進行學生的輔導管教很容易產生師生衝突事件；就教師投入程度而言，班級經營內涵的實踐與教師是否用心、是否方法適當有關。受訪教師從教學實務經驗論述的教師個人影響變因，更進一步佐證教師時間管理、情緒管理、工作投入態度的重要性；此外，研究也發現，教師在班級經營實踐推展時，會適時融入相關教育政策推展的活動或新興議題，教師認為班級經營不能獨立與社會脈動與教改政策外，因而教師在論述班級經營八大構面內涵事項時會提及品格教育的型塑、閱讀習慣的養成、霸凌行為的預防、法治教育的深耕、友善校園的營造等，此

現象，表示新時代教師的班級經營實踐行為能與教改政策或社會脈動相契合。

貳 研究建議

根據半結構問卷調查所得的結論，研究者提出以下幾點具體建議，供教師班級經營的參考：

一、型塑自己的帶班風格、建構學習型班級組織，以專業知能及熱忱贏得家長及學生認同肯定

研究發現，受試教師認為班級經營的理論內涵雖然有八大構面，但八大構面的實踐程度無法等量齊頭並重，八大構面的實踐行為無法均衡發展，受試教師的回應內容與研究者之前論述的班級經營實踐觀點是相符合的：「班級經營的策略應用是一種權變方法，班級經營的實踐行為是一種科學與藝術的統合應用。」班級經營中教師是班級領導者，教師像船上的領航者，領航者要將船員帶往哪個終點，心中必須很明確。教師既為班上的領導者，要根據班上學生屬性、親師座談結論、教師帶班理念、學校校本文化等，發展出班級本位的帶班特色，型塑教師自己的帶班風格，這是教師知能與經驗的融合，也是教師的專業表現。不論教師發展何種班級本位的帶班文化，應朝向學習型班級組織的建構為目標，其中以學生正向品德行為的培養、正確價值觀的建立為重點，在此前提下，因應學生個別差異與能力專長，開展學生的潛能，將每位學生都帶上來。

教師型塑自己的帶班風格，其做法必須能經得起家長、行政人員及他人檢視的，教師經由班級經營歷程，來達成心中預期的目標與師生共同訂定的願景，這是一種全面品質理念的應用（吳明隆，2010）。教師帶班的風格要創造正向的物理環境、正面的社會氛圍，此部分的具體做法與班級經營計畫的考量因素，上述研究者介紹之學者Hardin（2008, pp.284-285）所提的論點可作為教師參考。其中正向的物理環境要掌握「能見度」、「分散學生注意力」、「可接近性（便利性）」、「活動區」、等原則，

此外，教師對課堂事件的「容忍度」、學生「自由度」的限制等，教師也應明確的告知學生；正面的社會氛圍要發展班級學生合作與社會技巧、團體的高凝聚力與向心力，營造支持性的社群。不論教師採用教師中心或學生中心的班級經營信念，班級生態與學生行為的改變必須是正向的，如良好品德行為的養成、學業成就的提升、同儕關係的改善等。當教師採用的班級經營策略與方法，能經得起他人檢視，其型塑的教師個人帶班風格才有實質的價值性，也才能作為班級經營實踐的經驗傳承。

二、精進親師溝通技巧與輔導知能，舉辦親職教育座談會，提升教師與家長的輔導管教的知能與具體方法

研究發現，就教師難為或班級經營困境方面，受試教師一致認為「家長」是一個最主要變因，其次就班級經營八大構面的實踐落實程度，受試教師約有六成認為「親師溝通經營」是最無法得心應手的一個向度，班級經營中，若是親師溝通經營得以具體落實，管教輔導學生會有事半功倍之效，教師T12有下列描述「我覺得和家長之間的互動關係是影響自己最大的因素，如果家長能肯定自己管教學生的方式，那我們做起事來便能得心應手，老師得到從家長身上得到鼓勵與成就感，相信對於孩子的付出也會更多，有了家長的認同與鼓勵相信老師更會奉獻自己的心力並尋求更多的教學資源讓孩子學得更多、更好。」（T12）但親師溝通又是目前教師班級經營的最大困境或瓶頸，受訪教師認為其中最主要因素為「家長本身的信念」與「家庭結構」，當家庭教育完全無法與學校教育或教師相互配合時，學校教育的功能會大打折扣，甚至成效不彰，「親師溝通是教師班級經營最重要的一項，但要做好有效親師溝通也是最具挑戰性的一項」（T14）。

Cangelosi（2008, p.306）認為教師有權利請求學生家長協助解決學生問題，好老師有任何需求時，會堅持家長或校長可提供必要的協助，其目的就是讓教師採取的處理策略產生最大化的影響效益。許多學生違規或不專注問題行為必須靠教師與學生父母密切合作才能處理。無庸置疑地，學

生父母有責任幫助教師並與學校密切合作以教育其學童，然而有教學經驗的教師會深切體認要讓學生父母適時、適當的幫忙教師是有困難的，目前整個社會的現象中，許多學生父母不是沒有意願協助，就是協助介入處理時成效不彰。

Olsen與Fuller（2003, p.131）認為親師合作不管對教師個人、學生及學生家長都是有益的事情。教師為了讓所有的工作順利推展，有必要做好雙向的親師溝通，親師無法溝通，彼此的目標不可能契合。教師要與家長進行有效的溝通，可把握以下原則：

1. 選擇或創造一個能夠使教師與家長處於平等地位的環境。
2. 不定期關心及詢問學生的情況。
3. 關心及委婉詢問家長的情況。
4. 傾聽與瞭解。
5. 使用敘述性而非評斷性的語句來談論學生的學校生活，避免使用教育專業用語。
6. 會談中不可談論班上其餘學生及其家長，教師要尊重所有家庭的隱私。
7. 建立平等互信關係是親師溝通的基礎，不要被初始有限的效期給擊倒。
8. 在學期初學生問題行為發生前進行溝通。
9. 撥出時間於親師溝通上。

對此，學校或教師的具體作法如：一為不定期舉辦親師合作溝通知能的研習，研習的內容要除了兼顧親師合作的理論與實務外，也可以採案例討論或經驗分享的方式進行，這對於資淺教師尤其需要，正如教師T5與T13對於教職生涯班級經營轉變所言：「剛開始教學時，若家長有意見時，我就會很沒自信，覺得是自己做得不夠好，會一直想突破，一直想努力改善，但往往取悅了某些人，就會有另外的聲音出現，所以會受到更大傷害。現在，在家長有意見時，則會儘量主動打電話溝通，遇到意見不合時，會盡力講解給家長聽，若家長不願意接受，那也只好接受家長『不能接受』的事實，而自己仍然『擇善固執』，所以比較不會『忐忑不安，沒

有主見』。」（T5）「初任教師，不善於親師溝通技巧，教學是一種使命感，覺得老師有很大的責任。家長的態度會影響老師是否願意多花心思在她們的孩子上，所以親師的互動良好一致，孩子才會幸福！」（T13）

其次是舉辦親職教育講座，利用家長下班時間或假日舉辦，邀請社會知名人士擔任主講人或舉辦會後抽獎活動，如此才能吸引家長參加，藉由多次親職教育講座，讓家長知道自己在學童成長與學習過程中，對於班級事務能為與不能為的具體做法；此外，學校也應定期出刊親師合作或親職教育相關刊物，提供家長參與學校教育時應有的正確認知與適當的行為展現；最後是教師要以專業的知能與教育熱忱贏得家長的信服、以合理有效的管教輔導策略贏得家長的認同，以自己的專業與家長進行理性的溝通互動，如此，有效的親師溝通才能落實，家長才能信服，也才能營造親師生三贏的班級經營效益。

就班級經營八大構面的實踐落實程度而言，受試教師認為較無法得心應手的第二個構面是「輔導活動經營」，受試教師回應的主要原因為時間不足與所學輔導知能無法應付，其實於班級學生輔導中，教師要負責的是學生行為的初級預防與處理，此部分，學校在辦理相關輔導知能研習時，應多融入案例的解析，或教師經驗分享傳承，輔導室在經費許可下，可蒐集相關學校教師輔導案例，在倫理守則前提下，彙整成冊，供教師參閱；此外，教師應確實做好時間管理，時間是死的，教師個體是活的，如何善用時間並做好時間管理也是身為教師應有的知能，因為做好情緒管理與時間管理也是教師專業行為的展現。

在輔導活動經營的具體作法上，就一般違犯常規紀律或不當行為的學生而言，教師可採用「行為改變技術」的相關策略來改正或減少學生的不適當行為，教師可根據學生個性與興趣，選用合適的增強物（如物質增強、代幣增強、活動增強、社會性增強等）逐步改正學生的不適當行為，增強物使用時教師要把握經濟實惠、不易飽足、立即有用、吸引喜愛等原則。此外，教師對於如自閉症、過動症、統合失調、學習障礙、情緒障礙、發展遲緩等特殊學生的人格習性與學習行為必須有初步的瞭解，這部分的輔導知能就是要靠教師藉由進修研習來增進提升，若是教師對特殊學

生的學習困難、同儕發展與社會性技巧等能力有基本的瞭解，才可以於課堂教室中採取彈性及柔性的有效因應策略。

三、運用教師社群、實施領航教師及顧問教師制度，提升教師的教學與帶班知能，作為初任教師的帶領者、支持者與關懷者

本研究發現，教師班級經營策略方法會隨時代脈動及教改革新趨勢而調整，如以教師中心變為學生中心；從單一方法調整為運用多媒體科技；從只重視學生智育成績調整為多元智能的啟發及實作評量的運用；從齊一水平的成績要求調整為學生自我超越；重視學生的品德教育、品格行為與閱讀習慣；以同理心及學生角度來看待處理學生問題；多以溝通講理取代訓誡責罵；將教育行政機關推展的教改議題適時融入課堂班級經營等，此部分的改變即是教師思維模式的調整與創新活動的規劃安排。從受訪教師回應的內容可以看出教師有上述的變化：

「剛開始教學時，是慢慢摸索，從同事相互討論中獲得一些技巧，當然也會從挫折中得到教訓，慢慢的累積經驗後，知道類似的情境該如何處理較為得當。」（T4）

「初任教職時的班級經營是學校理論的直接套用，往往會遭遇挫折感，但除了從別人的經驗可以吸收少許，絕大部分時候都是『邊做邊學』，孩子也成為部分的『實驗對象』；現在的班級經營在心態上很大的改變是從『母親』的角色轉移了更多的『同理』（從自己孩子的成長中體會）與『補償』（對在家庭中是辛苦的孩子）。」（T6）

「初任教職的教學心態是秉著初生之犢不畏虎的銳氣，奮勉不懈，希望對教育能有所建樹。因此班級經營較偏向知識灌輸、不斷帶給學生很多的資料、活動等，但隨著教學年資之增長及時代轉

變，心態上漸轉向對很多的知識或觀念會先採取較保留，經思索後選擇適當的教學活動或課程設計進行，且多偏向以增強學生實作能力、問題探索、價值澄清爲主要設計方向。」（T7）

「以前以老師爲主導，較重視智育的發展，現在以學生爲主體考量，學習較多元。教學心態上以前滿懷熱誠會想把每個學生教得品學兼優，但每個學生資質不同，不能齊頭式平等，無法用同一標準，而是自己和自己比較。」（T8）

「剛開始任教時，班級經營真的是以老師爲最高權威指標，訂下標準，就會要求孩子一定要達到，較無法以同理心來考慮到不同孩子有不同的天資，不同的家庭背景，不同的性格，只會有完美的想法，想要把全班帶到五育均衡的理想境界，而忽略許多心理層面的問題。現在，經過多年的教學，面對整個大環境的改變，資訊科技的蓬勃發達，心態上要以更寬廣的心來接納孩子，教學上也不再只是傳統式的教學，要配合多媒體、設計切合生活主體的學習活動來提升小朋友學習效能。」（T9）

「剛任教時較無經驗，又擔任六年級導師，回想起來都在混亂之中度過，覺得教書並不如自己想像中容易，也對教學產生排斥，但教了幾年後到現在，愈來愈上手，很清楚知道每個階段的孩子的能力及需求，看見學生進步及成長，讓我充滿成就感，也對教學充滿熱忱。」（T12）

從教師回應中也發現一個共同問題：就是教師從生手教師到精熟教師的歷程不是跳躍式的大幅前進，而是靠逐步經驗累積與嘗試錯誤的結果，就知識經濟時代與社會脈動的變革情境而言，教師的這種改變是不利於班級經營的實踐篤行的，尤其是對於初任教師時被這些教師所教到的學生，

可能是初任教師班級經營策略應用的實驗，此種結果表示教師職前所學之專業知能不足以應付日後實際教育情境，這如教師T6所言：「教學是很個別化的過程，初任教師往往要一大段時間的摸索才能形成屬於自己的教學風格，建議初任教師除了在各種班級經營問題要勇於尋求對話與支援，學年老師如果能形成一個共同討論與對話的群體，對初任教師的協助會很大；當然，學校行政若能定期與初任教師進行協助性的對話，應該也有助於初任教師避免不必要的嘗試錯誤。」（T6）

　　此部分可從二個方面著手，一為職前「班級經營」的課程的授課內容除了強調基本理論的認知外，更應重視實務問題與案例的解析，從實務問題中來引導啟發學生，並回應理論所述的可行性。此外，學校可採用領航教師及顧問教師制度，以有經驗的教師或班級經營得宜的教師作為顧問教師，利用教師「社群」或經驗分享的方式來傳遞教師的有效的策略方法，作為新進教師或資淺教師的顧問或指導者，學校可以以學年或領域教學為教師社群分組，或純以顧問教師及新手教師為教師社群分組，此部分可視學校規模、教師帶班經驗與成效等綜合考量，如此可減少初任教師摸索的時間，而快速的進入精熟教師的階段。

四、加強師生的法律知能與素養，有效運用輔導支援系統，協助教師輔導處理學生嚴重違規行為

　　研究發現，受訪教師認為現在報章媒體或電視有關親師生的報導，多偏向於教師的不合理管教或體罰學生，並將錯誤責任全推給教師，很少探究個案學生的違規行為為何，學生的違規行為如何嚴重干擾到正常教學活動的進行。此種偏頗的報導產生的寒蟬效應的確影響到教師，從教師回應中發現，部分教師對於無法管教或行為惡劣的學生，會採取明哲保身的消極作法，教師認為生命有限，不要跟退休金過不去，當教師有此想法時並不是教育之福。如果教師依法前提下合理輔導管教學生，發生親師生衝突事件，學校行政人員要作為教師的後盾，如此教師才有依靠；此外，學校

應加強師生的法律知能與素養，就學生來說，可以防止校園霸凌事件的發生；就教師而言，可以採用合理適當的管教方法來處理學生問題，當教師依法行政時，較不會有親師生衝突事件發生。對於教育政策的內容與社會脈動，教師應該多加關注，如此，教師才因時代脈動的變化，對此，教師T7及教師T9給初任教師的建議內容也有提及：

> 「教育革新潮流下，教育鬆綁、多元文化的重視、學校本位課程的強調、社會大眾對教育關心度的提高、家長參與教育的倡導，許許多多的教育政策不斷改變，整個社會的文化價值觀的改變，我感覺很多時候會過多把責任壓縮在一個老師身上（老師授課時數過高、負擔太重，責任也過重），這樣的現象對老師並不完全公平。雖然老師也因隨時代的轉變要因應潮流做變化，但如教育政策能提共老師有足夠的教育資源（例如：資訊設備、教育訓練、實際有用的管教輔導知能和管教輔導的培訓課程），並適度進行逐年減少班級人數朝小班教學發展，並將管教的界線及溝通管道建立較明確的標準，加上學校行政單位能給予老師足夠的支持與信任，這會讓老師的教學環境更優良。具體建議：要知道與自己有關教育法令的走向及常與學校行政單位建立良性溝通管道，千萬不要閉門造車自顧自的教學。」（T7）

> 「多向有經驗的教師或同儕請教，最重要的是教師要在法的前提下，從事各項活動規劃與進行學生的輔導管教，尤其避免直接採用體罰方式。」（T9）

此外，身為教師也應體認愛的教育與合理適當的管教或處罰均有其限制，在教育實務現場，愛的教育或教師的輔導方法及懲罰運用，對某些特殊學生是真的沒有效益，此時，學校的輔導支援系統應發揮功能，協助教師處理這些少數特殊學生，當學校整個輔導機制可以有效運作時，教師才

能「管得放心、教得心安」，展現教師熱忱與專業。教訓輔三合一的輔導系統中，課堂教師及導師負責的是初級預防與輔導，二級、三級預防與輔導分別為輔導室、校外醫療及輔導專業機構，教師若於初級預防與輔導過程中，感覺力不從心或沒有具體成效，定要尋求「支援系統」的幫忙，教師切勿單打獨鬥，否則可能會可能無法發揮持續輔導與矯正功效，甚至使學生問題變得更嚴重，而發生學者J. S. Kounin所認為的班級「漣漪效應」的產生。

五、教師要有效善用時間、做好時間與情緒管理，運用學生與家長社群、講求策略方法，並將教職工作視為「志業」，不要視為「職業」

研究發現，教師自認目前教師的工作量繁重、工作壓力大，這個現象，教育行政機關絕對要正視。配合中小學所得稅法修正，教育行政機關已採取相關配套措施，外在教育政策的變革，教師可著力之處不大，教師要改變是自我的思維模式，進行自我調整，從消極、抱怨心態轉為積極改變的心情，其中最重要是要以教職工作為「志業」，敬業樂業，要以教育工作者自許，而不要以「教書匠」為滿足；此外，教師要妥慎安排自我時間，包括教學進度的掌控、學習活動的規劃、課堂或回家作業的批改、學生問題的處理，讓自己有餘暇餘力思索學生輔導管教問題或其他有效展現班級經營實踐行為的技巧與創意，其具體策略做法如：

1. 善用每天零碎時間：教師每天平均有2-4節的空檔時間，這些時間都是教師可以善加運用的；此外，早自習收交作業時間教師也可以立即批改作業或進行學生行為輔導等。

2. 運用班級幹部長才：不論是哪個階段的學生，班級內總是有熱心又會做事的學生，教師可將部分的班級行政事務交由這些學生協助處理，或由師生共同決定規劃完成，發展學生長才、營造支持性社群也是班級經營的重要目標之一。

3. 善用家長人力支援：在小學教育階段，班級內皆有部分很有熱忱的

愛心媽媽或志工家長，教師若能與家長建立良好關係，共尋求這些志工或義工家長協助班級事務處理或早自修課程規劃，則教師會有更多時間可以運用。

最後是教師在處理班級任何事件或管教輔導學生，定要確實控制好自己情緒，教師要做好情緒管理，理論上似乎很簡單，但課堂實踐上是有其困難度，否則電視媒體不會常出現教師因情緒失控而表現脫序行為，如體罰學生、嚴重辱罵傷害學生事件。這部分具體做法為教師要以媒體之案例為鑑，當學生表現違規或不適當行為時，教師處理前要先調適好自我情緒，教師能調整自我、做好情緒管理，才能避免一時衝動造成不當管教或體罰的違法行為，教師若是沒有違反法令規定，並以教育立場出發，則親師生衝突事件發生時，相信教育行政機關或學校行政會成為教師強而有力的後盾。

教師視教職為志業，才能全心投入於教職工作，教師的付出要讓學生看得見、教師的熱忱要讓學生感受到、教師的關懷要讓學生體會到，如此才能感化學生，創造正向的社會環境。而教師也要有所體認，新時代學生行為具有複雜性與異質性，教師的能力有限，若是教師初級預防與處理無效，教師定要轉介尋求相關支援系統，如此，對教師有利、對學生也有幫助。

研究的結束，研究者省思整個研究歷程，也對教師班級經營的實踐行為有更深入的瞭解，最後以下列的話語與全體教師共勉：

「部分學生雖然難以管教輔導，但相信學生本性都是善良的。」
「少數家長雖然難以溝通協商，但相信家長都是關心孩童的。」
「班級經營的實踐雖然有困境，但相信教師能展現個人智慧。」
「教師工作任教時間雖然有限，但相信教師的影響是長遠的。」
「教師的輔導知能雖然待加強，但相信教師會不斷反思精進。」
「管教輔導雖然不能體罰學生，但相信教師會持續發揮巧思。」

參考書目

吳明隆（2010）。班級經營－理論與實務。臺北：五南。

教育部（1995）。中華民國教育報告書－邁向二十一世紀的教育遠景。臺北：教育部。

蘇秀枝等譯（2011）（Vern Jones, & Louise Jones著）。班級經營：營造支持社群與策略。臺北：華騰。

Cangelosi, J. S. (2008). *Classroom management strategies: Gaining and maintaining students' cooperation*. Hoboken: John Wiley & Sons.

Darch, C. B., & Kameenui, E. J. (2004). *Instructional classroom management: A proactive approach to behavior management*. Upper Saddle River, N. J.: Pearson Prentice Hall.

Froyen, L. A. (1993). *Classroom management: The reflective teacher-learner* (2nd ed.). New York: Macmillan.

Hardin, C. J. (2008). *Effective classroom management : models and strategies for today's classrooms*. Upper Saddle River, N.J. : Pearson Prentice Hall.

Haydn, T. (2007). *Managing pupil behavior*. New York: Routledge.

Jones, V., & Jones, L. (2007). *Comprehensive classroom management: Creating communities of support and solving problem* (8th ed.). Boston: Allyn & Bacon.

Olsen, G., & Fuller, M. L. (2003). *Home-school relations: Working successfully with parents and families*. Boston: Allyn & Bacon.

Pollard, A. (1980). Teacher interests and changing situations of survival threat in primary school classrooms. In P. Woods (Ed.). *Teacher strategies: Explorations in the sociology of the school* (pp.34-60). London: Croom Helm.

Tauber, R. T. (2007). *Classroom management: Sound theory and effective practice*. Retrieved January 3, 2011, from http://ebooks.abc-clio.com/reader.aspx?isbn=9780275996697&id=C9668-4400.

Veenman, S. (1984). Perceived problems of beginning teachers. *Review of Educational Research*, 54, 143-178.

Yinger, R. (1977). *A study of teacher planning: Description and theory development using ethnographic and information processing methods*. Unpublished doctoral dissertation. Michigan State University, East Lansing.

教師班級經營實踐探究的總結

　　民國84年教育宣示「校園零體罰」政策，造成教師管教權退縮，加上教師管教問題或體罰引發學生及家長抗議，電視媒體過度誇大渲染的寒蟬效應，使得中小學教師動輒得咎。最近幾年常發生的一種現象，就是「爆料文化」，課堂教室只要教師出現負面的言語或管教稍為不當，或踰越教師輔導與管教學生注意事項中規定之事，學生不僅會錄音還會錄影，進而向電視媒體或民代爆料，之後的結果，許多當事者（老師）好像被當成犯人審判一樣，此種爆料文化的效應持續擴大中，因而校園中很多教師寧願不管，將「校園零體罰」政策轉變為「校園零管教」消極行為以保護自己。學生管不動，教師無法管教學生；家長難溝通，不是過度干涉教師班級經營行為，就是放任孩童不管，這是中小學校園生態中常見的教師心聲。正因為學生管不動、家庭教育功能無法發揮，造成校園霸凌事件層出不窮，因為以上因素，許多中小學教師自覺現代教師難為，在班級經營上採消極作法，只負責將教學進度趕快上完，下課趕快離開教室，對班級紀律維持或學生常規管教放任不管。

　　新世代的社會是一個開放自由的社會、是一個民主多元的社會，也是一個資訊科技的社會，在資訊社會的洪流中，學習型態、學習情境、學習內容及學習方式均產生了實質的改變，學生的價值觀更為多元，人權意識高漲，家長對學校、教師的要求更多，由於社會的變遷及校園生態的改變，教師角色的扮演更顯困難。教師在班級經營中的角色，決非單一角色所能勝任，多元的角色扮演已是時勢所趨，教師角色的改變符應了學習型班級組織理論策略篇所論述的內容。校園管教權的退縮、教師懲戒權的失守，讓教師覺得好像失去班級經營的法寶，加上新世紀教育情境的多變與複雜性，教師角色必須重新調整與轉換，教師的思維模式也需要改變，如

此才能因應社會脈動與新時代變革。

研究者在與中小學教師分享班級經營的理念與策略時，一再強調班級經營是「一種歷程不是結果，是一種策略不是目的」（吳明隆，2010），班級經營的最終目的在於型塑優良的班級文化、營造和諧溫馨的班級氣氛、培養學生的關鍵能力、達到全人教育的目標；具體目標為提升班級學生的學習表現，包含有強烈的學習動機、正向的品格行為、高的成功率、多元能力的展現等。全人教育目標的理想雖然宏遠，但它是教育的願景，班級經營的目標是班級經營的核心價值，目標的內容要以班級屬性相呼應，教師最重要的是要依照班級的生態屬性，型塑自己的帶班風格，依照班級學生特性、親師座談共識、教師帶班理念，發展出「班級本位」的帶班特色。

班級經營實徵研究的調查部分，研究採用的方法為統合分析法、質性研究法與半結構式問卷調查法。就統合分析法而言，旨在分析近10年來國內碩博士論文有關班級經營相關議題研究的取向，資料歸納發現，相關班級經營相關議題探究採用的研究方法以問卷調查法最多、其次依序是行動研究法、個案研究法與準實驗研究法；研究對象的樣本或受試者則以國小師生最多，其次是國中師生、高中職師生，從統合分析結果可以看出近10年來班級經營相關議題研究的取向，及班級經營主題受到關注的情形。質性研究主要關注的是教師教職生命史的探究，從教師教職生命史的探究歷程來瞭解教師於課堂教室之班級經營行為的實踐情形、個案教師班級經營的理念與具體作法。從半結構問卷調查分析中，得知目前教師班級經營實踐的困境，班級經營的八大構面行為的實踐中，「親師合作經營」與「輔導活動經營」是教師較無法得心應手的二個部分。

從教師專業發展的生命週期而言，一般教師從生手教師到精熟教師，往往要經過「探索期」、「混亂期」、「適應期」、「精進期」、「停滯期」等不同的階段，有的老師混亂期、停滯期等待的時間太長，顯然非學生之福，也不是家長或教育行政機關所樂見的。從教師生命史的探究中，發現個案盼老師並沒有「混亂期」、「適應期」、「停滯期」的現象，而是從「探索期」直接到「精進期」，每個教職生涯階梯都持續精進，型塑

自己的帶班風格與專業形象的建立。根據盼老師教職生命史的探究，及其班級經營內涵的實踐行為與符合教改脈動本質，研究者將原先班級經營內涵的脈絡圖重新修訂如下，八大班級經營內涵中的「訓育工作經營」改為「學務活動經營」（符合教改脈動用語），班級經營願景中的「良善班級氣氛」改為「溫馨班級氣氛」，並根據實徵研究結果，增列三個主要前置原則：知識管理原則、情緒管理原則、時間管理原則。知識管理原則乃符合知識經濟時代的發展潮流，教師必須具備知識獲取、知識儲存、知識分享、知識運用、知識創新的知能，才能有效將資料統整為資訊，轉變內化為教師的知識與創新智慧；情緒管理原則乃是教師處理班級事件或學生常規紀律問題的一個核心關鍵，教師若無法有效做好情緒管理，則很容易造成管教過當、體罰學生或情緒失控的行為，造成嚴重親師生間的衝突；時間管理原則乃是符應中小學的課程結構的密集性與教師工作量，無法善用時間，做好時間管理的教師，則無暇於班級各項活動的經營與時間的有效分配，永遠覺得時間不夠，此種無法有效善用與規劃時間的教師，當然對班級經營會覺得心有餘而力不足。從盼老師班級經營內涵之行為實踐的分析中發現，這三項前置原則盼老師都有具備，正因為盼老師擁有這三項班級經營的前置原則，因而能有效落實班級經營各項行為。

修正的脈絡圖中，在三個前置原則下，研究者增列了「權變運用」的圖示，班級經營的權變包含了科學方法與藝術策略，所謂科學方法指的是各種內涵經營均有其學理根據與理論基礎，這部分是教師專門學科知能與專業知能展現的一部分；所謂藝術策略指的是班級經營的方法使用要有彈性，以依班級生態、學生人格特質、個性與事件緣由等因素採取權宜而有效的策略。班級經營與校長領導一樣，校長是學校領導者、教師是班級領導者，在領導理論中最佳的領導方式是權變領導，沒有一種領導理論完全適用於全校所有教師身上；相同的，沒有一個班級經營策略或方法完全適用於班級所有學生身上，這部分是教師的「彈性」應用策略，但彈性的前提也有不變的理念，這個理念是教師的愛與教育熱忱、對學生的關懷與投入認真態度，這個論點就是盼老師身上「變」與「不變」的展現、「堅持」與「彈性」的融合、「傳統」與「創新」的兼顧。

　　對於班級經營八大構面的實踐方面，從之前盼老師身上可以發現二點是教師具體行為實踐上要注意的：一為八大構面經營內涵實踐程度非是等量的，教師應依班級生態屬性、學生個性、校本文化特色發展出「班級本位」的班級經營，此種班級本位的經營是具有特色且具有專業的帶班風格，展現的是教師專業知能與才能；二為八大構面的行為實踐情形非是相互獨立的，而是有共變關係並且具重疊特質，某一構面內涵經營得宜，可以促進其他構面內涵的經營，使其他構面內涵的行為實踐更為順利。如盼老師在教學活動經營、學務活動經營展現高度的效率與效能，班級經營成能能讓學生認同、家長肯定、同仁讚揚，型塑自己的帶班風格，相對的，在親師合作經營、人際關係經營內涵的展現上都能得心應手，意外事件經營可以做到事前預防的目標，因而班級溫馨班級氣氛得以營造、良生師生關係得以培養、友善親師溝通得以建立，學生正向品格行為得以養成，班級規劃的活動得以落實，學生意外事件得以預防等。

　　從盼老師教職生涯班級經營行為實踐的分析中，對於教師的另一個啟示是教師對自我要有信心，不要受媒體擴大報導的影響而產生寒蟬效應，教師應學習盼老師堅持的教育理念、教育愛與教育熱忱，不要放棄學生，導致霸凌事件的發生；不要體罰學生導致親師生衝突的事件；不要輕忽教師本身的影響力與怠忽教師的實質權威，教師應堅信：

　　「雖然部分學生難以管教，只要教師有方法、有策略，多數學生問題還是可以掌控處理的；雖然部分家長難以溝通，只要教師有熱忱、有專業，多數學生家長還是會信服的。」

　　本書的最後，以狄更斯在《雙城記》書中所描述的三句話作為總結：

　　「這是最光明的時代，也是最黑暗的時代；

　　這是最明智的時代，也是最愚昧的時代；

　　這是充滿生機的時代，也是了無生機的時代。」

　　光明與黑暗、明智與愚昧、生機與寒冬全靠教師對班級經營內涵的行為實踐程度，願盼老師對於班級經營內涵展現的行為能讓其餘教育工作者學習，如此教育願景是「光明的、明智的、充滿生機的。」

　　願這個研究結果能為教育現場中小學教師有啟迪與轉化的作用。

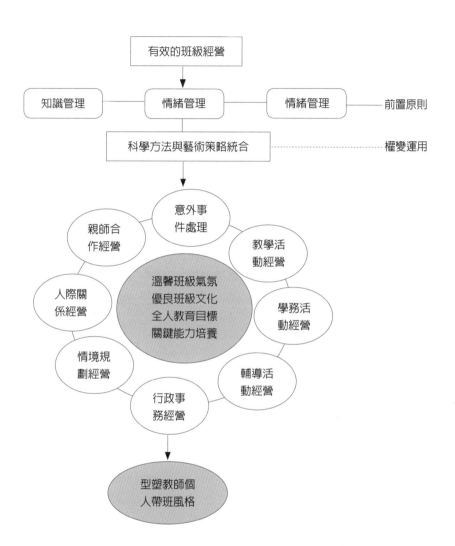

國家圖書館出版品預行編目資料

班級經營：策略與實踐／吳明隆著. ---二
版.---臺北市：五南, 2013.02
　　面；　公分
ISBN 978-957-11-6978-1 (平裝)

1.班級經營

527　　　　　　　　　101027986

1IVI

班級經營：策略與實踐

作　　　者 ― 吳明隆(60.2)

發 行 人 ― 楊榮川

總 編 輯 ― 王翠華

主　　　編 ― 陳念祖

責任編輯 ― 李敏華

封面設計 ― 陳卿瑋

出 版 者 ― 五南圖書出版股份有限公司

地　　　址：106台北市大安區和平東路二段339號4樓

電　　　話：(02)2705-5066　　傳　　真：(02)2706-6100

網　　　址：http://www.wunan.com.tw

電子郵件：wunan@wunan.com.tw

劃撥帳號：01068953

戶　　　名：五南圖書出版股份有限公司

台中市駐區辦公室/台中市中區中山路6號

電　　　話：(04)2223-0891　　傳　　真：(04)2223-3549

高雄市駐區辦公室/高雄市新興區中山一路290號

電　　　話：(07)2358-702　　傳　　真：(07)2350-236

法律顧問　元貞聯合法律事務所　張澤平律師

出版日期　2011年 1 月初版一刷
　　　　　　2013年 2 月二版一刷

定　　　價　新臺幣550元